대한민국 5천 년
역사리더십을
말한다

조선시대 홍문관은 옥같이 귀한 사람과 글이 있는 곳이라 하여 옥당玉堂이라 불렸습니다.
도서출판 옥당은 옥 같은 글로 세상에 이로운 책을 만들고자 합니다.

대한민국 5천 년
역사리더십을 말한다

지은이 최익용

1판 1쇄 발행 2014년 8월 4일
1판 4쇄 발행 2014년 8월 6일

발행처 도서출판 옥당
발행인 신은영

등록번호 제300-2008-26호
등록일자 2008년 1월 18일

주소 경기도 고양시 일산동구 무궁화로 11 한라밀라트 B동 215호
전화 (02)722-6826 팩스 (031)911-6486

저작권자 ⓒ 2014, 최익용
이 책의 저작권은 저자에게 있습니다. 저자와 출판사의 허락 없이
내용의 일부 또는 전부를 복제·전재·발췌할 수 없습니다.

값은 표지에 있습니다.
ISBN 978-89-93952-55-1 13320

이메일 coolsey@okdangbooks.com
홈페이지 www.okdangbooks.com

이 도서의 국립중앙도서관 출판시도서목록(CIP)은 서지정보유통지원시스템 홈페이지(http://seoji.nl.go.kr)와
국가자료공동목록시스템(http://www.nl.go.kr/kolisnet)에서 이용하실 수 있습니다.
(CIP제어번호: CIP2014017659)

대한민국 5천 년
역사리더십을
말한다

최익용 지음

옥당

대한민국에 필요한 리더십의 원형을 발견하다

좋은 지도자는 모든 사회가 필요로 하지만, 특히 우리 사회는 훌륭한 지도자에 대한 갈망이 크다. 가까운 과거만 돌이켜 보더라도 근대 국민국가를 건설하는 과정에서 지도자들의 잘못으로 나라를 빼앗기는 끔찍한 일을 겪었기 때문이다. 분단과 전쟁이라는 참혹한 경험 또한 진정한 리더의 부재 때문이었다.

가난과 억압에서 벗어나 보다 자유롭고 풍요로운 삶을 살기 위해 노력하는 과정에서도 훌륭한 리더에 대한 갈망은 매우 컸다. 기대가 컸던 만큼 리더십 논란도 많았고, 리더들에 대한 실망과 비판도 많았던 것이 사실이다.

저자인 최익용 박사는 오랫동안 군 생활을 하면서 한국의 리더십에 대해 느낀 바가 많았다. 리더십 부족으로 엄청난 잠재력을 가진 국민들이 역량을 제대로 발휘하지 못하는 것을 목격하며 안타까워했다. 또한 국가의 발전이 어려움에 직면하거나 사회가 혼란을 겪는 상황을 생생하게 체험하며 분노하기도 했다.

현역 시절에 저자가 출간한 《리더다운 리더가 되는 길》(2004)은 리더십의 부재를 개탄하던 사회 분위기와 맞물려 상당한 화제를 모았고, 청와대 혁신도서로 선정되기도 했다. 저자는 전역 후 대학 강단에서 리더십을 강의하는 한편, 본격적으로 리더십 연구에 헌신하면서 《이심전심 리더십》(2006), 《리더십이란 무엇인가》(2008), 《대한민국 리더십을 말한다》(2010) 등 리더십 관련 책을 계속 출간해왔다. 《대한민국 5천년 역사리더십을 말한다》는 저자의 다년간의 연구 성과의 집대성이라고 할 수 있는 역작이다.

이 책은 오늘의 대한민국을 '위기'로 진단하는 문제의식에서 시작되었다. 얼마 전까지만 해도, 우리나라를 두고 '위기'를 말하는 저자의 주장은 조금은 생뚱맞게 들렸을지도 모른다. 그러나 최근 발생한 세월호 사건과 이에 대한 대응 과정을 지켜보면서 많은 사람이 대한민국이 위기라는 저자의 진단에 공감할 것이며, 위기의 대한민국에 필요한 진정한 리더십을 위한 저자의 연구에 주목할 것이라 확신할 수 있다.

급변하는 국제 정세와 북한의 위협, 침체를 면치 못하는 세계 경제도 위기를 초래하고 있지만, 저자가 특히 주목하는 위기는 우리 사회 속에 내재하고 있는 위기다. 저자는 "계층과 지역, 나이와 출신 성분을 따지며 서로가 서로에게 미움과 비판의 화살을 겨누는 사분오열의 상태가 우리 사회의 자화상"이라고 한탄하면서, 현재의 번영이 몰락의 시작이 될 수도 있음을 경고한다.

저자가 오랜 시간 고민한 끝에 내린 결론은 오늘날 대한민국이 겪고 있는 위기의 가장 큰 원인이 역사의식 결여와 리더십 부재에 있다는 것이다. 저자는 역사리더십을 핵심 개념으로 설정하고, 리더십의 관점에서 우리 역사를 바라보면서 '고유한 리더십 원형'을 찾아내고 '역할 모델'을 발굴하려 시도한다. 이 책은 그러한 진지한 노력의 결실로, 과거의 역사를 통해 미래를 살아나갈 지혜를 얻으려는 많은 사람에게 도움을 줄 것으로 기대된다.

이 책은 우리의 역사를 리더십의 관점에서 정리하면서 대단히 독특한 시각을 제시한다. 즉, 홍익인간 사상 DNA, 민족주의 DNA, 문화 창조력 DNA, 민주주의 사상 DNA, 신명 DNA, 은근과 끈기 DNA, 교육열 DNA, 호국정신 DNA 등 8가지의 DNA를 우리 역사 속에서 포착한 다음, 이들이 '홍익인간 사상'을 중심으로 수레바퀴를 이루어 삶이라는 수레바퀴를 굴려 가는 원동력이 된다고 본 것이다. 이들 DNA들이 상호 결합·융합하면서 시너지 효과를 내고, 그것이 우리 민족의 몸속에 체화體化되면서 역사리더십을 이룬다는 주장이다. 민족과 문화에 대한 논의에서 최근 유행하는 동태적이며 탈경계적인 시각과 접근을 택하기보다는 우리에게 익숙한 원리를 원용하여 설명함으로써 독자들이 쉽게 이해할 수 있게 배려한 것이 아닌가 한다.

비록 이론적 지향과 관심사는 다르더라도 이 책을 읽는 사람들은 다음과 같은 질문들을 진지하게 제기하고, 그 답을 모색하는 기회를 갖게 될 것이다. 현재 한국이 필요로 하는 리더십은 무엇이며, 이를 어떻게 개발할 수 있는가? 우리가 경험했던 다양한 리더십들은 어떤 특징과 장점을 가지고 있으며, 또한 어떠한 한계와 문제점이 있는가? 지도자에게 요구하고 기대할 수 있는 것은 무엇이며, 훌륭한 지도자가 제대로 일하게 하려면 우리는 무엇을 해야 하는가?

이 책이 리더십 위기에 처한 대한민국에 새 희망의 단초가 되길 바란다.

한경구(서울대 자유전공학부 교수 · 학부장)

위기의 대한민국,
역사리더십에서 길을 찾다

대한민국이 위기다. 20세기 독립국가 중 그 어떤 나라도 성취하지 못한 경제 발전과 민주주의 발전이라는 광채 아래 숨겨져 있던 어두운 그늘이 일시에 단면을 드러내고 있다. 일본과 중국, 러시아가 미국 주도의 세계 질서에 도전하는 신흥 축으로 부상하면서 국제 정세는 한 치 앞을 내다볼 수 없게 됐다. 게다가 우리 코앞에는 20대 후반의 철없는 통치자가 전권을 휘두르는 예측 불허의 핵무장 국가, 북한이 자리하고 있다.

그런데 더 큰 위기는 우리 사회 속에 내재하고 있다. 계층과 지역, 나이와 출신 성분을 따지며 서로가 서로에게 미움과 비판의 화살을 겨누는 사분오열의 상태가 우리 사회의 자화상이다. 역사를 살펴보면, 어떤 나라든 번영이 최고점에 달했을 때 몰락이 시작되었다. 그렇게 볼 때, 대한민국의 번영이 과연 언제까지 지속될 수 있을까 하는, 밤을 잊게 하는 고민이 지난 몇 년간 나를 괴롭혔다.

해답을 나는 '역사'와 '리더십'에서 찾았다. 오늘날 대한민국이 겪고 있는 위기의 가장 큰 원인이 역사의식 결여와 리더십 부재에 있다고 판단한 것이다.

'구슬이 서 말이라도 꿰어야 보배'라는 속담이 있다. 나는 대한민국 5천 년 역사가 유구하여 아무리 보배가 많다 한들 꿰지 않으면 소용이 없다고 늘 생각해왔다. 그래서 '콘셉트에 의한 사고conceptual thinking'로 '역사'와 '리더십'이라는 각각의 개념에서 '역사리더십'이라는 단일 개념을 만들어냈다. 이는 역사지식, 역사사고, 역사지능, 역사사명 등과 리더십을 융합한 개념이다.

나는 고대에서 현대에 이르기까지 자랑스러운 대한민국 5천 년 역사의 핵심을 일목요연하게 도출하는 것이 역사 속 리더십의 이론과 실제를 꿰는 작업이 될 것이라고 생각했다. 그래서 리더십에 비추어 역사를 조명하고 대한민국 고유의 리더십 원형을 찾아내며, 이를 통해 우리 사회의 역할 모델을 발굴해내고자 집필에 매달렸다. 지난 3년간 바깥세상과의 교류의 문을 닫아걸고 '역사'와 '리더십'이라는 두 가지 주제를 화두로 품고 지냈다. 그렇게 나는 '역사리더십'이라는 새로운 키워드를 좀 더 정교하고 명확한 개념으로 정립해냈다.

하지만 숱한 영웅과 패자霸者, 기인, 열사가 명멸해온 역사 속에서 진정한 리더의 면모를 찾고, 이를 통해 우리의 5천 년 역사 속에 내재된 역사리더십 DNA를 채취하는 작업은 고통에 다름 아니었다. 이미 몇 권의 리더십 서적을 집필했고, 수많은 책을 독파하고 군 재직 시절

수집한 자료들을 섭렵했음에도 인문학의 영역인 '역사학'과 경영 이론에서 출발한 '리더십'을 화학적으로 결합해내는 일은 결코 간단하지 않았다. '역사리더십'이라는 새로운 단어를 정의 내리기 위해 6개월이 넘는 시간을 보내야 했다.

그럼에도 나는 도전했다. 온몸으로 부딪치는 것만이 삶의 열쇠임을 군 생활을 통해 체득했기 때문이다. 연대장 시절 행군을 할 때면 나는 지프를 타고 순시하는 대신 사병들과 함께 걷곤 했다. 간부들에게 행군을 강요하지는 않았지만, 그들도 자연스럽게 차에서 내려 사병들과 행군을 함께 했다. 그럴 때면 전 부대원이 사기 백배하여 한 명의 낙오도 없이 행군을 끝마치곤 했다.

대학에서 강의를 하면서도 이런 경험은 이어졌다. 나는 10여 년간 3천여 명의 학생들에게 강의를 했는데, 처음에는 졸거나 수업을 빠지기 일쑤였던 말썽쟁이 학생들이 3개월 남짓 시간이 지나면 변하는 모습을 여러 차례 볼 수 있었다. 그러면서 자신의 삶을 주도하는 셀프 리더십에서, 사회의 기둥이 되고 동량棟梁이 되는 코어 리더십까지, 리더십이 한 사람의 인생을 변화시키는 다양한 사례를 수집하는 학자적 행복을 누릴 수 있었다. 이러한 리더십의 중요성을 누구보다 잘 알기에 나는 '역사'라는 분야에 무모하게 도전하는 용기를 낼 수 있었다.

그래도 글을 쓰는 과정은 어느 것 하나 녹록한 일이 없었다. 그럴 때마다 나는 《사기史記》를 쓴 사마천司馬遷을 떠올렸다. 그는 한무제漢武帝에게 미움을 사 성기를 거세당하는 극형인 '궁형'을 당하면서도 끝내 살아남아 중국이 국보로 여기는 《사기》를 완성해냈다. '올바른 역사를 써서 뭇사람들에게 남기겠다'는 의지가 없었다면 결코 할 수 없는 일이었다. 단재丹齋 신채호申采浩 선생이 남긴 '역사를 잊은 민족에게 미래는 없다'라는 말씀도 나를 부단히 채찍질했다. 역사리더십의 효시가될 책을 쓴다는 중압감을 이겨낼 수 있었던 데는 이렇듯 선인先人들의은덕이 컸다.

물론 책을 펴내며 고통만 따랐던 건 아니다. 저술을 위해 우리 역사를 세세히 살펴보면서 나는 전율했다. 선조들이 지난 5천 년간 역사를보존하기까지 흘린 땀과 피, 지혜에 새삼 놀라고 감격했다. 우리의 고유한 철학인 '홍익인간' 사상이 다른 나라에서는 찾아보기 어려운 경제·복지 개념을 담고 있음을 알고는 무릎을 쳤다. 세종대왕의 한글창제 뒤에 신미대사라는 역사에서 잊힌 숨은 리더가 있다는 사실을 발견하고는 그가 남긴 위대한 유산을 떠올리며 밤을 지새우기도 했다.

그렇게 써내려간 이 책을 통해 나는 독자들이 역사로부터 스스로의정체성을 확립하고, 나아가 자신을 올바르게 경영할 수 있는 리더십의모델을 찾게 되기를 갈망한다. 이에 나는 역사리더십이 중요한 이유를다음의 몇 가지로 나누어 설명하고 싶다.

첫째, 인간은 누구나 행복을 추구하고, 행복하기 위해 살아간다. 또한 행복은 주관적 성격이 강하기 때문에 개인 내면의 판단 요인이 크게 작용한다. 사람들이 가문의 역사와 자신의 뿌리에 관심이 많은 것도 이 때문이다. 따라서 우리가 역사를 통해 우리의 정체성을 확인하고 수많은 영웅들의 리더십 사례를 배울수록 삶의 만족도는 높아질 수밖에 없다.

대한민국 사회가 공과 과를 나누어 보지 않고 명분만으로 선악을 나누는 유교적·교조적 가치관으로 역사의 인물들을 재단하고 있는 현실은 우려를 넘어 개탄스럽기까지 하다. 200년 남짓한 짧은 역사 속에서도 '영웅 만들기'를 끊임없이 시도하고 있는 미국, 공자의 부활을 통해 문화혁명 이래 무너진 역사 속 인물들의 영웅상을 그려내며 공산당 통치에 적극 활용하고 있는 중국, 소설과 만화를 포함한 문화 전 분야에서 자국의 역사를 미화하며 끊임없이 리더를 만들고 영웅상을 재창조하고 있는 일본의 사례와는 판이한 우리의 현실이 안타깝지 않을 수 없다.

이제라도 대한민국 사회는 자기 부정의 함정에서 탈출해 역사 속 위인들의 명암을 올바로 보고, 그 속에서 긍정적인 요소들을 집중적으로 배우고 벤치마킹하려는 노력을 경주해야 한다. 그것이 결국 우리 사회에 대한 이유 없는 불만과 무의식 속에 자리 잡은 부정적 인식을 씻어내고, 대한민국 국민으로서 자긍심을 갖고 생활할 수 있는 기반이 된다고 나는 확신한다.

둘째, 일본과 중국이 자행하고 있는 역사 왜곡 또한 우리가 역사리더십을 발굴하고 학습해야 하는 이유다. 우리 국민들은 일본의 역사 왜곡과 중국의 동북공정에 분노하고 있다. 특히 최근 일본은 역사적 과오에 대해 사죄하는 대신, 오히려 군국주의로 치달아 미국, 중국, 독일 등 세계 주요국의 거센 비난을 받고 있다. 그럼에도 일본은 독도 등에 대한 영유권 주장과 과거사 해외 홍보정책을 강화하는 중이다.

우리는 두 나라의 행동에 감정적으로는 분개하고 있지만, 정작 역사학 연구와 교육을 통한 대처 수준은 형편없다. 우리나라의 고대사 연구 전문가는 10여 명에 불과하여 중국과 일본의 역사 왜곡에 논리적으로 대응하지 못하고 있으며, 많은 역사학자들이 근현대사 연구에 몰려 고대사를 제대로 정립하지 못하고 있다. 게다가 역사의 줄기보다는 곁가지를 가지고 치열하게 논쟁하면서 내분이 과열되어 국가정체성과 애국심마저 훼손시킨다는 비판을 받는 형편이다. 대부분의 침략국들이 역사전쟁을 기반으로 영토전쟁에 돌입한다는 사실을 떠올릴 때, 대한민국의 미래에 대한 우려가 커질 수밖에 없다.

우리나라는 5천 년 유구한 역사와 전통을 가진 나라임에도 10여 년전 국사를 수능 과목에서 제외한 후 최근에야 다시 부활시켰다. 이는 미국, 중국, 일본 등 세계의 주요 나라들이 역사교육을 애국교육이라 보고 의무교육하는 것과는 대조적인 현상이다. 시진핑[習近平] 중국 주석은 2014년 7월 3일 방한, 서울대 강의에서 신라시대의 최치원崔致遠부터 임시정부 주석 김구金九, 노량해전에서 이순신李舜臣 장군과 함께 전사한 명나라 장수 등자룡鄧子龍 등에 이르기까지, 한·중 우호를 상징하는 양국의 역사적 리더 아홉 명을 언급하여 깊은 인상을 주었다. 그리고 귀국 후 7·7사변 77주년 기념식에서 "역사는 가장 좋은 교과서이며 각성제"라고 강조했다. 우리나라 리더들이 한·중·일의 역사전쟁을 직시하고 타산지석他山之石으로 삼아야 할 대목이다. 이제부터라도 체계적인 역사 연구 및 교육을 국가 주요 정책으로 시행해야 할 것이다.

마지막으로 역사리더십이 중요한 까닭은 국가정체성의 확립을 위해서다. 많은 해외 교포, 유학생, 해외 주재원들은 "외국인들이 대한민국을 신생 독립국으로 알고 비하하는 것에 실망하고 충격을 받았으며, 이에 대한 국가적 대책이 시급하다"고 말한다. 또 "우리 동포들이 대한민국 5천 년 역사를 제대로 알지 못하고 있고, 외국인들에게 당당하게 내 나라 역사를 이야기할 제대로 정리된 역사 자료가 없다"고 아쉬워한다. 이 때문에 많은 외국인들이 우리 역사를 알게 되었을 때, 대한민국 역사가 5천 년이라는 사실에 놀라고, 한국인 대부분이 자기 나라 역사를 잘 모른다는 사실에 더욱 놀라며, 한국인이 자기 나라의 역사를 모르면서도 부끄러워하지 않는다는 사실에 더더욱 놀란다고 한다.

실로 부끄러운 일이 아닐 수 없다. 자기 가정과 가문의 역사를 알지 못하는 사람에게 제대로 된 자아정체성을 기대할 수 없듯이, 제 나라의 역사를 모르는 국민에게 국가정체성이 바로 서길 기대하기는 어렵다. 역사를 제대로 알수록 정체성이 뚜렷하게 정립되고, 정체성이 정립될수록 스스로 당당하고 행복해진다.

이 책은 역사리더십을 통해 우리나라 5천 년 역사의 뿌리와 줄기를 한눈에 보고 이해할 수 있게 함으로써 올바른 역사의식과 시대정신을 일깨우기 위해 쓰였다. 하지만 능력의 한계와 광범위한 주제로 인해 부족한 점이 많았음을 고백한다. 독자 여러분의 매서운 질타와 조언을 간곡하게 부탁할 수밖에 없는 이유다. 책을 출간하는 것이 역사리더십이라는 새롭고 기나긴 연구 분야의 첫발을 떼는 일임을 자각하고, 앞으로 좀 더 세밀하게 역사적 사실을 연구하고 이를 리더십과 연계해 더욱 정밀한 책이 되도록 보강해나갈 것이다.

끝으로 어려운 고비마다 정진의 끈을 놓지 않고 불퇴전의 용기를 내도록 이끌어주신 김형준 신부님, 최용환 목사님과 강창기 장로님, 현중스님, 현공스님께 깊이 감사를 올린다. 그리고 대한민국의 바른 역사 연구에 매진하시는 한국정보문화연구원 이대인 원장의 적극적인 지원에 감사를 표한다.

출간 전후로 묵묵히 힘을 보탠 가우디움 어소시에이츠Gaudium Associates 김대성 대표와 역사적 사실과 리더십 이론이 충돌해 내는 파열음이 곳곳에 산재해 있었음에도 원고를 깔끔하게 마무리해준 옥당 신은영 대표, 김진희 편집장에게도 감사를 표하고 싶다. 또한 그동안 여러 번의 책을 내도록 성원해주신 서울대 한경구 교수님, 국민대 남윤삼 교수님, 세종대 김영식·변창흠 교수님, 한세대 박억종 교수님, 전 기무사령관 임재문 님, 세종행정연구회 김충기 회장님과 회원 분들, 청목회 변진학 회장님과 회원 분들께 감사드린다. 아울러 원고 정리에 도움을 준 국민대 학생 신용동, 정원우, 임노빈, 현명한, 그리고 세종대 학생 윤양호에게도 고마움을 전한다. 마지막으로 평생 내가 가는 길을 묵묵히 응원해준 내 인생 최고의 도반道伴, 아내와 가족들에게 사랑의 밀어를 전하고자 한다.

2014년 여름날 우이동 서재에서

항산恒山 최익용 드림

일러두기

이 책에 등장하는 역사적 인물들에 대한 평가는 리더십의 관점에서 바라본 것입니다. 일반적인 역사적 평가와 다를 수 있습니다.

차 례

1부

역사리더십이란
무엇인가?

| 01 |

한국형 리더와 리더십

공감과 감동

사람은 누구나 수신修身과 학습을 통해 리더가 될 수 있다. 더욱이 올바른 역사관을 가진 사람은 자아정체성과 국가정체성의 정립을 통해 리더다운 리더가 될 수 있다. 올바른 역사관에서 나온 리더십은 국민의 삶에 건강한 이정표를 제시하고, 행복의 원천이 되어 국민을 대통합의 길로 이끈다. 우리나라 5천 년 역사를 알고 사랑하는 것이 중요한 이유가 바로 여기에 있다.

리더십은 '주어진 상황에서 목표를 달성하기 위해 개인이나 집단의 행동에 영향력을 미치는 과정'이라고 정의할 수 있다. 즉, 리더십이란 개인이 집단의 목표를 위해 자발적으로 노력하도록 영향을 주는 기술이나 과정을 말한다. 그렇게 볼 때, '목표 달성'과 '영향력 행사'는 리더십에서 가장 중요한 개념이다. 한 국가나 조직에서 영향력 있는 사람이 공동의 목표를 달성하기 위해 다수의 집단이나 구성원들과 소통하면서 리드해 나가는 모든 과정이 리더십이다. 리더십은 행위 과정의 산물이므로 영향력을 행사하는 리더의 성향에 따라 일의 성패가 좌우된다.

리더십에는 정형화된 모델이 없다. 리더십은 존재하는 리더의 수만큼 그 모형도 다양하게 생성될 수 있다. 그래서 사랑, 봉사, 혁신, 화합, 도전, 지혜, 열정, 변화, 권위, 감성, 지성, 원칙, 전략, 비전, 가치 등의 이름을 붙인 다양한 리더십이 존재한다. 이 모든 유형의 리더십에 공통되는 요소가 바로 '공감과 감동'이다. 리더십은 사람의 마음을 움직이는 것이다. 사람의 마음을 움직이려면 권위적이고 일방적인 영향력 행사보다는 민주적이고 인간적인 영향력 행사로 심복心服하고, 승복承服하게 해야 한다.

지금까지는 리더십의 개념을 집단 또는 구성원에게 끼치는 영향력에 국한하는 것이 일반적이었다. 그렇게 영향력에만 초점을 맞추면 리더를 중심으로 한 일방적이고 타율적인 리더십을 떠올리기 쉽다. 반면, 리더십의 효과에 초점을 맞춘다면, 팔로어의 자발적이고 적극적인 행위를 유도하는 공감의 리더십이 최상의 리더십이 된다. 세종대왕의 위민爲民과 여민與民의 리더십 같은 경우가 대표적인 공감의 리더십이라 할 수 있다.

노자는 "최상의 리더십은 리더가 단순히 영향력을 행사하는 것에서 그치는 것이 아니라 공감과 감동에 바탕을 두고 조직 구성원의 자발성을 이끌어내는 것"이라고 말했다.

> 가장 좋은 리더는 사람들이 그가 존재한다는 것만 아는 리더이고,
> 그다음 좋은 리더는 사람들이 친밀감을 느끼고 따르는 리더이다.
> 그다음 좋은 리더는 사람들이 두려워하는 리더이고,
> 가장 안 좋은 리더는 사람들이 비웃고 깔보는 리더이다.
>
> 太上 下知有之. 其次 親而譽之. 其次 畏之. 其次 侮之.
>
> — 노자, 《도덕경道德經》 17장 〈태상太上〉

또 공자는 "천리마는 그 힘을 칭찬하는 것이 아니라 그 덕을 칭찬하는 것이다"(공자, 《논어》 〈헌문憲問〉)라고 했다. 말만 앞세우는 정치가 아니라 국민을 편안하게 하는 정치가 좋은 정치, 좋은 리더십이라는 의미다.

리더십이 발휘되려면 '리더', '상황', '팔로어', '의사소통'이라는 네 가지 구성요건이 필요하다. 이러한 요건은 조직이 추구하는 목표와 대처 방법, 조직 구성원(팔로어)의 성격에 따라 달라진다. 따라서 리더는 시시각각 변하는 상황에 공감할 수 있는 최적의 방법을 마련해 상황과 조직 구성원의 특성에 맞게 적용하는 스마트 리더십을 발휘해야 한다.

우리 역사상 가장 위대한 영웅 리더로 평가되는 세종대왕과 이순신이 그러했고, 2002년 월드컵 국가대표팀의 히딩크 감독과 야구의 신이라 불리는 김성근 감독이 이러한 리더십을 발휘했다. 히딩크 감독과 김성근 감독은 부진한 성적으로 경기 때마다 졸전을 면치 못했던 팀을 각각 세계 4강, 그리고 시리즈 우승 팀으로 끌어올렸다. 이들은 모두

소통과 격려를 통해 선수들의 자발적인 복종과 신뢰를 얻고, 선수 각자의 능력을 최대치까지 끌어냄으로써 훌륭한 성과를 거둘 수 있었다.

수신하고 공부하는 리더

'사랑'에 우리가 모르는 그 무엇이 있어 그 힘이 심오하고 크듯이 '리더십'에도 우리가 모르는 심오하고 큰 그 무엇이 있다. 사랑이 사랑다워야 하듯 리더십은 리더십다울 때 비로소 사람들의 가슴속으로 파고 들어가 리더 자신에게는 자아실현의 기쁨을 선사하고, 팔로어에게는 공동의 행복을 창출하게 하는 동기를 부여한다.

자신의 삶에 충실하고, 자신이 속한 기업, 지역공동체, 국가사회의 주어진 영역에서 제 몫을 다하고 조직에 기여하는 사람이라면 누구나 리더가 될 수 있다. 학력이 높다고 리더가 되고, 학력이 낮다고 리더가 되지 못하는 것은 아니다. 리더의 길은 선택하는 것이다.

한마디로 리더란 수신과 학습을 통해 훌륭한 인성과 능력을 갖추고 충실한 삶을 살면서 자기 분야에서 성공적인 결실을 맺은 사람을 뜻한다. 수신과 학습은 오로지 지속적인 자기수련과 불타는 학구열을 통해서만 닦이고 다듬어지는 것으로, 리더다운 리더가 되는 바른 길이라 할 수 있다.

그렇다면 진정한 리더란 어떤 사람인가?

리더다운 리더는 끊임없는 수신과 학습으로 창의적인 문제 해결 능력과 훌륭한 인성을 갖춘 사람이다. 리더다운 리더와 반대되는 것은

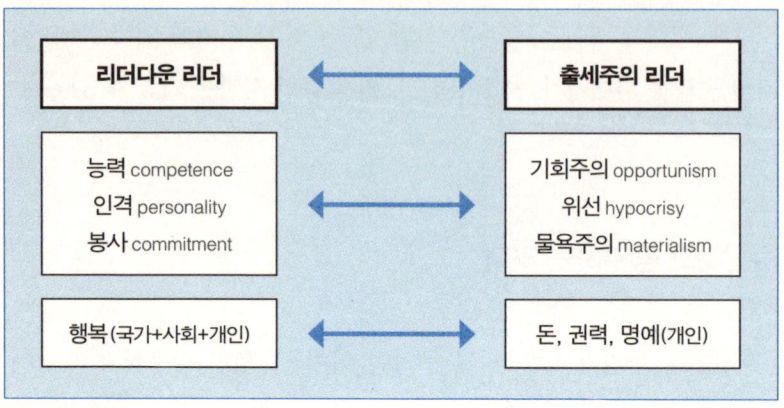

출세주의 리더다. 리더다운 리더와 출세주의 리더는 수단과 목적에서
모두 차이가 있다.

　리더다운 리더는 능력과 인격을 갖추고 봉사와 헌신을 통해 자신과
조직의 행복을 함께 창출하는 반면, 출세주의 리더는 위선적인 행동과
기회주의, 물욕주의를 추구하면서 오로지 돈과 권력, 개인의 명예를
얻는 데 수단과 방법을 가리지 않는다. 실제로 리더다운 리더는 확고
한 역사의식과 국가정체성을 갖고 있으며, 수신과 학습을 게을리 하지
않는다. 이와 반대로 출세주의 리더는 매사에 부정적이고, 역사의식과
국가정체성보다는 개인의 출세와 영달, 가족 또는 특정 집단의 이익에
만 관심을 갖기 때문에 법과 질서, 공동체 윤리를 무시하는 행동으로
결국 국가나 사회에 누를 끼치게 된다.

위기에서 더욱 빛을 발하는 리더십

1915년 영국 인듀어런스호의 어니스트 섀클턴Ernest Shackleton 선장은 남극지방 탐험 중 배가 좌초되어 선원 28명과 함께 실종되었다. 이들은 살인적인 추위 속에 극한의 상황에 몰렸으나, 섀클턴 선장의 뛰어난 리더십으로 634일 만에 전원 구출될 수 있었다. 반면 2014년 4월 16일, 476명의 승객을 태우고 인천에서 제주로 가다 침몰한 우리나라의 세월호 선장은 승객들을 내버려두고 먼저 탈출해 승객 304명을 사망케 했다. 리더십은 이처럼 조직 구성원의 흥망성쇠는 물론 생과 사를 결정한다. 제대로 된 리더를 육성하지 않으면 갈등을 해소하고 국가적인 문제를 근본적으로 해결할 방법을 찾을 수 없다. 리더 육성이 무엇보다 중요한 이유다.

진정한 리더는 인간과 사회, 국가를 이상적 관점에서 바라보며 인성을 키운다. 또한 외면의 화려함보다는 내면세계의 가치를 존중한다. 그래서 역사적으로 제대로 배운 식자층은 허례허식을 거부하고 내면의 성숙에 집중했다. 조선시대의 선비는 신독愼獨(홀로 있을 때도 도리에 어그러짐이 없도록 몸가짐을 바로 하고 언행을 삼가는 것)을 가장 큰 덕목으로 삼았고, 독일의 시민계급은 인문적 교양의 습득을 중요시했다. 이들이 꿈꾼 사회는 정직, 청렴, 준법정신, 인격 도야 등과 같은 정신적 가치가 국가나 민족 전체의 미덕으로 승화되는 사회였다.

예나 지금이나 조직의 성공과 위기를 가르는 가장 큰 문제 중 하나는 지도층의 리더십 부재였다. 임진왜란(선조의 무능)이나 외환위기(김영삼 전 대통령의 근거 없는 자신감) 같은 역사의 불행을 살펴보면 대부분

최고 통치자의 리더십 부재가 원인이었다.

2013년 정부 자료에 따르면, 우리나라의 사회 갈등에 따르는 비용은 국민 1인당 GDP(국내총생산)의 30퍼센트에 이른다. 갈등을 풀어나갈 리더십의 부재 때문에 약 300조 원에 이르는 천문학적 비용이 국민의 세금으로 나간다는 이야기다. 삼성경제연구소도 그와 같은 맥락에서 '한국은 높은 사회적 갈등 때문에 1인당 GDP의 27퍼센트를 비용으로 지불한다'는 분석 결과를 발표했다. 2013년 1인당 GDP가 약 2만 4천 달러인데, 사회 갈등에 따른 비용이 OECD(경제협력개발기구) 평균 수준 정도로만 개선되어도 1인당 GDP가 3만 달러로 증가할 수 있다는 것이다.

부안 방폐장 분규, 밀양 송전탑 시위, 촛불시위, 세월호 참사 등 대형 사건·사고가 빈번하게 발생하는 이유도 리더십의 부재로 설명할 수 있다. 국가의 지도층이 공감과 소통의 리더십으로 구성원의 생각을 읽고 갈등을 미연에 방지하지 못한 결과, 쉽게 해결할 수도 있었을 문제가 증폭되고 사회의 갈등으로까지 번지게 된 것이다. 국가 지도자가 올바른 리더십을 발휘하지 못하면 국민들은 불만을 토로하고 반발하기 마련이다. 그리고 이로 인한 경제적 손실은 이루 말할 수 없이 크다.

인생을 바꾸는 리더십 훈련법

나는 매년 인생(리더) 그래프를 그리고 수정한다. 사람들에게는 자기만의 인생이 있다. 그 인생을 당시의 상황에 맞춰 그래프로 표시한 것이 인생 그래프다.

나는 개강 첫 시간에 학생들에게 인생 그래프를 그리라는 과제를 준다. 이 과제는 학생들에게 큰 자극제가 된다. 리더십이 있는 학생들은 이 과제를 통해 자신의 꿈과 삶의 만족도 등을 평가하고, 지속적으로 자기 목표를 수정·보완해나간다. 반면, 리더십 개념이 없었던 학생들은 리더가 무엇인지, 나는 누구인지를 처음으로 생각해보게 되고, 학기가 끝날 때쯤이면 인생의 의미까지 짚어보면서 크게 성장하곤 한다. 나는 이런 모습을 보면서 리더십 교육의 필요성을 더욱 실감했다.

우리나라 사람들은 성공하거나 부자가 되면 행복할 것이라고 생각하는 경우가 많다. 이런 사고방식이 기회주의와 출세주의 리더를 양산하는 결과를 낳았다. 이는 도덕성 결여와 노블레스 오블리주noblesse oblige(사회 고위층 인사에게 요구되는 높은 수준의 도덕적 의무)의 실종을 야기한다.

우리는 이와 같은 잘못된 문화를 바로잡을 필요가 있다. 그 가장 손쉬운 방법으로 인생 그래프를 그려보길 추천한다. 인생 그래프를 그리며 자기성찰의 시간을 갖다 보면 자신에게 주어진 운명대로 사는 것을 거부하고, 자신이 꿈꾸는 세상을 만들어갈 수 있다.

나는 인생 그래프에 그려지는 리더의 종류를 '긍정의 힘을 발휘하는 리더(셀프 리더, 슈퍼 리더, 코어 리더, 내셔널 리더, 글로벌 리더)'와 리더의 삶의 전 단계로 나름대로 충실한 삶을 사는 '보통 사람', 그리고 이들과 달리 '불행한 삶을 사는 사람(짐승 같은 사람, 짐승보다 못한 사람, 마귀 같은 사람)'으로 분류했다.

셀프 리더는 자신의 정신적·신체적·사회적 능력 증진을 통해 스

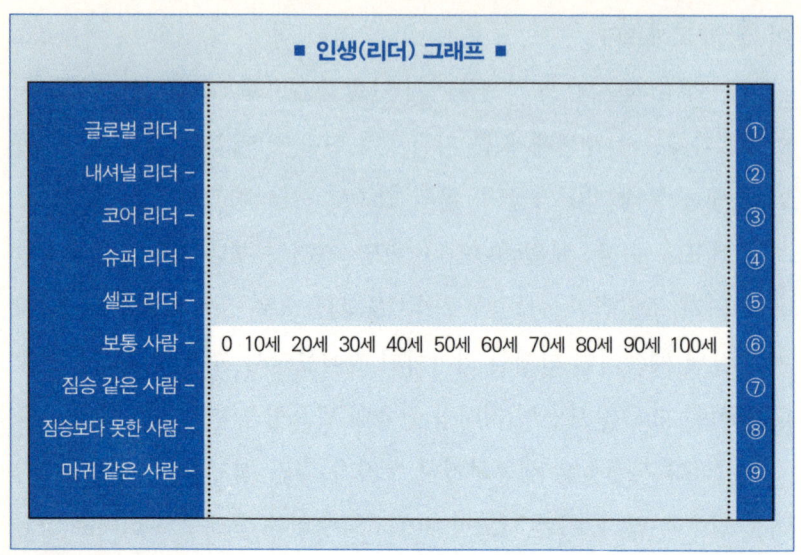

■ 인생(리더) 그래프 ■

글로벌 리더 –		①
내셔널 리더 –		②
코어 리더 –		③
슈퍼 리더 –		④
셀프 리더 –		⑤
보통 사람 –	0 10세 20세 30세 40세 50세 60세 70세 80세 90세 100세	⑥
짐승 같은 사람 –		⑦
짐승보다 못한 사람 –		⑧
마귀 같은 사람 –		⑨

스로를 리드하는 사람이다. 이들은 성과 지향적인 사람이 되기 위해 자율적으로 목표를 설정하고 평가하며, 스스로 책임지고 행동한다. 또한 다른 사람이 리더가 될 수 있게 도와준다. 셀프 리더만 되어도 세상에 빚지지 않고 당당하고 행복하게 살 수 있다.

슈퍼 리더는 평범한 조직 구성원을 셀프 리더로 키우고, 조직 구성원이 스스로 더 많은 임무를 수행할 수 있도록 자율 관리 능력을 배양해주는 리더다. 개인과 조직의 육성 및 발전을 동시에 추구함으로써 자신의 행복은 물론 타인의 행복을 이끌고, 이를 통해 국가와 사회, 조직의 발전에 기여한다.

더 나아가 코어 리더, 내셔널 리더, 글로벌 리더는 셀프 리더, 슈퍼 리더보다 더 큰 범주에서 국가 사회와 인류의 평화와 번영, 그리고 삶의 질 향상에 기여할 수 있어 자신의 행복은 물론 국가와 인류의 행복까지 창출한다.

인생 그래프를 그려보면 인생의 목표를 세우고, 자신이 누구인지 명확하게 인식할 수 있으며, 왜 리더가 되어야 하고 리더로 살아야 하는가에 대한 답을 찾을 수 있다. 자신의 과거, 현재, 미래를 그려봄으로써 자아정체성을 깨달을 수 있고, '나는 어떻게 살고 싶은가?'에 대한 답을 스스로 찾게 된다. 나아가 '지금의 내 위치는 어디이며, 미래에 나는 어떤 위치에 도달할 것인가?'를 성찰하고 깨달음으로써 자신이 소망하는 인생 목표를 그려볼 수 있다.

사람은 누구나 태어날 때 보통 사람에서 출발한다. 하지만 나이를 먹어가면서 양의 방향(우상향, ⑤~①)으로 그래프를 그리는 사람이 있는가 하면, 음의 방향(우하향, ⑦~⑨)으로 그래프를 그리는 사람도 있다.

리더에 속하는 사람들의 그래프는 우상향으로 올라간다. 이들은 셀프 리더에서 시작해 코어 리더, 내셔널 리더, 글로벌 리더로 성장한다. 반기문 UN 사무총장처럼 이름이 널리 알려진 글로벌 리더도 있지만, 존경받는 선생님처럼 자신의 품성이나 역량, 행동 하나하나가 다른 사람에게 긍정적이고 발전적인 영향을 주는 내셔널 리더도 있다. 다른 사람에게 도움이 되고 꼭 필요한 인물이 되면, 자신의 행복은 물론 타인의 성공과 행복한 삶에 영향을 미치는 리더가 될 수 있다.

이와 반대로 자아 만족은커녕 불만, 불안, 분노, 갈등 속에 사는 사람들의 그래프는 우하향으로 내려간다. 이런 사람은 자신도 모르는 사이에 인간 이하의 생활로 추락하고, 지인들에게까지 악영향을 끼치는가 하면, 범죄의 원인이 되기도 한다. 이런 삶이 계속되면 짐승보다 못한 인간이 될 수도 있다.

인간이 평등하고 귀한 존재인 데는 전제 조건이 있다. 바로 인간다운 인간이어야 한다는 것이다. 더 나아가 보편적인 인간, 그리고 인격체로서 자신의 행복은 물론 타인의 행복에 기여할 수 있어야 한다. 이것이 결국 리더다.

왜 누구나 리더가 되어야 하는가? 한 사람 한 사람이 리더로 산다면 더 건강한 사회를 만들 수 있기 때문이다. 인간은 자아실현을 하고, 자신의 운명을 스스로 개척해가는 유일한 존재다. 신은 우리 모두에게 동일한 시간을 주었다. 사는 동안 주어진 시간을 의미 있게 보내는 것은 그 시간을 부여받은 사람의 의무다. 반성하지 않는 삶은 의미가 없다. 시간의 소중함을 알고 매일 반성하는 사람만이 후회 없는 인생을 살 수 있다.

| 02 |

왜 역사리더십인가?

역사와 리더십

동서고금을 막론하고 모든 국가의 흥망성쇠가 지속적으로 반복되는 이유는 무엇일까? 나는 그 답을 역사리더십에서 찾고자 한다. 역사는 리더십의 무대이며, 리더와 팔로어(조직 구성원, 민중, 백성, 국민) 간의 리더십과 팔로어십의 결과물이다. 다시 말해, 리더십의 결과물이 쌓여 역사를 만들고, 그 리더십이 역사의 흥망성쇠를 좌우하는 것이다.

리더는 역사의 판을 짜고, 그에 적용될 규칙을 정한다. 팔로어는 그러한 리더십에 호응(공감, 감동)하는 사람이다. 그러나 리더가 제대로 능력을 발휘하지 못할 경우, 팔로어는 불신과 반발로 맞선다. 리더십은 리더와 팔로어 간의 상황과 여건에 따라 변하므로 그때마다 유효한 리더십이 생성되어야만 팔로어가 불만 없이 리더십에 호응할 수 있다. 리더가 시대 상황과 여건에 적합한 리더십을 발휘하면 역사는 순탄하게 흐르고 발전하지만, 리더가 제대로 된 리더십을 발휘하지 못하면 역사는 퇴보할 수도 있다. 임진왜란과 병자호란 같은 국난을 당했을 때도, 광개토대왕이 만주 정벌의 눈부신 역사를 이룩했을 때도, 모든 역사에는 반드시 리더가 있었다. 역사는 바로 그 리더가 보여준 리더십의 무대이다.

역사리더십은 역사적 진리를 리더십과 결합·융합함으로써 사실史實과 사관史觀의 변증법이라는 새로운 연구 분야를 창조한다. 과거의 모든 사실과 사건들을 모은다고 역사가 성립되지는 않는다. 역사리더십이란 수많은 사료史料를 찾아 리더와 리더십으로 정리하는 과정을 통해 해석·평가된다. 나는 올바른 사관으로 객관성을 유지하면서 옳고 그름을 따지는 이른바 공자의 춘추필법春秋筆法이 역사리더십을 일구는 진수라고 생각한다. 역사리더십의 관점에서 동학란은 동학농민혁명으로 재해석되고, 미래의 비전과 목적으로 이어져 서술된다.

영국의 역사학자 에드워드 카Edward Hallett Carr는 "역사란 역사가와 사실 사이의 지속적인 상호작용 과정이며, 현재와 과거의 끊임없는 대화이다"라고 정의했다. 즉, 역사리더십은 과거와 현재 사이를 끊임없이 내왕하면서 인류와 세계를 거시적이고 객관적이며 종합적인 통찰력으로 관찰해야 한다.

여기에서 역사와 리더십의 관계를 정리해보자.

첫째, 동서고금의 모든 역사는 왕이나 대통령, 총리, CEO 등 영향력

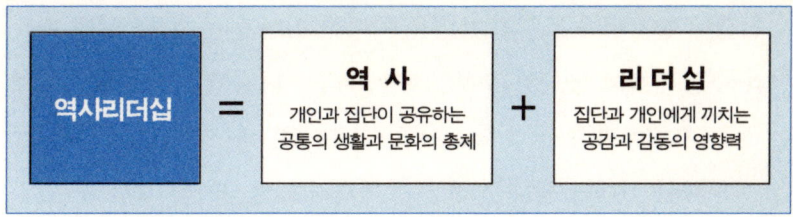

있는 리더의 리더십에 의해 흥망성쇠가 좌우되었다. 따라서 모든 조직의 리더는 생활습관과 이념을 공유하는 구성원과 조직에 영향력을 행사해 그들의 운명을 결정하는 셈이다.

둘째, 역사는 개인의 생활습관과 정신세계의 토대가 되어 자아정체성과 국가정체성을 확립한다. 이렇게 확립된 자아정체성과 국가정체성은 리더십 DNA로 체화되어 미래 역사 발전의 기틀을 제공한다.

셋째, 한 나라의 역사는 그 나라 백성들이 살아온 총체적 결과를 반영하는 것으로, 민중의 삶 자체를 말한다. 이는 의식주를 포함한 고유의 생활풍토와 문화는 물론이고, 국민들이 공감하는 혼과 철학까지도 반영한다.

역사의식과 국가정체성

나는 역사리더십이란 역사의식과 국가정체성이 조화를 이루는 리더십이라고 생각한다. 올바른 사관을 바탕으로 효율적인 국가 관리와 발전을 도모할 수 있는 리더십이야말로 진정한 리더십이라 할 수 있을 것이다.

인간의 행불행과 조직의 운명은 어떠한 리더가 존재하느냐에 따라 달라진다. 더욱이 국가의 통치권자가 내리는 다양한 의사결정은 현재는 물론 후대에까지 큰 영향을 미친다. 진정한 리더가 참다운 리더십을 발휘했던 시대는 당대는 물론 후대까지도 융성기를 보낼 수 있었지만, 그렇지 못한 시대는 수천 년 쌓아왔던 문명을 파괴하고, 살육과 패륜으로 인류의 정신문화를 퇴보시키기도 했다. 세종대왕, 광개토대왕, 이순신과 같은 리더들이 없었다면 우리 역사는 어떻게 되었을까? 반대로 고구려를 망하게 한 연남생·남건 형제, 일제 강점기의 매국노 이완용과 같은 리더들이 없었다면 지금 우리는 어떤 모습으로 살고 있을까?

다행히도 지금 우리는 대통령을 포함한 주요 리더들을 우리 손으로 직접 뽑으며 살고 있다. 어진 리더를 만나는 것도 무능한 리더를 만나는 것도 모두 우리 손에 달렸다. 올바른 역사의식과 국가정체성으로 무장해야 하는 이유가 여기에 있다. 5천 년 역사를 우리가 만들어왔듯 미래의 역사 또한 우리가 만들어갈 것이기 때문이다.

우리의 역사는 300년을 주기로 융성기를 반복했다. 통일신라시대(9세기), 고려 중기(12세기), 세종 시대(15세기), 영·정조 시대(18세기)가 그랬다. 우리가 사는 21세기도 그런 시대가 될 수 있다.

그러기 위해서는 우리 역사를 바로 아는 것이 우선되어야 한다. 그동안 우리는 식민사관과 사대주의의 영향으로 우리 역사의 중요성을 간과해왔다. 이제 우리는 일제에 의해 왜곡된 식민사관을 척결하고, 민족사관의 관점에서 한국사를 재조명하고 바로잡아야 한다. 그래야 우리의 자아정체성과 국가정체성이 제대로 확립될 수 있다. 에릭 에릭

슨Erik H. Erikson의 연구에 따르면, 자아정체성이 부족한 사람은 정신적으로 불안하고 좌절감을 느끼며 대인관계에 어려움을 겪는다. '내가 누구이고 무엇을 위해 사는지'를 스스로 정의 내릴 수 있어야 존재의 의미를 찾을 수 있다는 것이다.

국가정체성은 역사와 정치, 문화와 경제 등 한 나라의 지배적인 사회 제도에 대해 국민이 갖는 일체감과, 국가라는 집단에 속해 있다는 소속감을 말한다. 이는 국민적인 합의에 의해 지속적인 합리화 과정을 거친다. 다시 말해, 국민 화합 또는 국민 통합 과정을 통해 형성된다고 할 수 있다.

국가정체성은 일순간에 형성되는 것이 아니다. 아동기부터 국가를 상징하거나 대표하는 대상과의 동일시 과정을 통해 자아정체성을 키우며 일생에 걸쳐 형성된다. 아동기에 국가에 대해 감정적으로 자각하고, 청소년기에 국가의 기능과 국민의 권리, 의무 등과 관련된 추상적 개념을 파악해 실제 생활에 적용하는 등 역사의식을 통해 형성되기 때문에 역사교육이 그 무엇보다 중요하다.

국가정체성이 강한 사람은 개인보다 국가를 우선시하며, 국가를 위해 개인적 희생을 감수한다. 그래서 종종 국가정체성은 애국심, 충성심, 내셔널리즘 등과 유사하게 사용되기도 한다.

국가정체성이 바르게 형성된 리더는 국가와 민족에 자부심을 갖고, 국가와 사회를 위해 헌신하려는 마음을 품게 된다. 국가정체성은 개인뿐만 아니라 국가나 단체, 조직을 결속시키므로 국가 성장의 발판이 될 수 있고, 국가 안보와 역사 보존에도 큰 영향을 미친다.

국가정체성으로 무장한 애국자는 쳐들어오는 외적 앞에서 국민과 나라를 위해 목숨을 내놓기를 주저하지 않는다. 우리 역사 속 수많은 애국지사와 무명용사들처럼 말이다. 올바른 역사의식과 국가정체성은 애국심으로 승화되어 역사 르네상스의 기반이자 역사리더십의 요체가 된다는 것을 기억해야 할 것이다.

조직의 흥망성쇠를 좌우하는 리더의 선택

역사는 언제나 리더들에게 선택을 강요한다. 프랑스의 철학자 장 폴 사르트르Jean-Paul Sartre는 "인생은 B와 D 사이의 C"라고 말했다. 탄생Birth과 죽음Death 사이 선택Choice의 연속이라는 뜻이다. 역사리더십 역시 리더의 최선과 최악 사이 선택의 연속이다.

제2차 세계대전을 일으킨 나치 지도자 히틀러는 전 유럽을 참혹한 전쟁의 소용돌이로 몰고 간 장본인이다. 유소년기와 청년기를 오스트리아 빈에서 보낸 그는 독일인보다도 더욱 게르만 민족주의에 심취하고 열광한 인물이었다.

그는 유대인들이 사회적 지위를 유지하기 위해 오스트리아의 언론 뿐만 아니라 주요 요직을 장악하고 있다고 보았다. 그리고 그 힘의 원천은 매춘, 고리대금 등 돈이 되면 무엇이든 하는 '간교한 유대인의 정신'이라고 생각했다.

그는 사회주의를 이상적인 정치체제로 보았다. 사회주의의 사회제도는 고대 국가인 스파르타의 사회제도와 매우 유사하다. 스파르타의 사회적 기반은 노예제를 바탕으로 하고 있으며, 일정한 병역의 의무를 마쳐야 시민권을 획득할 수 있었다. 또한 스파르타에는 장애가 있거나 몸이 허약한 아이를 버림으로써 우수한 유전자를 유지시키는 풍속이 있었다.

히틀러는 스파르타의 사회제도를 맹신했으며, 여기서 극단적인 사관이 형성되었다. 성장 과정에서 만들어진 인종주의와 극단적인 범게르만 민족주의의 결합이 낳은 유대인 대학살이라는 참극 뒤에는 그의 이러한 사관이 깔려 있었다.

히틀러의 극단적이고 그릇된 역사의식은 광적인 리더십으로 발휘되어 독일뿐만 아니라 전 유럽을 전쟁의 포화 속으로 몰고 갔으며, 그 경제적 손실(1천조 달러 이상)과 사상자 수(4천여만 명)는 천문학적인 수치에 이른다. 만약 히틀러가 백범 김구처럼 바른 역사관을 바탕으로 리더십을 발휘해 제1차 세계대전 이후 패망한 독일을 재건했다면 오늘의 역사는 전혀 다른 모습으로 전개되었을 것이다.

역사에서 답을 얻다

역사는 과거의 발자취이며, 현재와 미래의 거울이다. 따라서 역사의 특징과 교훈은 현재 우리가 직면한 여러 문제를 해결할 해답의 실마리를 제공한다.

조선 중기 광해군과 신하들이 명나라와 금나라 중 어디를 선택할지를 두고 격렬하게 논쟁하던 역사의 한 장면을 떠올려보라. 이는 마치 새롭게 떠오르는 태양인 중국과 미국이 벌이는 패권 다툼 사이에서 선택을 강요당하고 있는 지금의 우리 상황과도 비슷하다.

조선의 고종 황제와 일본의 메이지 천황 사이의 묘한 인연도 시사하는 바가 크다. 고종 황제와 메이지 천황은 동갑내기(1852년생) 황제지만, 역사는 대조적으로 평가한다. 고종은 12세, 메이지는 16세의 나이에 비슷한 국력을 가진 상태에서 즉위했으나, 고종은 흥선대원군의 섭정과 명성황후의 권력 행사 사이에서 갈팡질팡했던 우유부단한 리더십으로 평가되는 반면, 메이지 천황은 청일·러일전쟁을 승리로 이끈 카리스마 리더십으로 평가된다. 결국, 고종은 나라를 잃고 황제 자리에서 쫓겨났으나 메이지 천황은 일본 역사상 최고의 영웅이 되었다.

이처럼 역사는 우리에게 끊임없이 묻는다. 현재의 역사를 쓰기 위해 우리는 어떤 선택을 해야 하는지…….

국가 간의 국력 격차는 전적으로 그 나라를 이끌고 있는 리더의 역량에 좌우된다. 주지하다시피 인류의 삶은 당대를 풍미한 리더들의 역사다. 그들의 이합집산과 리더십 행태에 따라 국가의 운명이 결정된다. 특히 절묘한 지정학적 요충지에서 중국, 러시아, 일본 등 강대국을 이웃으로 두고 살아온 우리의 입장에서는 동북아의 평화를 주도할 훌륭한 리더가 더욱 절실하다. 그 과정에 필요한 것이 건강한 역사의식과 올바른 역사교육이다.

그렇다면 과연 우리 국민들은 우리 역사에 대해 얼마나 알고 있을까? 2013년 6월 11일 〈서울신문〉에서 실시한 청소년의 역사 인식에 관한 조사 결과, 고교생 응답자의 69퍼센트가 6·25가 북침이라고 응답했다는 충격적인 결과가 나왔다. 미국 등 여러 나라에서는 자국의 역사를 초등학교 때부터 필수 과목으로 가르친다. 하지만 우리나라는 노무현 정부 당시 대학 수학능력시험에서 국사 과목을 선택 과목으로 지정함으로써 국사가 교과 수업에서 빠졌다. 이에 여러 문제점이 드러나자 최근 다시 역사를 수능 필수 과목으로 부활시켰다. 국사교육이 수능에 의해 좌우되는 형식적인 교육으로 전락한 것이다.

역사의식은 그 무엇보다 중요하다. 역사의 객관적인 사실을 숙지하는 것도 중요하지만, 그 안에 숨어 있는 역사의 참된 의미와 교훈을 현실에 반영해 과거와 현재, 미래를 연결하는 것이 우리가 역사를 배우는 진정한 의미일 것이다.

일본은 독도에 대한 영유권을 끊임없이 주장하고 있으며, 중국은 현재의 중국 영토 안에서 일어난 과거의 역사는 모두 중국사라는 주장을 펼치며 고조선, 부여, 고구려, 발해 등 우리의 고대사를 왜곡해 자신들의 변방의 역사로 편입하려는 동북공정을 계속하고 있다. 이는 영토패권주의에 따른 역사 침탈의 왜곡된 논리일 뿐이다.

일본과 중국은 이렇게 왜곡된 역사를 교과서를 통해 후세에게 가르치고 있다. 이를 배우는 학생들이 잘못된 역사를 진실로 믿게 될 것은 자명하며, 그렇기에 일본과 중국의 역사 왜곡이 더욱 우려되는 것이다. 우리는 역사의 중요성을 제대로 인식하고 올바른 역사의식을 확립하는 일부터 시작해야 한다. 역사의식과 역사교육이 바로 설 때, 진정한 리더를 만날 가능성도 높아질 것이다.

한글 창제의 숨은 주역,
신미대사

우리는 거북선 하면 이순신, 한글 하면 세종대왕을 자연스럽게 떠올린다. 거북선 제작에 나대용이라는 실무 주역이 있었다는 사실은 모른다. 거북선은 사실 나대용 장군이 임진왜란 발발 2년 전인 1590년 나주 방주골에서 실험 제작을 마쳤다. 이후 1591년 전라좌수영 이순신 장군을 찾아가 설계도를 보여주었고, 이순신 장군이 이를 채택, 고도의 전략과 결합되면서 세계에서 가장 우수한 전투함으로 탄생했다.

한글 역시 마찬가지다. 지금까지 우리는 세종대왕과 집현전 학자들이 한글을 창제한 것으로 알고 있었다. 그러나 세종대왕이 아닌 다른 인물이 훈민정음을 창제했을 수도 있다는 주장이 나오면서 훈민정음 창제에 관한 논쟁이 불거지고 있는 실정이다.

이한우 〈조선일보〉 문화부장은 《세종, 그가 바로 조선이다》(동방미디어, 2003)에서 이렇게 말한다.

> 《조선왕조실록》에는 정작 훈민정음 창제 과정과 관련하여 우리가 알고 싶어 하는 세종 25년 12월 30일 이전의 정보는 단 한 건도 없다는 말이 된다. 우리가 지금도 정확히 언제부터 훈민정음 창제 작업을 시작했는지, 그 정확한 동기는 무엇인지, 실무적으로는 누가 어떻게 무엇을 했는지, 어떤 언어와 이론서의 도움을 받았는지 등에 대해 거의 모르는 것은 실록이 이처럼 창제 과정에 관한 기록이나 정보를 단 한 건도 남기지 않았기 때문이다. (……) 그래서 지금도 세종의 관여 정도를 둘러싸고 직접 했느니 지시만 했느니 하는 논쟁이 계속되고 있다.
>
> – 이한우, 《세종, 그가 바로 조선이다》

또한 KBS 역사스페셜에서도 '한글은 집현전에서 만들지 않았다'라는 주제로 훈민정음 창제의 실제 주역이 누구였는지에 의문을 제기했다.

> 당시 집현전 학자인 최만리, 김문, 정창손 등은 세종의 한글 창제를 극력 반대했다. 이들은 "언문을 굳이 만들어야 한다 하더라도 마땅히 재상에서 신하들까지 널리 상의한 후 행해야 할 것인데, 갑자기 널리 펴시려 하니 그 옳음을 알지 못하겠다"고 상소를 올리는 등 반발이 거셌다. 그렇다면 누가 세종의 한글 창제를 도왔는지가 의문점을 남기고 있다.
>
> – KBS 역사스페셜, 1999년 10월 9일

그리고 그 주역으로 가장 많이 거론되고 있는 인물이 바로 복천암의 신미대사信眉大師다.

한글날 558돌을 기념한 특별취재에 따르면, 훈민정음 보급에 지대한 영향을 주었던 혜각존자 신미대사가 훈민정음 창제에도 깊이 관여했을 가능성이 큰 것으로 밝혀졌다.

– '한글날 특집 훈민정음과 불교', 〈조선일보〉, 2004년 9월 29일

훈민정음 해례본에 나와 있는 초기 표기법을 검토하면 범어에서 유래한 흔적이 매우 많다. 이는 훈민정음이 범어를 기초로 제작됐고, 따라서 훈민정음 창제의 일등 공신은 당시 범어에 능통했던 신미대사라는 사실을 말해준다.

– 강상원(정음학술원 총재)

훈민정음 창제의 숨은 주역이 신미대사라는 사실은《복천사지福泉寺誌》(정관 효담 편저, 대한불교 조계종 법주사, 2011)에 잘 나와 있다. 여기 그 내용을 발췌·요약한다.

신미대사의《원각선종석보》

많은 사람들이 훈민정음이 세종대왕과 집현전 학자들에 의해 만들어져 반포된 것으로 알고 있다. 하지만《세종실록世宗實錄》과《영산 김

씨 세보永山金氏世譜》,《복천보장福泉寶藏》,《상원사 중수 권선문上元寺重修勸善文》,《능엄경언해楞嚴經諺解》 등 여러 문헌을 보면 훈민정음이 백성을 사랑한 한 고승의 피나는 헌신의 산물임을 알 수 있다. 그는 바로 복천암의 신미대사다.

신미대사는 태종 3년(1403)에 태어나 성종 11년(1480)에 열반했다. 그는 당시 유일하게 고대 인도어인 범어와 티베트어에 능통한 고승이었다. 신미대사는 중국으로부터 한자로 전해 온 불법佛法을 백성들에게 어떻게 전할 수 있을지 오랫동안 고민했다. 불교의 초기 경전들은 범어로 되어 있는데, 이를 중국에서 가져와 한자로 번역한 것이 바로 대장경이다. 신미대사는 범어의 50개 자모음 중 28개를 선별해 한글을 실험적으로 만들고, 이를 바탕으로 《원각선종석보圓覺禪宗釋譜》를 펴냈다. 이 책은 한글을 창제한 세종 25년(1443)보다 8년이나 앞선 세종 17년(1435)에 완성된 것으로, 전 5권으로 되어 있으며, 훈민정음처럼 초성과 중성을 이용한 한글을 사용하고 있다.

그렇다면 세종대왕이 우연히 《원각선종석보》를 보고 한글 창제를 지시했다는 이야기가 된다. 그런데 숭유억불의 시대에 세종이 어떻게 《원각선종석보》를 접할 수 있었을까?

신미대사는 당시의 왕실 사람들과 막역한 사이였다. 아마 신미대사와 평소 친분이 있던 왕실 누군가가 세종에게 《원각선종석보》의 내용에 대한 진언眞言을 올렸을 것이다. 그리하여 어려운 한자를 버리고 우리말의 소리에 맞게 새로운 문자를 만들어 백성들이 쉽게 사용하게 한 것이 아닌가 하는 추측이 가능하다.

신미대사는 왕실의 불사佛事를 추진하는 데 많은 도움을 주고 있었다. 그 때문에 세종과 왕실로부터 공경을 받았던 것으로 알려져 있다. 태종의 둘째 아들이자 세종의 형인 효령대군은 물론, 문종과 정의공주, 소현왕후 등과도 친밀했으며, 특히 수양대군과 안평대군은 신미대사를 상석에 앉게 하고, 날마다 삼배의 예를 올리며 공양했다고 《세종실록》은 전하고 있다. 이런 사실을 종합해볼 때, 그가 지은 《원각선종석보》를 세종에게 전하는 것은 그리 어렵지 않았을 것으로 짐작된다.

이렇게 《원각선종석보》는 세종에게 전해졌고, 이 책을 보고 자음과 모음의 이치를 발견한 세종은 집현전 학자들을 모아 한글 연구에 들어갈 것을 명령했다. 신미대사는 이렇게 왕실의 도움을 받으며 한글 창제에 깊이 관여하게 된다. 그리고 1446년, 마침내 세종은 훈민정음을 반포할 수 있었다.

신미대사의 한글 창제를 증명하는 정황들

집현전 학자 최만리 등의 상소를 보면, 세종이 1443년부터 훈민정음 창제를 계획했고, 물론 집현전 학자들도 이를 알고는 있었지만, 본격적인 연구는 신미대사와 수양대군, 양평대군, 학열·학조대사에게 진행하게 했음을 알 수 있다. 훈민정음이 완성된 1446년 어느 날, 세종은 수양대군과 신미대사를 불러 이렇게 말했다.

"우리글이 다 만들어졌다. 내가 노래를 좋아하니 우리글로 노래를 한번 지어보는 것이 어떻겠는가?"

세종의 지시를 받은 신미대사는 훈민정음으로 어떤 노래를 지을까 고민한 끝에, 1447년 현재의 경기도 고양시 대자암에서 주석하며 동생 괴애乘崖 김수온金守溫과 함께 한글로 된 대서사시《월인천강지곡月印千江之曲》을 완성했다. 《월인천강지곡》은 부처가 나서 교화한 자취를 칭송한 노래라는 뜻으로, 상중하 3권에 500여 수의 노래가 수록되어 있다. 이는 1445년에 편찬되어 1447년 간행된《용비어천가龍飛御天歌》와 더불어 훈민정음으로 표기된 한국 최고最古의 가사歌詞다.

한편, 훈민정음의 원리적 근거가 유교가 아닌 불교이며, 공교롭게도 한글 창제 무렵에 간행된 국가적인 번역 사업이 불교 경전이라는 사실에도 주목해야 한다. 정인지, 신숙주, 최만리 등의 집현전 학자들이 쉬운 한글을 만들어놓고도《논어論語》나《맹자孟子》와 같은 유교 경전이 아니라 불교 경전을 번역했다는 사실은 신미대사가 훈민정음 창제에 관여했다는 또 다른 증거다.

세종은 한글 창제에 대한 보답으로 신미대사에게 '선교도총섭 밀전정법 비지쌍운 우국이세 원융무애 혜각존자禪教都摠攝 密傳正法 悲智雙運 祐國利世 圓融無碍 慧覺尊者'라는 긴 법호를 내리고, 복천암에 엄청난 시주를 했다. '존자'는 큰 공헌이나 덕이 있는 스님에게 내리는 시호諡號이며, '우국이세'는 '나라를 위하고 백성을 이롭게 했다'라는 뜻이다.

세종이 세상을 떠난 후 수양대군은 단종 1년(1453) 10월 영의정부사로서 정권을 장악한 후 단종 3년(1455) 6월 단종의 선위禪位를 받아 세조대왕이 되었다. 김수온이 쓴《복천보장》에는 세조 10년(1464) 속리산 복천사를 방문한 세조가 복천암에서 3일 동안 신미·학조·학열 대사와 함께 법회를 했다는 기록이 있다. 수양대군은 신미대사, 안평대군과 함께 4년 동안 대자암 등지에서 한글 창제 연구에 몰입했는데, 그때의 인연으로 신미대사를 만나기 위해 왔던 것이다. 이 또한 신미대사가 한글 창제에 참여한 장본인이라는 증거가 된다.

방대한 양의 불경이 한글이 창제된 지 얼마 안 되는 기간에 한문본이 편찬되고 번역까지 됐다. 이는 한글 반포 이전부터 불경에 정통하고 있었으며, 또 새로 창제된 훈민정음의 운용법과 표기법에 통달하고 있는 인사들이 있어서 이 사업을 추진했다는 증거다. 억불숭유의 시대로 말미암아 신미대사의 공헌은 철저히 가려지고 삭제될 수밖에 없었다. 이제라도 그분에 대한 깊이 있는 연구가 이루어져야 할 것이다.

– 강신항(성균관대 명예교수)

2부

5천 년 역사 속에서 발견한
리더십 DNA

| 01 |

한국인의 내면에 체화된
8가지 리더십 유전자

대한민국 5천 년의 성장 동력

모든 인류가 태초에 똑같이 시작한 문명이 어찌하여 흥망성쇠가 갈렸는지 생각해보자. 오랜 세월 인간의 의지, 태도, 습관, 문화 등이 켜켜이 쌓여 고유한 민족성이 형성된다. 우리 민족은 5천 년을 살며 어려운 자연조건과 주변 국가의 침입 등 도전을 극복해냈다. 이 과정에서 우리만의 고난 극복 인자를 체화했는데, 그것을 나는 리더십 8대 DNA라고 명명한다. 이 8대 DNA가 서로 결합함으로써 창의적이고 근성 있는 국민성을 만들었고, 이것이 결국 우리 민족의 전인적 성장全人的 成長을 가능케 했다.

이와 같은 현상을 영국의 석학 아놀드 토인비Arnold Toynbee는 '도 전과 응전'으로 설명한다.

"자연과 환경의 도전은 그 문명에 커다란 시련을 가져다준다. 이러 한 시련을 극복하고자 노력하는 과정에서 인간은 자연을 개척하고 환 경에 적응하는 노력을 기울이게 된다. 여기서 새로운 문명이 탄생하 고, 탄생된 문명의 성장이 이루어진다. 따라서 도전은 적절한 응전이 따를 때 창조를 위한 계기가 되는 것이다."

한 사회가 내외內外의 도전을 얼마나 유효적절하게 극복하느냐가 인 류와 문명의 성장과 쇠퇴를 결정짓는다는 이야기다. 나는 우리 민족의 8대 DNA 형성 과정도 이러한 논리로 설명된다고 본다.

인류의 역사는 전쟁의 역사다. 특히 한반도는 전략적 요충지였다. 우리 민족이 지정학적 약점과 자원 부족, 그리고 강대국들의 패권 다 툼 속에서 5천 년 동안 생존할 수 있었던 것은 8대 DNA가 시너지 효과 를 발휘하여 보국保國과 호국護國의 역할을 했기 때문이다.

5천 년 역사를 돌이켜보면, 6·25전쟁 이전까지 외침에 의한 국난 931회, 민족끼리의 전쟁 3천여 회, 반란, 쿠데타 등 크고 작은 내우외 환으로 백성들은 가난과 고통을 면키 어려웠다. 반만년 역사 보존이 신기할 정도로 모진 국난 극복의 역사를 이어왔다. 우리나라는 일제 강점기, 6·25전쟁 등 절체절명의 시기를 잘 견뎌내고, 제2차 세계대전 이후 식민지에서 해방된 나라 가운데 유일하게 선진국으로 발전했다. 최근에는 세계에 한류韓流 붐을 일으키며 문화 강국, 스포츠 강국, IT 및 정보화 강국, 자동차·조선 등의 산업 강국으로 괄목할만한 성장을 거두었다.

대한민국은 어떻게 선진국 대부분이 100~300년(유럽 300년, 미국 150년, 일본 100년)에 이룬 산업화와 민주화, 정보화를 반세기도 안 되는 기간에 이루어내고, 한강의 기적이라는 신화를 만들어냈을까? 일제의 수탈과 6·25전쟁으로 폐허가 되다시피 한 나라가 반세기 만에 경이롭게 성장한 원동력은 무엇일까? 세계가 궁금해하는 해답이 대한민국 5천년 역사 속에 숨어 있다. 5천 년 세월 속에 발휘된 뛰어난 리더십들이 기적의 도약을 이루어낸 근원이었다. 나는 그동안 대학에서 리더십과 역사를 강의하면서 얻은 연구 결과를 바탕으로 한국인의 내면에 체화된 리더십 DNA를 8가지로 요약·정리했다.

1. 홍익인간 사상
2. 민족주의
3. 문화 창조력
4. 민주주의 사상
5. 신명
6. 은근과 끈기
7. 교육열
8. 호국정신

우리가 가진 리더십 8대 DNA는 홍익인간 사상이 중심이 되어 서로 결합하고 융합해 시너지 효과를 낸다. 그 결과, 우리는 약 반세기 만에 세계의 변방에서 중심 국가로 진입해 세계 평화에 기여하고 어려운 나라를 돕는 나라가 되었다.

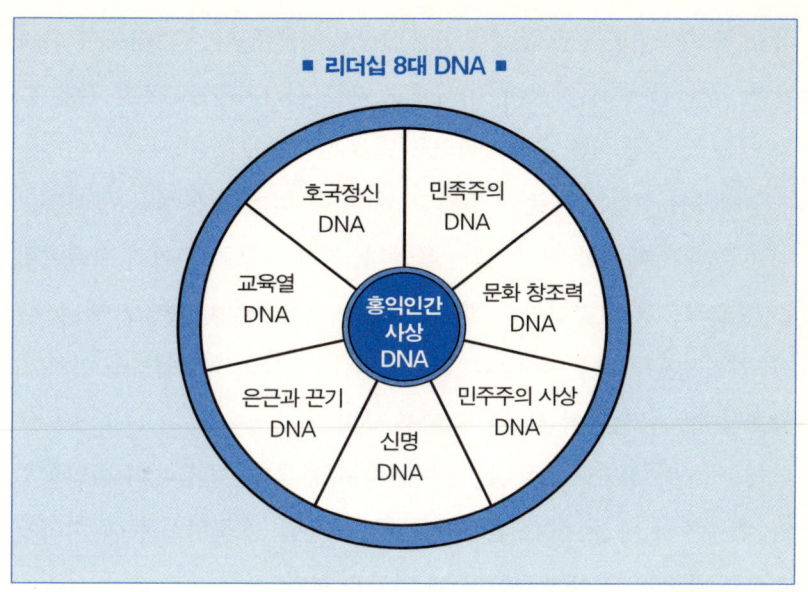

단편적인 지식과 기술을 단순히 모방하거나 적용하려는 시대는 이제 끝났다. 경제와 문화가 국력의 척도인 지금, 경제, 과학, 문화 등 다방면에서 뛰어난 국가 역량이 요구된다. 우리 역사 속 리더십 DNA는 상호 결합 및 융합을 통해 한국의 잠재력을 역동적으로 발휘하게 하는 동력이 될 것이다.

8대 DNA의 시너지 효과

리더십 8대 DNA는 한국인의 정신과 이념의 토대를 이루며 잠재력을 계발하고 발휘하게 하는 동인이자 한국인의 역동적인 기질의 뿌리라고 볼 수 있다. 우리 민족은 8대 DNA 덕분에 다른 나라에서 하지 못한 일을 할 수 있었으며, 미래에도 다른 나라가 가지 못할 길을 갈 수 있을 것이다. 이를 수레바퀴의 원리로 설명해보겠다.

수레바퀴 살輻은 생존과 직결된 쌀[米]을 의미하며, 살을 둘러싸고 있는 원과는 떼려야 뗄 수 없는 관계다. 원과 살로 이루어진 수레바퀴는 상호작용의 상징이기도 하며, 순환과 변화를 의미하기도 한다. 다시 말해, 8대 DNA는 수레바퀴처럼 서로 상호작용하고 영향을 미치며, 상호 결합·융합되어 시너지 효과를 낸다.

첫째, 문화 창조력 DNA는 홍익인간 사상 DNA와 융합하여 민족주의, 민주주의 사상, 신명, 은근과 끈기, 교육열, 호국정신 등이 시너지 효과를 발휘할 수 있게 하는 촉매 역할을 한다.

둘째, 교육열 DNA는 이성적인 판단과 감성적인 마인드의 융합으로 문제를 정확하게 진단하고 해결할 능력을 제공해 총체적인 역량 제고에 기여한다.

셋째, 민주주의 사상 DNA는 그동안 리더가 쌓아놓은 데이터베이스이자 문제 해결에 필요한 자원을 민주주의 정신과 이념으로 조합·활용하게 해 자유민주주의의 가치를 높인다.

넷째, 신명 DNA와 은근과 끈기 DNA는 지능과 감성의 조화로 능력을 더욱 극대화해 삶의 신바람과 행복을 증대시킨다.

다섯째, 호국정신 DNA는 다른 DNA 대부분이 작용할 때 공통의 희망과 평화가 되어 아가페agapē, 필리아Philia와 같은 형이상학적 힘을 심어주고, 더 나아가 애국심과 이념의 기반을 이룬다.

여섯째, 역사리더십의 핵심 역량인 홍익인간 사상 DNA는 8가지

DNA의 중심에 위치해 리더가 종합적인 사고로 문제를 해결할 수 있도록 지원하는 동시에 리더십을 강화하는 기본적인 역할을 한다.

이 8대 DNA를 상황에 맞게 결합하고 융합한다면 리더십뿐 아니라 안보와 창조경제, 문화 등 다양한 분야에서 예상 밖의 폭발적인 시너지 효과를 낼 수 있을 것이다.

02

리더십 DNA 1

홍익인간 사상

살아 있는 신화

　신화는 그 민족의 생활사의 단면이며, 심층 깊숙이 잠재된 철학을 반영한다. 우리나라 신화로는 단군신화가 대표적이다. 단군신화는 한국 신화 중 가장 오래된 것으로, 우리 민족 정신사를 이루는 모태다. 많은 민족이 건국신화를 갖고 있지만, 창조신화를 가진 민족은 유대족과 한민족을 포함해 몇 안 된다. 이스라엘에 아담과 이브 이야기가 있다면, 우리에게는 환웅과 웅녀 이야기가 있다.

　옛날 환인의 서자 환웅이란 자가 있어 자주 천하에 뜻을 두고 인간 세상을 구하고자 하였다. 아버지가 아들의 뜻을 알고 아래로 삼위태백 땅을 내려다보니 널리 인간을 이롭게 할만한지라 이에 천부인 세 개를 주어, 가서 그곳을 다스리게 하였다. 환웅이 무리 3천 명을 거느리고 태백산 꼭대기 신단수 아래 내려왔으니, 이를 일러 신시라고 하고 그를 환웅천왕이라 한다. 그는 풍백風伯, 우사雨師, 운사雲師를 거느리고, 곡식, 생명, 질병, 형벌, 선악 등 무릇 인간의 360여 가지 일을 맡아서 세상에 있으면서 다스리고 교화하였다. 이때 곰 한 마리와 호랑이 한 마리가 있어 같은 굴에 살면서 항상 신령스러운 환웅에게 사람이 되게 해달라고 빌었다. 환웅은 신령스러운 쑥 한 타래와 마늘 20쪽을 주면서 말하기를 "너희들이 이것을 먹고 백 일 동안 햇빛을 보지 않으면 곧 사람의 모습으로 될 것이다"라고 하였다. 곰과 범은 이것을 얻어먹고 삼칠일 동안 금기하였는데, 곰은 여자의 몸이 되었으나 범은 금기를 못하여 사람의 몸으로 되지 못하였다. 웅녀는 그와 혼인할 사람이 없어 매번 신단수 아래에서 아이를 갖게 해달라고 빌었다. 환웅이 이에 잠시 사람으로 변하여 그와 혼인하여 아이를 임신하여 낳으니, 이름을 단군왕검이라 하였다.

- 일연, 《삼국유사》(고려대학교출판부, 2014)

윤이흠 전 교수는 단군신화를 우리 민족의 사상과 경험이 결합된 상징적인 의미로 이해한다.

역사란 3천 년이 지나면 실제 존재했던 역사도 설화 혹은 신화가 되고 만다고 독일의 오스카 콜만이 말했듯이 역사가 오래된 민족은 어느 민족이든 자신들의 신화를 가지고 있다. 우리 한민족도 이른바 단군신화라는 신화를 가지고 있는데, 신화는 역사와 더불어 발전되어 온 것이다. 그러므로 신화는 단순한 신화가 아니라 그 민족의 종교관, 세계관 등의 사상과 역사적 체험이 결합되어 만들어지고, 그런 요소들이 시간과 공간을 초월해 상징적으로 표현된 것이다.

— 윤이흠 편, 《단군: 그 이해와 자료》(서울대학교출판부, 1994)

우리나라 최초의 건국신화는 원시시대부터 민간에서 구비로 전해 내려왔고, 문서 기록은 《삼국유사三國遺事》가 처음이다. 우리는 단군신화의 철학을 받아들여 건국이념과 교육이념으로 삼았고, 단군이 나라를 처음 열었다는 개천절(10월 3일)을 국경일로 기념함으로써 단군을 살아 있는 국조國祖로 숭앙하고 있다.

서울대 윤내현 교수에 따르면, "단군신화에 바탕을 둔 시원성과 상징성을 수용할 경우에는 그 씨앗이 민족의식이라는 가치체계 안에서 민족정체성으로 재탄생하게 된다." 따라서 신화에서 중요한 것은 그 신화가 그 공동체 안에서 살아 있는 신화인가 하는 것이다.

단군신화는 우리 민족이 위기에 처하거나 큰일을 마주할 때 민족정체성을 불러내고 민족을 통합하는 기능을 했다. 다시 말해, 단군신화는 민족 시원의 상징이지만 시대 상황에 맞추어 받아들여짐으로써 상상 속의 허구가 아니라 살아 있는 역사가 되었다. 따라서 단군신화와 그 속에 살아 숨 쉬는 홍익인간 사상은 우리 민족의 민족성을 좌우하는 토대가 되었다고 해도 과언이 아니다.

대한민국의 절대정신

일찍이 독일의 철학자 프리드리히 헤겔Friedrich Hegel은 "역사는 그 속에 스스로 전진하는 정신 또는 영혼을 가지고 있다"라고 하면서, 이 것을 '절대정신Absolute Geist'이라고 칭했다. 많은 나라가 이 절대정 신, 고유의 사상과 이념을 갖고 있으며, 그 사상과 이념을 바탕으로 리 더십을 형성해왔다. 절대정신의 예로는 중국의 유학사상, 일본의 사무 라이 정신, 미국의 개척정신 등이 있다. 이러한 사상과 이념들은 각 국 가의 정신문화이자 영혼이며, 기층을 형성하는 토대로 맥을 이어오면 서 국가의 정체성을 유지 · 발전시켜왔다.

그렇다면 5천 년 역사를 이끌어온 한민족의 혼魂, 대한민국의 절대 정신은 무엇인가? 이러한 질문에 대한민국 국민 대다수는 '홍익인간 사상'이라고 대답할 것이다.

지금 세계는 '1퍼센트 대 99퍼센트'라는 극단적 양극화로 인류문명 사에서 큰 전환점에 직면했으나, 서구식 논리로는 그 답을 찾지 못하 고 있다. 하지만 우리 자신은 잘 모르고 있는 사이, 세계 철학자들은 우 리 고유의 사상과 생활문화에서 그 답을 찾고 있었다.

독일의 유명한 실존주의 철학자 마르틴 하이데거Martin Heidegger는 1960년대에 프랑스를 방문한 서울대 박종홍 철학과 교수를 초청한 자 리에서 "내가 유명해진 철학사상은 동양의 무無사상인데, 동양학을 공 부하던 중 아시아의 위대한 문명의 발상지가 한국이라는 사실을 알게 되었다"라면서 "동양 사상의 종주국인 한국의 천부경天符經의 홍익사 상에 대해 이해할 수 있도록 설명해달라"고 요청했다. 또한 《25시》의 저자 콘스탄트 비르질 게오르규Constant Virgil Gheorghiu는 "홍익인간 사상은 지구상에서 가장 완전한 율법이요, 가장 강력한 법률이며, 21세기를 주도할 세계의 지도사상"이라고 극찬했다. 물질문명의 세계가 결국에는 극단적 양극화에 이르러 새로운 문화를 필요로 하게 될 것을 알았기 때문일 것이다.

홍익인간이 내포하고 있는 '널리 인간을 이롭게 한다'는 의미는 현대의 민주(민본)주의 정치사상에 부합한다. 즉, 인간의 행복 추구를 국가 정치의 궁극적인 목표로 삼는 민본정치와 구성원들의 자치 원리인 민주주의를 의미하는 개념이다. 또한 홍익인간 이념에서는 균형 있는 정치방법론도 엿볼 수 있다. 이때 홍익인간 이념은 덕치德怡도 법치法治도 아닌 이치理致를 말한다.

1919년 상하이 임시정부는 고조선을 세운 단군 왕검이 10월 3일에 나라를 세웠다는 기록에 근거해 그날을 건국 기원일로 정했다. 또한 1948년 제헌국회는 상하이 임시정부의 법통을 계승한다는 취지로 나라 이름을 대한민국으로, 국가 연호를 단기원년檀紀元年, 즉 기원전 2333년으로 정했다. 그리고 대한민국 정부 수립 후 1948년 9월 25일 '연호에 관한 법률'에 의해 단군기원, 즉 단기일을 국가의 공식 연호로 법제화했다. 1949년 10월 '국경일에 관한 법률'을 제정해 음력 대신 양력 10월 3일을 개천절로 정하고, 홍익인간을 건국이념으로 정했다.

우리의 교육법 제1조도 홍익인간의 이념과 인류 공영의 이상 실현을 목표로 하고 있다. 교육기본법 제2조는 "교육은 홍익인간의 이념 아래 모든 국민으로 하여금 인격을 도야陶冶하고 자주적 생활능력과 민주시민으로서 필요한 자질을 갖추게 함으로써 인간다운 삶을 영위하게 하고 민주국가의 발전과 인류공영人類共榮의 이상을 실현하는 데에 이바지하게 함을 목적으로 한다"라고 되어 있다.

또한 문교부(현 교육부)의 문교개관(1958)은 "홍익인간은 우리나라 건국이념이기는 하나 결코 편협하고 고루한 민족주의 이념의 표현이 아니라 인류공영이란 뜻으로 민주주의의 기본정신과 부합되는 이념이다. 홍익인간은 우리 민족정신의 정수이며, 일면 기독교의 박애정신, 유교의 인仁, 그리고 불교의 자비심과도 상통되는 전 인류의 이상이기 때문이다"라고 밝히고 있다.

홍익인간은 우리 민족의 건국정신인 동시에 민족적 신념이고 이상이다. 우리 민족은 홍익인간을 표방하며 5천 년을 이 땅에서 살았다. 그러므로 홍익인간은 우리 민족의 삶의 애환과 철학이 농축되어 있는 개념이며, 우리가 성장과 발전을 고민할 때 가장 먼저 고려해야 할 사항이기도 하다.

널리 인간을 이롭게 하라

홍익인간 사상은 나라가 융성할 때는 예술혼으로, 민족의 수난기에는 호국정신으로, 일제 강점기에는 독립운동을 전개하는 민족의 구심점으로 피어났다. 고려 중·후기 원나라의 침략 위기 때와 조선 말기 일본의 노골적인 국권 침탈의 위협이 있었던 시기에 수많은 의병이 일어나 나라를 위해 목숨을 바친 것도 홍익인간 정신이 그 바탕에 있었다. 사상적·계급적 차이를 뛰어넘어 민족적 대단결을 이룬 3·1운동의 중요한 정신적 배경도 홍익인간을 향한 소망이었다.

그렇다면 홍익인간 정신과 리더십은 어떤 관계가 있을까? 리더십이란 주어진 상황에서 목표를 설정하고 그 목표를 성취하기 위해 개인 또는 집단의 행동에 자발적으로 영향을 끼치는 과정이다. 개인의 사리사욕을 넘어 조직 전체의 이익을 조망하는 것은 결국 널리 사람을 이롭게 한다는 홍익인간 정신과 맞닿아 있다.

널리 인간 세계를 이롭게 하는 리더십, 즉 '홍익인간'과 '리더십'을 합친 '홍익인간 리더십'이란 조직 구성원들의 복지를 위해, 나아가 공동체의 발전을 위해 상호 노력하는 것을 의미한다. 이러한 홍익인간의 이념을 받아들인 리더가 어떻게 발전하는지 리더의 종류에 적용시켜 살펴보자.

먼저 자기관리를 철저히 하는 '셀프 리더'는 홍익인간의 인본주의적 특징과 이타주의적 특징을 결합해 자신을 잘 관리할 뿐만 아니라, 자신에 대한 끊임없는 수신과 학습으로 슈퍼 리더로 발전해 다른 사람이 리더가 되도록 이끈다. '슈퍼 리더'는 코어 리더로 발전해 자신이 속해 있는 조직에서 조직원들을 이끌고, 조직의 핵심 역할을 하면서 헌신한다.

또한 '코어 리더'는 내셔널 리더로 발전해 위민 리더십을 발휘하고, '내셔널 리더'는 글로벌 리더로 발전해 한민족이라는 긍지를 갖고 인류 발전에 공헌하며 홍익인간 정신을 세계에 널리 알리는 역할을 한다. 반기문 UN 사무총장이 영어 공부에 전념한 고등학교 시절부터 외무고시 합격, 외교관, 외무부 장관, UN 사무총장 등을 거치며 리더로 성장한 과정을 연상하면 쉽게 이해할 수 있을 것이다.

홍익인간 리더십은 우리 민족 역사리더십 DNA의 모태라고 할 수 있다. 우리가 이 홍익인간 리더십을 21세기에 맞게 활용한다면 밝은 미래를 만드는 데 밑거름이 될 것이다.

03

리더십 DNA 2

민족주의

민족주의란 무엇인가?

민족이란 한 지역에서 오랜 세월 함께 살면서 언어, 풍습, 문화, 역사를 공유하는 집단을 말한다. 우리 민족은 한반도를 중심으로 독특한 언어와 문화를 이루며 살아왔다.

민족은 대단히 애매하고 추상적인 개념이기 때문에 민족을 정의 내릴 때는 객관적 요소와 주관적 요소를 구분해 고려한다. 객관적 구성요소에는 혈연, 지연, 언어, 역사, 문화, 경제 생활 등이 있으며, 주관적 구성요소에는 민족의식, 민족정신, 일체감, 공동체의식, 민족혼 등이 있다.

■ 민족의 구성 요소 ■		
구 분	구 성 요 소	의 미
객관적 요소	혈연, 지연, 언어, 역사, 문화, 경제 생활 등	지리적 근접성에 기초해 동일한 혈통을 지니고, 동일한 언어를 사용하며, 문화적 · 역사적 · 종교적 전통이 같은 사람들의 집단
주관적 요소	민족의식, 민족정신, 일체감, 공동체의식, 민족혼 등	같은 운명 공동체에 속해 있다는 믿음을 공유하는 사람들의 집단

한 국가가 시대의 흐름에 따라 보낸 시간을 역사라고 하면, 민족은 그 역사라는 시간을 살아가는 주체다. 그리고 그 민족이 공통적으로 공유하고 있는 고유의 심리적 · 문화적 특성이 민족정신이다. 다시 말해, 민족정신은 어떤 민족에게 공통적으로 나타나는 심리적 특성이나, 그 민족이 환경의 변화에도 지속적으로 공유하는 문화적 특성을 말한다.

국가나 사회 안에서 구성원들이 갖는 민족정신이 민족주의로 성장한 데는 계기가 있었다. 16세기 이후 유럽에서 봉건주의와 시민 계급에 의한 중상주의적 절대국가가 수립되면서 민족주의가 하나의 이데올로기로 성장하는 기반이 마련되었다. 그러던 중 프랑스혁명을 거치면서 프랑스 민족주의가 유럽 전역에 전파되었다. 나폴레옹 전쟁을 거치는 동안 다른 민족의 지배에 대항하는 민족의식이 고취된 것이다.

자본주의의 발달 또한 민족주의의 태동과 관련이 있다. 대량생산이 가능해지고, 자본시장 구조가 확대되면서 상품의 생산과 유통이 자유로워졌다. 본격적인 자본시장 구조의 확립은 자본주의 경제의 성립을 가능케 했고, 그에 따라 근대적 의미의 국민과 민족이 형성되었다.

민족주의는 시대에 따라 모습을 달리해왔다. 때로는 전쟁으로부터 국민을 단결시키는 사상적 역할을 하기도 했고, 때로는 전체주의와 독재를 합리화하는 무서운 수단으로 악용되기도 했다.

1870년대 이후 반식민지 시대에는 제국주의에 대응하는 저항적 민족주의가 전개되었다. 하지만 1930년대에 들어서면서 민족주의가 악용되기 시작한다. 독일과 이탈리아는 나치즘과 파시즘 같은 전체주의 이데올로기를 민족주의라는 그럴듯한 모습으로 포장해 자신들의 지배 행위를 정당화하기 시작했다. 당시 또 다른 모습으로 민족주의가 발현되는데, 그것이 바로 공산주의다. 공산화를 위해 민족주의를 전략적으로 이용하기 시작한 공산주의자들은 기존의 지배 계급을 무너뜨리기 위해 민족해방을 내세웠다. 제2차 세계대전 이후에는 이른바 '제3세계 민족주의'가 대두된다. 근대화의 추진과 함께 대외적인 자주독립을 추구하기 시작하면서 민족주의를 슬로건으로 내세운 것이었다.

민족주의는 바라보는 시선에 따라 양태가 달라지는 유동적인 특성을 지닌 사상이기 때문에 시대의 변화에 따라 다양한 모습을 관찰할 수 있다. 조선의 실학자들은 중국 문화만이 중심이라는 성리학의 낡고 교조적인 관념을 무너뜨리고, 화華와 이夷가 하나이며, 조선의 입장에서 보면 조선이 바로 중화라고 우리의 민족주의를 강조했다. 지금 우리나라는 남북통일이라는 중대한 과제를 남겨두고 있으므로 통일을 대비해서라도 우리의 고유한 정체성을 유지·발전시킬 필요가 있다. 다문화와 세계화라는 세계사적 흐름 앞에서 우리 고유의 민족정신과 민족의식을 지키되 21세기에 맞게 발전시켜 다민족을 한韓민족으로 포용해나가야 할 것이다.

한민족을 말하다

조경제는 《한민족의 나침반》(다물, 1997)에서 한민족의 특징을 다음과 같이 정리했다.

첫째, 평화 애호성이다. 우리 민족은 평화를 사랑하는 민족이다. 불의에는 맞서 싸우되, 이유 없이 다른 나라를 침략하거나 공격하지 않고 평화를 유지하려 노력한 민족이었다.

둘째, 진취적 저항성이다. 상고 시대에 우리 조상들은 중국 대륙의 여러 민족을 정복하면서 영토를 확장해 준남, 산둥, 북경, 낙양 등 중국의 동북 지방을 모두 차지했다. 이러한 우리 민족의 진취성은 후대로 이어졌다. 고조선은 한나라와 외교적 자주성을 유지하면서 진번과 임둔을 정복하고 요동 방면으로 진출했으며, 고구려는 광개토대왕 대에 이르러 북으로는 송화강, 서로는 요하遼河, 동으로는 동해안에 이르는 대제국을 건설했다.

셋째, 문화적 독창성이다. 중국의 사서 《후한서後漢書》는 "동방 사람들은 이夷라고 일컫는데, 이는 뿌리를 뜻한다. 인성이 어질고 생육하기를 좋아함이 마치 만물이 땅에 뿌리를 내려야 생육됨과 같다는 것이다. 그러므로 그들은 천성이 유순하고 사리가 바르기 때문에 군자가 불사하는 나라이다. (……) 동이는 모두 제 고장에 어울려 살면서 음주와 가무를 즐기고 관모를 쓰며 비단옷을 입고 조두를 그릇으로 사용한다. 이른바 중국이 예의를 잃었을 때에는 가서 배워볼 만한 곳이다"라고 표현하고 있다. 우리 민족이 만물생육의 근본인 뿌리와 같이 어진 기질을 갖고 있으며, 천성이 유순하고 사리분별에 밝아 규범과 질서를 존중하는 군자지국이요, 최고의 문화민족임을 칭찬해 마지않았던 것이다.

그렇다면 한국인은 누구이며, 한국인의 뿌리는 무엇인가? 한민족은 인종학적으로 퉁구스족에 속하며, 고려 말 조선 초, 거란족과 여진족이 귀화하고 남방 민족 일부를 흡수해 한민족이 되었다.

《삼국유사》를 지은 일연一然은 우리 민족이 하늘과 연결된 신성한 민족이며, 우리 민족의 역사 속에 존재한 고조선이나 고구려와 같은 국가들이 신성한 힘으로 세워진 나라임을 강조했다. 물론 이것은 일연이 지어낸 이야기가 아니라 우리 민족이라면 누구나 알고 있는 이야기고, 또 이전의 여러 사서에 실려 있던 설화다.

> 고조선을 세운 단군 왕검이 천제天帝 환인의 손자이며, 고구려의 창업주 동명성왕東明聖王이 하늘에서 오룡거五龍車를 타고 내려온 해모수解慕漱의 아들이요, 신라 시조 혁거세赫居世가 천마天馬가 내려준 알에서 태어난 신인神人이다.
>
> – 일연, 《삼국유사》(을유문화사, 2002)

민족의식은 세월이 아무리 흘러도 변치 않는 정신이다. 그러나 최근 들어 민족 이야기를 하면 민족우월주의나 국수주의를 부추긴다며 비난하는 경우가 종종 있다. 올바른 역사의식이 개인의 세계관에 영향을 미치듯 올바른 민족의식은 개인의 정체성에 큰 영향을 준다. 따라서 민족과 민족의식에 대한 이해는 편향된 시각으로 재단할 일이 분명 아니다.

이승헌은 저서 《한국인에게 고함》(한문화, 2006)에서 다음과 같이 토로했다.

> 우리 민족만 최고라고 자랑하기 위함도 아니요, 다른 나라를 위협하기 위함도 아니요, 내가 나를 알고자 하는 지극히 기본적이고 인간적인 소망의 표현인데, 왜 단군을 이야기하면서 눈치를 보아야 하는가? 무엇이, 어디에서부터, 어떻게 잘못되었는가? 부끄럽고 통탄스러운 현실이다.
>
> – 이승헌, 《한국인에게 고함》

올바른 민족주의의 진화

민족주의는 자기 민족 중심의 파괴적이고 반평화적인 이념으로 오해받기 쉽다. 그러나 민족주의는 인간에 대한 뜨거운 애정을 바탕으로 하는 이념이다. 일본, 독일 등의 민족주의를 연상하면 자동적으로 제국주의를 떠올리기 쉽지만, 역사 속에서 침략 전쟁을 일으킨 나라들이 민족주의 때문에 그런 것은 아니었다. 그보다는 오히려 힘 있는 나라들의 욕심이 제국주의로 이어졌다. 독일, 프랑스, 일본, 영국의 경우가 그 증거다. 한 예로, 영국의 지배를 받았던 인도의 민족주의는 제국주의로 변하지 않은 반면, 일본은 자기 민족의 절대 우월성을 내세운 배타적이고도 편협한 국수주의가 군국주의를 초래했다.

우리는 자유와 평등을 기본이념으로 인류 전체에 이로운 발전을 가져다줄 수 있는 민족주의를 지향해야 한다. 우리의 민족주의는 강한 나라가 약한 나라의 우위에 서는 약육강식의 개념이 아니라, 힘이 약한 나라는 약한 나라대로 정정당당히 세계사의 흐름과 인류 문화의 발전에 기여할 수 있는 호혜互惠적인 민족주의가 되어야 한다.

우리는 세계사 속에서 약소국들이 그들 나름의 결단을 통해 민족의 갱생을 이루었던 경우를 쉽게 찾아볼 수 있다. 100여 년의 침략과 압박 속에서 3등 국가로 전락했던 덴마크는 덴마크 민족의 어버이로 숭앙받고 있는 니콜라이 그룬트비히Nikolai Grundtvig와 엔리코 달가스 Enriko Dalgas의 등장으로 갱생을 도모할 수 있었다. 그들은 국민에게 민족의 역사에 대한 확신을 가르쳤다. 또한 2천 년의 유랑생활을 신앙과 인고忍苦로 이겨내고 민족국가를 이룬 이스라엘, 노제국老帝國의 식민지가 될 위기를 불굴의 민족의지로 극복하며 민족 번영의 대전기를 마련한 네덜란드, 주변 강대국의 끊임없는 침략 위협에도 끝내 나라를 지켜낸 스위스는 오늘날 국제 사회에서 평화의 상징이자 사도로서 민족주의의 순기능을 여실히 보여주고 있다. 이들 나라들은 자국의 국가 발전뿐만 아니라 세계사에도 크게 기여했다.

물질문명의 풍요를 가져온 서구의 문화는 바로 그 물질 중심의 가치관으로 인해 여러 장벽에 부딪히고 있다. 이를 극복하기 위해서는 새로운 힘이 필요하다. 서구 국가들은 지금 그 힘의 원천을 동양에서 찾으려 한다. 세계적인 역사학자 폴 케네디Paul Kennedy는 21세기에는 아시아 태평양 시대가 열릴 것이라고 말한다. 그는 앞으로 세계 역사는 한국, 중국, 일본이 주도하는 이른바 아시아 태평양 시대가 될 것이며, 그 시대를 이끌어갈 중심 국가는 한국이 될 것이라고 예측했다. 그 이유로는 한국이 지닌 '사회도덕성'과 '문화적 혼', '자유민주주의 역량' 등 세 가지를 꼽았다.

여기서 우리 민족의 지향점은 자명해진다. 우리가 지향하는 민족주의는 단지 우리만을 위한 배타적 의미가 아니라, 우리의 능력을 통해 세계 평화에 공헌하고 기여하는 것이다. 그 기저에 홍익인간 정신이 관통하고 있음은 물론이다.

한민족의 도약을 설계할 때 빼놓지 말아야 할 사람들이 있다. 세계를 누비는 한국 상인들, 즉 한상韓商의 성장 가능성은 무한하다. 개개인의 역량도 뛰어나지만, 현재 세계 175개국에 퍼져 있는 750여만 명의 재외 동포를 연결하는 세계적 차원의 한민족 네트워크가 구축되고 있다는 것도 큰 장점이다. 이 네트워크가 국가 경제와 연계될 때 그 시너지 효과는 엄청날 것이다.

조규형 재외동포재단 이사장은 '한상, 글로벌 코리아의 기수'라는 기고문에서 "오늘날 세계화의 조류 속에서 국가 간의 경계는 흐려지고, 민족 간의 유대가 강화되고 있다. 또한 국가보다는 지방자치정부, 기업, 개인이 경제 활동의 주체로 그 중요성이 커지고 있다. 얼마 전 이민 관련 학술모임 참석차 서울에 온 한 그리스 학자는 국내 언론과의 인터뷰에서 세계화의 시대에 세계를 아우르는 민족적 네트워크를 구축할 수 있는 한민족 동포사회는 한국 미래의 큰 축복이라고 했다. 한상들이야말로 국가 경제영토 확장의 상징이요, 글로벌 코리아의 기수이다"라고 말했다.

우리 민족은 지금 이 세계를 보다 살기 좋은 세계로 이끌어갈 시대적 소명 앞에 서 있다. 우리에게 부여된 소명 앞에서 결코 주저하거나 소극적이어서는 안 된다. 한민족 리더십을 발휘해 우리의 정신과 문화를 세계에 전파하고, 인류 평화와 발전에도 기여할 수 있어야 할 것이다.

| 04 |

리더십 DNA 3

문화 창조력

역사를 지탱해온 힘

공동생활을 하는 인간 집단을 사회라고 할 때, 사회란 단순히 둘 이상의 사람들의 집합을 말하는 것이 아니다. 생각하는 방식, 희로애락을 표현하는 방식, 가치를 추구하는 방식, 법과 규칙을 만드는 방식 등을 공유할 때, 우리는 그들이 하나의 사회를 이루었다고 말한다. 여기서 하나의 사회를 이루고 있는 사람들이 다 같이 가지고 있는 사고방식이나 감정, 가치관을 비롯해, 의식 구조, 행동 규범, 생활 원리를 통틀어 우리는 '문화'라고 말한다.

문화는 우리 민족과 타민족을 구별 짓는 경계이고, 민족의 바탕이자 얼이며, 힘의 근간이다. 또한 문화는 오랜 세월 동안 축적되고 다져진 인류의 업적이다. 5천 년 민중의 삶이 쌓여 생긴 뿌리이자 결과물이 문화다. 나무가 죽었다가 되살아나는 것은 뿌리가 있기 때문이다. 우리 민족이 많은 질곡을 겪고도 도약할 수 있었던 것은 튼튼한 민족문화의 뿌리가 있었기 때문이다.

유형 문화재나 무형의 음악, 마당놀이, 탈춤은 물론, 고조선의 천지 화랑, 고구려의 다물정신과 무사도(조의선인)정신, 신라의 화랑도, 백제의 예술혼, 고려의 선랑, 조선의 선비정신 등도 우리의 민족문화다. 민족문화에 접목되지 않는 뿌리 없는 남의 문화는 마치 화병에 꽂아 둔 꽃과 같아서 언젠가는 시들고 만다. 문화에 대한 주체성을 확립하는 일은 민족의 자존심을 높이고, 역사리더십을 발굴하고 발전시키기 위해서도 대단히 중요하다. 우리의 문화를 제대로 알고 올바르게 계승·발전시킬 때 비로소 우리는 진정한 문화 강국으로 거듭날 수 있을 것이다.

우리 민족은 스스로에 대한 강한 자부심과 뛰어난 문화적 기반을 바탕으로 주변 국가들의 문화와는 차별화되는 우리만의 문화를 이루어 냈고, 그랬기에 수많은 침입을 받으면서도 그들의 문화를 무조건적으로 수용하거나 동화되지 않고 세계사에 자랑할만한 우리 고유의 문화를 꽃피울 수 있었다.

신라와 고려의 찬란했던 불교문화와 조선 유교의 독보적 경지, 그리고 조선 후기에 서구 및 중국의 근대사상을 창조적으로 수용하고 개발한 주자학(실학사상) 등은 모두 외래문화를 주체적이고도 창조적으로 수용·발전시킨 실증적인 사례다.《삼국유사》도 그 한 예로, 이는 토착 신앙과 불교가 혼융된 우리 문화 콘텐츠의 보고라고 말할 수 있다.

'세계유산'은 세계유산협약에 따라 세계유산위원회가 인류 전체를 위해 보호되어야 할 보편적 가치가 있다고 판단해 유네스코 세계유산 일람표에 등록한 문화재를 의미한다. 유형유산이든, 무형유산이든 또는 기록유산이든 세계유산으로 등재되어 있다는 것은 우리나라뿐 아니라 세계적으로도 뛰어난 가치를 지니므로 세계인의 관점에서 보호되어야 한다는 의미를 갖는다.

현재 우리의 문화유산 중 세계유산으로 등재된 것은 경주 불국사와 석굴암, 해인사 장경판전, 서울 종묘, 창덕궁, 남한산성, 수원 화성, 그리고 화순·고창·강화의 고인돌 등 11건이다. 각 유적은 모두 시대를 대표하는 것들이다. 불국사와 석굴암은 뛰어난 고대 불교예술의 증거이며, 해인사 장경판전은 팔만대장경을 봉안하기 위해 지어진 건축물로 매우 아름답고 건축사적 가치가 높은 유산이다. 왕실 제사를 모시는 사당인 서울 종묘와 조선 왕조의 궁전 가운데 가장 우수한 건축물로 평가받는 창덕궁, 형식의 다양성과 밀집도 면에서 세계적으로 유례를 찾기 어렵다고 하는 화순·고창·강화의 고인돌, 우리나라 성곽 유적을 대표하는 남한산성과 수원 화성 등도 모두 뛰어난 가치를 지닌 문화유산이다.

문화 창조력이 미래다

2012년 런던올림픽은 '영국 문화의 자신감'이라 부를 수 있을 정도로 문화의 힘을 여실히 보여주었다. 올림픽 개막식은 '경이로운 영국 Isles of Wonder'이라는 슬로건 아래, 산업혁명과 대공황, 민주주의 발전으로 이어지는 영국의 근현대사를 문학과 대중문화를 바탕으로 흥미롭게 펼쳐내 많은 이의 찬사를 받았다. 피터팬과 조앤 롤링, 셰익스피어와 비틀즈, 베컴에 이르기까지 영국이 자랑하는 문화와 인물들이 총망라된 개막식에 전 세계 사람들은 마치 드라마를 보듯 빠져들었다.

문화는 이처럼 세계인을 하나로 묶을 수 있는 힘이 있다. 우리에게는 영국보다 더 찬란한 문화가 있다. 1990년대 후반 일기 시작한 한류 열풍은 지금 아시아를 넘어 전 세계로 뻗어나가고 있다. 한류 확산은 한국이라는 국가 브랜드를 알리고, 그에 따른 경제적 이득까지 낳고 있다.

한류는 드라마로 시작되어 1.0시대를 연 데 이어 K-Pop 열풍으로 이어진 2.0시대를 지나 이제는 음식, 의료, 예능, 새마을운동, 교육 등 한국의 모든 스타일이 세계인의 주목을 받는 3.0시대가 시작되었다. 가수 싸이는 *강남스타일*로 일약 세계적인 스타가 되었고, *강남스타일*은 유튜브YouTube 조회 수에서 세계신기록을 수립하며 누적 조회 수 20억 건을 돌파했다.

전 세계 역사를 통틀어 한 나라의 문화가 이처럼 전 세계에 퍼져 나간 사례가 없다. 한류는 아시아를 비롯한 개발도상국들에게는 한국처럼 잘살 수 있다는 꿈을, 서구 선진국들에게는 아시아의 가치를 전하고 있다.

이러한 한류의 뿌리는 고대로 거슬러 올라간다. 고조선 갑옷의 품질
이 워낙 우수해 이웃 나라의 갑옷 변천사에 큰 영향을 끼쳤다는 사실
이 중국의 기록에 남아 있다. 또한 고구려의 승려이자 화가인 담징曇
徵은 오경과 불법을 강론하고 금당벽화를 그렸으며, 신라는 악기와 음
악을 일본에 전했고, 백제의 왕인王仁은 일본에서《천자문》과《논어》를
가르치기도 했다.

2012년 1월 문화체육관광부는 이처럼 고대부터 계속되어온 한류를
보다 다양한 분야로 확장하고, 아시아를 넘어 유럽과 북미, 중동, 중남
미까지 넓히기 위해 '한류문화진흥단'을 출범했다. 이를 통해 정부뿐
아니라 민간이 주도하는 교류를 넓히고 지원을 아끼지 않음으로써 문
화를 통한 경제 성장까지 도모하고 있다.

문화는 국가가 가진 미래의 힘이다. 문화적 원형과 전통을 바탕으로
만들어지는 문화 창조력은 다음 세기를 여는 힘이 될 것이다. 우리 문
화에 대한 이해와 관심은 새로운 한류를 창조하고, 과거와 미래를 잇
는 연결고리가 될 것이다.

미래는 문화 융성과 창조경제의 시대가 될 것이다. 영국, 독일, 프랑
스 등 선진국들은 이미 오래전부터 콘텐츠 분야를 대표적인 창조산업
으로 보고 발전을 도모해왔다. 21세기에는 공공외교가 정무외교나 경
제외교만큼 중요해졌다. 공공외교는 다른 나라의 일반 대중에게 그 나
라의 정책이나 실상을 알리는 것으로, 2014 프랑스 앙굴렘 국제만화페
스티벌의 위안부 만화전은 문화를 통해 한·일 간의 역사전쟁에서 승
리한 좋은 사례라 할 수 있다. 이제 문화는 국가 성장의 동력이다. 문화

에 대한 인식 전환과 투자로 한국만의 문화 콘텐츠를 만들어 미래 창조사회에 대비해야 한다.

한국은행은 '개인·문화·오락 서비스' 분야에서 2013년 12월까지 1억 6,710만 달러의 흑자를 기록했다고 발표했다. 이는 K-Pop과 드라마 등 한류 콘텐츠의 수출이 증가한 데 따른 것으로, 우리나라가 문화 콘텐츠 수출국의 반열에 올랐음을 보여준다. 한류를 기반으로 한 문화 콘텐츠는 이제 문화의 영역을 넘어 경제 성장을 위한 핵심 동력이 되고 있다. 2012년 한국을 찾은 외국 관광객의 수가 사상 처음으로 1천만 명을 넘어선 것도 한류가 있었기에 가능했다. 2014년 5월 13일에는 과테말라에 코리아타운 문화특구가 개소되기도 했다. 특히 코리아타운에 생긴 '서울로Avenida Seul'는 외국 지명을 도로 이름에 도입한 첫 사례였다.

미국 펜실베이니아대학 연구진은 문화예술 활성화 정책을 꾸준히 추진한 도시에서 지역사회 주민들의 결속력이 강화되고, 아동복지와 빈곤이 개선되었다는 연구 결과를 발표했다. 문화예술은 계층을 뛰어넘어 사람들의 마음을 달래고 위로하는 치유의 기능을 했다. 또한 돈으로는 환산할 수 없는 사회 통합을 위한 대안이 될 수 있음을 보여주었다.

일본 문명을 일구다

따지고 보면 일본 문화의 뿌리도 한국 문화다. 일본 열도의 왜인들은 고구려, 백제, 신라 및 가야가 고대 국가 체제를 갖추어나가는 동안에도 아직 미개한 생활을 하고 있었다. 일본은 한반도의 수준 높은 문화를 받아들임으로써 고대 문명의 싹을 틔웠고, 고대 국가로 발돋움하게 되었다.

815년에 편찬된 일본의 《신찬성씨록新撰姓氏錄》은 당시 중앙 귀족의 3분의 1 이상이 한반도에서 건너온 이주민의 성을 가졌다고 기록하고 있다. 일본의 초대 천황인 신무천황神武天皇의 형인 도반명稻飯命은 신라의 유이민이라는 기록이 전해지고 있다. 또한 일본에서 가장 오래된 역사책인 《고사기》(712)의 편집자 오노 야스마로(태안마려太安麻呂)는 백제계라는 설이 있다. 《고사기》 편찬에 참여한 사람들은 모두 백제계 이민자의 후손이라고 추측되고 있다.

한국 문화가 일본으로 건너가기 시작한 것은 기원전 400~300년 무렵이다. 이때부터 일본의 기존 문화와는 전혀 질이 다른 금속기를 사용하는 한반도 문화가 건너간 것으로 학계는 보고 있다. 우리나라의 무문토기와 마제석검, 세문경, 동검과 똑같은 야요이문화 시대의 유물이 일본에서 그대로 출토되고 있음이 이를 증명한다.

삼국시대에 우리나라 유이민들이 일본으로 건너가 선진 기술문화를 전해주면서 일본 고대 아스카문화의 기반을 일구었다. 통일신라의 정치제도는 일본의 다이카개신[大化改新](645년 일본에서 일어난 쿠데타 직후 실시된 정치 개혁) 이후 왕을 중심으로 한 강력한 중앙집권적 정치체제를 구축하는 데 크게 기여했으며, 원효, 강수, 설총 등의 불교문화와 유교문화는 일본 하쿠호문화 성립의 바탕이 되었다. 일본은 7세기까지 1천 년에 걸친 한국 문화의 수용으로 비로소 문화다운 문화를 향유할 수 있었고, 이를 바탕으로 8세기가 되어서야 그들 나름의 문화를 가질 수 있게 되었다.

우리의 소중한 문화재는 우리나라는 물론 세계의 문화유산이며 보물이다. 그러나 유감스럽게도 일제 강점기, 6·25전쟁 등 국난마다 문화재 약탈이 이루어졌다. 2014년 현재 해외로 불법 유출된 문화재만 해도 15만 점이 넘지만, 환수된 것은 1만 점도 안 된다. 아직도 일본에 7만 점, 미국에 4만 점 이상이 남아 있다. 우리 문화유산의 가치는 국내적으로는 물론 세계적으로도 헤아릴 수 없을 만큼 크다. 2014년 4월, 버락 오바마Barack Obama 미국 대통령이 방한해 황제지보皇帝之寶 등 9과를 우리 품에 돌려주었다. 이를 계기로 해외 유출 문화재의 환수에 대한 정부의 적극적인 노력을 기대해본다.

| 05 |

리더십 DNA 4

민주주의 사상

민주적 가치를 사랑하다

대한민국 건국 초기인 1948년 UN 한국위원회 의장 겸 인도 대표로 한국을 방문한 크리슈나 메논Krishna Menon은 "이런 쓰레기 같은 나라에서 민주주의는 결코 가능하지 않다"라고 단언했고, 1950년대 미국 대사와 영국의 정치인들은 "한국에서 민주주의를 꽃피우는 것은 쓰레기통에서 장미를 피우는 것과 같다"라고 비아냥거렸다.

그러나 우리나라는 인류 역사상 최단 기간에 민주화와 산업화, 정보화를 동시에 이루었다. 1948년 5월 10일 제헌 국회의원선거는 5천 년 역사상 최초의 보통 · 평등 · 직접 · 비밀 · 자유 선거였다. 민주적인 선거제도의 도입은 민주주의의 종주국인 영국에 비해서도 불과 20년 뒤졌을 뿐이다. 그 원동력은 무엇일까? 그것은 우리 역사에 배어 있는 고유의 민주주의 가치 덕분이다.

우리는 20세기의 가장 보편적인 이념인 자유민주주의제도를 건국과 동시에 도입했다. 1948년 7월 17일 공포된 헌법 제1조는 "대한민국은 민주공화국이다"이고, 제2조는 "대한민국의 주권은 국민에게 있고, 모든 권력은 국민으로부터 나온다"이다. 38년 전까지 전제군주국가(조선)였고, 3년 전까지 일제 치하에 있었던 나라의 헌법이라고는 믿을 수 없는 수준이었다.

박정학 박사는 우리 역사가 내재적으로 서구 민주주의와 다른 홍익인간 사상에 뿌리를 둔 고유의 민주주의 가치 및 리더십을 실천적으로 구현한 역사임을 강조한다.

> 우리는 일반적으로 민주주의라고 하면 서구식 자유민주주의와 리더십만을 생각한다. 그러나 주체적인 눈으로 우리의 역사를 보면 비록 민주주의라는 이름을 사용하지는 않았지만, 홍익인간 사상에 뿌리를 둔, 그래서 서구 민주주의적 가치를 능가하는 구체적인 수많은 '민주적' 제도가 만들어지고 리더십으로 실천되었음을 볼 수 있다.
>
> – 박정학, 〈한민족의 형성과 얼에 대한 연구〉(강원대 박사학위 논문, 2009)

고조선 시대에 국가 정치의 기본 권리는 군장이나 국왕 한 사람에게 치우치지 않고 백성 모두에게 골고루 나누어져 있었다. 고조선, 부여, 고구려는 제가회의, 공회 등에 왕이 존재했지만 왕의 권력은 강하지 못했으며, 국가의 중대사는 지방자치 세력인 대가大加나 신지臣智라 불리는 대표 회의에서 의결·집행되었다. 또 많은 왕들이 국인의 추대를 받아 왕위에 올랐다. 촌락 단위의 자치협동기구인 두레, 상호협동 조직인 계 등의 지역별 민간협동체에서는 우두머리를 스스로 선발해 지역의 문제를 자체적으로 결정하는 상당한 수준의 자치제도가 발전되어 있었다. 이는 오히려 근대 왕권주의에 비해 훨씬 민주적인 모습이다.

흉년이나 질병이 창궐하면 왕의 덕이 없거나 능력이 부족하다고 생각해 백성들이 왕을 바꾸기도 했다. 《위서魏書》〈부여전〉에는 "수재水災, 한재旱災가 심하거나 오곡이 잘되지 아니했을 때는 그 책임을 왕에게 돌려 왕을 바꾸거나 혹은 죽여야 한다"라는 기록이 있다. 실제로 고구려에서는 모본왕, 차대왕, 봉상왕 등 세 명의 임금을 백성들이 바꾼적이 있었는데, 이때 새로운 왕은 군공회의에서 백성들의 총의로 선출, 추대되었다고 한다. 이런 제도를 봉건적 왕권제도라고만 말할 수는 없다.

《삼국유사》〈남부여〉 조에 나오는 국상을 임명하기 위한 비밀투표 기록은 오래전부터 우리의 역사 속에 민주주의 제도가 존재했음을 입증한다.

백제의 수도 사비성 부근에 호암사라는 절이 있고, 그 옆에 정사암이라는 큰 바위가 있었다. 재상을 뽑을 때 대표들이 후보자 서너 명의 이름에 표시를 하고 바위 위의 상자에 넣어두면 얼마 후에 열어 보아 이름 위에 인적印跡이 많이 있는 사람을 국상(현재의 총리)으로 삼았다. 그래서 그 바위를 정사암이라 한다.

- 일연, 《삼국유사》

서구의 민주주의 역사에서 무기명 비밀투표가 언제 등장했는지를 생각해보면 우리의 민주주의 제도가 서구에 비해 전혀 뒤떨어지지 않았음을 알 수 있다. 미국은 영국에서 1787년 독립했지만, 민주주의는 1890년 시작되어 70년 걸려 완성되었다.

이외에도 신라의 화백제도와 화랑도, 조선의 실학과 동학사상 등 우리 선조들이 민주적인 제도를 활용하고 사상적 논의를 해왔다는 증거는 많다.

◇ 신라의 화백제도

화백和白의 '화和' 자는 '모두', '다'라는 의미를 가지고 있다. 모두 합한 것을 '총화'라 하고, 뜻이 맞아 정다운 것을 '화목'이라고 하며, 화목하게 어울리는 것을 '화합'이라고 하는 데서 '화'의 의미를 이해할 수 있을 것이다. '백白'은 사뢴다는 말이므로 화백이란 '다 사뢴다'라는 뜻의 합성어다.

순수 우리말인 '다 사뢴다'는 '다사뢰다'로 변화된 후 '다스리다'로 변화되어 오늘에 이르고 있다. '다스리다'라는 뜻의 한자어는 '治(다스릴 치)'이므로 나라를 다스리는 일을 일러 정치라고 하게 된 것이다. 따라서 우리 민족에게 정치는 글자 그대로 '다 사뢰는' 것이며, 상하가 '다 사뢰어' 의견이 모두 종합되는 것을 말한다. 먼 옛날 우리 조상들의 지혜는 수천 년이 지난 오늘에도 적용되는 진리 그 자체를 생활에 담왔던 것이다.

《당서唐書》나 《수서隋書》의 〈신라전〉에서 볼 수 있듯이, 화백이라는 말에는 지역 또는 부족의 대표자 회의라는 뜻과 전원일치 의결제도라는 두 가지 의미가 있다. 이 전원일치 의결제는 전원 합의를 이끌어내는 데 시간이 많이 걸린다는 단점이 있지만, 상대적 다수와 소수라는 양극화를 조장하는 현대의 다수결 제도에 비해 훨씬 더 민주적 가치를 구현한 제도라고 할 수 있다.

◇ 조선의 실학

실학은 조선 후기 사회의 절실한 요구에 의해 나타나 당시 사회의 이정표가 된 민주주의 사상(경세치용經世致用, 이용후생利用厚生, 실사구시實事求是 사상으로, 현대적인 관점에서 민주주의 사상을 의미)이다. 실학은 집권층의 이익에 정면으로 위배되는 것이며, 조선의 전근대적인 사회질서를 붕괴시킨다는 이유로 부정적으로 받아들여졌다. 그럼에도 오늘날 실학이 위대한 사상으로 평가받고 있는 이유는 무엇일까? 그것은 실학이 유교적 민본주의를 초월해 근대적 민본의식에 입각한 민주주의 사상으로, 공화제를 주장할 만큼 철저한 민주주의 지향성을 보였기 때문이다. 성리학이 지배층의 이념이었다면 실학은 철저히 민중의 편에 선 사상이었다. 이러한 민본의식은 정치적으로는 정약용丁若鏞의 《탕론湯論》이나 《원목原牧》의 주권재민론의 양상으로 첨예하게 드러났으며, 경제적으로는 전후의 빈곤을 해결하기 위한 부단한 노력으로 나타났다.

이렇게 비교해보면 이 땅의 민주주의는 서구에서 유입된 것이 아니라 우리 민족의 사상에서 출발한 것이며, 우리의 사상에 뿌리를 두고 있음을 알 수 있다. 2013년 영국의 〈이코노미스트The Economist〉지가 발표한 세계 민주주의 지수에서 한국은 167개국 중 20위를 차지했다. 우리 고유의 민주주의 사상 DNA의 장점을 서구의 민주주의와 융합·발전시키면 세계에서 가장 모범적인 민주주의를 실현할 수 있을 것이다.

인본주의, 민주주의의 바탕이 되다

우리가 민주화를 훌륭히 이끌어낼 수 있었던 것은 고조선부터 이어진 인본주의 정신에 기인한다.

한국민족문화대백과에 의하면, 민주화란 '정치, 경제, 문화를 포함한 사회 전 영역에서 자유와 평등을 포괄한 민주주의 원리가 확산되고 심화되는 과정'이다. 민주주의란 국가의 주권이 국민에게 있고 국민을 위해 정치를 행하는 제도, 또는 그러한 정치를 지향하는 사상을 의미한다.

물론 고조선부터 조선까지 국민은 국가의 주권을 가지고 있지 않았다. 비록 국가의 주권이 국민이 아닌 지배 계급에 있었지만, 지배 계급은 백성 없는 나라는 존속될 수 없다는 것을 알고 있었다. 이는 역사가 실제로 잘 보여주었다. 백성들을 탄압하고 자신의 이익만을 챙겼던 지배 계급은 결국 패망했고, 더 심각하게는 나라 전체가 무너졌다. 따라서 많은 왕들이 하늘과 백성을 두려워하라는 통치이념에 귀를 기울이

민주적 사상의 뿌리		인본주의			한국민주주의
고조선	**삼국시대**	**삼국시대**	**고려**	**조선**	
두레, 계	→ 화백회의	화쟁사상, 화랑도	→ 불교 만개	→ 유학 → 실학 → 동학	

려 애썼다.

그 때문에 많은 제도와 사상에 백성을 생각하는 위민 · 애민정신이 깃들어 있었고, 애민정신, 즉 인본주의 정신이 오늘날 민주주의를 이루게 하는 원동력이 될 수 있었다. 사실 민주주의는 인본주의를 위한 수단이며, 국가의 주권을 국민에게 두는 것은 결국 국민들을 존중하겠다는 의미이기도 하다. 즉, 인본주의 실현은 민주주의의 최종 목적이 될 수 있으며, 인본주의는 그 자체로 민주주의가 정착될 수 있는 원동력이 된다.

◇ 화랑도

신라의 삼국통일을 가능하게 했던 '화랑도' 역시 인본주의 사상을 담고 있다. 화랑도는 신라시대 이후 발전 · 계승되어 오면서 현대의 사상에도 영향을 미치고 있다.

화랑도 하면 화랑도 정신인 세속오계世俗五戒(사군이충事君以忠, 사친이효事親以孝, 교우이신交友以信, 임전무퇴臨戰無退, 살생유택殺生有擇)를 떠올리게 된다. 이는 신라시대 화랑이 지켜야 했던 다섯 가지 계율을 뜻하는 것으로, 모두 인간을 존중하고자 하는 사고방식이다.

사군이충은 임금에 대한 충성, 즉 나라에 대한 충성을 나타낸다. 이는 리더십 개념으로 보면 내셔널 리더십으로의 발전을 의미한다. 사친이효는 부모님에 대한 공경을, 교우이신은 친구에 대한 믿음을 의미한다. 여기서 친구는 좀 더 넓은 의미로 '살아가면서 만나게 될 모든 인간관계'를 말한다. 따라서 이는 리더십의 핵심 요소 중 하나인 네트워크를 형성하는 기본자세를 설명하는 것으로 볼 수 있다.

또한 살생유택은 생명에 대한 존중을 나타낸다. 살생유택을 리더십에 비유하자면 최근 강조되고 있는 리더의 사회적 책임과 연계시킬 수 있다. 리더의 사회적 책임은 인간에 대한 책임뿐만 아니라 환경, 자연 생태계에 대한 책임을 모두 담고 있다. 따라서 살생유택은 인간 존중 리더십을 넘어 만물 존중 리더십을 강조한다고 볼 수 있다.

◇ 화쟁사상

화쟁사상和諍思想은 원효의 중심 사상으로, 모든 논쟁을 화합으로 바꾸려는 불교사상을 말한다. 화쟁사상은 서로 다른 종파를 모두 존중한다. 이는 단순히 종교에만 머무르지 않고, 서로 다른 인간을 존중하는 인본주의 사상과도 연결된다. '생각이 다르다고 상대방을 무시해서는 안 되며, 그들을 존중하고 포용해야 한다'는 사상은 민주주의의 기본 이념이기도 하다.

화쟁사상에 담긴 인본주의 정신 역시 리더십과 연계된다. 리더십에서 가장 중요한 자세 중 하나가 타인을 '틀리다'고 생각하지 말고 '다르다'고 생각하라는 것이다. 많은 이들의 저마다 다른 의견과 생각 속에는 다른 상황과 다른 이유들이 있다. 따라서 나와 같지 않다고 해서

틀리다고 말할 수는 없다.

화쟁사상에서 말하는 화합의 리더십은 현대 정치인들에게 특히 필요하다. 우리나라의 여야는 다른 당파에 몸담고 있다는 이유로 상대방의 말은 들어보려고도 하지 않고 무조건 반대부터 한다. 상대방의 의견에 동의하는 것은 내 자존심을 꺾고 상대방에게 끌려가는 것이라는 인식 때문에 수많은 리더들이 가장 기본적인 리더십의 자세를 견지하지 못한다. 원효의 화쟁사상은 신라시대 리더들뿐만 아니라 현대의 모든 리더에게 꼭 필요한 가르침이다.

고려시대 의천義天과 지눌知訥 역시 종宗의 화합을 추구했다. 의천(천태종)은 교선일치敎禪一致(교종과 선종을 일치시킨다), 내외겸전內外兼全[안(선종)과 밖(교종)을 겸하여 완전하게 한다]을 주장하며 교종의 입장에서 선종을 통합하고자 했다.

이해 반해 지눌(조계종)은 돈오점수頓悟漸修(깨달음의 경지에 이르기까지 반드시 점진적 수행 단계가 필요하다), 정혜쌍수定慧雙修(선정禪定의 상태인 '정定'과 사물의 본질을 파악하는 지혜인 '혜慧'를 함께 닦아 수행해야 한다)를 주장하며 선종의 입장에서 교종을 통합하고자 했다. 교종과 선종 모두 인본주의를 지향한다. 교종과 선종을 통합하려는 의천과 지눌의 노력 역시 종파를 존중하는 인본주의에 바탕을 두고 있다.

◇ 유학

조선시대의 가장 대표적인 사상은 유학이다. 유교사상에서 핵심적인 개념이 '인仁'이다. 인이란 '어질다'라는 뜻으로, 선의 근원이자 행의 기본이 된다. 선의 근원이자 행의 기본이 된다는 것은 자기 수양을 통해 도덕적 가치를 내면화하고 타인과 관계를 맺으며 도덕적 생활을 실천함으로써 예를 행한다는 뜻이다. 인간 개개인은 누구나 존귀한 존재이기 때문에 수련을 통해 도덕성을 갖출 수 있다. 인간은 군자가 되기 위해 항상 수련해야 하고, 그 수련을 바탕으로 타인과 함께 이로움을 베풀며 살아가야 한다. 이러한 유학의 인본주의가 리더십에서 의미하는 것이 바로 '도덕성'이다.

◇ 동학

동학東學은 부정부패가 만연했던 조선 후기, 몰락한 양반인 최제우崔濟愚에 의해 만들어졌다. 동학란 이후 서민들의 삶은 피폐해지고, 지배계층의 횡포는 날이 갈수록 심해졌다. 또한 당시 외세에 대한 위기감이 고조되었고, 서학이 들어오면서 이에 대한 반발도 일기 시작했다. 최제우는 기존의 유불선과 같은 사상들로는 현실의 위기를 극복할 수 없다고 느꼈다. 따라서 천명을 바르게 이해해 나라와 백성을 진정으로 편안하게 할 수 있는 새로운 사상이 필요하다고 생각했고, 여러 사상을 융합해 동학을 창시했다.

동학은 인본주의를 외친 대표적인 사상 가운데 하나다. 동학의 기본 사상인 인내천 사상은 사람은 본래 하늘의 성품을 가졌으므로 모든 사람은 하늘처럼 존귀하다는 뜻이다. 그래서 동학은 모든 사람을 대할 때 하늘을 섬기는 것처럼 존중해주어야 한다고 주장한다.

대한민국 5천 년 역사에 깔려 있는 인본주의 철학은 현대에 이르러서는 민주화를 아주 빠른 시간 안에 이루어내는 방향으로 작동했다.

민주화의 목표이자 원동력인 인본주의는 리더들이 함양해야 할 기본 철학이기도 하다. 인본주의에 입각해 모든 구성원을 존중하는 리더십을 발현해야 할 것이다.

| 06 |

리더십 DNA 5

신명

흥의 문화가 만드는 시너지

우리 민족에게는 특유의 흥이 있다. 이 흥이 시너지를 내면 주변을 모두 신이 나는 분위기로 바꾼다. 그래서 흥이 오르면 어깨가 들썩거리고 앉아 있을 수 없게 되는데, 이를 '신명이 난다'라고 표현한다. 따라서 한국인에게 존재하는 이 특유의 흥을 이끌어내는 리더는 한국인을 가장 잘 이해하고 있다고 할 수 있으며, 이때의 리더십을 '신명의 리더십'이라고 말할 수 있다. 신명의 리더십에서 가장 중요한 키워드는 '함께'이다. 물론 리더가 이끌어야 하지만, 리더와 조직 구성원들이 함께 목표를 지향하고 실천해 이루어가는 특징이 있다.

《신명의 심리학》(한민 · 한성열 지음, 21세기북스, 2009)에 따르면, "신명이라는 단어에는 우리말 신명과 한자어 신명神明이 있다. 그리고 비슷한 말로는 신바람이라는 말도 있다. 한국 문화에서 이 세 종류의 말은 거의 유사한 문화적 현상을 설명하기 위해 사용되고 있다. 신명의 사전적 의미는 '흥겨운 신과 멋'으로 풀이되는데, (……) 신명이 오른 무당은 날카로운 작두에도 다치지 않고, 오랫동안 지속되는 굿거리에도 지치지 않으며, 일반 사람으로서는 상상하기 어려운 신통력을 발휘한다. (……) 한국 문화에서 널리 사용되는 신명 난다는 말은 우선적으로 이러한 종교적 맥락에서 유래했을 가능성이 있다."

싸움을 말릴 때 우리는 보통 서로 풀어버리라고 말한다. 풀어버린다는 것은 가슴에 맺힌 욕구 불만 또는 억울함을 물로 씻듯이 씻어 없애버린다는 뜻이다. 우리는 이 '풀이'를 소중히 여겨온 민족이다. 무엇이든 풀어버리려 한다. 억울한 것도 풀고, 분한 것도 풀고, 슬픈 일도 풀고, 심심한 것도 푼다. 화풀이, 분풀이, 원풀이, 심심풀이처럼 모든 풀이가 인간관계의 소통법이 된다. 따라서 서구의 인간관계가 이치로 따지는 '긴장의 문화'라면 우리는 심정으로 풀어버리는 '해소의 문화'라 할 수 있다.

흔히 서양인과 동양인을 구분할 때 서양인은 이성적이고 동양인은 감정적이라고 말한다. 이러한 특징은 우리 국민들에게도 나타나며, '감정적'이라는 말은 우리나라 사람에게는 '흥'이라는 말로도 표현할 수 있다. 우리나라 사람들은 모이면 춤을 추고, 노래를 부른다. 관광버스에서도 내내 노래를 부르고 흥겨운 춤판이 벌어지는 걸 두고 흥이 많은 민족이라 그렇다고 말한다. 한국인의 신명은 긴장이 아니라 풀어진 상태에서 얻는 활력이다. 신바람은 우리 민족이 스스로 낙천성을 기르고 화합하면서 긴장을 푸는 고유의 방식인 셈이다.

우리 민족이 예부터 노래와 춤을 즐겼다는 사실은 중국의 문헌에까지 기록될 정도였다. 우리나라 사람들의 신명은 바람처럼 다른 이들에게 번지고, 그래서 신바람이 일면 자신이 가진 능력을 훌쩍 뛰어넘는 능력을 발휘하게 된다.

농악과 사물놀이는 신바람과 흥 문화의 상징이다. 마을에 농악대가 등장하면 남녀노소, 빈부귀천, 문무반상 할 것 없이 함께 어울려 노래하고 춤추며 흥의 한마당을 펼친다. 농악대는 '농자천하지대본農者天下之大本'이라고 쓴 농기農旗를 앞세우고 상쇠의 꽹과리 소리에 맞춰 온 마을을 누비고 다닌다. 농악 소리를 들으면 칠순 노인도 어깨를 들썩거리며 뒤를 따르고, 수줍은 아낙네도 대열에 끼어든다.

한국의 흥과 음악성은 의식요, 유희요, 노동요로 대변되는 민요 문화에서도 만날 수 있다. 이러한 특성이 현재로 이어지면서 연예, 오락, 놀이 문화를 진화시켰으리라. 직장의 회식을 비롯해 사람들이 모이면 노래방에 가는 문화도 전 세계 어디에도 없는 독특한 문화다. 이렇게 흥으로 세상을 살아가는 방식은 오랜 역사를 통해 우리 몸에 내재된 한민족의 유전자라 할 것이다.

이심전심의 마음은 우리의 삶을 흥이 넘치게 만든다. 이것은 어떤 물리적 입자가 생성될 때 그 입자 주변에는 역동적 에너지와 운동력의 장場이 형성되는데, 이 장이 주변의 다른 입자의 장이나 그 입자에 영향을 미친다는 현대 물리학의 '장 이론field theory'으로도 설명할 수 있다. 사람의 생각이나 감정 역시 물리적 입자다. 그것은 동양학에서는 기氣에 해당되는 것으로, '물질+정신'의 총체다. 말하자면, 그것은 내가 어떤 생각이나 감정을 가졌을 때 입자화되고, 그 입자 주변에는 그 생각이나 감정이 실린 에너지와 운동력의 장이 형성된다. 즉, 내 생각의 에너지 장이 상대의 에너지 장에 파장을 일으키게 되는 것이다. 내가 지금 무슨 생각을 하는지, 어떤 감정을 품고 있는지 다른 사람의 눈에는 보이지 않겠지만, 그 생각은 틀림없이 상대의 감정에 영향을 미친다.

일체유심조一切唯心造라는 말이 있다. 어떻게 생각하고 마음먹느냐에 따라 흥과 행복이 좌우되고, 운명도 결정된다는 뜻이다. 리더십 또한 '마음을 움직이는 것'이므로 리더와 팔로어 사이에 신바람과 흥이 나도록 적극적이고 낙관적인 가치관을 형성시키는 것이 중요하다.

우리 민족은 뚜렷한 동기나 목표가 있으면 신명 나게 일하고 하나가 되었다. 농업→산업→정보→지식정보 국가로 반세기 만에 압축 성장했고, 올림픽, 월드컵, 엔터테인먼트 및 IT 분야의 한류로 세계를 감동시켰다. 세계적인 경기 침체와 양극화 등으로 많은 국민이 무기력함을 느끼는 오늘날, 가장 시급한 것은 리더들이 조직 구성원이나 국민들이 신명 나게 놀며 일하는 기쁨을 누릴 수 있도록 리더십을 발휘하는 것이다.

1960~1970년대의 새마을운동은 '잘 살아보세, 잘 살아보세, 우리도 한번 잘 살아보세!'라는 캐치프레이즈로 모든 국민을 신명 나게 했다. 동남아시아, 아프리카, 중국 등 많은 국가에서 새마을운동을 국가 발전 모델로 도입했으며, UN과 OECD에서는 주요 프로젝트로 추진하고 있다.

2002년 월드컵 당시 광화문과 시청 앞을 가득 메운 붉은악마 응원단과 2012년 싸이의 '강남스타일' 공연 모습은 세계에서도 유례를 찾아볼 수 없는 흥 문화의 진수를 보여주었다. 한국이 전 국민의 뜨거운 응원 속에 월드컵 4강까지 올라가자 세계인들은 그 폭발적인 힘에 놀랐다. 독일은 2006년 독일 월드컵에 한국의 거리응원 문화를 도입했으며, 그들이 갖지 못한 한국인의 잠재된 열정과 응집력, 흥의 문화 등을 실감하고 벤치마킹했다.

패러다임을 바꾸는 힘

신바람은 인간의 한계를 초월해 어떤 역경이라도 이겨낼 수 있는 에너지로 작용한다. 역사적으로도 흥의 문화가 융성한 시기에 고구려는 수나라, 당나라를 무찌르고 요동 벌판을 호령했으며, 조선 세종 때는 함경도, 평안도 변방을 개척하고 대마도를 정벌하는 등 부국강병의 나라를 이루었다.

신바람은 우리 민족이 지닌 창의적인 발상과 사고의 원동력이기도 하다. 지금 우리나라가 대중음악, 문화, 예술, 경제, 정보기술, 체육, NGO 활동, 기능대회 등의 분야에서 불가사의할 만큼 놀라운 성과를 거두고 있는 것은 이런 신바람과 흥의 리더십이 발현되었기 때문이라고 보아도 좋을 것이다.

신명이란 다른 사람을 즐겁게 하기 위해 인위적 · 타의적으로 만들어내야 하는 것이 아니라, 스스로 가슴 뛰고 살맛 나는 삶을 만들기 위해 자의적·무의식적으로 불러일으키는 것이다. 신명은 대한민국 역사를 일구어온 리더들이 보여주었던 무한한 저력의 핵심이다. 리더는 자신 안에서 신명이 솟아오르게 하고, 더 나아가 자신이 몸담은 집단을 신명 나는 곳으로 만들어야 할 의무가 있다. 모든 조직을 '당신도 리더, 나도 리더'로 만들어 신명 나는 조직, 흥의 문화를 가진 조직으로 만들어야 한다. 우리 개개인이 가진 흥의 특성을 이끌어내 흥의 조직이 되도록 하는 것이 '리더다운 리더'의 역할이기 때문이다.

우리나라 사람들은 자신의 존재 가치를 인정해주는 리더가 있을 때 신뢰를 갖고 따르며, 신명을 다해 일한다. 그러므로 자신 또는 조직원들의 진정한 가치를 리더가 인정하고 지원하면 그 조직은 신바람과 흥의 리더십을 통해 진일보하는 조직이 될 수 있다.

이어령 전 문화부 장관은 《젊음의 탄생》(생각의나무, 2008)에서 신바람 나서 즐겁게 일하는 흥이 있는 우리의 국민성을 '나비형 인간'에 비유했다.

> 한국과 일본 사람들은 일하는 것을 보면 다르죠. 한국은 개미와 베짱이가 혼합된 개짱이라고 할까요. 일하는 형태로 보면 일본 사람들은 꿀벌형이고, 한국 사람들은 나비형입니다. 나비는 꿀벌처럼 일직선으로 꽃을 향해 날아가지 않습니다. 이리저리 곡선을 그리면서 날아다니지요. 배우는 것과 노는 것이 하나가 되는 것, 그것은 꿀벌형 인간을 만들어내는 것이 아니라 나비형 인간을 만들어가는 것으로 패러다임을 바꿔간다는 뜻입니다. 님도 보고 뽕도 따러 가는 신 나는 사람과 뽕만 따는 사람이 있다고 하면 그날 누가 더 뽕을 많이 딸까요? 뽕만 따러 가는 사람은 '또

가야 해?'라고 생각할 겁니다. 하지만 님도 보고 뽕도 따면 다르겠지요. '오늘은 안 가나요?'라며 흥이 나서 먼저 나설 겁니다. 장기적으로 보면 흥이 나서 즐겁게 일하는 사람을 이길 수 없는 일입니다.

– 이어령, 《젊음의 탄생》

이어령 전 장관이 언급했듯이 속담 '님도 보고 뽕도 따고' 역시 한국인의 흥 문화를 담고 있다. 한국인의 '노동=놀이'라는 세계관을 한마디로 나타낸 이 속담을 보면 알 수 있듯이 한국에서는 쉬는 것과 일하는 것이 같은 리듬 안에서 공존한다. 그는 '노동=놀이'라는 세계관에 충실하고 신 나게 사는 삶이야말로 진정한 행복을 추구하는 삶이라고 설명했다.

우리나라의 전통 농악이나 놀이를 보면 대부분 논일과 밭일을 하면서 동시에 사물놀이를 하고 민요를 부르며 신 나게 논다. 그렇기 때문에 비록 그것이 놀이가 아니라 노동이라 하더라도 흥이 나면 힘든 줄 모르게 되고, 힘겨운 노동 현장이 즐거운 놀이의 현장으로 바뀌는 것이다.

그렇다면 무엇이 우리의 전통적인 흥의 문화를 잘 살리고, 우리 국민에게 흥을 불어넣어줄 수 있을까? 나는 그것을 한국을 이끌어가는 리더들의 역사리더십에서 찾고 싶다. 한국형 역사리더십으로 무장한 리더들이야말로 온 국민을 하나로 뭉치게 할 수 있을 것이다. 또한 그것은 국민 모두를 셀프 리더, 슈퍼 리더로 만들어 '스스로를 이끌어나가고 자발적으로 뭉치는 국민'이 되게 해줄 것이다.

우리 국민은 잘 살아보겠다는 의지가 충만해 리더의 리더십만 뒷받침된다면 엄청난 능력을 발휘할 수 있는 잠재력을 갖고 있다. 리더가 국민의식을 선도하는 리더십 역량과 도덕성을 갖추고 국민에게 희망과 비전을 준다면 국민은 부국강병과 통일의 역사적 과업을 홍의 문화로 신명 나게 이룰 수 있을 것이다.

리더십 DNA 6

은근과 끈기

어려움을 참고 견디다

　은근과 끈기란 어려움이나 괴로움을 참고 견디는 마음이다. 인생에
는 어려움이나 괴로움이 있기 마련이므로 사람은 누구에게나 정도의
차이는 있겠지만 은근과 끈기가 필요하다.

　우리 민족은 '곰삭음'의 DNA를 가졌는데, 은근과 끈기 DNA가 바
로 5천 년 동안 숙성된 한민족 특유의 DNA이다. 21세기 지식정보화
시대는 은근과 끈기의 지혜를 가진 리더를 요구한다. 설사 리더가 아
니더라도 어떤 일을 어떤 자리에서 하든 은근과 끈기는 모든 사람에게
너무나도 중요한 덕목이다.

한반도는 세계의 전략적 요충지로, 우리 민족에게는 운명의 땅이자 시련의 땅이다. 크고 작은 전쟁에 시달리는 운명의 땅에서 5천 년 역사를 보존할 수 있었던 것은 은근과 끈기 DNA가 삶의 지혜와 리더십으로 승화된 덕택이었다.

은근과 끈기 DNA가 없었다면 우리 선조들은 대한민국 5천 년 역사를 제대로 지켜내지 못했을지 모른다. 전쟁으로 나라가 피폐해지고 국운이 풍전등화와 같은 위기에 처할 때마다 이를 극복하는 과정을 되풀이하면서 은근과 끈기 DNA가 형성되었다.

세일즈맨의 영업 행태에 대한 미국 소매상협회의 조사에 따르면, 세일즈맨의 48퍼센트가 한 번 방문해보고 나서 포기했고, 25퍼센트가 두 번째에 포기했으며, 15퍼센트는 세 번째에 포기했다고 한다. 결국 3번 방문하고 포기한 세일즈맨이 무려 88퍼센트나 되고 나머지 12퍼센트만이 줄기차게 방문해서 성과를 낸 셈인데, 그들이 무려 전체 목표의 80퍼센트를 달성한 것으로 나타났다. 만일 우리나라 세일즈맨을 대상으로 조사를 했다면 어떤 결과가 나왔을까?

우리나라 사람들이 국내외에서 저력을 유감없이 발휘하는 것은 은근과 끈기의 민족성 때문이라고 해도 과언이 아니다. 미국의 유대인들이 한민족의 끈기를 인정하고 상권을 물려준 유명한 일화도 있을 정도다.

은근과 끈기의 민족성은 끈질긴 저항정신으로도 나타났다. 일제 강점기에 독립을 쟁취하기 위해 투쟁한 영웅들 중에 이준李儁 열사와 윤봉길尹奉吉 의사가 있다. 이준 열사는 1907년, 이상설, 이위종과 함께 네덜란드 헤이그에서 열린 헤이그평화회의에 특사로 파견되었다. 그들은 평화회의 의장인 러시아 대표 넬리도프Nelidov를 방문해 회의에 참석해 발언할 수 있는 기회를 달라고 끈질기게 요청했으나, 일본 측의 방해로 끝내 평화회의에 참석할 기회를 얻지 못했다. 이준 열사는 뜻을 이루지 못해 울화로 병을 얻었지만, 헤이그에서 죽는 순간까지 투쟁을 멈추지 않았다. 죽을 때까지 대한독립을 외치며 조국과 민족을 위해 투쟁하다 죽어갔다.

윤봉길 의사가 일제에 의해 형장의 이슬로 사라지면서도 이에 굴하지 않고 아들에게 대를 이어 독립투사가 될 것을 유언으로 남긴 일화는 유명하다. 1932년 4월 29일은 일본이 상하이사변에서의 승리를 자축하기 위한 행사를 하는 날이었다. 윤봉길은 새 양복을 단정하게 차려입고, 한쪽 어깨에는 물통을 메고 한 손에는 도시락을 들고 식장에 들어갔다. 드디어 식이 시작되고 "일동 묵념!"이라는 소리와 함께 식장은 쥐 죽은 듯 조용해졌다. 윤봉길 의사는 그 순간 식단의 중앙으로 폭탄을 던졌고, 폭탄은 이내 천지를 진동시키며 폭발했다. 일제의 고위 장교들이 쓰러지고, 시라카와 요시노리[白川義則] 사령관도 큰 부상을 입어 생명을 구하지 못했다. 폭음이 충천하고 피가 튀는 순간, 윤봉길 의사는 "대한독립 만세!"를 우렁차게 외쳤다.

그해 12월 19일 윤봉길 의사는 일제의 재판을 받고 26발의 총살형을 선고받았다. 형장에서 형무소장은 그에게 마지막 말을 허락했다. 그는 종이 위에 아들에게 남길 마지막 말을 적었다. '너도 만일 피가 있고 뼈가 있다면 반드시 조선을 위해서 용감한 투사가 되어라! 태극의 깃발을 높이 드날리고, 나의 빈 무덤 앞에 한 잔 술을 부어라!' 대를 이어 독립 투쟁의 리더가 될 것을 당부하는 내용이었다.

한민족 '통곡의 땅'이라 불리는 중앙아시아 이주민들이 보여준 저항 정신과 끈기도 되새겨봄직하다.

1937년 9월, 소련은 연해주 지방에 살고 있던 고려인 약 18만 명 전원을 중앙아시아 지역으로 강제 이주시켰다. 일본과 전쟁이 벌어지면 한국인들이 일본을 도울 것이라 판단하고 불과 몇 시간의 여유만 주고 강제로 연해주를 떠나게 한 것이다. 고려인들은 시베리아 화물열차에 태워져 5천 킬로미터 이상 떨어진 우즈베키스탄, 카자흐스탄 지역에 버려졌다.

하지만 우리 민족은 그대로 주저앉지 않았다. 그들은 움막을 짓고, 밀과 면화는 물론 쌀농사까지 시작했다. 학교와 병원도 세웠다. 이렇게 황량한 땅에서 결실을 일구어낼 수 있었던 것은 한민족 특유의 은근과 끈기 DNA가 살아 숨 쉬었기 때문이다. 이러한 DNA에 교육열까지 더해져, 2세, 3세부터는 과학자를 비롯한 전문직 종사자도 많아졌다. 현재 중앙아시아에는 50만 명, 소련 전체에는 60만 명의 한인이 살고 있으며, 고려인 집단농장을 이끌었던 김병화를 기리는 '김병화 콜호스 기념관'에는 한국판 디아스포라의 역사가 그대로 보존되어 있다.

뉴프런티어를 향하여

우리나라는 반도국이지만 20세기 냉전의 산물로 남북으로 분단되어 대륙과 단절되면서 사실상 섬나라가 되었다. 바다를 통해서만 외부와 연결될 수밖에 없는 제약 속에서도 우리는 세계 경제 10위권의 무역 강국이 되었다. 우리의 주요 무역 상대는 미국에서 중국으로 바뀌고 있다. 만주, 연해주, 시베리아, 몽골, 중앙아시아는 자원 빈국인 우리와는 달리 무한한 자원을 가진 지역이다. 통일이 되는 미래에는 우리나라 젊은이들에게 기회의 땅이 될 수 있을 것이다.

지금부터라도 온갖 역경을 이겨내고 그곳에서 성공한 한인 디아스포라들과의 협력 방안을 모색할 필요가 있다. 중국과 일본을 꺼려 우리의 기술과 자본을 원하는 그들과 상생의 방책을 찾을 수 있을 것이다.

그런 점에서 2014년 5월 17일 박근혜 대통령의 방문 이후 현재 추진되고 있는 5조 원 상당의 한-러 천연가스 라인 건설 프로젝트는 큰 의미가 있다고 하겠다. 이 프로젝트가 성공한다면 그다음에 우리가 할 일은 시베리아로 통하는 철도를 연결하는 것이다. 19세기 말 미국이 서부 개척으로 활로를 찾았듯이 시베리아 대륙이 우리에게 새로운 프런티어가 되어줄 것이다.

| 08 |

리더십 DNA 7

교육열

세계가 주목하는 한국의 교육법

유학의 근본은 학문의 기초를 쌓는 데 있다. 공자는《논어》〈학이學而〉편 첫머리에서 '학습'의 중요성을 강조했다.

배우고 때때로 익히니 또한 기쁘지 아니한가? 오랜 벗이 먼 곳으로부터 나를 찾아오니 또한 즐겁지 아니한가? 남이 나를 알아주지 않는다 해도 원망하지 않으니 또한 군자가 아니겠는가?

學而時習之不亦說乎, 有朋自遠方來不亦樂乎, 人不知而不慍不亦君子乎.

– 공자, 《논어》

유학을 숭상한 우리나라는 예로부터 '배워야 산다'를 생활철학으로 삼고, 입신출세의 길은 교육이라고 믿었다. 교육을 통해 얻는 효과는 말로 다할 수 없을 정도로 크다. 예나 지금이나 인재는 국가의 기둥이요, 대들보다. 그래서 인재를 동량지재棟梁之材, 동량지신棟樑之臣이라 하지 않았는가? 이 모든 것은 인재 양성이 곧 국가의 번영과 직결된다는 자각에서 나온 것이다. 지금 우리나라는 세계에서 문맹률이 가장 낮은 나라에 속하며, 중국의 56개 소수민족 중에서 대학을 세운 민족은 조선족뿐이다.

제2차 세계대전 이후 최빈국에서 선진국으로 가장 빠르게 경제성장을 이룬 나라가 한국이라는 평가가 이어지면서 우리나라의 교육 방법과 정책이 세계의 주목을 받고 있다. 세계의 이런 관심을 증명이라도 하듯 최근 중국, 일본은 물론이고 미국, 러시아, 인도, 프랑스 등 전 세계 학생들이 한국으로 몰려들고 있다. 교육과학기술부는 2013년 현재 외국인 유학생이 10만 명에 달한다고 밝혔다. 그동안 선진국으로 학생들을 내보내기만 하던 우리나라가 어느새 유학을 오는 외국인 학생이 더 많은 나라가 되었다.

세계가 주목하는 우리의 교육 방식에는 어떤 강점이 있을까? 우리는 해방 직후 건국 과정에서 교육 이념과 교육 방침을 수립했다. 이때 채택된 기본이념이 고조선의 건국신화에서 이끌어낸 홍익인간 정신이었다. 홍익인간 이념을 토대로 널리 인간을 이롭게 하는 교육을 펼치겠다는 교육철학이 담겨 있는 것이다.

1949년 12월 31일 법률 제89호로 제정·공포된 교육법 제1조는 우리나라 교육의 근본이념을 다음과 같이 천명했다.

■ 시대별 교육 제도와 교육의 특징 ■

시대	주 요 내 용
고조선	• 대한민국의 건국·교육이념으로 채택된 홍익인간 정신 태동
고구려	• 귀족 자제를 위한 관리 양성 기관인 태학 운영: 우리나라 대학의 효시 • 평민(지방 귀족) 자제를 위한 사립교육 기관 경당 운영 • 경당에서는 유학 경전 및 역사서 교육과 활쏘기, 무예 교육 동시 진행 • 문무를 겸비한 교육을 실시해 고구려를 군사 대국으로 만듦
백 제	• 박사제도 운영: 오경박사, 역박사, 의박사 등 다양한 박사 존재
신 라	• '충'과 '신의'를 중요시한 수양 단체인 화랑도 운영 • 삼국통일 후 국학 설치
발 해	• 주자감(현재의 국립대학)을 설치해 왕족과 귀족 교육 실시 • 당나라에서 많은 학생 유학 옴
고 려	• 유교를 통치이념으로 삼아 유교 국가로서 손색이 없는 교육제도의 완비를 국가의 최우선 과제로 인식 • 국학을 국자감으로 개편(992)한 후 성균관으로 명칭 변경(1362)
조 선	• 초기에는 성리학 중심의 교육 기관으로 성균관, 사학, 향교 등 운영 • 중기에는 교육 사상과 사학의 발달로 서원 발전 • 말기에는 서구 교육 체제의 도입으로 새로운 교육운동 전개 • 활발한 민족교육운동, 근대 교육의 기틀 완성
일제 강점기	• 1908년 일본이 사립학교령과 학회령을 내려 우리 민족의 독립과 국권회복운동 방해 • 지역 단위로 학회를 조직해 학회교육과 독립운동 전개 • 천도교의 민중교육운동이 일어나 교육사업과 출판사업을 통한 학교교육 진흥
해방 및 건국	• 해방 이후 교육법을 만들고 교육자치제 시행 • 홍익인간 정신을 교육이념으로 채택, 교육이 지향해야 할 방향과 목표 설정
현 대	• 세계 최고의 대학 진학률 • 국민들의 평균 교육 수준이 세계적으로 가장 높은 나라 • 지나친 교육열이 사회 문제로 대두됨

교육은 홍익인간의 이념 아래 모든 국민으로 하여금 인격을 완성하고 자주적 생활능력과 공민으로서의 자질을 구유하게 해 민주국가 발전에 봉사하며 인류공영의 이상 실현에 기여하게 함을 목적으로 한다.

이렇듯 홍익인간은 단군 이래 우리나라 정교政教의 최고 이념으로서 광복 이후 오늘날까지 우리의 교육이념이 되었다.

교육은 미래의 성장 동력

우리 민족은 일제 침략의 시발이 된 을사늑약 체결이라는 난감한 현실 앞에서 무장투쟁의 전열에 서는 한편, 교육을 통해 나라를 구하려는 운동을 맹렬히 전개했다. 방방곡곡에서 학회가 조직되고 사립학교가 설립되었으며, 서당은 속속 학당, 의숙義熟으로 개조되어 새 학문, 새 교육의 터전으로 바뀌었다.

우리 조상들의 구국교육운동은 위로는 황실에서부터 아래로는 지방 유지와 학생에 이르기까지 전 국민의 협력과 호응을 얻었다. 관직에 있던 사람이 울분에 못 이겨 벼슬을 버리고 학교를 세우는가 하면, 재산을 바쳐 학교를 일으킨 사람도 있었고, 무보수로 교사를 자원하는 청년들도 많았다.

이러한 애국열은 국내에만 국한되지 않고, 간도, 연해주, 블라디보스토크 등지에서까지 활활 타올랐다. 교육을 통해 강탈당한 조국을 구하려 했던 만큼, 당시 학교의 운영정신과 교육 내용 또한 뜨거운 민족의식을 반영하고 있었다.

1948년 건국 후, 초근목피로 연명하는 가난한 나라였음에도 초등학교는 의무교육이었고, 대부분의 학부모들은 소를 팔고 논밭을 팔아가면서 자녀교육만큼은 최우선으로 시켰다. 이렇게 양성된 인적 자본은 1960년대 이후 우리나라가 고도성장을 하는 데 발판이 되었다.

오늘날 한국이 한강의 기적을 이루고 이만큼 세계적 위상을 확보하게 된 것은 바로 이러한 교육열이 있었기 때문이다. 지금은 다소 하향세를 보이고 있지만, 2008년만 해도 고교생의 83.8퍼센트가 대학에 진학해 세계 제1의 대학 진학률(선진국은 평균 35~60퍼센트)을 자랑했다.

《문명의 충돌The Clash of Civilizations and the Remaking of World Order》의 저자 새뮤얼 헌팅턴Samuel Huntington은 1960년 비슷한 경제 수준이던 한국과 가나가 수십 년 후 엄청난 경제력의 차이를 보인 이유 중 하나로 한국의 교육열을 꼽았다. 오바마 미국 대통령은 교육에 대한 학부모들의 관심을 고취하기 위해 기회가 있을 때마다 한국의 높은 교육열을 극찬하며 국민들을 독려했다.

지식경제 시대에 가장 중요한 힘은 인적 자본이다. 한국의 교육 리더십이 중요해지는 이유가 바로 여기에 있다. 2012년 〈한국경제신문〉이 주관한 '교육이 최고의 복지다'라는 주제의 포럼에서 고든 브라운 Gordon Brown 전 영국 총리는 "모든 경제가 지식경제로 바뀌고 있다. 교육이 국가의 번영을 결정하는 가장 중요한 요인이 될 것이다. (……) 한국은 인재 개발에서 선도적인 역할을 해오고 있다"라고 평가했다. 또한 2014년 5월 〈조선일보〉와 영국의 글로벌 대학 평가 기관 QS Quacquarelli Symonds가 실시한 '2014 〈조선일보〉·QS 아시아 대학 평가' 결과, 아시아 평가가 시작된 이후 처음으로 한국 대학 여섯 곳이 '톱20'에 포함되었다. 카이스트KAIST가 아시아 2위 대학에 선정되었고, 그 밖에 서울대, 포스텍(포항공대), 연세대, 성균관대, 고려대가 아시아 20위 안에 들어 우리 대학들의 약진이 두드러졌다.

인간이 멸종되지 않고 지구상에서 번영을 누리며 만물 위에 군림할 수 있는 것은 인간이 '생각하며 배우고 익히는' 능력을 부여받았기 때문이다. 플라톤은 역사의 진리를 추구하는 목적은 어느 것이 좋고 어느 것이 나쁜지를 판단하는 능력을 키우는 것이라고 했다. 그는 올바른 이성과 도덕적 가치의 중요성을 역설하며, 정의로운 국가를 건설하려면 정치보다 교육을 잘해야 한다고 주장했다. 교육을 미래의 성장 동력으로 본 것이다.

독일의 철학자 요한 피히테Johann Fichte는 '독일 국민에게 고함'이라는 유명한 강연에서 나폴레옹의 야욕을 교육열로 이겨보자고 역설해 독일 국민의 의기를 북돋운 바 있다. 영국의 웰링턴Wellington 장군은 워털루 전투에서 나폴레옹 군을 격파한 다음 "워털루의 전승은 '이튼(영국의 명문 고교명) 정신'이 획득한 것"이라는 유명한 말을 남겼다.

유대인의 지혜를 담은 《탈무드Talmud》를 읽다 보면 교육의 중요성을 더욱 절감하게 된다. 유대인은 아무리 가난해도 책을 사는 돈은 아끼지 않았으며, 아이가 잠들기 전 부모가 책을 읽어주는 것이 자연스러운 습관이 되었다. 그 결과 유대인은 노벨상 수상자의 30퍼센트를 배출한 뛰어난 민족이 되었다.

유대인의 수는 미국 전체 인구의 1.7퍼센트 정도에 불과하지만, 명문 하버드대학 학생의 약 30퍼센트, 예일대학 학생의 약 25퍼센트가 유대인이다. 아이비리그 대학 모두 거의 비슷한 수준이다. 명문대학 출신 유대인 졸업생들은 지금 미국 주류 사회의 핵심 인재로 각 분야에서 영향력을 행사하고 있다.

《명심보감明心寶鑑》〈근학勤學〉 편에서도 교육의 중요성을 강조하고 있다.

집이 가난해도 가난 때문에 배움을 포기해선 안 된다.

집이 부유해도 부유함을 믿고 배움을 게을리해선 안 된다.

가난한 사람이 부지런히 공부하면 입신할 수 있을 것이다.

부유한 사람이 부지런히 공부하면 이름이 더욱 빛날 것이다.

배우는 사람이 입신출세하는 건 보았지만

배우는 사람치고 성취하지 못하는 건 보지 못했다.

배움은 몸의 보배이고 배운 사람은 세상의 보배이다.

그러므로 배우는 사람은 군자가 되고

배우지 않는 사람은 소인이 된다.

뒷날 배우는 사람들이여, 모름지기 배움에 힘쓸 일이다.

家若貧 不可因貧而廢學 家若富 不可恃富而怠學 貧若勤學 可以立身 富若勤學 名乃光榮 惟

見學者顯達 不見學者無成 學者 乃身之寶 學者 乃世之珍 是故 學則乃爲君子 不學則爲小人

後之學者 宜各勉之

– 《명심보감》(홍익출판사, 2012)

우리는 자원 빈국이라는 악조건 속에서도 교육 강국으로 발돋움해 오늘날 선진국으로 부상했다. 이는 교육 투자에 대한 정직한 보상이 이루어지고 있다는 방증이다. 그렇다고 문제가 없는 것은 아니다. 고도성장 산업사회를 지향하는 과정에서 인성 교육을 등한시해 교육 목표의 재정립이 요구된다는 비판을 피할 수 없게 되었다.

정신과 물질의 조화를 추구하는 교육은 매우 중요하다. 학교교육이 홍익인간의 교육 이념을 제대로 구현하려면 입시와 취업에 중심을 둔 교육이 아니라, 국가정체성을 정립하고 지덕체의 전인격을 함양할 역사교육과 체력단련교육이 제대로 이루어져야 한다. 특히 건전한 민주시민으로서 생활 속에서 개인의 행복과 공동체의 행복을 함께 이룰 수 있게 하는 교육은 가정, 학교, 사회, 직장에서 평생 유기적으로 이루어질 필요가 있다.

하지만 우리나라의 교육은 입시와 취직에 치중한 나머지 역사교육이나 인성교육에 소홀한 것이 현실이다. 게다가 평생교육은 마스터플랜 없이 대학이나 지자체의 평생교육원에서 취미나 교양을 가르치는 수준에 머무르고 있다.

그렇다면 우리가 추구해야 할 교육의 방향은 무엇인가? 먼저 도덕성과 국가정체성이라는 토대 위에서 자주적이며 창조적인 교육이 이루어져야 한다. 우리 교육의 지향점은 건전한 국민, 행복한 국민을 육성하는 일이다. 개인의 의식주는 자기 힘으로 해결하고, 가정과 국가에 봉사할 수 있는 국민이 되도록 전 국민을 건강한 생활인으로 만들어야 한다. 생활인은 튼튼한 몸과 마음을 바탕으로 지식을 습득하고 기능을 연마한 사람이다. 또한 가능성과 소질을 최대한 계발해 자신과 가정의 윤택함을 꾀하는 것 이상으로 국가사회와 인류의 발전에 공헌하고, 희생 봉사하는 일을 자랑으로 여기는 사람이어야 한다. 개인의 창의력과 개척정신, 진취적 기상은 국가의 앞날을 좌우한다. 신념과 긍지, 활력에 찬 생동하는 생활인만이 국가의 밝은 미래를 만들 수 있다.

생즉학生卽學, 즉 산다는 것은 배우는 것이다. 사람은 죽는 날까지 배우고 공부하며 살게 마련이다. 우리 국민도 이제는 평생교육에 자발적으로 참여해 홍익인간의 교육 이념을 구현하는 셀프 리더 또는 코어 리더로서 스스로 전인교육, 제2의 인생교육의 주체가 되어야 할 것이다.

빗나간 교육열

우리나라 교육 문제는 시대를 초월한 화두다. 조선 명종 13년(1558), 과거 과목의 하나이던 책문策問에 '지금 우리나라의 교육제도는 어떠하며, 만일 문제가 있다면 어떻게 개선해야 할지 말해보라'라는 문제가 출제되었을 정도다. 미국의 베스트셀러《넘치게 사랑하고 부족하게 키워라Parents Who Love Too Much》(프리미엄북스, 2001)의 공저자인 제인 넬슨Jane Nelsen은 과도한 자식 사랑으로 빚어진 빗나간 자녀교육에 대해 아래와 같이 경고한다.

사랑이라는 이름으로 저지르는 부모의 자녀교육 욕심이 부모와 자식 간의 관계를 해치고, 서로에게 상처만 준다. 엄마들의 지나친 간섭과 관심, 그리고 관리가 아이들이 독립적이고 책임감 있는 성년으로 성장할 기회를 빼앗는다. 나아가 야단치고 화내고 처벌하는 훈육은 아이를 망칠 뿐이다.

– 제인 넬슨,《넘치게 사랑하고 부족하게 키워라》

얼마 전 자녀의 국적을 세탁해 외국인학교에 불법 입학시킨 부모들이 대거 적발되었다. 이들은 재벌가의 며느리와 딸을 비롯, 병원장 부부, 대형 로펌 변호사 등 사회 고위층이 대부분이었다. 이 사건은 교육에서도 '노블레스 오블리주' 정신이 실종되었음을 보여준 단적인 사건이자, 서민들에게 '상대적 박탈감'을 안겨준 심각한 사건이었다.

우리나라 엄마들의 자식 사랑은 유별나다. 엄마들은 아이를 위해서라면 뭐든 해주겠다는 생각으로 할 수 있는 한 모든 것을 아낌없이 자녀교육에 투자한다. 그렇게 아이 중심의 인생을 살다 보니, 아이가 성장한 후에도 헬리콥터처럼 주변을 맴돌며 사사건건 참견하는 '헬리콥터 맘'이 되고 만다. 이제 '헬리콥터 맘'으로도 부족해 '매니저 맘'으로 나서기도 한다. 캐슬린 스티븐스Kathleen Stephens 전 주한 미 대사는 "한국 사회를 발전시킨 교육열fever이 교육병sickness으로 변질되어서는 안 된다"라며, 한국 학부모들의 지나친 교육열이 불러올 폐단을 경고했다.

우리나라는 지금 높은 사교육비로 몸살을 앓고 있다. 2012년 전국 초·중·고등학교 학생의 사교육비 규모는 무려 24조 원에 달하고, 2013년에는 다소 감소해 18조 5,960억 원이었다. 2013년 가구당 평균 사교육비 지출은 23만 9천 원에 달한다. 엄청난 사교육비로 가정 경제에 큰 부담을 주는 것도 문제지만, 전인교육이 실종된 사교육에 많은 시간 우리 학생들을 방치하고 있는 것이 더 큰 문제다. 나라를 걱정하는 사람들은 우리나라 부모들의 빗나간 교육열 때문에 학생들이 사회에 꼭 필요한 사람, 리더로 육성되는 것이 아니라 오직 수능과 취직에만 초점을 맞춘 '인간복사기'로 양산되고 있다고 지적한다. 뿐만 아니라 사교육 때문에 중산층이 급감하고 있다고 하는데, 그 증거로 사교육을 폐지했던 5공화국 때는 중산층이 80퍼센트였으나, 사교육열이 과도한 현재는 중산층이 20퍼센트 정도로 줄었다는 것을 내세운다.

일찍이 공자는 《논어》에서 교육은 스승을 육성하는 것이라고 주장했다. 현대적 의미로 보면 스승은 리더이다. 우리의 홍익인간 교육 이념의 진정한 의미도 참다운 리더를 육성하는 것이다. 동서양을 막론하고 리더를 키워내지 못하는 교육은 올바른 교육이라고 할 수 없다. 미래 교육의 목적은 국가의 발전을 선도하고 경쟁력을 키워 각계각층의 리더를 배출하는 것이어야 한다. 이를 위해 정부는 올바른 리더 양성 교육이 이루어질 수 있도록 최대한 여건을 마련해주어야 할 것이다.

창의적 사고를 지닌 미래형 인간을 육성하라

미래의 세계는 그 나라의 리더와 리더십에서 나라의 운명이 결정된다. 우리 교육도 이런 흐름에 발맞춰 근본적으로 변해야 한다. 학교는 자연과 공생하고 이웃과 공존하는 '지혜로운' 리더십을 가르쳐야 한다. 그렇게 하지 않으면 더불어 사는 삶과 인류애를 구현할 내셔널 리더, 글로벌 리더는 더 이상 이 나라에 존재할 수 없을 것이다.

아이가 자기 인생의 주인이 되어가는 과정은 무척 중요하다. 인생은 부모님이나 선생님이 대신 살아주는 것이 아니며, 인생의 행복도 부모님이나 선생님의 행복에 있는 것이 아니다. 그렇기 때문에 학생들에게 올바른 삶을 살 수 있는 교육을 하는 것은 매우 중요하다.

학생 하나하나가 품고 있는 소질이나 잠재력을 이끌어내고 이를 마음껏 발휘할 수 있도록 도와준다면, 그래서 청소년들이 어렸을 때부터 자신이 하고 싶은 것이 무엇인지, 잘하는 것이 무엇인지를 알고 목표를 설정한다면 아마 지금보다 훨씬 성숙한 존재가 될 수 있을 것이다.

'밥상머리' 교육이 자녀의 인성교육에 효과적이라는 연구 결과가 있다. 2003년 미국 컬럼비아대학의 약물오남용예방센터는 "가족과 함께 식사를 하는 학생들은 그러지 않는 학생에 비해 A학점을 받는 비율이 두 배 이상 높고, 청소년 비행에 빠질 확률은 50퍼센트 감소한다"라고 밝혔다. 아이에게 공부하라고만 할 것이 아니라 내 아이가 어떤 공부를 하고 있는지, 어려움은 없는지 살피고 소통하는 일이 더 중요함을 잊지 말아야 할 것이다.

사회의 거친 파도를 헤쳐 나가기 위해서는 강인한 체력과 정신력을 바탕으로 한 문제 해결 능력이 필요하다. 문제 해결 능력은 지식이 아니라 창의력에서 나온다. 아인슈타인은 "창의력은 지식보다 중요하다. 지식은 한계가 있다"라고 말했다. 유대인이나 독일인이 노벨상을 많이 받는 것은 창의적인 기초교육 덕분이다. 교육의 목적은 자아정체성에 따라 '창의적 사고'를 지닌 '미래형 인간'을 기르는 것이며, 학교는 이러한 교육 목적을 구현할 의무가 있다.

2012년 아르헨티나에서 열린 제53회 국제수학올림피아드에 우리나라 고교생 여섯 명이 한국 대표로 참가해 중국을 제치고 종합 1위에 올랐다. 이런 기쁜 소식을 접할 때마다 드는 의문은 '우리나라 사람들이 IQ도 높고 수학도 잘하는데 왜 기초과학 기반은 튼튼하지 못하며, 노벨과학상을 받는 사람이 하나도 없는가?' 하는 점이다.

창의적 사고를 지닌 미래형 인간을 육성하는 사회가 진정한 의미의 선진국이다. 우리 아이들이 수학의 노벨상인 '필즈상Fields Medal'을 받고, 이를 밑거름으로 노벨과학상 수상자가 탄생하는, 청소년들의 꿈이 현실이 되는 품격 높은 창의력 교육을 기대해본다.

| 09 |

리더십 DNA 8

호국정신

호국 리더십으로 승화된 한국의 종교

우리 민족은 예부터 당시의 환경과 형편에 맞는 신앙과 의례를 가졌다. 때로는 주위의 다른 민족과 접촉하는 가운데 새로운 종교를 받아들여 우리 민족의 전통적인 종교사상에 맞게 변용시키기도 했다. 그래서 지금 한국은 종교 박물관이라 불릴 정도로 다양한 종교가 공존하는 나라다. 최근의 조사 결과를 보면, 한국에는 자생 종교와 외래 종교를 합쳐 500개 이상의 교단, 교파가 있다. 그런데 이렇게 다양한 종교가 모여 있는 집합소임에도 우리 땅에서 종교분쟁이 일어난 적은 없다. 나는 그 이유가 한민족의 홍익인간 이념과 민족의식이 융합되어 호국 리더십으로 승화되기 때문이라고 생각한다.

우리나라는 세계에서 유일하게 석가탄신일(음력 4월 8일)과 성탄절 (12월 25일)이 모두 공휴일로 지정되어 있다. 이것이 가능한 이유는 종교적 신념이 다르다 해도 배척하지 않는 홍익인간 사상 때문이다. 이런 면에서 한국의 모든 종교는 화합과 관용성이 크다고 할 수 있다. 종교전쟁은 물론 큰 싸움 한 번 없었으며, 오히려 이런 다종교 문화가 호국, 애국애족, 국태민안 등을 기원하는 호국 리더십이라는 공통의 DNA를 가지고 있어 5천 년 역사를 보존하는 데 크게 기여했다.

우리나라 호국 종교의 역사를 살펴보자. 우리나라의 고대 종교의식에서도 하늘과 조상에 대한 숭배사상을 엿볼 수 있다. 부여의 영고迎鼓, 고구려의 동맹東盟, 백제와 신라의 제천의식 등은 인간 제반사(농사, 질병, 선악 등)를 주관하는 천신天神에게 감사하고 기원하며, 죄를 씻고, 호국의 국조신國祖神에게 국가의 안녕을 비는 종교적인 성격을 띠었다. 이러한 의식을 통해 국가대사를 결정하고 시행함으로써 공동체의식을 고취하는 행사이기도 했다. 또한 이 행사는 사회 규범에 어긋난 범법자를 처형하거나 사면하는 등 호국의 기틀을 다지는 계기가 되었다.

호국의 '국'은 단순히 어떤 국가나 국토만을 의미하는 것은 아니다. 호국의 의미를 왕실이나 국가를 수호하는 것으로 한정짓는 것은 너무 피상적인 일이다. 호국불교에서의 호국은 중생들이 의지해서 살고 있는 터전을 지키고 보호하는 것이다. 따라서 호국은 단순히 국가나 왕실의 수호에 그치지 않고, 국민의 생활 터전, 진리와 정의를 추구하는 정서의 터전도 함께 수호하는 것으로 확장된다.

진정한 의미의 호국 리더십이 발현되려면 가장 먼저 올바른 국가정체성을 정립해야 한다. 애국심의 토대가 되는 국가정체성은 그 정립 자체도 중요하지만 어떻게 정립할 것인가 하는 문제도 매우 중요하다. 국가정체성이 잘못 형성되면 국가에 대한 사랑이 잘못된 방향으로 흘러간다. 개인보다 국가를 중시하고, 타국에 대해 무조건 배타적인 태도를 갖게 되어 세계화의 흐름에 장애 요소로 작용할 수 있다. 하지만 국가정체성이 바르게 형성되면 국가와 민족에 대한 자부심이 생겨 국가와 사회에 헌신하려는 마음이 싹트고, 이를 실천에 옮기게 된다. 또한 타문화에 대해서도 무조건 터부시하는 것이 아니라, 주체적으로 수용해 창조적으로 변형·발전시켜 우리의 것으로 소화하게 된다. 이러한 올바른 국가정체성은 국가 발전과 세계 발전에 기여하는 건설적인 호국 리더십으로 발현될 수 있다.

불교와 기독교는 우리나라에 수용된 이후 3·1운동, 항일독립운동 등에 참여하며 호국 종교로 그 소임을 다했다. 그리하여 우리나라의 모든 종교계 리더와 신도들은 애국과 호국정신을 토대로 국가 발전과 안정에 선도적인 역할을 해왔다.

불교의 호국 리더십

불교는 우리 민족의 역사와 가장 오랜 시간을 함께해온 종교다. 불교가 이 땅에 전래된 것은 삼국의 고대 국가 체제가 정비될 무렵이다. 고구려에는 소수림왕 2년(372)에, 백제에는 침류왕 원년(384)에, 신라에는 법흥왕 14년(527)에 공인되었다.

불교에는 대승적 진속일여眞俗一如 사상이 있다. 진眞은 불교의 이상을 뜻하고, 속俗은 세속적인 생활을 뜻한다. 다시 말해, 진속일여의 이상은 일상생활을 떠나서 따로 떨어져 있는 것이 아니라 일상생활을 충실히 하는 가운데 평화로운 국가를 건설해나가는 데 있었다. 국가가 있어야 종교가 있을 수 있으므로 평화로운 국가를 이룩하기 위한 호국정신이 하나의 신앙으로 승화되어야 한다는 것이었다. 이러한 불교문화가 전래됨에 따라 자연히 호국정신을 중요시하는 분위기가 조성되었고, 실제로 나라가 위기에 빠졌을 때 불교가 정신적 지주로서 많은 역할을 했다. 불교의 자비정신을 바탕으로 국가의 안녕을 도모하는 호국불교는 중생 구제를 중시하는 대승불교의 정신이 빚어낸 결과라고 할 수 있다.

하지만 모든 사람이 불교의 호국 성향을 긍정적으로 바라보는 것은 아니다. 호국 성향을 띠는 불교는 국가와 밀접한 관련을 맺을 수밖에 없는데, 일부에서는 국가 권력과 불교의 결탁을 비판적으로 보기도 한다. 신라와 고려 시대의 불교는 왕실의 비호 아래 성장했다. 하지만 종교는 왕실이 아닌 민중에 뿌리를 내려야 한다. 종교가 민중과 멀어지고 지배 계층에 가까워질 때, 그 뿌리는 흔들리게 된다.

우리나라 역사에서 불교가 호국적 성격을 가장 많이 띠었던 것은 신라 때다. 신라는 한반도 동남쪽 한 모퉁이에 자리 잡으면서 고구려나 백제에 비해 대륙의 문화를 받아들일 기회가 적어 항상 발전이 더뎠다. 더구나 고구려와 백제, 왜구의 침략을 자주 받았기 때문에 무엇보다 국가 안보가 중요한 과제일 수밖에 없었다. 법흥왕은 군사력을 강화하는 한편, 불교를 받아들여 불교 신앙을 통해 국태민안을 이루고자 애썼다.

원광법사의 세속오계는 단순한 불교관을 넘어 신라 백성의 호국정신의 정화精華로, 화랑도의 정신적 지주였을 뿐만 아니라 삼국통일의 위업을 달성해낸 무형의 자산이었다. 또 황룡사 9층탑은 신라를 중심으로 흩어져 있던 아홉 개의 나라를 부처님의 가호를 받아 통일하겠다는 일념의 증거였다.

고구려에는 당시 국경을 맞대고 있던 중국 진나라의 왕 부견苻堅이 순도順道를 통해 불상과 경문經文을 전했다. 불교의 교학 연구에 대한 기록은 고구려에 불교가 전래된 지 100년쯤 지난 후부터 나타난다. 이 기간 동안 불교는 전통사상과 상당한 갈등을 겪었을 것이며, 초기에는 다분히 외교적·정치적 필요에 의해 왕실이나 귀족 사회에서 부분적으로 수용되었으리라 짐작된다. 그 후 여러 왕을 거치면서 국가의 보호와 장려 정책에 의해 전국적으로 전파된 것으로 보인다. 고국양왕은 칙령으로 "불법佛法을 숭신崇信하고 복福을 구하도록 하라"고 하교했다고 전해진다.

백제는 중국의 남조 불교를 받아들였으나, 처음 150년 동안 백제 불교의 모습을 밝혀줄만한 자료는 없다. 겸익謙益은 성왕 4년(529) 인도로 유학을 떠났고, 범어로 된 율장律藏을 번역해 72권으로 엮었다. 성왕은 달솔達率, 사치계斯致契 등을 시켜 불상과 경문을 일본에 전했고, 위덕왕은 557년 율사와 선사를 일본에 보냈다.

고려를 창건한 태조 왕건은 신라의 불교사상을 계승해 불교를 융성하게 하는 동시에 나라를 융성하게 하고자 했다. 개경과 서경에 9층탑을 세우고 신라의 9층탑과 마찬가지로 국가 발전의 상징으로 삼았다.

특히 문종 때는 고려판 팔만대장경을 간행해 한국 불교문화의 대표작으로 남겼다. 또한 고승을 국사, 왕사로 삼아 국가 왕실의 고문 역할을 담당하게 했다. 국가는 사찰을 건립하고 토지를 지급해주며 불교를 지원했고, 왕실과 귀족의 토지 기부도 더욱 확대되었다. 사원전에는 면세의 특권을 주기도 했다. 그러자 백성들이 너도나도 출가해 승려의 수가 증가했으며, 특히 왕실과 귀족 출신 중에서 승려가 되는 경우가 많았다.

불교가 고려시대의 명실상부한 국교였다면, 유교는 정치이념으로 크게 번성했다. 이렇듯 국교와 정치이념으로서의 종교가 다른 상황에서도 불교와 유교의 갈등은 거의 보이지 않았다.

조선을 세운 태조 이성계는 성리학을 개창 이념으로 내세운 신진사대부들의 지지를 받아 정권을 장악했기 때문에 숭유배불崇儒排佛 정책을 펴나갔다. 이로 인해 조선시대는 삼국시대나 고려시대에 비해 불교가 융성하지 못했다. 고려시대에는 귀족들과 어깨를 나란히 하던 승려 신분이 조선에 와서는 팔천八賤의 하나로 전락하고 말았다. 반면, 유교의 핵심 원리인 효와 충을 최고의 가치로 실천했고, 백성들에게 유교적 가치관을 전파하면서 통치권을 강화했다. 유교는 조선의 정치, 문화, 윤리 생활 전반을 지배하는 국가의 통치이념 및 호국 종교로서 과거에 불교가 수행하던 기능을 대신했다. 조선의 불교는 전대와 같은 영광을 누리지 못하고 위축되었으나, 임진왜란 등을 거치면서 유사시에 승병을 일으키는 등 호국 리더십을 발휘했다.

기독교의 호국 리더십

기독교 선교사가 처음 한국 땅을 밟았을 때, 한국인의 종교에 대한 개방성에 놀라움을 금치 못했다고 한다. "한국(조선) 사람들은 사회생활을 할 때는 유교인이요, 철학적 사고를 할 때는 불교인이요, 곤란한 일을 당하면 정령의 숭배자가 된다"라는 선교사의 말은 한국인의 개방성과 지혜를 잘 설명해준다.

조선 후기 관념적·형식적인 주자학에 반대해 경세치용, 실사구시, 이용후생을 주장하는 실학파가 등장하면서 전래된 천주교는 신부들과 교도들의 박해와 순교 끝에 어렵게 수용되었다. 천주교에 대한 탄압은 종교적 갈등이나 분쟁의 결과라기보다는 위정척사운동으로 대표되는 쇄국 정책의 일환이라고 보는 것이 더 맞을듯싶다.

천주교는 임진왜란을 전후해 명나라를 왕래한 이수광李睟光이 《지봉유설芝峯類說》에 《천주실의天主實義》와 《중우론重友論》 등을 소개하면서 처음 전해졌다. 그 후 허균許筠이 한국 최초의 천주교 신자가 되었으며, 1831년에는 최초의 조선 천주교 교회가 설립되었다. 천주교에 대한 박해는 계속되었고, 이는 일제 강점기까지 이어졌다.

개신교는 1885년 헨리 게르하트 아펜젤러Henry Gerhart Appenzeller 와 호레이스 그랜트 언더우드Horace Grant Underwood 목사가 정식으로 선교 사업을 시작하면서 소개되었다. 일본의 침략이 구체화되면서 민란이 일어났고, 개혁 의지를 담고 있는 개신교는 서민층에서 수용되기 시작했다. 아펜젤러 목사는 1884년 고종 때 미국 감리교 선교회에서 한국 선교사로 임명되어 국내에 들어와 1885년 한국에 정동제일교회를 세우고, 배재학당과 이화학당을 설립했다. 이후 정동제일교회는 독립운동을 전개해나갔다.

아펜젤러 목사는 언더우드 목사와 함께 광혜원에서 물리와 화학을 가르쳤다. 1887년에는 서울 새문안교회를 설립했고, 1889년에는 기독교서회를 설립했다. 1900년에는 기독교 청년회를 조직했고, 1915년에는 경신학교에 대학부를 개설하는 등 개화기에 다방면에서 많은 공적을 남겼다. 개신교는 사회 개선에 큰 몫을 담당했으며, 일제 강점기에는 자주정신을 고취하고 독립운동에 지대한 영향을 끼쳤다.

개신교는 일본과 서구 열강의 침투 시기에 받아들여졌으므로 자연스럽게 민족의식 형성의 토대가 되었다. 민족의식은 기독교 민족운동을 추진하는 기반이 되었다. 개신교는 근대식 교육을 통해 새로운 인생관과 폭넓은 세계관을 깨닫게 하는 것을 중요시했다. 그래서 선교사들은 상당수의 교육기관을 직접 설립하고 운영했다. 또한 기독교계 학교나 교회 안에 조직된 단체들도 민족의식 교육에 크게 기여했다.

기독교는 선교사들을 통해 셀프 리더 및 슈퍼 리더들을 양성하고자 노력했다. 선교사들이 설립한 교육기관에서 교육을 받은 셀프 리더, 슈퍼 리더들은 내셔널 리더로 성장해 민족운동을 이끌며 조국의 고난과 맞서 싸웠다. 기독교의 호국정신은 오늘날에도 이어져, 국가에 시련이 닥치면 여러 기독교 단체들이 문제 해결을 위해 앞장서고, 일반 교인들에게 역사의식과 애국심을 전파하는 역할을 하고 있다.

한국의 종교 다원주의

동서고금을 막론하고 종교 문화는 국가사회의 가치관을 형성하고, 도덕 및 윤리의 준거가 되고 있다. 동양은 유불선의 문화와 종교 풍토에, 서양은 기독교에, 중동은 이슬람교에 가치관을 두고 있다.

신앙에는 인간을 인간답게 하는 더없이 귀하고 근원적인 가치가 있다. 그렇기 때문에 신앙의 내용은 개인에게 절대적인 경험으로 수용된다. 바로 그러한 특성 때문에 종교적 신앙은 다른 많은 사람들과의 '다름'을 인정하고 함께 조화를 이루며 살아가는 사람들의 모습으로 사회와 문화 속에 자리 잡을 수 있다. 그러나 세계사를 살펴보면 인류가 신앙 때문에 서로 반목하고 대립하며 전쟁했던 시기가 수없이 많았다. 종교의 절대성이 필연적으로 배타성에 이르는 것이 아님에도 지금도 교리를 앞세워 반목과 대립을 조장하는 것이 일부 종교의 현실이기도 하다.

이와 같은 사실이야말로 종교가 가진 참으로 불행한 역설이 아닐 수 없다. 기독교와 이슬람교는 오래도록 서로 반목하면서 피비린내 나는 전쟁을 겪었고, 지금도 여전히 적대 관계에 있다. 중남미와 아프리카 등지의 전통 종교는 미신이라는 미명하에 다른 종교에 의해 잔인하게 말살되기도 했다. 천만다행인 것은 우리의 종교사만큼은 불교와 유교, 기독교가 큰 분쟁이나 종교전쟁 없이 공존했다는 것이다. 그렇다면 한국은 진정한 '종교 다원주의'를 이룩하고 있는 것일까?

한국에도 일부 종교들이 서로를 인정하지 않는 경우가 있다. 대표적으로 기독교는 배타성이 매우 높은 종교다. 기독교는 선교에서도 매우 배타적이며, 타종교인들에게 기독교로의 전향을 강요하기도 한다. 기독교의 배타성은 기독교의 근본 교리인, 니케아회의(325)와 칼케돈회의(451)에서 설정된 기독론 때문이다. 기독교는 스스로를 완전한 사회로 생각하며, 신국과 동일시하기도 한다. 따라서 모든 진리를 완전히 소유했다고 보고 다른 종교에 귀를 기울일 필요성을 느끼지 못했기 때문에 타종교와의 접촉은 허용하지 않고, 오로지 선교에 집중했다.

하지만 수많은 종교가 생겨나고, 신자 수가 증가하면서 기독교는 신앙의 배타성에 의문을 갖기 시작했고, 일부 기독교인들은 타종교와의 대화의 필요성을 절감하기도 한다. 그러면서 기독교의 과제로 신학의 개방성을 주장한다. 1964년 교황 요한 바오로 6세는 제2차 바티칸 공의회에서 갈라진 형제들과의 재일치를 위해 '일치운동에 관한 교령'을 발표했다. 그 후 신학의 배타성은 조금씩 완화되었지만, 아직까지도 기독교의 배타성은 높은 편이다.

불교는 자신과의 끊임없는 대화를 통해 자아를 찾고 지혜를 얻는다. 그 지혜를 바탕으로 자비심을 갖게 되며, 자비심은 타인의 다름을 주체적으로 수용한다. 이런 관용적인 자세는 수많은 종교와 문화, 욕구의 다름 속에 놓여 있는 현대의 리더들에게 반드시 필요한 자세다. 보다 나은 세상을 위해서는 종교 간 화합이 반드시 전제되어야 한다. 신은 하나다. 다만 신에 이르는 길이 다를 뿐이다.

각 종교계는 지금 화해와 통합이라는 중대한 사명을 요청받고 있다. 우리 사회는 현재 상당한 이념적·정치적·경제적 갈등으로 어려움을 겪고 있기 때문에 상생, 화합, 사랑의 가교 역할이 필요하다. 이런 역할을 종교계가 맡아야 한다는 것이 국민의 요청이다. 여러 종교 간의 상생, 화합을 실천하는 솔선수범의 모습은 우리나라뿐만 아니라 세계를 더욱 평화롭고 풍요롭게 할 수 있다.

2013년 6월 27일, 전국 7대 종단(불교, 기독교, 천주교, 유교, 원불교, 천도교, 민족종교협의회) 종교인 1천여 명이 참가한 가운데, 한국종교인평화회의가 주최한 '2013 이웃 종교 화합주간 전국 종교인 화합대회'가 대전에서 열렸다. '다름도 아름답다'라는 주제로 열린 이 화합대회는 종교에 대한 시대적·국민적 요청에 부응하는 전기를 마련했다. 종교 구분 없이 '소통팀'과 '화합팀'으로 나누어 투호, 제기차기, 고리 던지기, 줄다리기 등 민속놀이와 '한마음 꼬리 밟기', '화합의 풍선탑 쌓기' 등 친밀감을 높이는 행사에 참여했다. 특히 인상적이었던 것은 개회식에서 7대 종단 수장들이 보여준 일곱 색깔 구슬로 연출한 화합 기원 퍼포먼스였다.

이날 원불교 교조인 소태산 대종사는 "세계 모든 종교의 근본 원리는 하나이나, 교문을 별립해 오랫동안 제도와 방편을 달리해왔기 때문에 서로 융통을 보지 못하고 있는데, 이는 성인들의 본의가 아니다. 종교 간의 형제적인 정의를 나누고 한 걸음 더 나아가 국제연합UN과 같은 위상의 국제종교연합UR이 창설되어야 한다"라고 말했다.

이 행사는 많은 시민이 함께 참가해 이웃 종교를 직접 체험하는 한편, 종교인들 간에 형제애를 나누고 서로 협력하는 계기가 되었다. 2014년 8월 프란치스코 교황이 방한하여 명동성당에서 7대 종단 지도자를 만날 예정이다. 한양원 한국민족종교협의회 의장은 "모두 합심하여 교황의 방문을 환영한다"면서 "한국은 다종교 국가지만, 평화롭게 모든 종교가 공존하는 모습을 보여드릴 계기가 될 것으로 생각한다"

라고 말했다. 7대 종단의 공동행사는 외국에서는 상상하기조차 어렵다. 이는 대한민국이 홍익인간 이념을 이어왔기에 가능한 일이며, 향후 세계의 종교 평화에 디딤돌 역할을 하게 될 것이다.

한민족의 대외정벌

우리는 역사를 공부하면서 "우리 겨레는 평화를 사랑하는 백의민족으로 결코 다른 나라를 침공, 징벌한 적이 없다. 우리 민족은 평화를 추구하는 민족이다"라는 교육을 종종 받는다. 물론 우리 민족은 홍익인간 이념을 바탕으로 평화를 사랑하고 추구해온 민족이다. 그렇다면 우리 5천 년 역사 속 수많은 국난과 전쟁이 오로지 주변국의 침략에 대한 응전뿐이었을까?

우리 민족의 성정性情은 어진 일면이 있는 동시에, 상무적이고 진취적이며 강인한 특성 역시 갖고 있다. 대부분의 스포츠가 방어만 하면 패하듯 국가 안보도 방어만 하면 패한다. 역사를 조금만 주의 깊게 들여다보면 우리 민족이 주변국의 위협 속에서도 국제 정세에 적절히 대응하면서 대외정벌에 나섰던 것을 알 수 있다.

고조선의 대외정벌

　단군조선 시대에 이미 수많은 방어전쟁과 대외정벌이 있었다는 것을 모르는 사람들이 많다. 하지만 고조선도 다른 나라를 공격한 적이 있다. 예를 들어, 기원전 109년 한무제가 섭하涉河를 고조선에 보내 우거왕右渠王과 영토 문제 해결을 위한 담판을 벌이게 한 사건이 있었다. 그러나 섭하는 뜻을 이루지 못하고 돌아가게 되었는데, 돌아가는 길에 배웅 나온 조선의 비왕神王을 살해했다. 섭하는 한나라에 돌아가서 협상이 결렬되어 조선의 비왕을 죽였다고 보고했다. 무제는 이를 크게 칭찬하고, 섭하를 요동 동부도위에 임명했다.

　이에 고조선에서는 한나라에 대한 공격을 감행하여 섭하를 잡아 죽

■ 고조선의 대외정벌 ■

시기	내용	근거
기원전 2182년 이전	고조선의 3대 단군인 가륵嘉勒의 치세 때 하국내夏國內로 진격	《규원사화揆園史話》
기원전 723년경	고조선의 35대 단군인 사벌沙伐의 치세 때 언파불합彦波不哈의 지휘하에 왜열도의 웅습熊襲 지역 정벌	《단군세기檀君世記》
기원전 667년경	고조선의 36대 단군인 매륵買勒의 치세 때 배반명裵盤命의 지휘하에 해상과 삼도三島 평정	《단군세기》
기원전 545년경	고조선의 39대 단군인 두홀豆忽의 치세 때 상商나라의 불화로 빈기지간邠岐之間으로 진격	《규원사화》

*《한민족 대외 정벌기》(박선식 지음, 청년정신, 2000)에서 발췌
* 20여 차례의 대외정벌 중 대표적인 사례만 소개

였고, 이로써 양측의 전면전이 시작되었다. 한무제는 수륙 양군을 동원하여 침략을 감행했다. 이때 바다를 건너온 군사만 5만이었다. 그러나 고조선은 한나라의 대군을 맞이하여 대승을 거두었다. 이외에도 고조선 시대에 20여 차례 대외정벌을 했다는 기록이 남아 있다(표 참조).

고구려, 백제, 신라의 대외정벌

◇ 고구려

고구려는 서기 49년부터 612년 전후까지 약 27회의 대외정벌을 했다는 기록이 남아 있다. 고구려는 광개토대왕과 장수왕을 거치며 한반도와 만주를 아우르는 대제국의 위상을 확보하면서 동북아의 강국으로 성장했다. 6대 태조왕 때는 더욱 강력한 대외 팽창 정책을 추진하여 이때부터 중국과의 본격적인 충돌이 시작되었다. 태조왕은 먼저 갈사국葛思國, 주나라 등을 차례로 정벌한 후 압록강, 청천강 유역의 작은 나라들을 완전히 통합했다.

한편 대륙을 손아귀에 넣은 수문제隋文帝 양견楊堅은 요동 지역마저 장악함으로써 명실상부한 대륙의 지배자로 군림하려 했다. 그러자니 이 지역을 차지하고 있던 고구려가 눈엣가시였다. 그는 광개토대왕 때의 굴욕을 상기하며 기회를 엿보다가 고구려 26대 영양왕 때 고구려를 침략했으나 실패하고 돌아갔다. 그러나 수양제隋煬帝에 이르러 100만 대군으로 다시 고구려의 요동성을 공격한다. 이마저 실패하자 초조해진 수양제는 30만 명의 특수부대를 조직하여 평양성을 직접 공격하기에 이른다. 고구려의 명장 을지문덕乙支文德은 굶주림에 지친 수나라 군대를 고구려 땅 깊숙이 끌어들였다. 수나라 군대는 지금의 청천강인 살수를 건너 평양성 북쪽 30리 지점까지 와서 숙영하게 되었고, 을지문덕은 시 한 수를 지어 적장 우중문于仲文에게 보냈다.

> 그대의 신묘한 계책은 천문을 꿰뚫고
> 절묘한 방략은 지리를 통달하였소
> 전승의 공이 이미 그만하면 높으니
> 족함을 알거든 여기서 그만 그쳐 두기 바라오
>
> 新策究天文 妙策窮地理 勝戰功旣高 知足願云止
>
> – 을지문덕, '여수장우중문시與隋將于仲文詩', 《거시적 안보관으로 본 한국사》(육군본부, 1992)

이 시는 얼핏 우중문의 전략과 전공을 추켜세우는 듯 보이지만, 무모한 행동이 큰 화를 초래할 것이라는 조소와 아울러 은근한 공격 의지를 담고 있다. 우중문은 그제야 을지문덕에게 속았다는 것을 알고 퇴각을 시작했지만, 이미 늦은 후였다. 을지문덕은 미리 매복해두었던 고구려의 정예군으로 하여금 사면에서 공격하게 했다. 일대 혼란 속에서 패주를 계속하던 수나라 군사는 살수를 건너는 도중에 거의 궤멸되어 30만 군사 중 2,700명만이 살아서 도망했다고 한다. 수나라는 이 전쟁의 실패로 민심의 이반이 극도에 달해 전국 각지에서 농민 봉기가 잇따랐고, 결국 멸망하게 된다.

수나라에 이어 당나라를 건국한 태종 또한 고구려가 지배하는 요동을 침략하여 안시성에서 고구려군과 격돌한다. 이때 고구려군은 안시성 성주인 양만춘楊萬春의 지휘 아래 있었다. 안시성 전투는 당태종의 대군을 맞아 끝내 뜻을 굽히지 않고 패퇴시킨 고구려인의 기백을 보여 준 혈전이었다.

수·당의 침입에 맞선 고구려의 승리는 우리 민족의 항쟁사에서 자랑스러운 위치를 차지하고 있다. 당시 수나 당의 야심은 고구려를 정복해 동양의 패권을 차지하려는 것이었다. 만일 그때 고구려가 패했다면 고구려뿐 아니라 신라와 백제까지도 수·당의 지배하에 놓이게 되었을 것이다. 그러나 고구려는 이들 침략자에 단호히 맞서 물리침으로써 민족을 지키는 방파제 구실을 했다.

◇ 백제

백제는 고구려와 신라의 압력으로 국력을 크게 키우지는 못했지만, 전성기에는 해외 경략經略을 통해 식민지를 개척하기도 했다. 남만주의 금주 지역에서 출발한 백제인들은 바다를 건너와 한반도에 정착했지만, 고토에 대한 애착과 집념이 대단했다.

《송서宋書》〈백제전百濟傳〉에는 "백제는 그 근본이 고구려와 같으며, 모두 요동으로부터 동으로 천 리에 자리 잡고 있었다. 고구려는 요동을 장악했으며, 백제는 요서를 장악하여 진평군 진평현을 설치했다"라는 기록이 남아 있다. 또한 《양서梁書》〈백제전〉에는 "백제는 근본이 고구려와 같으며, 요동의 동쪽에 있다. 진나라 때 고구려가 요동을 장악하고 백제도 요서 진평군을 점거하여 스스로 백제군을 두었다"라는 기록이 남아 있다.

3대 기루왕 45년에 막을 연 백제의 해상 진출은 9대 책계왕 때 본격적으로 추진되어 그때 이미 요동만 서쪽 해안에 근거지를 마련했다. 이어 10대 분서왕 때는 요동반도 남부에 자리 잡고 있던 낙랑군의 시현을 급습하여 근거지를 보다 튼튼히 했는데, 이는 후일 요서 경략과 중국 동해안 진출의 전초기지를 마련한 매우 중요한 사건이었다. 11대 비류왕 3년(306)에는 산둥반도 일대의 혼란을 틈타 진의 세력 아래에 있는 산둥반도의 동래 지방과 그 일대로 진출하여 진군이 해로로 나오지 못하게 해안을 봉쇄하고 이 일대를 장악했다.

《제승齊乘》〈고척〉 조에는 당시 산둥반도 일대가 백제의 영역이었음을 알려주는 자료가 있다. 황현 서남 25리에 위치한 고산자성에 있다는 백지래왕百支萊王의 사묘가 그것이다. 여기서 '백지'는 백제를 가리키는 것이고, '래왕'은 동래 지방의 왕이라는 뜻으로, 백제의 장군으로서 래왕의 지위를 가지고 해상을 통제하던 사람의 위덕이 그 지방에 두루 미치어 묘를 세우기까지 이른 것이다.

◇ 신라

신라의 대외정벌은 우리 역사상 가장 적었다. 나당 연합으로 백제를 멸망시킨 것을 제외하고는 두세 건에 불과하다. 《삼국사기》〈신라본기〉, 《규원사화》, 《동사강목東史綱目》 등에 따르면, 신라 유례이사금 12년(295) 전후에 신라군이 왜倭로 출병하여 명석포明石浦와 오사카 일대를 정벌했다. 또한 《삼국사기》〈신라본기〉에는 "헌덕왕 11년(819) 7월 당나라 헌종은 운주(지금의 산둥성) 절도사 이사도의 반란을 평정하기 위하여 신라에 원군을 요청하였다. 이에 신라는 순천군장군順天軍將軍 김웅원金雄元이 병사 3만 명을 거느리고 가서 돕게 하였다"라는 기록이 있다(오홍국 외 2인 지음,《지구촌에 남긴 평화의 발자국》, 국방부군사편찬연구소, 2011).

이 이사도의 난을 진압한 신라군이 바로 동북아 해상무역을 개척했던 '해상왕' 장보고張保皐였다. 장보고는 헌덕왕 2년(810)경 당나라로 건너가 지금의 중국 강소성 서주 지방의 절도사 휘하 주력부대인 무령군에 입대하여 이민족으로는 예외적으로 30세의 나이에 군사 5천 명을 거느릴 수 있는 '무령군소장'직까지 올랐다. 그런 그가 819년 이사도의 난을 진압하여 이름을 날리게 되었다. 이후 그는 중국과 일본으로 가는 길목인 완도에 청해진을 설치하고 해상무역을 장악하는 한편, 동남아를 오가는 해로와 안보를 장악하고 해상왕이라는 명성을 얻으며 활동할 수 있었다.

고려의 여진 · 일본 정벌

고려는 고구려를 계승하여 국호를 '고려'로 정한 것에서도 알 수 있듯이 상무정신이 강했다. 그 결과, 다섯 차례의 대외정벌과 15회의 점령전을 치렀다. 고려는 500년 동안 북방 이민족의 수많은 침략에 정면으로 맞서거나, 자주적인 외교관계를 통해 북방 진출을 시도하고 국가의 안정을 도모했다.

숙종 때, 급속도로 세가 커진 여진을 누르기 위해 회유책을 펴던 고려 조정은 여진을 회유책으로 억누르는 것은 불가능하다고 판단하고 임간林幹을 동북면의 병마사로 임명하여 여진 정벌에 나섰다. 그러나

■ 고려의 대외정벌 ■

나라	횟수	왕	연도	정벌 경과 및 결과
여진	1차	숙종	1104	• 두만강 유역 진출 시도, 정보 부족으로 실패
	2차	예종	1107	• 윤관, 별무반 결성, 동여진 지역 9성 축조
일본	1차	충렬왕	1274	• 여 · 원 연합군 공격, 태풍 등으로 실패
	2차	충렬왕	1281	• 여 · 원 연합군 공격, 전염병으로 실패
대마도	1차	창왕	1389	• 박위, 민간인 포로 100명 탈환

기마 부대를 보병으로 상대하기는 역부족이어서 크게 패하고 말았다. 이어 예종 2년(1107), 군제를 개편하고 윤관尹瓘을 원수로 삼아 다시 여진 정벌에 나섰다. 당시 고려는 기마병 위주의 여진에 맞서기 위해 별무반을 창설, 훈련했는데, 별무반은 기병 중심의 신기군과 보병 중심의 신보군, 승병 중심의 항마군으로 구성되어 있었다. 고려는 수륙 양군으로 동시 공격했으며, 여진을 정벌한 뒤 점령지에 모두 아홉 개의 성을 쌓았다. 그리고 9성의 하나인 공험진의 선춘령先春嶺(오늘날의 돈화 북방)에 동북쪽 경계를 표시하는 정계비를 세웠다.

고려는 대륙의 새로운 패자로 등장한 몽골족과는 13세기 초부터 근 30년 동안 아홉 차례 전쟁을 치르며 몽골을 받드는 관계로 추락해 자주성을 상실하기도 했으며, 일본 복속을 위해 고려에 군사적 협조를 요청한 원나라의 제의를 받아들여 원나라와 함께 일본 원정길에 나서기도 했다.

여 · 원 연합군의 일본 원정은 두 차례에 걸쳐 이루어졌다. 1차 원정대는 충렬왕 즉위년(1274) 10월 3일 합포(마산)항을 떠나 쓰시마[對馬島]

로 향했다. 여·원 연합군의 규모는 4만여 명(고려 1만 5천여 명, 원나라 2만 5천여 명)이었다. 고려는 전함 900척을 새로 건조하거나 군선을 개조했다. 여·원 연합군은 10월 20일 규슈의 하카다 만에 진입해 세 지역에서 상륙 작전을 시도했다. 그러나 작전 중 예상하지 못했던 폭풍우를 만나 피해를 입게 되었고, 내부적으로도 피정복지의 군사를 강제 동원한 데 따르는 다국적군 지휘 운용상의 문제점과 군수 지원의 한계를 극복하지 못해 결국 그해 11월 철군하고 만다.

2차 일본 원정은 충렬왕 7년(1281) 5월에 총 4만여 명(고려 2만 5천여 명, 원나라 1만 5천여 명)과 함선 900여 척이 합포항을 출발하여 일본 하카다 만에 도착했다. 그러나 일본의 방어력 강화와 전염병, 초특급 태풍으로 많은 손실을 입어 결국 작전을 중지하고 철수하고 말았다.

두 차례의 일본 원정을 거치며 고려는 인력 동원과 군량 조달, 전함 건조 등으로 국력이 피폐해졌다. 그러나 일본 원정을 단행하지 않았을 경우 우려됐던 '고려 왕실을 해체하고 원나라의 직할 성省으로 편입하자'는 주장을 잠재움으로써 왕권의 안정을 가져올 수 있었다. 이러한 측면을 고려할 때 일본 원정은 자주의 명분보다 국익을 추구해 실리를 얻었다고 볼 수 있다(《지구촌에 남긴 평화의 발자국》).

대마도 정벌은 고려의 해안을 어지럽히는 해적의 약탈을 근절하기 위해 시작되었다. 창왕 2년(1389), 박위朴葳가 병선 100척으로 공격에 나서 왜선 300척을 불사르고 민간인 포로 100여 명을 찾아왔다.

조선의 대마도·여진·후금·나선 정벌

조선시대의 한반도 정세는 고려시대와 비교해 크게 바뀌지는 않았으나 명·청 교체기로 국제 상황이 급변하고 있었고, 왜구의 출몰이 급증하고 있었다. 이에 국가 안전과 국익을 위해 정벌에 나서곤 했다.

대마도 정벌은 왜구의 빈번한 준동에 방어 차원으로 임하던 자세에서 벗어나 적극적으로 공세를 펼친 사례다. 세종 1년(1419) 6월 19일, 이종무李從茂, 유정현柳廷顯을 사령관으로 1만 7천 명의 군사와 함선 227척으로 왜구의 본거지인 대마도를 정벌하러 나섰다.

대마도는 조선과 일본 양국 사이의 해협에 위치하는 섬으로, 토지가 협소하고 척박하여 식량을 외부에서 충당해 생활해야 한다. 그래서 고려 말부터 우리에게 조공의 형식으로 미곡을 받아 갔다. 그러나 대마도에 기근이 심할 때면 해적으로 돌변해 해안을 약탈했고, 이에 조정에서 군사를 일으켜 정벌하기에 이른 것이다. 정벌 결과, 적선 129척을 포획하고, 포로로 잡혀간 조선인 152명을 귀환시켰다.

건주여진족이 남하하여 정착, 조선과 국경을 접하게 되면서 조선 국경지대를 침입해 약탈을 일삼는 일이 잦아졌다. 이에 조선은 세 차례의 대규모 여진 정벌에 나섰다. 1차 정벌은 세종 15년(1433) 4월 최윤덕崔潤德을 사령관으로 한 1만 5천 명의 군사가 파저강 유역의 여진족을 공격하면서 시작되었다. 대규모 충돌 없이 성공했으며, 이후 4군 개척의 바탕이 되었다.

2차 정벌은 세조 13년(1467) 9월 26일 명나라의 요청으로 이루어졌다. 조·명 연합군 총 6만 명(조선 1만여 명, 명 5만여 명)이 여진의 본거지

나라	횟수	왕	연도	정벌 경과 및 결과
대마도	1차	세종	1419	• 이종무, 왜구의 본거지 본격 정벌
여진	1차	세종	1433	• 최윤덕, 4군 개척의 바탕이 됨
	2차	세조	1467	• 조·명 연합 작전으로 여진 정벌
	3차	성종	1479	• 1만여 명 소극적으로 파견
후금	1차	광해군	1619	• 조·명 연합군 공격, 정벌 실패
나선	1차	효종	1654	• 조·청 연합군, 러시아군 격퇴
	2차	효종	1658	• 조·청 연합군, 러시아군 격퇴

를 점령하는 데 성공하여 많은 전과를 거두었다.

3차 정벌은 성종 때로, 세조 때의 적극적 파병과는 달리 여진과의 관계가 악화되면 국익에 도움이 되지 않는다는 대신들의 주장에 따라 소극적으로 이루어졌다. 정벌 사령관 어유소魚有沼가 군사 1만여 명을 이끌고 나가 명군이 토벌하고 나면 포로를 잡아 북경에 보내는 등의 소극적인 자세로 임했다. 결국 어유소는 성종 10년(1479) 11월 압록강 얼음이 얇아서 도강이 어렵다는 이유로 군대를 해산해버렸다. 이후 그 해 12월 윤필상 사령관이 3천여 명으로 재출병했으나 소규모 작전을 수행한 후 복귀했다.

후금 정벌은 명·청 교체기에 명나라의 요청으로 어쩔 수 없이 나선 정벌이었다. 명나라 중심의 동북아 국제질서는 누르하치가 건주여진 부족을 통합하며 강국(후금)으로 등장하면서 급변하기 시작했다. 임진 왜란(1592)이 발발하자 누르하치는 군대를 파병해 조선을 돕겠다고 제의해왔다. 그러나 조선은 명과 꽤 두터운 신뢰 관계를 유지하고 있던 터였고, 여진이 국경 근처에서 여러 차례 약탈을 일삼았던 전적이 있었기에 이를 거절했다.

이런 상황에서 조선은 광해군 10년(1618) 명으로부터 후금 정벌을 위한 파병을 요청받았다. 광해군과 비변사의 격론 끝에 파병에 따르는 문제들보다 명과의 의리가 중요하다는 명분으로 파병이 결정되었다. 광해군 11년(1619) 1월, 강홍립姜弘立이 이끄는 조선군 1만 1,100여 명은 명군 유정劉綎이 지휘하는 남로군南路軍 1만여 명과 연합 작전을 전개했다. 조선군은 무산 인근 살이호산薩爾滸山 전투와, 심하深河 전투에서 후금에 패배했고, 강홍립은 후금에 투항하고 말았다.

이 전투를 분수령으로 후금은 청淸(대청제국)으로 국명을 개칭(1636)하고 중원의 새로운 지배자로 등장했고, 조선은 정묘호란과 병자호란을 거치면서 계속적으로 굴욕을 당해야 했다. 이는 파병의 명분과 국익에 대한 신중한 판단이 얼마나 중요한 것인지를 극명하게 보여주는 사례. 국익보다는 임진왜란 시 명나라의 도움을 받았다는 명분에 파병할 수밖에 없었으나, 청나라의 보복은 너무나 가혹했다.

나선 정벌은 청나라와 조선 연합군이 송화강과 흑룡강 유역에서 러시아의 북만주 진출을 막은 것을 말한다. 1차 파병은 효종 5년(1654) 4월, 청이 조선에 조총수 100명을 북만주의 영고탑으로 보낼 것을 요청하면서 시작되었다. 당시 효종은 북벌을 위해 군비를 확충하고 있었기 때문에 즉각 파병을 허락했다. 조선군 152명과 청군 1천여 명으로 구성된 연합 원정군은 4월 28일 송화강과 흑룡강이 합류하는 지점에서 러시아군 탐사대 400여 명을 상대로 싸워 승리했다.

2차 파병은 효종 9년(1658) 6월에 이루어졌는데, 조선군은 조총수 200여 명을 포함한 265명의 군사를 파병하여 청군 500여 명과 함께 1차 원정 때의 교전 지역보다 하류 지역에서 러시아군 250여 명과 접전을 벌였다. 조·청 연합 작전은 조선 조총수의 활약으로 일방적인 승리로 끝이 났다(《지구촌에 남긴 평화의 발자국》).

나선 정벌을 통해 조선은 소수의 조총수만으로도 청군에 비해 월등한 전투 기량을 발휘할 수 있다는 자신감과 새로운 전투 경험 축적으로 국방력 강화의 계기를 마련했고, 한반도로 남진하려던 러시아를 물리침으로써 나라의 안정을 도모할 수 있었다.

대한민국의 해외파병

대한민국 건국 이후 최초의 파병은 베트남전이었다. 베트남 파병(1964년 9월~1973년 3월)은 대한민국의 국방 및 안보 분야뿐만 아니라 현대사 전반에 많은 영향을 끼쳤다.

1961년 박정희 군사정부는 한국군 파병에 적극적으로 나섰다. 그러나 이는 쉽지 않았다. 사실 한국군의 해외 파병 시도는 이승만 정권 때도 있었다. 당시 이승만 대통령은 라오스, 베트남, 인도네시아 등에 한국군을 파병하겠다는 의지를 수차례 미국에 전달했지만, 미국은 이를 받아들이지 않았다. 5·16군사정변으로 집권한 박정희 정부는 정권의 특성상 해외 파병을 보다 적극적으로 추진할 수 있었다. 정부 입장에서의 명분은 안보와 경제적 이익 도모였다. 당시 군사정부가 안고 있던 제1의 과제는 북한의 위협에 대처하는 것과 경제 자립 기반을 구축하는 것이었다. 이를 위해 군사정부는 미국과의 동맹 관계 강화에 주력하고 있었다.

1963년 11월 미국을 방문한 박정희 최고회의 의장은 케네디 대통령과의 만남에서 한국군의 파병을 제안했는데, 미국 정부는 이를 거절했다. 그 후에도 박정희 정부의 제안은 계속됐지만, 그때마다 미국은 제안을 거절했다. 그러던 중 1964년 5월 미국의 입장이 바뀌었다. 베트콩 세력이 날로 커지면서 남南베트남 정부의 존립이 위협받자 한국을 포함한 우방 국가에 파병을 요청한 것이다. 이로써 대한민국군의 베트남 파병이 결정되었다.

베트남 파병이 우리나라의 경제, 사회에 미친 영향은 매우 컸다. 단적인 예로, 국군의 파병에 따른 외화수입만 총 60여억 달러에 달했다. 더불어 베트남에 진출한 기업들의 경험과 노하우는 중동 진출의 발판이 되었다. 이는 나아가 한강의 기적을 이루는 데 크게 기여했다.

그 결과, 1962년 북한이 153달러일 때 103달러였던 남한의 1인당 GDP는 1969년에는 210달러로 194달러인 북한을 앞질렀고, 1977년에는 1천 달러를 돌파함으로써 북한의 두 배로 성장했다. 2013년에는 북한의 1인당 GDP가 2천여 달러인 데 반해 남한은 그 열두 배에 달하는 2만 4천 달러가 되었다.

반면, 베트남 파병이 가져다준 병폐도 많았다. 파병이 길어지면서 연인원 31만 2,853명이 참전해 5,066명이 사망하고 1만여 명이 부상을 입는 등 인적 피해가 컸다. 고엽제 후유증으로 본인은 물론 자식들까지 고통을 겪는 경우도 많아 해결해야 할 사회 문제로 남았다.

베트남전 파병으로 시작된 한국군의 해외파병은 전 세계 갈등 지역으로 확산되고 있다. 1991년 걸프전, 2001년 아프간전, 2004년 이라크전과 중동 아랍에미리트UAE전, 2013년 필리핀 등에 파병이 이루어졌다. 우리 군의 해외파병은 'UN PKO(Peace Keeping Operation, 평화유지 활동) 파견 활동', '다국적군 파견 활동', '국방교류협력을 위한 파견 활동' 등 3가지로 나뉜다.

1991년 UN에 가입한 후 UN의 군대 파견 요청에 따라 1993년 소말리아 발라드 지역에 상록수부대를 파견한 데 이어, 2001년부터 2000년대 중반까지는 '다국적군 파병 활동'이 주였다. 2001년 미국의 9·11 테러로 촉발된 '테러와의 전쟁'에 동참하기 위해 우리 군은 아프가니스탄으로 해·공군 수송지원단인 해성·천마부대를 파병했으며, 이후 아프가니스탄과 이라크에 서희·제마·자이툰부대를, 소말리아 아덴만 해역에 청해부대를 파병해 다국적군 파병 활동을 이어가고 있다.

최근의 해외파병은 '국방교류협력을 위한 파견 활동'으로, 레바논 동명부대와 남수단 한빛부대, 필리핀 아라우부대, 아프가니스탄 오쉬노부대, UAE 아크부대, 그리고 소말리아의 청해부대 등 2014년 6월 현재 총 6개국에 1,443명이 파병되어 있다.

우리나라가 1991년 9월 17일 UN의 161번째 회원국으로 가입한 후, 글로벌 평화유지 활동에 참가한 지 벌써 23년이 되었다. 지난 23년 동안 우리는 다양한 방식의 파병을 통해 세계 평화에 기여해왔다. 우리 군의 해외 파병은 대한민국의 위상을 높이고 세계 평화에 기여한다는 점에서 의미가 있으며, 국익 창출과 우방국과의 우호 증진이라는 효과도 있어 앞으로 점차 확대될 것으로 보인다.

3부

역사 속에서 발견한
나쁜 습성 3가지

| 01 |

청산해야 할 우리의 나쁜 습성

나쁜 습관이 나쁜 운명을 만든다

우리의 역사는 지혜로운 리더를 만나 백성들이 편안하고 평화로운 시대를 구가한 때도 많았지만, 나쁜 리더를 만나 전쟁과 갈등으로 고초를 겪었던 때도 많았다. 나는 그런 일이 끊임없이 발생하는 이유는 첫째, 고질적인 파벌의식으로 국론 분열, 부정부패를 야기하는 '지연, 학연, 혈연의 패거리주의', 둘째, 무능하고 부패한 리더들의 '실종된 노블레스 오블리주', 셋째, 국난 극복 후에 뼈아픈 교훈을 쉽게 잊는 '집단기억상실증과 망각증후군' 등 3가지 습성 때문이라고 생각한다.

일찍이 미국의 실용주의 철학자이자 심리학자인 윌리엄 제임스

William James는 《심리학의 원리The Principles of psychology》(아카넷, 2005)에서 "생각이 바뀌면 행동이 바뀌고, 행동이 바뀌면 습관이 바뀌고, 습관이 바뀌면 성격이 바뀌고, 성격이 바뀌면 운명도 바뀐다"라고 말했다.

나쁜 습관이 나쁜 운명을 만들듯 이 3가지 나쁜 습성은 국가 발전 및 국민 행복에 암적 존재가 된다. 나쁜 습성은 도덕성을 키워 제어하지 않으면 무의식적으로 작동해 결국 관습으로 발전된다. 또한 관습이 오래되면 돌연변이 DNA로 변종되어 고치기 어려워지고, 국가 발전을 좀먹는 원인이 된다. 2014년 세월호 참사 때 선원들이 보인 행태는 이런 나쁜 습성이 관습화되면서 일어난 일이라고 볼 수 있다.

박근혜 대통령도 2014년 5월 6일 대한불교조계종 종단이 주관한 불기 2558년 부처님오신날 봉축법요식에서 "물욕에 눈이 어두워 마땅히 지켜야 할 안전규정을 지키지 않았고, 그런 불의를 묵인해준 무책임한 행동들이 결국은 살생의 업으로 돌아왔다. 오랜 세월 동안 묵인하고 쌓아왔던 잘못된 관행과 민관 유착, 공직사회의 문제 등을 바로잡고, 부정과 비리를 뿌리 뽑아서 바르고 깨끗한 정부를 만들고자 최선의 방법을 찾고 있다. 다시는 이런 비극적인 일이 일어나지 않도록 안전한 나라를 만드는 데 총력을 다할 것이다. 이기심을 위해 정의를 등지지 말라고 하셨던 부처님 말씀처럼 우리 사회 곳곳에 깊이 뿌리 박혀 있는 부조리와 적폐를 바로잡고 올바른 정의를 세워나갈 수 있도록 국민 여러분께서 힘을 모아주시기 바란다"라고 당부했다. 우리나라의 지식인, 언론인, 종교인 등도 한결같이 "세월호 참사는 수십 년간 적폐된 현상으로 터질 것이 터진 것이기 때문에 국가는 물론 모든 국민이 한국의 자화상을 반성·성찰하여 국가적 도덕 재무장 등 근본 대책을 수립하고, 국민들이 아름다운 비전을 갖도록 전화위복의 계기로 삼아야 한다"고 입을 모은다.

불행한 역사에는 나쁜 리더가 있다

우리 민족은 단일민족으로 삼국시대에는 고구려, 신라, 백제가 피를 나눈 형제국가였으나, 오랫동안 대립하다가 신라가 통일했고, 후삼국시대에는 또다시 신라, 후고구려, 후백제로 나뉘어 대립하다가 고려로 통일되었다. 그나마 조선시대에는 나라가 쪼개지는 일은 없었으나, 무능한 군주와 권신들로 인해 국론 분열과 정쟁이 격화되면서 임진왜란과 병자호란 등 외세의 침략을 겪어야 했고, 끝내 일제에 의해 국토를 강점당하고 국권을 박탈당하는 수모를 겪어야 했다. 8·15해방 이후에는 강대국의 이해관계와 이념적 대립으로 남북으로 나뉘어 정부가 수립되고, 결국 동족상잔의 6·25전쟁을 거쳐 현재까지 대치하고 있는 상황이다. 단일민족이 또다시 분열된 슬픈 역사를 살고 있다.

우리에게 불행한 역사가 많았던 이유는 지정학적 요인과 천재지변, 반란, 전쟁 등 불가항력적 측면도 있으나, 냉철히 생각해보면 우리 민족의 내면에 흐르는 나쁜 습성 3가지를 고치지 못한 업보도 큰 역할을 했다. 2부에서 언급한 역사 속에서 발견한 자랑스러운 리더십 DNA가 대한민국 5천 년 역사를 통해 국가를 수호하고 민족의 생존과 번영에 기여한 반면, 나쁜 습성 3가지는 대물림되어 오면서 민족의 생존과 안녕을 위태롭게 했다.

　우리 사회에는 상사는 많아도 참다운 리더는 드물다. 지연, 학연, 혈연 등을 따지면서 편 가르기와 패거리 짓기에 여념이 없다. 또 노블레스 오블리주 의식의 결여로 대형 사건·사고가 빈발하고, 고위 공직자의 인사 때마다 도덕성 논란에 휩싸이는 일이 허다하다. 게다가 도덕성 문제가 발생할 때는 맹렬히 비난 수위를 높이고 반성하는 듯하다가 세월이 지나면 금방 언제 그랬느냐 싶게 잊어버리는 이른바 집단기억상실증과 망각증후군으로 사건·사고 이전으로 퇴행해버리는 나쁜 습성을 가지고 있다.

　이런 리더들이 우리 사회의 주축을 이룬다면 국민들은 불행해질 수밖에 없다. 부패, 부정 축재, 탈세, 공금 횡령, 부동산 투기, 자식의 부정 입학, 군복무 기피 등을 일삼는 문제 인물이 열심히 산 사람을 밀어내고 당당히 공직에 나서서 큰소리치는 사회가 된다면 우리 사회는 안정과 행복을 기대할 수 없을 것이다. 악화가 양화를 구축하는 사회가 되지 않도록 모두 경계해야 할 것이다.

02

나쁜 습성 1

패거리주의

도덕적 기반을 무너뜨리는 패거리 문화

패거리는 함께 어울려 다니는 사람의 무리를 낮잡아 이르는 말이다. '연고'라는 관계를 중심으로 움직이는 폐쇄적 집단이 바로 패거리다. 패거리 사회에서는 개인의 신념이나 가치보다는 조직의 이익이나 위계질서가 강조되고, 합리적인 의사결정이 이루어지기 힘들다.

역사적으로 패거리 문화가 형성된 요인은 무엇일까? 어떤 사람들은 패거리 문화의 뿌리를 삼국시대에서 찾기도 한다. 서기 4~7세기 삼국의 치열한 경쟁 끝에 신라가 통일한 뒤 정복 지역에서 실시한 차별 정책에서 영호남 균열이 시작되어 후삼국시대에는 더욱 악화되었으며,

고려시대에는 태조가 '훈요십조訓要十條' 8조에서 지역 차별을 노골화하기에 이르렀다는 것이다.

고려 태조 왕건은 지방의 호족 세력을 포섭하기 위해 각 지방의 유력 호족 29명의 딸과 정략적으로 혼인해 34명(25남 9녀)의 자녀를 두었다. 혈연 관계를 이용해 나라를 다스린 셈이다. 훈요십조 8조에 담긴 '차령 이남 사람을 요직에서 배제하라'는 왕건의 유훈은 조선시대까지 그대로 이어진 듯 보인다. 성호星湖 이익李瀷의《성호사설星湖僿說》과 이중환李重煥의《택리지擇里志》에는 호남이 고려시대부터 반역의 땅이라는 기록이 남아 있다. 이러한 지역 차별 문제는 지금도 해결되지 않고 있으며, 왕건의 훈요십조를 들어 차별을 정당화하는 사람도 있다.

그러나 훈요십조를 정말 왕건이 남겼을까 하는 의문이 생긴다. 후삼국을 통일하고 고려를 건국한 왕이 국민 총화를 저버리고 지역 차별을 공식화할 수 있었을까 하는 의문이 남는 것이다. 혹자는 후삼국을 통일하는 과정에서 많은 어려움을 겪고, 죽음의 위기를 넘기기도 했던 왕건이 그때의 감정 때문에 후백제에 해당하는 전라도 지역을 차별한 것이 아니겠느냐고 추측한다. 그러나 왕건은 항복한 견훤甄萱과 그의 아들 신검神劍을 죽이지 않고 풀어주는가 하면, 전라도 나주 호족의 딸인 장화왕후莊和王后에게서 낳은 혜종을 후계자로 삼는 등 지역 차별 없이 정책을 펼쳐왔다. 그런 그가 지역 차별을 노골화했다는 것은 믿을 수 없는 일이다.

지역적 편견과 차별로 인한 갈등은 고구려, 신라, 백제의 장기간의 전쟁과 신라의 삼국통일, 후삼국 전쟁과 고려의 후삼국 통일, 8·15해방과 남북분단, 6·25전쟁과 남북한의 대치, 제3공화국 이후의 영호남 갈등으로 이어져왔다. 우리 사회의 발전을 위해 시급히 청산해야 할 과제임에 틀림없다.

2014년 세월호 참사의 근본 원인은 '관피아'라는 암적 존재에 의한 민관 부패 커넥션이었다. 노벨경제학상을 수상한 밀턴 프리드먼Milton Friedman은 이를 '철의 삼각형Iron Triangle' 모형으로 설명했다. 이는 이익집단, 정치인, 관료 간에 형성되는 강철처럼 단단한 관계를 일컫는다. 이 유착은 괴물·속물근성 DNA로 변종되기 때문에 깨끗이 뿌리 뽑지 않고서는 결코 안전한 나라가 될 수 없다.

원전 비리, 저축은행 비리, 세월호 참사 등 끝없이 이어지는 대형 사건·사고는 패거리 커넥션이 암덩어리처럼 뿌리를 내린 결과다. 우리나라에는 패거리들이 만든 변종 마피아Mafia들이 판을 친다. 원전 마피아, 모피아(옛 재무부+마피아), 정피아(정치인+마피아), 교피아(교육부+마피아), 관피아(관료+마피아) 등 이른바 마피아 천국이라 해도 과언이 아니다. 이 때문에 들리는 것은 오로지 국민의 탄식 소리뿐이다.

이와 같은 패거리 커넥션의 척결 없이는 국가 개조는 물론 대한민국의 미래도 없다는 것이 국민들의 중론이다. 관피아 등 부정부패 척결은 현대사의 분기점이 될 것이다. 법과 질서를 철저하게 지키는 공권력, 제대로 된 탕평의 정치, 공익에 입각한 행정 등 기본 체제가 중심을 잡아야 이러한 병리病理 현상이 발생하기 전에 예방하거나, 발생하더라도 즉각 조치가 가능하다. 각종 권력형 비리와 추문은 사실상 그러한 기본 체제가 중심을 잡지 못하고 외압에 흔들려왔다는 사실을 말해주고 있다. 서로가 고향 형님, 아우님, 선배, 후배로 얽혀 앞에서 끌고 뒤에서 밀어주는 비밀 결사체에 가까운 연고주의의 횡행이 각종 권력형 비리와 추문을 낳은 병리적 토양임은 새삼 말할 필요가 없다.

이런 연고주의가 우리의 공공 제도와 시스템보다 우위에 서고 더 큰 힘을 발휘한다면, 또 그러한 원시적 체제가 잔존하고 방치된다면, 집 권자가 아무리 개혁을 외치고 사회 정의와 공평을 부르짖어도 아무런 변화도 이끌어낼 수 없다. 금감원, 국세청, 검찰, 경찰, 국정원 등 막강한 권력 기관들은 이러한 연고주의에 따른 권력형 비리와 부정부패를 뿌리 뽑고 체제를 수호하는 마지막 보루다. 그러나 이런 기관들마저 지연, 학연, 혈연에 뿌리를 둔 비리 세력과 조폭의 비호 세력으로 전락했다는 의혹으로 국민들의 따가운 눈총을 받고 있는 실정이다.

패거리 문화를 없애고 국민 통합을 이루려면 경기 · 경상 · 전라도 같은 명칭 자체를 없애버리는 것도 한 방법이며, 선거구와 행정 구역을 섞는 것도 효과적일 수 있다. 그러나 그보다 먼저 선행되어야 할 것은 각 지역 사람들이 지역이라는 경계에 매몰되지 않고 경제적 필요에 의해 서로 협력하며 밀접한 관계를 맺지 않으면 안 되는 제도를 만드는 것이다.

패거리 문화는 리더십 요소 중 가장 중요한 도덕적 기반을 무너뜨린다. 패거리 안에서는 사회적으로 불공정한 해악적 행위도 선배에 대한 후배의 예의 바른 행위로 둔갑해 '전관예우'라는 이름으로 포장된다. 패거리 문화가 판치는 닫힌 사회에서는 법과 질서를 중요시하는 민주주의 제도를 발전시키는 데 한계가 있다. 겉으로는 안 그런척하지만 인간관계가 지연, 학연, 혈연으로 연결되고 법과 규칙 위에서 지배하는 것이 현실이다. 진정한 민주주의가 정착되려면 폐쇄적이고 소아적인 관계 중심의 사회에서 계약 중심, 법 중심의 사회로 실질적인 전환이 이루어져야 한다.

한국이 정의사회 및 공정사회로 나아가기 위해 가장 시급한 문제 중하나가 바로 패거리주의의 청산이다. 서울대 송호근 교수는 〈중앙일보〉 2011년 6월 21일자 칼럼, '커넥션 코리아'에서 한국의 뿌리 깊은 연고주의와 연고 비리의 비극적 폐해를 신랄한 어조로 고발했다.

'커넥션 코리아', 온갖 연고를 총동원해 목적을 이루고야 마는 저돌성, 힘없는 '을乙'들의 십종경기를 느긋이 지켜보는 '갑甲'의 야비함, 줄 찾는 자와 대는 자들이 내지르는 허망한 교성으로 한국 사회는 뻑적지근하다. 연일 터지는 저 부패의 칡넝쿨들이 칭칭 감고 있는 현실을 누가 비켜날 수 있으랴. 부산저축은행 사건은 연고 비리의 축약이고, 국토해양부 건은 관료 부정의 진액이다. 접대, 향응, 뇌물, 줄 대기로 짜인 공사 네트워크 꼭대기에 고위직 권세가들이 버티고 있는 이 전통적 비리연줄망은 망국亡國이란 최고의 비용을 치르고도 조선시대 이래 아직도 건재하다. (……) 강산이 수십 번 바뀐 이백 년 세월을 보란 듯 살아남은 그 커넥션은 21세기 한국에 상동구조의 비리 사건을 알 까듯 새끼를 쳤다.

– 송호근, '커넥션 코리아'

우리 국민들이 사회의 지도층 중 정치인과 고위 관료층을 제일 불신하고 있다는 것은 주지의 사실이다. 한국의 리더들은 사태의 심각성을 직시하고 환골탈태換骨奪胎해야 한다. 정정당당한 삶이 리더의 참모습이요, 아름다운 삶이다.

패거리 문화가 불러온 폐단과 해결책

　도덕성은 대통령의 통치 기반이자 성공을 좌우하는 필수 요건이다. 건국 이래 11명의 대통령이 탄생했지만, 지금까지 범국민적인 존경을 받은 대통령은 한 명도 없었다. 대부분의 국민은 지연, 학연, 혈연 중심 인사로 인한 부정부패 등 도덕성의 결여를 대통령의 국정 실패 요인으로 생각한다.

　김영삼 전 대통령은 정치적 조언을 받는 '비선 라인'을 다양하게 두고 있는 것으로 유명했다. 그중 빼놓을 수 없는 것이 경남고 3회 동기 모임인 삼수회三水會였다.

　노무현 전 대통령은 2004년 11월 부산상고 동문 200여 명을 부부동반으로 초청해 청와대 녹지원에서 동창회를 열었다. 청와대 안마당에서 열린 최초의 동창회인 데다, 당시 부산상고 선배인 한행수를 주택공사 사장으로 임명해 '학연 인사' 논란이 불거진 직후였기 때문에 비난 여론이 거셌다.

　이명박 전 대통령 역시 2011년 4월 동지상고 동문 200여 명을 청와대로 초청해 동창회를 열었다. 정권 초기 인사 실패로 '고소영(고려대, 소망교회, 영남)'의 굴레가 씌워져 있던 터라 이 대통령의 '청와대 동창회'도 비난의 화살을 피해 갈 수는 없었다.

　21세기 국가와 사회는 세계화Globalization와 현지화Localization를 적절히 조화시켜야 하는 과제를 안고 있다. 조선의 명종~선조 시절, 지역에 근거한 사림士林은 수많은 학자를 배출했다. 당연히 스승과 출신 지역을 중심으로 학파가 형성되었다. 영남 좌도의 이언적李彦迪 · 이

대통령	이름	관계	내 용
전두환	전기환	맏형	노량진 수산시장 운영권 강탈 혐의로 구속
전두환	전경환	동생	새마을운동본부 회장 맡아 70억 원 횡령 혐의로 구속
노태우	박철언	처사촌	슬롯머신 업자로부터 6억 원 받은 혐의로 구속
김영삼	김현철	차남	두양그룹 등으로부터 30억 원 받은 혐의로 구속
김영삼	손성훈	처사촌	덕산그룹에서 1억 9천만 원 받은 혐의로 구속
김대중	김홍일	장남	이용호 · 진승현 게이트 연루로 불구속 기소
김대중	김홍업	차남	이권 청탁 등의 대가로 25억 원 받은 혐의로 구속
김대중	김홍걸	3남	이권 청탁 등의 대가로 15억 원 받은 혐의로 구속
노무현	노건평	형	농협의 세종증권 인수 청탁 대가로 30억 원 받은 혐의로 구속
이명박	김옥희	처사촌	공천 대가로 30억 원 받은 혐의로 구속
이명박	김재홍	처사촌	제일저축은행으로부터 4억 원 받은 혐의로 구속
이명박	이상득	형	저축은행, 코오롱그룹으로부터 7억원대 금품 수수 혐의로 구속

황李滉, 영남 우도의 조식曺植 · 정인홍鄭仁弘, 기호 지역의 이이李珥 · 성혼成渾, 호남의 김인후金麟厚 · 기대승奇大升 등이 그 예다. 학파는 문벌, 지벌과 연결되어 파벌을 낳고, 붕당朋黨정치와 당쟁으로 이어졌다. 근대화 이후 우리나라에 신식 대학교육이 시작되면서 이런 전통 위에 서구의 학벌주의가 이식됐고, 지연, 혈연과 더불어 패거리 문화를 형성했다.

박정희 정권 이래 50여 년간 영남과 호남은 인사 권력을 번갈아 독점해왔다. 이번 정부에서 영남이 인사를 싹쓸이하면 그다음 정부에서는 호남이 싹쓸이하는 등 한쪽으로 치우친 인사가 계속되었다. 따라서 과거와 차별화하려면 인사 정책에서 눈에 띄는 변화가 필요하다. 대통령은 강력한 의지로 탕평인사를 실천해야 하며, 그러려면 그에 맞는 구체적인 인사 시스템을 마련해야 한다. 단기간에 효과를 보려면 대통령의 동향 출신이 오히려 임기 중 조금 손해를 보는 식의 인위적 균형이 필요하다는 주장도 있다. 현대 시대정신의 핵심은 '사회 통합'이다. 지역주의 편중 인사 문제를 과감한 인사 탕평책으로 척결하는 대통령의 리더십이 절대적으로 필요하다.

| 03 |

나쁜 습성 2

노블레스 오블리주의 실종

추락하는 한국의 국가 청렴도

최근 한국은 노블레스 오블리주의 실종으로 국가·사회적으로 큰 어려움을 겪고 있다. 따지고 보면 노블레스 오블리주의 실종이 쌓이고 쌓여 와우아파트 붕괴, 삼풍백화점 붕괴, 성수대교 붕괴, 서해 훼리호 침몰, 대구지하철 참사, 저축은행 비리, 그리고 최근의 세월호 참사로 이어져 국민들에게 충격을 준 것이다. 탐욕에 물들어가는 노블레스 그룹을 바라보는 국민들의 마음은 허탈하다.

산업화와 민주화, 정보화를 반세기 만에 이루어낸 머리 좋고 근면 성실한 민족이 축구선수가 골대 문전에서 헛발질하듯 선진국 문턱에서 사회 지도층의 비리와 부정부패, 그로 인한 사회적 갈등과 분열 때문에 헛발질하고 있는 형국이다. 우리 사회가 이처럼 내홍을 겪고 있는 근본적인 이유는 국가를 책임지고 이끌어 나가야 할 리더 집단의 노블레스 오블리주의 실종과 도덕적 해이Moral Hazard 때문이다.

2009년 서울대 사회발전연구소가 행정안전부(현 안전행정부) 의뢰로 한국 사회의 노블레스 오블리주 지수를 측정했다. 대상 집단 모두 합격선인 66점을 넘지 못했으며, 평균 점수는 26.48점에 불과했다. 최고 점수를 얻은 것은 대학교수 집단으로 45.54점이었으며, 국회의원과 정치인은 16.08점으로 가장 도덕적이지 못한 집단으로 나타났다. 이러한 현상이 더욱 악화될 경우 국가 지도층이 비난과 조롱을 받는 불안한 사회가 될 수 있다.

우리는 역사적으로도 국가 지도층의 타락으로 나라를 잃었던 가슴 아픈 경험이 있다. 구한말 대한제국 주재 외교관들은 자신과 가족의 안위 외에는 관심이 없는 조선의 군정 대신들을 비난하며 조선의 멸망을 경고했다. 개화파 지식인 윤치호尹致昊도 명성황후가 백성은 살피지 않은 채 왕과 왕자, 자신의 안전만 추구했다며 비판했다.

2012년 7월 영국 '조세정의 네트워크'의 발표가 세간의 이목을 집중시켰다. 전 세계의 조세 회피 지역에 숨겨진 비자금 중 한국계 자금이 세계에서 세 번째로 많다는 주장이었다. 국세청은 2011년부터 매년 한 차례씩 해외 금융계좌 자진신고를 받았는데, 2012년 해외계좌 자진신고 결과, 해외 금융계좌에 10억 원 이상을 맡겼다고 신고한 개인이 302명, 법인이 350개였으며, 해외 계좌에 예치된 돈은 모두 18조 6천억 원에 달했다. 2013년 5월, 인터넷 매체인 '뉴스타파'는 한국인

245명이 조세피난처인 버진아일랜드에 페이퍼컴퍼니를 세웠다고 폭로했다. 기업들은 해외사업을 하면서 기업의 설립과 청산 절차가 간편한 페이퍼컴퍼니를 자주 이용하는데, 이 페이퍼컴퍼니가 기업과 부유층의 해외 재산 은닉과 탈세의 수단으로 악용되어 온 것은 사실이다. 2012년 국세청이 조세피난처를 통한 탈세를 적발해 추징한 세액은 총 202건, 8,258억 원에 달한다. 세계 10위권의 경제력과 15위권의 브랜드 가치를 가진 나라에서 이런 일이 일어나고 있다는 것이 도무지 이해가 가지 않는다.

국제투명성기구Transparency International의 2013년 OECD 뇌물방지협약 이행 평가보고서에 따르면, 우리나라는 협약 이행 실적이 가장 낮은 4등급 국가로 분류되어 있다. 외국 공무원에게 뇌물을 주는 것을 막기 위한 노력이 거의 또는 전혀 없다는 의미다. 공무원과 정치인의 부패에 대한 인식을 의미하는 부패인식지수CPI, Corruption Perceptions Index도 177개국 중 46위로 2010년 이후 계속 하락세이며, OECD 회원국 34개국 중에서도 27위로 하위권이다.

또한 2012년 홍콩의 기업 컨설팅 기관인 정치경제위험자문공사 PERC 조사 결과, 한국의 국가 청렴도가 아시아 16개국 중 11위에 머무는 것으로 나타났으며, 미국 국무부의 2011년 국가별 인권보고서는 한국 관료들의 뇌물수수 등에 대해 신랄하게 지적했다. 현대경제연구원의 연구에 따르면, 부정부패만 줄여도 연평균 성장률이 0.65퍼센트 포인트 오를 수 있다고 한다.

우리 국민이 가장 원하는 통치의 리더십은 갈등과 분열을 넘어 소통 →신뢰→통합→화합→융합으로 가는 시너지 리더십이다. 이를 통해 조속히 국가 경제의 안정과 발전을 이루고, 국민 복지를 향상시키기를 기대하는 것이다. 이와 같은 리더십은 도덕적 리더십을 기반으로 하며, 최고의 정치·경제·사회 리더십이 융합될 때 가능해진다. 이를 위해서는 자기성찰과 환골탈태의 자기혁신이 필요하다. 대한민국의 소리, 국민의 소리를 겸허히 받아들여 노블레스 오블리주 정신을 토대로 한 청렴·봉사·헌신의 리더십을 발휘할 때다.

공직자들은 스스로 청렴성을 상실한 현재의 풍토를 정화하고 정신과 물질이 조화를 이루는 가치관을 정립하는 데 앞장서야 한다. 공자는 "나라에 도가 있을 때는 가난하고 천한 것이 수치요, 나라에 도가 없을 때는 부유하고 귀한 것이 수치다[邦有道 貧且賤焉恥也 邦無道 富且貴焉 恥也]"(《논어》〈태백〉 편)라고 말했다. 나라에 도가 행해지지 않아 제대로 된 정치가 이루어지지 못하고 권력을 남용한 자들의 비리가 횡행하는 데도 그것을 바로잡으려 하지 않고 자신의 안위만 생각하는 것은 리더가 가져야 할 도리가 아니라는 것이다. 공자의 말은 오늘날의 대한민국 리더들에게 엄중하게 묻고, 또 경고하는 듯하다.

"지금 대한민국의 모습은 어떠한가? 대한민국 리더로서 당신은 지금 무엇을 하고 있는가?"

역사 속의 노블레스 오블리주

리더 계층의 노블레스 오블리주에 따라 그 나라, 그 민족의 흥망성 쇠가 결정되었던 사례는 동서고금의 역사에서 어렵지 않게 찾아볼 수 있다. 우리 역사에도 이런 사례가 있다.

역사 속 선비들은 탐욕을 멀리했다. 오로지 수신과 학습에 정진하며 청빈한 생활을 추구했던 선비정신 때문에 5천 년 역사 보존이 가능했다. 예부터 선비들은 "집은 겨우 비를 가리는 것으로 족하고, 옷은 겨우 몸을 가리는 것으로 족하며, 밥은 겨우 창자를 채우는 것으로 족하다"며 가난을 자랑으로 여기고 겸손함을 미덕으로 여겼다.

우리 선조들은 청렴과 검소를 몸소 실천해 사리사욕을 멀리했던 공직자를 청백리淸白吏라 부르며 존경과 칭송을 보냈다. 다산茶山 정약용은 《목민심서牧民心書》에서 수령의 자세에 대해 "청렴은 수령의 본本이요, 모든 선善의 근원이요, 덕의 바탕이니, 청렴하지 않고서는 수령이 될 수 없다"라고 했다. 청렴을 특히 강조한 정약용의 이 말에는 탐관오리의 패정悖政에 시달리는 백성들에 대한 연민과, 관리의 도가 허물어지고 공직 사회에 부정과 부패가 극심했던 당시의 사회상에 대한 경종이 담겨 있다.

단기필마單己匹馬로 적진으로 뛰어들어 자신의 목숨을 버리고 신라의 승리를 이끌어낸 화랑 관창官昌의 일화는 노블레스 오블리주란 무엇인지 분명하게 보여준다. 또 고려의 최영崔瑩 장군은 국왕 바로 다음의 권력을 가졌지만, 청렴결백했다. 집은 기어서 들어가고 나와야 할 정도로 초라했다. 방 안은 흙벽 그대로였고, 바닥엔 멍석을 깔았는데, 벼룩이 이리 뛰고 저리 뛰었다. 늘 낡은 옷을 입었고, 집의 쌀독이 빌 때도 있었다. 평소 고고한 지조를 지켰던 최영 장군은 "내가 탐욕의 마음을 가졌다면 무덤 위에 풀이 날 것이요, 그렇지 않으면 나지 않으리라"라는 유언을 남겼다. 그의 유언대로 무덤에는 풀이 나지 않았다고 전해진다.

그런가 하면 조선 중기, 자신과 가족의 목숨을 초개와 같이 바친 고경명高敬命 장군도 노블레스 오블리주를 실천한 모범적인 사례이다. 임진왜란이라는 위기를 맞아 고경명을 비롯한 삼부자가 나라를 위해 목숨을 바쳤다. 오늘날 그들은 모두 국가로부터 불천위不遷位를 받아 그 이름과 업적을 남기고 있다. 불천위란 위패를 옮기지 않는 것을 말한다. 보통 제사는 4대까지 지내고 5대조의 위패는 묘소 앞으로 옮겨 묻는 것을 원칙으로 하지만, 불멸의 대학자거나 국가에 큰 공로를 세운 인물은 4대가 지나도 위패를 옮기지 않고 영원토록 제사를 지내게 했다. 조선왕조 500여 년 동안 한 집안에서 삼부자가 불천위를 받은 것은 고경명 집안이 유일하다.

임진왜란 때 의병을 일으킨 홍의장군 곽재우郭再祐 역시 노블레스 오블리주의 전형을 보여준다. 곽재우는 의령에서 은거하던 중 임진왜란이 일어나자 수십 명의 사람들을 모아 의병을 일으켰으며, 이후 의병의 숫자는 2천 명에 이르렀다. 그의 의병 봉기는 자발적인 의병활동의 시발점이 되었으며, 위기에 빠진 국가를 살리기 위해 목숨을 아끼지 않고 적진에 뛰어든 그의 헌신과 기발한 전략 덕분에 조선은 왜군의 전라도 침공을 막아낼 수 있었다.

이러한 우리 선조들의 솔선수범과 자기희생 정신은 혹독했던 일제강점기의 학정과 6·25전쟁을 거치면서 맥이 끊기고 말았다. 지금 우리 사회에는 특권층이 솔선수범해 사회적 의무를 다하려는 문화가 부족하다. 참으로 안타까운 일이 아닐 수 없다.

우리에게 과거사와 현대사를 통틀어 가장 유감스러운 역사가 있다면, 국난이나 위기에 직면해 리더로서의 사명감을 망각하고 도망간 리더들이 있다는 사실이다. 도망간 리더 중 최악은 조선의 14대 왕 선조다. 선조는 왜의 침략에 대한 두려움을 견디지 못하고 의주로 도망쳤다. 선조는 역사의 교훈을 망각하고 국방에 소홀했을 뿐만 아니라 백성을 도성에 버려두고 도망감으로써 나라를 적의 수중에 넘겨버렸다. 조선의 26대 왕 고종은 신변에 위협을 느껴 왕세자와 함께 약 1년 동안(1896년 2월 11일~1897년 2월 25일) 러시아 공관으로 피신 갔던 아관파천俄館播遷의 주인공이다.

지도자의 도망은 현대에 들어와서도 되풀이되었다. 대한민국 건국 대통령 이승만은 6·25전쟁 시 국민을 버리고 먼저 피난했다. 내각책임제의 장면 총리도 5·16쿠데타가 발생하자 제일 먼저 천주교 수녀원으로 도망가 쿠데타를 성공하게 만들었다.

국민들이 정치인들을 불신하는 가장 큰 이유는 그들이 거짓말을 하기 때문이다. 이것은 한국 정치의 고질병 중의 고질병이다. 김영삼 전 대통령은 재임 중 "나는 한 푼도 안 받았다"라고 입버릇처럼 말했고, 김대중 전 대통령은 1997년 대선 후보 당시 '여야 간 정권 교체를 위한 국민회의, 자민련의 대통령 후보 단일화 등에 관한 합의문'(1997년 11월 3일)에서 "1999년 12월 말까지 대통령 발의로 내각제 개헌을 완료한다. 대선에서 승리하면 내각제 개헌과 그 시기에 대한 국민의 뜻을 물을 것"을 명기했으나, 대통령으로 당선된 후 "나라의 여러 사정으로 봐서 어렵게 됐다"는 식으로 약속을 지키지 않음으로써 국민의 정치 불신을 깊게 만들었다. 항복하는 지도자, 도망가는 지도자, 거짓말하는 지도자를 둔 국가와 국민은 불행하다고밖에 표현할 길이 없다.

국가의 안보는 리더층에 대한 국민의 강한 신뢰에 기초할 때 굳건해진다. 병역을 면제받은 사람을 우스갯소리로 '신의 아들' 또는 '장군의 아들'이라고 부른다. 사회적으로 신분이 높은 사람들의 자제가 불법으로 병역을 면제받는 풍토가 많다 보니 생겨난 말이다. 언젠가 '장군의 아들'이 가장 고되고 어려운 곳에서 복무하는 장병이라는 말로 의미가 바뀌는 날이 와야 한다. 역차별이 아니라 사회 지도층 리더들의 진정한 솔선수범이 요구된다. 이스라엘 등 외국의 노블레스 오블리주 리더십을 타산지석 삼아야 할 것이다.

리더의 조건

노블레스 오블리주 리더십은 국가 안보는 물론 사회 발전의 핵심 역할을 하고, 국민 통합과 국민 행복을 좌우한다.

중국 춘추시대의 오기吳起는 수백 차례의 전투에서 단 한 번도 패한 적이 없는 장군이다. 그는 전장의 병사가 부상으로 피고름을 흘리면 입으로 빨아 치료해줄 정도로 병사들을 아끼고, 그들과 하나가 되어 동고동락했다. 그의 서번트 리더십servant leadership(리더가 조직 구성원의 성장을 도와 공동체를 형성하는 리더십)은 병사들에게 전폭적인 지지를 받았고, 그 덕에 위나라군은 최강의 군대로 거듭날 수 있었다.

영국과 프랑스 간의 백년전쟁이 한창이던 1347년, 프랑스 북부의 항구도시 칼레가 영국의 에드워드 3세에 의해 포위되자 그곳의 시민들은 수개월 동안 끈질기게 저항했다. 그러나 비축해두었던 식량이 바닥나면서 항복할 수밖에 없었다. 그런데 영국의 에드워드 왕은 항복을 수락하는 조건으로 그동안 저항한 죄를 물어 시민 여섯 명을 대표로 처형하겠다면서, 만약 여섯 명을 보내지 않으면 도시 전체를 파괴하겠다고 했다. 어느 누구도 선뜻 나서지 않는 가운데 시간은 흘러, 마침내 영국군과 약속한 날의 전날 밤이 되었다. 긴 침묵 끝에 시민들 가운데 지도급 인사였던 몇몇 사람이 일어나 "칼레의 미래를 위해 내 목숨을 바치겠다"라고 말했다. 그런데 죽음을 각오한 사람의 숫자는 에드워드 왕이 원하는 여섯 명이 아니라 일곱 명이었다. 그러자 그들의 마음속에는 '굳이 내가 아니더라도······'라는 생각이 들었고, 그들의 얼굴에는 살고 싶다는 욕망으로 동요하는 빛이 역력했다.

그러자 그들 중 한 명인 생 피에르St. Pierre가 새로운 제안을 했다. 내일 동틀 무렵까지 광장에 먼저 도착한 여섯 명이 영국군 진영으로 가자는 것이었다. 그리고 그날 밤, 그는 스스로 목숨을 끊었다. 다른 여섯 명이 칼레를 위해 죽겠다던 애초의 마음을 바꾸지 않을까 하는 걱정에 스스로 생명을 내던지면서 나머지 여섯 명에게 '결연한 의지로 시를 위해 희생하라'고 독려했던 것이다. 다음 날 이 사실을 알게 된 나머지 여섯 명은 생 피에르를 따르자는 마음으로 스스로의 목에 밧줄을 감고 영국군 진영으로 걸어갔고, 전후 사정을 전해 들은 에드워드 왕은 이들을 모두 살려주었다고 한다.

미국 언론이 20세기 최고의 명장으로 뽑았던 베트남의 보 구엔 지압Vo Nguyen Giap 장군은 프랑스 및 미국과의 전쟁에서 승리했을 뿐만 아니라 1979년 중국의 공격에서도 베트남을 지켜냈다. 이때 중국은 3만 명의 전사자를 내고 철수했다. 지압 장군의 저력은 도덕성에서 나왔다. 그는 언론과의 인터뷰에서 "우리 힘의 원천은 도덕성과 인민의 지지에서 나온다. 인민의 마음만 단결시키면 작은 나라라도 큰 나라를 이길 수 있다"라고 말했다.

역사학자 레오폴트 폰 랑케Leopold von Ranke는 한 시대와 사회를 평가할 수 있는 기준은 그것이 가진 도덕적 활력이라고 했다. 이 도덕적 활력은 어디에서 나오는 것일까? 더 말할 나위도 없이 청렴의식에서 발아發芽하는 것이다. 청렴이란 작게는 개인적 인품의 문제이며, 크게는 인간이 사회적 존재라는 관점에서 사회 기강의 문제로 인식될 수 있다. 동양에서는 전통적으로 청렴을 외부적 규제나 감시에 의해 생겨나는 덕목이 아니라 고결한 인품에서 자연스럽게 나오는 것으로 인식해왔다. 이에 청렴을 확보하기 위한 수단으로 지배 계층의 윤리적 우월성 제고에 각별한 노력을 기울였으며, 무엇보다도 교육을 강조했다.

이처럼 동서양을 막론하고 지도층 인사들이 솔선수범해야 백성의 신뢰를 확보할 수 있고, 이러한 신뢰의 바탕 위에서 구성원의 공동체 의식을 고양할 수 있다. 지도층과 국민이 공동의 연대의식을 가져야 국민은 주인의식을 갖게 되고, 지도층은 노블레스 오블리주 리더십으로 국민들의 에너지를 보다 효율적으로 동원할 수 있으며, 국가 발전의 활력을 시들지 않게 할 수 있다.

우리는 각계각층 리더의 윤리의식을 높이고, 부정부패 연루자는 대소 불문하고 특정범죄가중처벌법으로 다스리는 제도적 장치를 강구하는 등 특단의 대책을 마련해야 한다. 특히 선조들의 리더십의 토대가 된 선비정신을 계승해, 공직사회의 정신문화로 정착시켜야 할 것이다.

선진국에서는 사회 지도층과 부유층이 주도적으로 유산 기부에 나서는 경우를 종종 보게 된다. 세계적인 부자 빌 게이츠Bill Gates는 재산의 99퍼센트를 기부하고 세 자녀에게는 1천만 달러씩만 물려준다고 한다. 우리의 기부문화도 확대되고는 있지만 아직은 미미하다. 실종된 노블레스 오블리주의 부활을 위한 지도층의 적극적인 실천 노력이 필요하다.

| 04 |

집단기억상실증과 망각증후군

역사를 잊은 민족에게 미래는 없다

일찍이 신채호 선생은 "역사를 잊은 민족에게 미래는 없다"라고 말했다. 아픔의 역사는 곱씹고 기억해야만 다시 되풀이되지 않는 법이다. 독일은 자신들이 저질렀던 유대인 대학살, 홀로코스트의 과오를 잊지 않기 위해 그 흔적을 그대로 보존해 후세에게 교훈으로 남기고 있다.

200년이라는 짧은 역사를 가진 미국에서도 국기나 대통령 초상 등의 상징물과 각종 경축행사를 통해 자연스럽게 애국심 강화 교육을 하고 있는 반면, 5천 년 역사를 가진 우리나라는 오랫동안 역사를 제대로 가르치지 않았다.

2010년 국가보훈처 조사 결과, 10대와 20대의 현충일 의식지수는 5점 만점에 각각 3.81점과 3.98점에 그쳤다. 2013년 한 TV 방송에서는 현충일에 국기도 제대로 게양하지 못하는 세태를 꼬집었다. 현충일의 의미를 모르는 사람이 많다는 것은 제대로 된 역사교육이 이루어지지 않았다는 방증이다.

국가 없는 국민과 민족의 역사는 허구다. 과거 우리 역사에서 일제 강점기 35년이 가르쳐준 뼈아픈 교훈이다. 국가는 국민과 민족의 방패이고, 국가의 존립을 위해 목숨을 바친 순국선열과 호국영령을 숭모하는 일은 그 시대를 사는 사람의 의무다. 역사를 잊어서는 안 되는 이유다.

조선은 1592년, 거의 무방비 상태에서 왜의 침공을 맞았다. 이 임진 왜란으로 국토의 대부분은 폐허가 되었고, 백성의 절반이 죽거나 적국에 끌려갔다. 이어 인조도 병자호란의 비극을 맞이했으며, 인조 이후의 왕들도 현실을 외면한 채 당쟁과 왕실의 안위에만 급급했다. 당시 조선의 군대는 지휘·명령권이 불분명하고, 활과 화포 등이 구식 무기 체계에서 벗어나지 못했다.

조선 말기 고종이 즉위할 당시, 총 병력 1만 6천 명 가운데 절반 이상이 노약자였을 정도로 군정이 문란했으며, 심지어 고종은 명성황후가 일본군의 야밤 기습으로 난자당하고 불태워지는데도 저항 한 번 제대로 못하고 눈물만 흘렸다. 을사늑약의 결정적인 계기가 된 러일전쟁 당시 조선에는 3,400톤급 '양무함' 한 척밖에 없었지만, 일본은 1만 5천 톤급 군함 등 수십 척을 보유하고 있었다. 이미 근대적인 군사체계를 갖추고 군수산업을 육성하며 '서양보다 낫다'고 자부하고 있던 일본을 하찮게만 보고 제대로 대비하지 못한 조선은 일본이 막강한 군사력으로 러시아에 승리를 거두는 것을 지켜만 보다 식민지 신세가 되고 만 것이다. 1876년 강화도조약을 체결한 직후인 4월, 일본으로 파견된 수신사 일행들이 일본의 육군성, 해군성을 시찰하고 난 뒤 기록한《수신사일기修信使日記》는 그 소감을 이렇게 기록하고 있다.

> 군사 훈련은 진군하고 퇴군할 때나 총을 쏘고 칼로 찌름에 털끝만큼의 어긋남도 없었으니, 실로 진짜 군대였다. 평화 시에도 항상 전투에 나가 적군을 대하듯 한다.
>
> – 김기수 · 김홍집,《수신사일기》

그러나 조선은 열강들이 식민지 쟁탈전을 벌이던 당시의 국제질서를 제대로 이해하지 못하고 있었다. 냉엄한 국제질서 속에서 군사력을 갖추지 못했던 조선은 결국 1907년에 일본에 의해 군대를 강제 해산당하고, 3년 뒤인 1910년에는 강압에 의해 총 한 번 쏘지 못하고 나라를 빼앗겼다. 뼈아픈 역사의 교훈을 잊은 결과였다.

현재도 크게 다르지 않다. 우리는 대한민국이 세계 유일의 정전국가이자 분단국가임을 잊어버리고 국가 안보를 소홀히 하고 있다. 국가 안보란 언제든지 최악의 상황을 대비해야 한다는 것을 반드시 명심해야 한다. 스스로를 지킬 국방력이 없다면 수치스럽고 비참한 역사는 반복될 것이다.

중국과 일본은 역사 왜곡과 날조를 통한 역사 침탈을 서슴지 않고 있다. 중국은 동북공정을 통해 고조선이나 고구려가 고대 중국의 지방

정권이었다고 날조하고 있다. 한나라 초의 어용 사가 복승伏勝 등이 날조한 '기자조선설'의 폐해가 1천 년 이상 지속됐던 것을 볼 때, 이들의 역사 왜곡의 폐해가 어디까지 이어질지 알 수 없다. 일본은 한국 침략의 역사적 근거로 '임나일본부설'을 날조했고, 지금까지도 이렇게 왜곡된 내용을 중·고등학생들에게 그대로 가르치고 있다. 지금은 일본이 백제를 지배했었고 발해는 속국이었다고 날조한다. 우리 정부와 국민들의 적극적이고 과학적인 대응이 필요하다.

이와 같이 우리의 주변국들이 역사 왜곡을 통해 역사 침탈을 하고 있는데도 우리는 이슈가 될 때만 여론이 들끓고, 금세 언제 그랬냐는 듯 식어버리는 망각증후군을 앓고 있다. 역사의 교훈을 쉽게 망각하면 역사의식과 역사에 대한 주체의식도 쉽게 실종된다. 국가정체성이 확립된 국민이라면 올바른 역사의식을 가져야 한다. 국민의 힘과 긍지의 뿌리는 역사의식에서 나온다. 특히 국가의 리더가 주체적인 역사의식이 없으면 국민들로 하여금 힘과 긍지를 갖게 할 수 없다.

국민과 지도자의 역사의식이란 민족사와 세계사의 흐름 속에서 자신에게 주어진 시대적 과제가 무엇인지를 알고, 그것을 실현하기 위해 끊임없이 노력하는 자세다. 또한 자신이 추진하는 모든 일이 후대에까지 영향을 미치는 역사적인 행위라는 사실을 잊지 않고 항상 바르게 살기 위해 노력하는 태도다.

역사의 진실에 귀 기울여 정성스럽게 역사를 가꾸어야 한다. 역사를 이해하는 것이 자신의 자아정체성 확립은 물론, 국가정체성을 정립하고 세상을 이해하는 데 큰 도움을 준다는 것을 잊지 말아야 할 것이다.

사라진 간도와 연해주

국가의 리더는 끊임없이 꿈과 비전을 국민에게 제시해야 한다. 미국의 리더들은 대륙을 가로질러 태평양까지 도달하는 꿈을 꾸었고, 그로부터 70년 후 멕시코와의 전쟁에서 승리해 캘리포니아를 비롯한 5개주를 매입한 데 이어 알래스카와 하와이까지 영토를 넓혀 세계 패권을 장악했다. 유대인들도 나라를 잃어버린 지 2천여 년 만에 이스라엘을 건국하고, 세계의 군사 강국으로 발전했다.

대한민국도 북방 영토를 잊어서는 안 될 것이다. 우리가 기억해야 할 북방 영토는 압록강-백두산정계비-토문강-송화강-흑룡강-동해에 이르는 지역이다. 이곳은 오늘날 중국의 간도와 러시아의 연해주를 포함하는 지역으로, 한반도 면적의 두 배가 넘는 광활한 땅이다. 간도와 연해주는 고조선과 부여, 고구려와 발해가 지배해온 땅으로, 이후에도 조선인들이 계속 점유하며 살아온 곳이다. 발해가 망한 뒤 1천여 년 동안 거란과 여진이 지배했지만, 중국의 한족이 지배한 적은 없었다. 중국이 만주 지역을 지배한 것은 100여 년밖에 되지 않는 근대의 일이다.

그런데 1860년 청나라는 러시아와 북경조약을 맺으면서 연해주 일대를 조선의 동의도 없이 러시아에 넘겨주었다. 또한 을사늑약으로 대한제국의 외교권을 빼앗은 일본은 1909년 청나라와 간도협약을 맺어 간도를 청나라에 넘겨주었다.

이렇게 우리나라는 우리의 북방 영토인 간도와 연해주를 남의 손에 빼앗기고 말았고, 일본에 강제 합병되고 6·25전쟁을 겪으면서 북방 영토를 되찾을 기회를 잃고 말았다.

인류의 역사는 수많은 민족이 자신들의 터전을 지키고 찾기 위해 투쟁한 역사라고 볼 수 있다. 대표적으로 1948년의 이스라엘 건국은 유대인의 민족정신이 발현되어 2천여 년 만에 되찾은 영광이다. 또한 중국의 덩샤오핑[鄧小平]은 영국이 홍콩에 대한 식민지 통치 기간을 연장하려 하자 "지금의 중국은 과거의 청나라가 아니다. 홍콩은 불평등 조약으로 점령되었다. 따라서 불평등 조약은 무효이다"라고 주장해 이를 무산시켰다.

불평등 조약, 강박에 의한 조약, 보호국의 권한 외 행위에 의해 체결된 조약은 국제법상 무효에 해당하며, 무효나 종료 사유가 있는 조약의 상속도 인정되지 않는다. 1963년 UN 국제법위원회가 제출한 '조약법에 관한 빈 협약'은 위협과 강박으로 체결된 조약은 무효라고 규정하고 있으며, 그 전형적인 예로 1905년의 을사늑약을 들고 있다. 당시 황제였던 고종의 비준 없이 외무대신 박제순朴齊純과 내각총리대신 이완용李完用의 이름만으로 체결된 것이므로 을사늑약은 무효이며, 더 나아가 일본이 제2차 세계대전에서 항복했으므로 일제에 의한 조약 일체가 무효다.

그런데도 간도협약은 여전히 살아 있다. 북한은 중국과 국경조약을 체결해 간도 영유권을 포기해버렸다. 두만강 최상류인 홍토수를 국경의 경계로 정해버린 것이다. 간도 영유권의 근거였던 백두산정계비는 1931년 사라지고, 현재 받침돌만 남아 있다. 먼 옛날 우리 선조가 지배했고, 우리의 유적 및 유물이 발굴되고 있으니 우리 땅이라는 주장만으로는 우리의 북방 영토를 되찾을 수 없다. 하지만 북방 영토는 우리의 영토라고 주장할 수 있는 법적·물질적 근거가 충분한 곳이다.

조선과 청나라의 국경선이 압록강·두만강이 아니라 그 이북에 위치해 있음을 '조선정계비구역약도', '백두산정계비도', '로마 교황청의 조선말 조선 지도'(1924년 제작) 등이 입증하고 있으며, 우리나라가 간도를 선점하여 개간했다는 것은 '무주지 선점이론'에 의한 영토 획득의 의미가 있다. 또한 조선 조정에서 1900년과 1903년에 간도를 평안북도 및 함경도에 편입해 주민들에게 세금을 징수하고 치안 및 경비를 수행했다는 기록이 있는데, 이는 명백히 국가의 행정 단위로서 기능을 했다는 증거다.

북조 발해는 고구려의 후신이었으며, 우리의 민족국가였다. 그러나 김부식의 역사 호도와 일제 관학자들의 역사 왜곡 때문에 발해가 우리의 역사에서 사라지고, 대동강 이남의 남조 신라가 이 시대 한국사의 전부인 것처럼 왜곡·강조되었다. 이로써 민족의 역사 강역은 대륙에서 반도로 축소되었고, 현실 안주에 빠진 패배주의적 자기비하 의식 때문에 잃어버린 고조선, 고구려, 발해의 옛 땅인 동북아 대륙을 되찾기는 고사하고, 되찾아야겠다는 의지마저 포기한 채 민족의 역량은 위축되어 왔다.

이제 우리는 민족주체성 부재와 역사 왜곡의 늪지대에서 과감히 탈피하여, 고구려의 유장 대조영이 세웠던 우리의 민족국가 발해를 우리 역사 속에 복원시켜 '통일신라시대'가 아닌 '남북조시대'로 이해함으로써 민족적 웅지를 펼쳐가야 한다. 동이족의 역사 무대도, 고조선과 고구려, 발해의 역사 강역도 다름 아닌 동북아 대륙이었고, 만주 벌판이었기 때문이다.

중국의 동북공정과 되찾아야 할 우리 영토

지해범 동북아시아연구소장은 〈조선일보〉 2014년 3월 1일자 칼럼, '마오쩌둥, 요동은 조선 땅'에서 이렇게 말했다.

"중국이 고구려사에 욕심을 내는 것은 만주 땅에 대한 한민족의 연고권 주장을 미리 차단하겠다는 뜻이다. 이런 마당에 마오쩌둥이 50년대 말부터 60년대 초 '요동은 원래 조선 땅'이라고 한 말들이 공개됐다. 중국 외교부가 펴낸 마오 발언록에서 이종석 전 통일부 장관이 찾아냈다. 마오는 64년 베이징에서 북한 최용건에게 '당신들 경계는 요하 동쪽(요동)인데, (중국) 봉건주의(왕조들)가 조선 사람을 압록강변으로 내몬 것'이라고 했다. 저우언라이[周恩來] 총리도 63년 조선과학원 대표단을 만나 '두만강 · 압록강 서쪽이 유사 이래 중국 땅이라거나 조선은 중국 속국이었다고 하는 것은 터무니없다'고 말했다. 마오와 저우언라이의 발언은 중국이 밀어붙이는 동북공정을 흔드는 자료가 될 수 있다. 그렇다고 흥분할 일은 아니다. '만주 땅은 우리 땅'이라는 목소리가 커질수록 중국은 경계심을 키우고 한반도 통일을 꺼리게 된다. 지금 필요한 것은 '영토 회복' 구호가 아니다. 13억 중국인의 마음과 시장을 얻는 '문화 · 경제 영토 확장'이다."

또한 〈국제신문〉의 김찬석 논설위원은 2014년 3월 2일자 칼럼, '요동 땅'에서 "다산 정약용은 요동론에서 세종 · 세조 대에 압록강 유역에 육진을 바둑돌처럼 설치했지만 요동은 끝내 되찾지 못해 여러 사람들이 유감으로 여긴다고 적고 있다. (……) 모택동이 1962년 북한-중국 국경 획정을 전후한 시기에 중국을 방문한 북한 권력자들에게 요동이 조선 땅임을 인정했다는 보도가 있다. 중국 외교부 문서가 근거. 새삼스러운 일이 아니다. 청일전쟁(1894~1895) 전후 처리과정에서 중국 이홍장이 '요동땅은 본시 조선 땅'이라고 했다는 연구 결과도 있다. 근데 북한의 대응이 한심했다. '이미 갖고 있는 것에 만족한다'고 했다니. 달라고 요구한 것도 아니고, 준다는 데도 굳이 받지 않겠다는 것은 무슨 연유인가. 북은 남더러 대미 사대주의라고 비난하면서 정작 자신들의 대중 사대주의에는 눈을 감는다. 이성계의 위화도 회군 4불가론의 첫머리 '이소역대以小逆大'의 생생한 현대판이다. 어쨌거나 요동은 이제 남의 땅이다. 그 빼앗긴 들에도 지금쯤 봄이 오고 있겠다"라고 말했다. 중국의 동북공정 의도를 알 수 있는 내용이다.

부산의 코앞에 있는 대마도도 안타깝게 간도와 연해주처럼 빼앗긴 땅이 되었다. 역사적으로 고유한 우리 땅이었던 곳이 조선의 공도 정책과 망각증 등으로 일본의 땅이 되어버린 것이다. 이와 같은 현상은 최근까지도 이어지고 있다. 2014년 4월, 국토해양부는 900개가 넘는 무인도를 새로 국토에 편입시켰다. 정말 어이없는 뉴스다. 아직까지 우리 영토가 확정되지 않았다는 것이 정말 이해가 되지 않는다.

대한민국의 암적 존재와 같은 나쁜 습성 3가지를 버리지 못한다면 우리는 슬픈 우리의 역사를 되풀이할 수밖에 없다. 이제 한국인의 자랑스러운 8가지 리더십 유전자는 살리고, 나쁜 습성 3가지는 척결하여 세계 초일류 선진국으로 발전해야 한다.

고려가 강화도로
천도한 까닭은?

고려가 강화도로 천도한 가장 큰 이유는 몽골의 침입 때문이었다. 10세기 초, 당이 멸망하자 거란족이 송을 압박했고, 12세기 초 여진족이 흥기하여 요·송을 아우르는 금을 건국하면서 동아시아 정세는 일대 전환기를 맞았다. 이는 고려의 내정에 변화를 가져왔다.

몽골과 고려가 처음으로 접촉한 것은 고종 6년(1219)이었다. 몽골에 쫓겨 고려에 들어와 있던 거란족을 몽골과 고려가 함께 격퇴했는데, 몽골은 자신들이 고려에 큰 은혜를 베풀었다는 듯이 과도한 공물을 요구했다. 무리한 요구에 고려인들의 불만이 커져가던 고종 12년(1225), 몽골 사신 저고여著古與가 몽골로 돌아가던 길에 압록강 부근에서 피살되는 사건이 벌어졌다. 이 사건은 몽골이 고려를 침입하는 명분이 되었다. 이후 수차례 몽골의 침입을 받은 고려는 결국 강화를 요청하게 되었다. 하지만 몽골의 무리한 조공 요구와 고려에 파견된 몽골 관리의 횡포가 갈수록 심해지자 당시 무신정권의 수장이었던 최우崔瑀는 몽골과의 항전을 결의하고 천도를 결정했다.

천도 문제는 고종 19년(1232) 2월 20일 처음으로 재추회의에서 공식적으로 논의되었으나, 결론을 내지 못하고 5월까지 논의가 이어졌다. 조정 대신들의 반대에도 최우는 그해 6월, 자신이 직접 회의를 주관하여 천도론을 확정했고, 6·7월에 강화도로 도읍을 옮기게 되었다.

정권 유지와 장기 항전

당시 강화도 천도의 명분과 이유는 정권 유지와 장기 항전을 위해서였다. 최우 정권은 몽골과의 강화 이후 지나친 내정간섭과 무리한 군사적·인적 자원 및 공물 요구 등 국가의 주권을 보존할 수 없을 정도로 위협을 받았다. 또한 몽골의 일방적이고 고압적인 태도와 무례한 행동에 더 이상 협상의 여지가 없음을 깨달았고, 이러한 몽골의 불손한 태도와 행태에 맞서 독립 주권을 행사하고, 고려를 자주적으로 유지하기 위해 강화도 천도를 결정하게 되었다.

강화도는 바다에 둘러싸여 있어 수전에 취약한 몽골군의 약점을 이용할 수 있을 뿐만 아니라, 조석 간만의 차와 빠른 조류 등으로 육지에 가까우면서도 항전 효과가 컸다. 또한 개경과도 가까웠고, 지방과의 연결도 편리했다.

그러나 조정 대신들은 반대했다. 특히 반대론의 선봉에 섰던 이는 유승단俞升旦이었다. 그는 "작은 나라가 큰 나라를 섬기는 것은 당연한 일이다. 예로써 섬기고 믿음으로써 사귄다면 그들이 무슨 명분으로 우리를 괴롭히겠는가? 섬으로 도망하여 구차스럽게 세월을 끄는 동안, 장정들은 적의 칼날에 다 죽고 노약자들은 노예와 포로가 될 것이니, 천도는 나라를 위한 좋은 계책이 아니다"《고려사》〈유승단 열전〉)라며 강화도 천도를 극구 반대했다.

당시 집권 세력은 무신이었다. 무신들은 천도를 통해 정권을 유지하며 장기전으로 몽골의 침입에 저항하려 한 반면, 국왕과 관료들은 사대 관계를 맺어 왕조를 보존하면서 무신정권의 붕괴와 왕권 회복을 동시에 꾀하고자 했다.

결국 천도는 무신들의 의도대로 성사되었다. 그러나 민심은 무신정권에 등을 돌리고 있었다. 백성들은 몽골에 대항할 의욕조차 없었다. 그 틈을 이용해 국왕과 관료 집단은 다시 한 번 강화론을 제기했으나, 무신 권력자들은 몽골과의 항전의 뜻을 굽히지 않았다.

고려의 대몽 저항 정책은 몽골의 재침을 초래했다. 몽골의 재침은 몽골 장수 살리타[撒禮塔]가 처인성(용인)에서 김윤후金允侯에게 사살된 후 물러가면서 끝났으나, 침략은 그 뒤에도 다섯 차례나 계속되었다. 1231년 1차 침략부터 1273년 삼별초가 진압될 때까지 몽골군은 고려를 쑥대밭으로 만들었다. 고려의 장정들을 살상하고 부녀자들을 겁탈했으며, 재물을 약탈하고 건물을 파괴했다. 황룡사 9층탑과 현종 때 간행해 부인사에 보관 중이던 대장경도 이때 소실됐다.

특히 5차 침입 때는 20만 6,800여 명의 남녀를 포로로 끌어갔고, 살육당한 자가 헤아릴 수 없었다. 그러나 짓밟히면 되살아나는 잔디처럼 고려인들은 전국 각지에서 끈질긴 항전을 계속했다. 고려의 조정 역시 1257년 이후부터는 해마다 보내는 진봉進奉마저 끊을 만큼 강경한 자세를 취했고, 몽골의 한결같은 개경 환도還都와 친조親朝 요구를 끝까지 거절했다.

고려는 강화도 천도 39년, 대몽항쟁 40년 동안 몽골이 막강한 군사력으로 줄기차게 공격해도 끝까지 굴복하지 않고 지속적인 항쟁을 펼쳤다. 칭기즈칸부터 쿠빌라이까지 5대에 걸쳐 7차례 고려를 공략한 몽골은 끝내 그 뜻을 이루지 못하고 고려의 요구를 들어주고 화의를 맺었다. 전 세계를 제패한 대몽골 제국이 고려만큼은 무력으로 굴복시킬 수 없었던 셈이다.

최우의 리더십 평가

최우의 결단은 옳았다. 그가 밀어붙인 강화도 천도는 고려가 몽골에 지배당하지 않게 했고, 항몽정신을 일깨워 살아남을 수 있게 했다. 강화도 천도를 하지 않았다면 개경은 몽골의 거센 물적·인적 요구와 군사 공세를 피할 수 없었을 것이다. 또한 취약한 군사력으로는 천도 외에 다른 대안을 선택할 여지가 없었을 것이다. 만일 강화도 천도를 하지 않았다면 고려는 곧바로 멸망했을지도 모른다.

최우는 이러한 상황을 파악하고 지리적으로 유리한 강화도를 새 도읍으로 선택함으로써 시간을 벌면서 국위 손상 없이 유리한 입장의 강화조약(고려가 요구한 몽골군 철수 등 6개 조항)을 체결했다. 이 점에서는 최우의 리더십을 높이 평가할만하다.

하지만 최우는 천도 과정에서 너무나 많은 사람이 피를 흘리게 될 것이라는 점은 고려하지 않았다. 민심에는 귀를 기울이지 않았던 것이다. 민심이 강화도 천도를 원하지 않았다는 사실은 《고려사절요高麗史節要》18권 〈고종 19년 6월〉 조에서 언급된 "국가가 평안한 지 이미 오래되어 개경은 10만 호나 되었고, 단청 입힌 좋은 집들이 즐비했으며, 백성들도 자신의 거처를 편안히 여기고 천도를 곤란하게 생각했다. 그러나 최우를 두려워하여 누구도 한마디 하는 자가 없었다"라는 기록을 통해 잘 알 수 있다. 최우의 강화도 천도는 백성과 나라를 위한 애국애민 리더십에 의한 결정이 아니라 자신의 권력을 지키기 위한 수단으로 이용했다는 데 문제가 있다.

실제로 강화도 천도 이후에 궁궐과 지배층의 저택을 새로 지어야 했기 때문에 백성들은 엄청난 부역을 감당해야 했고, 세금의 부담에 시달렸다. 강화도로 이주한 고려의 지배층들은 전쟁 중이지만 호의호식하며 잘 지낸 반면, 강화도 밖의 백성들은 전쟁 피해 복구를 위한 노역과 세금에 시달려야 했다. 그런 점에서 볼 때 최우의 항몽 정신과 자주의식은 자신의 권력을 지키기 위한 명분에 지나지 않았다. 만일 최우가 위민·위국 리더십으로 천도를 결정했다면 국민의 총화단결로 몽골의 침입을 더욱 효과적으로 막아냈을 것이다.

4부

역사를 바꾼 리더들

| 01 |

세계사에 빛나는 글로벌 리더들

토마스 칼라일Thomas Carlyle은 "영웅이란 일반 대중이 도달하고자 하는 모범과 패턴을 제시하고 창조한 인물"이라고 했다. 즉, 영웅은 용기와 지략으로 나라를 위기에서 구하기도 하고, 지성과 통찰력으로 사람들을 미몽에서 깨어나게 하는 리더다.

그러나 현재 우리 사회에서는 올바른 지도자, 역사의 영웅을 찾기가 쉽지 않다. 왜 그럴까? 우리가 현재의 영웅 리더를 육성·보호하고 과거의 역사 속 영웅 리더를 창조·발굴하는 것의 중요성을 인지하지 못하고 있기 때문이다. 일본은 역사적인 인물의 '영웅 만들기'를 통해 국민의 단결과 국가 발전을 도모했다. 대표적인 예가 우리나라에서도 오랫동안 베스트셀러였던 《대망大望》이라는 소설이다. 이 소설에는 세

명의 영웅이 등장한다. 과감한 추진력의 오다 노부나가[織田信長], 신출귀몰神出鬼沒한 용병술의 도요토미 히데요시[豊臣秀吉], 그리고 대망을 안고 끊임없이 자기 절제를 하는 도쿠가와 이에야스[德川家康]로, 소설은 이들을 일본 역사의 불세출의 영웅으로 그리고 있다. 각 인물의 장점을 부각함으로써 영웅화한 것이다. 일본 사람들은 메이지유신 시대의 역사 속에서 숱한 신화와 영웅을 창조하고 발굴했다. 그리고 근대화에 선구적 역할을 했다고 떠받들고 있다.

중국의 영웅 만들기는 일본의 영웅 만들기보다 노골적이었다. 《열국지列國志》를 통해 춘추오패春秋五覇, 즉 중국 춘추시대 5인의 패자로 제濟나라의 환공桓公, 진晉나라의 문공文公, 초楚나라의 장왕莊王, 오嗚나라의 왕 합려闔閭, 월越나라의 왕 구천勾踐 등을 영웅화했다. 영웅 만들기의 백미라고 할 수 있는 《삼국지三國志》는 제갈공명, 유비, 조조, 손권, 관우, 장비, 주유, 조자룡 등을 지금까지 추앙받는 영웅으로 만들었다.

그에 비해 우리나라는 역사적 사실에 근거해 영웅을 창조하고 발굴하는 작업이 너무 미미하다. 영웅을 지나치게 미화하는 것도 물론 나쁘지만, 역사적으로 뛰어난 인물이 많음에도 영웅을 창조·발굴하는 것은 고사하고 보호하고 육성하기조차 쉽지 않으니 안타까운 일이다.

우리나라는 다른 사람의 업적과 공헌을 인정하는 데 인색하며, 리더와 영웅이 보호받는 환경이 조성되지 못했다. 심지어 자신의 정적과 경쟁자는 물론 자기보다 잘난 인물은 사소한 과오라도 들춰내고 트집 잡아 크지 못하게 밟으려는 풍토가 있다. 그러면서도 국정이 어지럽고 사회가 혼란에 빠지면 진정한 영웅이나 지도자가 슈퍼맨처럼 등장해 난세를 극복해주기를 바란다.

이 나라, 이 사회 모든 조직의 주인은 우리이며, 지도자도 우리가 선택한 사람이다. 우리가 믿고 따를 수 있는 지도자를 선발하고 보호 · 육성하는 것이 바로 난세를 극복하는 슈퍼맨을 부를 수 있는 방법이다. 이제 우리도 역사적 인물들에 대해 과오는 과오대로 역사에 기록해 교훈으로 삼되, 그 공과 업적은 제대로 인정하고, 저평가되거나 감춰진 영웅을 찾아내려는 노력이 필요하다. 그렇게 발굴되고 창조된 영웅 리더들을 구심점으로 국민 통합을 이루고 국가 발전의 원동력으로 삼아야 한다.

역사 속 영웅 리더들을 발굴하고 창조하려면 역사학자나 철학자도 중요하지만 시인, 소설가, 동화 작가, 드라마 작가, 만화가, 교육자 등 창작자와 스토리텔러의 역할도 매우 중요하다. 고대 그리스의 영웅 아킬레우스와 오디세우스도 당시의 작가이자 음유시인인 호메로스Homeros의 서사시 《일리아스Ilias》와 《오디세이아Odysseia》에서 창조되지 않았는가? 우리나라의 광개토대왕, 태조 왕건, 성웅 이순신, 명의 허준 등도 모두 역사서보다는 소설과 드라마, 만화에서 영웅으로 부각되어 널리 전파되었다.

인문학을 경시하는 풍토에서는 역사 속 영웅들이 발굴되고 창조될 수 없다. 역사 속 영웅 리더들을 발굴하고 창조하려면 먼저 국민들에게 상상력을 불어넣어주는 창작자들이 많이 배출되고 존중받는 사회가 되어야 한다. 이들이 생계에 구애받지 않고 글을 쓰고 국민들에게 이야기를 전할 수 있도록 지원하는 정책적 배려와 사회 풍토 조성이 필요하다. 이와 아울러 국민들이 책 읽는 문화를 조성하는 것도 리더다운 리더를 양성하는 데 큰 역할을 할 것이다.

대패로 밀고 다듬어서 훌륭한 재목을 만들어내듯 우리나라도 우리의 리더들을 육성하고 보호할 필요가 있다. '사촌이 땅을 사면 배가 아프다', '배고픈 것은 참을 수 있지만, 배 아픈 것은 참을 수 없다' 식의 사고가 판치는 문화 풍토에서는 좋은 리더가 나올 수 없다. 작은 기업 조직이든 큰 국가 조직이든 일단 리더를 선출했으면 구성원과 함께 잘 성장할 수 있도록 여건을 만들어주고 보호해야 한다. 그래야 조직도 살고 리더도 많이 양산되어 부강하고 아름다운 한국을 건설할 수 있다.

❶ 전장을 진두지휘한 **광개토대왕**과 **문무대왕**

우리나라에 수난과 치욕의 역사만 있었던 것은 아니다. 누구도 흉내 낼 수 없는 강력한 리더십으로 역사를 융성하게 했던 인물도 있었다. 그 대표적인 예가 고구려의 광개토대왕과 신라의 문무대왕이다. 두 왕의 공통점은 모두 전쟁에 참전해 진두지휘하는 강인한 리더십으로 눈부신 역사를 만들어냈다는 것이다.

광개토대왕은 즉위하자마자 가장 먼저 예성강을 경계로 대립하고 있던 백제를 공격했고, 396년에는 백제 아신왕의 항복을 받아내면서 지리적으로 중요한 한강 유역을 차지했다. 남쪽의 국경을 안정화한 후 북방 영토 확장에 나선 광개토대왕은 중국 동북 지방에서 고구려와 기나긴 국경을 마주하고 있던 후연後燕이 호시탐탐 고구려 침략 의지를 보이자 전면 공격을 감행해 숙군성과 현도성, 요동성까지 함락했다. 이로써 고구려는 남쪽으로 임진강, 서쪽으로 요하, 북쪽으로 개원과 영안, 동쪽으로 훈춘에 이르는 방대한 영토를 차지하게 된다. 광개토대왕은 강인한 리더십을 발휘해 영토 확장을 통한 부국강병을 실현하고 나라를 부강하게 하는 한편, 수많은 난관을 뚫고 대륙으로 뻗어나가 대제국의 위용을 갖춘 바람직한 리더의 전형을 보여주었다.

신라의 문무대왕은 삼국통일을 실질적으로 이루어낸 인물이다. 문무대왕은 문무를 겸비했고, 당나라의 요구에 굽힐 때는 굽히고 맞설때는 단호하게 맞서는 강온의 유연함으로 대처했다. 아울러 백제와 고구려 유민들의 부흥운동을 간접적으로 지원해 장차 당과의 항쟁에 대비한 지원 세력으로 삼았다. 마침내 674년 매소성(연천) 전쟁과 676년 기벌포(군산) 해전에서 승리를 거두면서 당나라 세력을 몰아내고, 신라의 영토를 대동강에서 원산만까지 확장했다.

통일의 위업을 이루어낸 문무대왕은 681년에 생을 마감하면서 지금의 경주 남산 왕릉과 감포 앞바다 대왕암 두 곳에 각각 안장되었다. 왜 그랬을까? 대왕암은 단순히 왕의 수중 무덤이 아니었다. 대왕암은 당시 신라 사람들의 마음속에 이미 상징적인 의미로 자리하고 있었다. 《삼국유사》에 따르면, 삼국통일을 이룬 문무대왕은 죽음에 이르자 자신을 화장해 동해 바다에 수장할 것을 당부했다고 한다. 하지만 절대왕권 시대에 왕의 시신을 수장한다는 것은 당시 사회 분위기로는 상상조차 하기 힘든 일이었다. 문무대왕 이전에 왕의 시신을 수장한 전례도 없었다. 더욱이 불교를 국가의 통치이념으로 삼고 있는 왕실에서 극락왕생을 스스로 포기하고 축생畜生인 동해 바다의 용으로 환생하겠다는 것은, 비록 그것이 왕의 유언이라 할지라도 쉽사리 받아들이기 어려운 문제였다. 하지만 죽어서도 용이 되어 나라를 지키겠다는 유언은 모든 백성의 귀감이 되었고, 결국 문무대왕은 유언에 따라 화장되어 그 유골의 일부가 수중에 안장되었다.

문무대왕은 살아서 삼국통일을 이룩했으며, 죽어서는 동해 바다의 용이 되어 나라를 지키겠다는 군주로 남았다. 그리고 그의 뜻대로 후세 사람들은 그가 용이 되어 대왕암에 머물러 있다가 나라가 위기에 처할 때마다 지켜준다고 믿게 되었으며, 그러한 믿음은 그 후 통일신라 사회를 지탱하는 중요한 구심점 역할을 했다.

2 해상왕 장보고와 외교왕 서희

우리 역사에서 성웅 이순신에 버금가는 족적을 남긴 사람으로 신라의 장보고張保皐를 들 수 있다. 그는 우리나라 최초로 해상을 제패한 해군 무장으로, 중국과 일본에서도 입지전적인 인물로 평가받고 있다. 장보고에 대한 기록은 《삼국사기》와 《삼국유사》뿐만 아니라 중국의 《신당서新唐書》, 일본의 《속일본후기續日本後紀》에도 나와 있으며, 중국 당나라의 최고 시인인 두목杜牧은 《번천문집樊川文集》에 〈장보고〉 편을 별도로 만들어 안녹산安祿山의 난 때 활약한 곽자의郭子儀에 비유하며 동방에서 가장 성공한 사람이라고 칭송했다.

《삼국유사》에 따르면, 장보고는 한반도 남쪽 끝의 한 섬에서 "아주 미천한 사람"으로 태어났다. 무예가 뛰어나고 명민했던 장보고는 신분 때문에 신라에서는 성공이 어렵다고 판단하고 신라보다 훨씬 개방적이었던 당나라로 건너갔다. 그리고 말단 병사로 무령군이라는 군대에 들어간 후 많은 공을 쌓으며 능력을 인정받아 무령군소장의 자리에 오른다.

당나라에서 생활하면서 장보고는 신라 사람들이 붙잡혀 와 노예로 팔리는 것을 수없이 목격했다. 당나라 조정에서는 신라인을 노예로 삼는 것을 금지하고 있었으나, 연안지대 곳곳에서 자행되는 신라인 노예 매매는 근절되지 않고 있었다. 이 문제를 해결하기로 결심한 장보고는 828년 신라에 귀국해 흥덕왕에게 인신매매 실태를 보고한다. 흥덕왕은 그를 청해진 대사로 임명하고, 군사 1만 명을 주었다.

장보고는 먼저 군사를 이끌고 황해로 출동해 해적을 소탕했다. 해상 제패로 신라인 노예 매매를 근절시킨 장보고는 당과 일본을 연결하는 중계무역에 뛰어들었다. 청해진을 중심으로 재일본 신라인 사회와 재당 신라인 사회를 연결하는 무역망을 구축했고, 이러한 중계무역을 통해 엄청난 부를 축적했다. 국립민속박물관 '해상왕 장보고' 전시 해설은 장보고에 대해 다음과 같이 기록하고 있다.

"당시 가장 뛰어난 조선 기술과 항해 능력을 보유했던 장보고는 중국과 일본을 연결하는 지점인 전라남도 완도군에 위치한 청해진을 발판으로 바닷길을 활짝 열었다. 이로 인해 신라는 물론 중국과 일본의 해상권을 장악하게 되었다. (……) 바닷길로 수없이 오고 갔던 사람들과 문물은 장보고가 열었던 바닷길을 거쳐 갔고, 신라의 번성도 장보고의 바닷길을 통한 활발한 무역활동의 뒷받침으로 가능했다."

완도 일대에 세워진 청해진은 장보고의 능력에 힘입어 당대 최고의 국제 무역항이 되었다. 장보고의 무역선단은 신라, 당나라, 일본에서 국가 조직과는 별도로 움직이던 독립 선단이었다. 따라서 장보고는 그저 세 나라의 특산물을 사고파는 중계무역을 뛰어넘어 이슬람 상인들이 가져온 서역의 물품들을 신라와 일본에 전한 문화 전파자이기도 했다. 그가 세운 청해진은 단순한 무역항이 아니라, 군사력과 경제력을 동시에 갖춘 국가 조직에 가까웠다.

장보고는 말년에 왕족 김우징을 신무왕으로 옹립하는 데 큰 공을 세웠지만, 안타깝게도 세력이 커지는 것에 불안을 느낀 조정에 의해 죽임을 당했다. 장보고는 5천 년 우리 역사에서 보기 드문 해상의 영웅 리더다. 동아시아에 널리 퍼졌던 장보고와 청해진의 위용을 기억하며 세계 대양을 호령하는 대한민국의 미래를 기대해본다.

서희徐熙는 북방 대륙에 있는 외적의 침입으로 고려가 영토 분할의 위기에 처했을 때, 적장과 외교 담판을 벌여 오히려 옛 영토를 획득한 또 다른 영웅이다. 서희의 지혜롭고 담대한 외교 담판은 993년 고려 성종 때의 일이다.

송나라와의 전쟁에서 승리한 거란(요나라)은 장수 소손녕蕭遜寧에게 80만 대군을 이끌고 압록강을 건너 고려를 침공할 것을 명한다. 지금의 평안도 지역인 고려의 북계에 들어온 소손녕은 봉산군마저 파죽지세로 빼앗은 뒤, 안융진을 치기 위해 군대를 보내 고려군과 격전을 벌이지만 패배하고 만다. 평지전에 유리한 기마병 위주의 거란군이 산지가 많은 고려에서 움직이려니 기동력에 제약을 많이 받았던 것은 물론, 사실은 송과 본격적인 전쟁을 벌이기 앞서 고려가 끼어들지 못하게 만들려는 의도로 내심 화의和議를 원하고 있었다. 그래서 소손녕은 적극적인 군사행동을 더 이상 하지 않고, "80만 명이 왔으니 만약에 강을 건너 항복하지 않으면 쳐서 멸할 것이다. 군신君臣은 빨리 군전軍前

에 나와 항복하라"라는 위협만 되풀이했다.

이 때문에 고려 조정은 항복하자는 의견과 서경 이북의 땅을 넘겨주고 자비령을 경계로 삼자는 의견으로 갈렸다. 처음에 성종은 할지론 割地論을 따르려고 했다. 이때 나선 사람이 서희다. 적장의 석연치 않은 행동을 수상하게 여긴 서희는 저들의 출병 의도가 영토 확장에 있지 않음을 간파하고 화의를 주장한다. 왕의 동의를 받아낸 서희는 직접 적진에 나아가 소손녕과 담판을 벌인다.

거란이 고려에 사대의 예를 갖출 것과 옛 고구려 영토를 반환할 것을 요구한 데 대해 서희는 영토 문제를 거란이 양보하면 사대 문제는 고려가 양보할 수 있다는 타협안을 제시한다. 서희와 소손녕 사이의 담판은 1주일이나 계속되었다.

소손녕은 "당신들은 신라 땅에서 일어났고, 고구려 땅은 우리 소유다. 고려가 고구려 땅을 침입했고, 우리와 접경하고 있으면서도 송을 섬기는 까닭에 출병하게 되었으니, 영토를 떼어서 우리에게 바치고 복속하면 무사할 것이다"《고려사》〈서희 열전〉)라고 먼저 말을 꺼냈다.

서희는 국제 정세를 잘 읽고 있던 노련한 외교관으로서 조리 있게 설득했다.

"그렇지 않다. 우리나라가 바로 고구려의 옛 지역이다. 그래서 국호를 고려라 하고 평양에 도읍한 것이다. 땅의 경계를 두고 말하는 것이라면, 거란의 동경도 우리 영토다. 그런데 어찌 침입했다고 말하는가? 그리고 압록강 내외도 모두 우리의 영역인데, 지금 여진이 그 사이를 차지하고 있어서 천자를 알현하는 일이 바다를 건너는 것보다 더 어려운 일이 됐다. 이것은 여진 때문이므로, 여진을 쫓아내고 우리 옛 영토

를 되찾아 도로를 통하게 하면 어찌 예를 다하지 아니하겠는가? 장군
이 만일 내 말을 천자에게 보고하면 어찌 이를 받아들이지 않겠는가?”
《고려사》〈서희 열전〉).

여진이 가로막고 있는 영토를 고려에 줘야만 거란에 복속의 길이 열
릴 수 있다는 서희의 설득은 적장 소손녕의 마음을 움직였고, 결국 거
란군의 철수와 여진족이 살고 있는 강동 6주를 얻어내는 성과를 거두
었다. 거란은 고려와 송의 관계를 단절시키고 고려를 복속시킨 것에
만족했고, 고려는 조공을 약속하고 거란의 연호인 통화統和를 사용하
기로 했다. 항복 또는 할지의 상황에서 영토를 확보하는 실리를 택한
것이다.

사실 거란의 침략 의도는 고려와 송이 협공해 거란을 치는 것을 막
기 위해 ‘고려 · 송’의 관계를 ‘고려 · 거란’의 관계로 돌려놓고자 했던
것이었다. 더구나 소손녕의 거란군은 처음에는 고려를 파죽지세로 몰
아붙였으나, 송나라와의 전쟁이 끝난 지 얼마 되지 않은 시점이라 피
로감이 누적되고 전쟁에 염증을 느껴 내심 전쟁보다는 화의를 원하고
있던 참이었다.

이처럼 적국의 속내를 간파해 외교 담판으로 북방 외교의 실리를 얻
어낸 서희는 국제 정세를 잘 읽어내는 탁월한 능력을 가진 외교 리더
였다. 고려는 서희의 성공적인 외교 담판을 계기로 위기를 기회로 바
꾸어 발전의 동력으로 삼게 된다. 한 사람의 리더십이 국가 전체를 절
망에서 희망으로 바꿀 수 있다는 교훈을 주는 역사의 한 대목이다.

당시의 고려는 현재의 우리나라와 닮은 점이 많다. 고려가 거란과
여진 사이에 있었듯 지금의 우리도 미국, 중국, 일본, 러시아 사이에 끼

어 있다. 서희가 거란의 침입을 막아내고 강동 6주를 획득했듯 현대의 리더들도 국제 정세를 현명하게 이용해 실리를 얻을 수 있어야 할 것이다. 서희는 1천 년 전 사람이지만 지금의 우리에게도 훌륭한 리더의 본보기가 되고 있다.

③ 여민 리더십, 세종대왕과 이순신

세종대왕은 혁신 및 창조정신, 벤처정신, 실용정신, 인재 육성 등 다방면에서 뛰어난 능력을 갖춘 리더십의 교과서라 할 수 있다.

세종은 즉위 초기부터 왕권을 안정시켜 나라를 편안하게 하고, 정치, 경제, 사회, 문화, 국방 등 전 분야에서 혁신과 창조가 가능케 했다. 이러한 리더십은 세계가 놀랄만한 국가 발전을 이루어냈다. 특히 훈민정음 창제 및 보급, 과학과 농업·의약 기술의 발전, 국토 확장, 공법 제정 등 모든 분야에 걸쳐 국가의 기틀을 다져나간 결과, 부강한 국가로서 찬란한 민족문화를 꽃피웠다. 또한 대마도 정벌과 4군 6진 개척 등 국방에서도 성과를 보였다.

세종 리더십의 요체는 위민爲民과 여민與民으로, 백성들이 불만이 생기기 전에 미리 정책을 세워 실천했다. 오늘날 너도나도 민주주의를 말하듯 조선의 왕이나 사대부들은 위민을 강조했다. 문제는 '백성을 위한다'는 그 많은 말들이 얼마나 정책으로 구현되는가였다. 세종의 국가 경영에서 위민은 단순한 이데올로기적 수사가 아니라 구체적인 실천으로 이어졌다.

세종의 리더십은 다음과 같이 정리할 수 있다.

첫째, 세종은 균형감각을 가지고 국가를 경영했다. 왕조 시대였음에도 정책 수행에 앞서 공감이 형성될 때까지 여론을 충분히 수렴하는 공론정치를 선보였다.

둘째, 세종은 사전 예방 조치를 충분히 취했다. 세종은 백성들의 불만이 적극적으로 표출되기 전에 필요한 정책을 미리미리 마련하고 주변을 설득해나갔다.

셋째, 세종은 매사를 깊이 생각하고 여러 번 의논하는 '숙의정치'를 실천했다. 세밀한 현황 조사, 심도 있는 토론을 통해 갈등을 해결한 사례는 파저강 토벌(여진족 토벌), 고약해 사건(왕의 뜻에 반발했던 형조참판 고약해를 용서함), 약노 사건(살인죄의 누명을 쓴 약노가 고문과 매질로 거짓 자백한 사실이 밝혀지자 억울한 상황을 해결해줌) 등을 비롯해 무수히 많다.

세종이 수많은 위업을 이룩할 수 있었던 것은 이러한 공감 리더십, 예측 · 예방 리더십, 소통 리더십을 통해 위민 · 여민 정책을 구현했기 때문이다.

세종은 백성의 세제를 개편하기 위해 신료와 백성, 그리고 중앙과 지방의 여론을 골고루 청취했다. 10여 년의 의견 수렴 과정을 거쳐 1430년 전국적인 투표를 실시했는데, 17만 2,806명이 참가해 찬성 9만 8,657명, 반대 7만 4,149명이라는 결과를 얻었다. 당시 시대 상황에서 엄청난 수의 백성들에게 투표하게 해 의견을 반영하려 한 세종의 노력과 정성은 실로 창의적이고 민주적이었다. 더 중요한 것은, 찬성이 앞섰지만 반대한 백성들의 뜻도 반영하기 위해 그로부터 6년 동안 충분히 보완해 세제 개편안을 확정했다는 것이었다. 세종은 나라의 제도 개혁이나 법 제정에서의 민의 수렴의 중요성과 그 파급 효과를 간파한 위대한 지도자였다.

박현모 세종리더십연구소 연구실장은 2013년 2월 미국 워싱턴에서 열린 '세종 리더십' 강좌에서 세종대왕의 리더십을 미국의 링컨 대통령의 리더십과 비교해 설명했다.

"링컨은 자신의 최대 라이벌이었던 윌리엄 수어드William Seward에게 국무장관이라는 요직을 맡겼다. 조국이 가장 위험한 시대로 접어드는 시점에서, 짐을 나누어 질 인재로 정적을 선택한 것이다."

세종 역시 링컨 대통령과 마찬가지로 정적이나 반대파를 조정으로 불러들였다. 대표적으로 양녕대군의 폐위를 반대하다가 태종의 눈 밖에 나 유배를 갔던 황희黃喜를 중용했다. 선왕인 태종의 충신이었던 이들도 재상으로 임용했다. 조선 사회를 통합하기 위해서는 서로 다른 색깔을 가졌다 하더라도 유능하다면 중용해야 한다는 것이 세종의 생각이었다.

세종은 백성을 하늘이 맡겨준 귀한 존재라고 생각하고, 그들과 더불어 나라를 다스리는 '여민 정치'를 지향했다. '여민'은 맹자가 자주 쓴 말인데, 세종의 여민 리더십을 자세히 들여다보면 그가 무계획적으로 일을 추진한 것이 아니라 요즘의 국정과제처럼 로드맵Road-map을 만들어 단계적으로 과제를 추진했다는 것을 알 수 있다. 세종이 왕위에 오른 뒤 급선무는 기본 통치이념인 유교를 제도화하고 이를 백성들에게 정착시키는 것이었다. 그는 이를 급진적이고 일방적으로 추진하지 않고 백성의 가려움을 이해하고 그들의 공감을 불러일으킬 수 있는 정치를 지향했다. 그래서 늘 백성에게 중요한 정보와 지식을 공개해 스스로 판단할 수 있게 함으로써 백성을 정책 입안에 참여시키려 했다. 세종이 이처럼 '여민'을 중시한 것은 백성을 위한다는 위민정치가 오히려 백성을 해치는 일로 변질되는 경우가 많았던 것을 고려했기 때문이다.

그의 머릿속에는 늘 '위민'의 한계를 극복할 방법에 대한 구상으로 가득 찼고, 고뇌에 찬 구상의 결과로 '여민 리더십'이 탄생한 것이다. 해시계와 물시계를 만들어 백성들이 농사를 짓고 생활하는 데 유용하게 하고, 훈민정음을 창제해 누구라도 글을 통한 지식 습득이 가능케 한 것은 그 대표적인 사례로 볼 수 있다. 세종이야말로 당시 세계의 그 어느 군주보다도 여민 리더십을 모범적으로 실천한 리더라고 말할 수 있다.

충무공忠武公 이순신 역시 여민의 리더십으로 백성의 안녕을 도모했다. 이순신은 28세 때 처음 무과 시험에 도전했으나, 낙마로 낙방했다. 4년의 절치부심 끝에 32세 때 재도전해 합격했고, 함경도 동구비보 권관으로 임명받았다.

이순신은 초급관료 시절부터 업무 능력과 전투 준비 태세가 탁월한 데다 인품까지 뛰어나 많은 사람들에게 인정받았고, 얼마 후 정읍 현감으로 부임한다. 그리고 서애 유성룡의 천거로 1591년 전라좌도 수군 절도사(수사)로 파격 승진한다. 1년 2개월 후 이순신은 운명의 임진왜란을 맞게 되고, 1597년 삼도수군통제사로 있던 원균元均이 패배하자 그 자리에 임명된다. 이순신은 해상전이 불리하니 육지전으로 대항하라는 선조의 명령에도 전선 12척을 이끌고 출정했고, 왜선 133척을 격침하고 해상권을 회복한다. 이것이 세계 해전 중 유례가 없다는 평가를 받는 명량해전이다.

러일전쟁 승리의 영웅인 일본의 명장 도고 헤이하치로[東鄕平八]는 "이순신은 해군 역사상 가장 위대한 제독이며, 나는 이순신에 비교할 것도 못 된다. 나를 넬슨에 비교하는 것은 가능하나, 이순신에 비교하는 것은 감당할 수 없는 일이다"라며 이순신을 극찬했다. 적국의 장수마저 이순신을 세계 최고의 영웅으로 인정한 것이다.

또한 단재 신채호는 《조선위인전朝鮮偉人傳》에서 "이순신은 역대 세계 해군 장군 중 1위이다. 이순신이 넬슨보다 훨씬 더 뛰어난 명장이다. 초기에 무명이었던 점, 전쟁 끝 무렵에 전사한 점, 상대편 군대(일본, 프랑스)가 거대 전력이었던 점 등 비슷한 면이 있지만, 결코 비길 바가 아니다"라고 강조했다. 그 이유는 넬슨이 국가의 대대적인 지원과 국민적 지지를 받았던 반면, 이순신은 조정의 지원을 일절 받지 못했기 때문이다. 지원은커녕 당시 조선의 국왕이었던 선조의 경계는 물론, 일부 대신을 제외한 조정의 모함과 질시 속에서 고독하게 싸워야 했다.

이순신 장군은 풍전등화와 같은 나라를 지키겠다는 일념으로 군사적으로 월등한 일본에 맞서 한양으로 가는 남해와 서해의 뱃길을 틀어막고 옥포 · 사천포 · 당포 · 안골포 · 부산포 · 한산도 · 명량 · 노량해전을 모두 승리로 이끌었다. 선승구전先勝求戰 전략으로 45회의 전투에서 불패의 신화를 낳은 이순신 장군은 일본 함선 700여 척을 격침시킨 반면, 우리 함선은 한 척도 피해를 보지 않는 전과를 얻었다. 그러나 애석하게도 노량해전에서 목숨을 잃고 만다.

명나라 해군 제독 진린陳璘은 임진왜란 마지막 해인 1598년에 우리의 남해 수군 진영에서 충무공과 함께 연합 함대를 편성해 싸우고 개선한 장군이다. 처음에는 오만하기 짝이 없어 충무공을 얕보았으나, 결국은 충무공의 탁월한 능력과 인격에 감복해 작전 지휘를 충무공에게 일임하기까지 했다. 그가 선조에게 올린 글에는 "충무공은 천지를 주무르는 재주와 나라를 바로잡은 공이 있다"라며 이순신을 칭송하는 내용이 담겨 있다.

노량해전에 참전했을 때의 일이다. 이순신은 순국하기 몇 시간 전 동짓달 바람 찬 갑판 위에 올라가 손을 씻고 나서 무릎을 꿇고 "이 원수를 무찌른다면 이제 죽어도 여한이 없겠습니다"라고 하늘에 기원했다.

세계 전사戰史상 유례를 찾아볼 수 없는 45전 전승의 상승무패常勝無敗를 기록한 것은 이런 이순신의 애국충정에서 비롯된 것이었다. 이순신은 우리 민족의 역사에 빛을 준 위대한 영웅임에 틀림없다. 그의 위대함을 확증할 수 있는 최고의 사료는 그가 임진왜란 중에 쓴《난중일기亂中日記》다. 국보 제76호로 지정되어 현재 충남 아산 현충사에 보관되어 있는《난중일기》는 유네스코 세계기록유산으로 등재되어 있다.

임원빈 순천향대 이순신연구소장은 이순신 장군에 대한 평소의 소회를 아래와 같이 밝혔다.

이순신은 실력 있는 리더였다. 그는 어떠한 상황에서도 인위적으로 우세한 상황을 만들어 놓고 싸웠다. 또한 탁월한 리더십의 소유자였다. 그와 함께했을 때 조선 수군 병사들은 죽기를 각오하고 싸웠다. 이뿐만 아니라 침략자 일본군에 대해서는 하늘을 대신해 철저히 응징함으로써 정의가 승리하는 역사를 만들어야 한다는 역사의식을 지니고 있었다. 나아가 이순신은 평생을 나라와 백성을 위해, 그리고 어머니를 위해 살았던 고결한 인격을 지닌 전형적인 한국적 리더십의 표상이요, 멘토다.

— 임원빈, 《살고자 하면 죽으리라》(순천향대학교출판부, 2012)

이 땅의 리더들이 이순신을 본받아야 하는 이유가 여기에 있다.

4 섬김의 리더십, **정약용**과 **허준**

2011년 10월 28일 프랑스 파리에서 개최된 제36차 유네스코 총회에서 '정약용 탄생 250주년(2012)'과 '2013 《동의보감東醫寶鑑》 발간 400주년(2013)'이 '2012~2013 유네스코 연관 기념행사'로 선정되었다. 유네스코 연관 기념행사는 유네스코가 추구하는 이념과 일치하는 전 세계의 역사적 사건 또는 명사의 기념일에 세계적 중요성을 부여하고자 선정을 거쳐 치르는 행사다. 이 총회에서는 '마틴 루터 킹의 I Have a Dream 연설 50주년'과 '이탈리아 작곡가 베르디 탄생 200주년' 등 세계적인 명사들의 기념행사가 대한민국의 두 리더, 정약용과 허준許浚의 기념행사와 함께 목록에 올랐다. 이를 계기로 정약용과 허준의 삶과 업적이 재조명되고 있다.

허준은 사극 드라마를 통해 '명의 허준', '의성醫聖 허준'으로 불릴 만큼 국내외에 대중적 인지도가 있지만, 다산 정약용은 해외에는 잘 알려지지 않았기 때문에 유네스코 기념행사에 선정된 것은 매우 이례적인 일이었다. 정약용이 유네스코 연관 기념행사에 선정될 수 있었던 것은 백성들의 빈곤 퇴치와 지속 발전의 가치 추구라는 그의 업적이 유네스코의 이념과 일치했기 때문이다.

2013년에 발간 400주년을 맞은 허준의 《동의보감》은 의학적인 지식과 치료기술에 관한 백과사전으로, 19세기까지는 유례가 없었던 예방의학과 공공 보건 정책에 대한 개념을 세계 최초로 구축한 공중보건의서다. 《동의보감》은 400년 전에 이미 현대 의학에 가까운 의술을 달성하여 조선뿐만 아니라 중국과 일본에서도 발간되며 많은 찬사를 불러모았다. 이러한 의미를 인정받아 2009년에는 《동의보감》이 유네스코 세계기록유산으로 등재되기도 했고, 《동의보감》의 의학적 성과가 유네스코가 지향하는 지속 가능한 발전에도 기여한 점이 인정되어 '2012~2013 유네스코 연관 기념행사'로 선정된 것이다. 이에 보건복지부는 2013년 산청세계전통의약엑스포를 개최하는 등 다양한 기념행사를 추진해 그 의의를 국민들에게 널리 알리고자 했다.

정약용과 허준은 살아가는 방법은 달랐지만 목표는 같았다. 바로 백성을 위한 옳은 정치와 의술을 펼치는 것이었다. 또 유배를 가서도 백성을 위한 서적 편찬에 힘써 《목민심서》와 《동의보감》을 남겼다.

물론 정약용과 허준은 성향이 다른 사람이었다. 정약용이 다양한 재능과 지식으로 여러 방면에서 두각을 나타내며 많은 업적을 남긴 반면, 허준은 77세에 생을 마감할 때까지 의술에만 전념했다. 정약용의 저술은 500여 권에 이르는데, 학문 분야도 경학, 예학, 문학, 역사학 등 다양하다. 이는 곧 그가 여러 학문에 출중했던 르네상스적인 인물이라는 증거다. 그는 《경세유표經世遺表》, 《목민심서》, 《흠흠신서欽欽新書》 등의 역작을 남겼다.

그러나 이 두 사람 모두 백성을 위해 실제로 활용할 수 있는 실용적인 저술에 중점을 두었다. 이는 어떻게 하면 백성이 조금 더 건강하고, 편안하게 살 수 있을까를 늘 고민한 두 사람의 애국·애민정신 덕분이며, 이는 한 시대를 살아가는 지식인들이 반드시 갖추어야 할 자세로 오늘날에도 귀감이 된다.

《목민심서》와 《동의보감》에 일관되게 나타난 리더십은 '섬김의 리더십'이다. 두 리더의 삶을 통해 우리는 힘없고 소외된 사람들에 대한 섬김으로 시작해 모든 사람을 보살피는 보편적인 섬김의 리더십을 배울 수 있다. 결론적으로 정약용과 허준은 일방적으로 영향력을 행사하는 것이 아니라, 백성들에게 공감과 감동을 주어 스스로 셀프 리더, 슈퍼 리더가 되게 하는 쌍방향의 리더십을 구현했다고 할 수 있다.

5 살신성인의 리더십, **유관순, 윤동주, 안중근**

유관순柳寬順, 윤동주尹東柱, 안중근安重根은 일제 강점기에 항일 운동을 펼치다 일제에 의해 죽어간 애국 리더십의 표상이다. 먼저 유관순 리더십을 살펴보자.

유관순은 잘 알려져 있다시피 일제 강점기에 만세시위를 주도하다가 체포되어 옥사한 독립운동가다. 미국인 여자 선교사의 도움으로 이화학당 교비생으로 입학한 유관순은 고등과 1학년이던 1919년 3·1운동이 일어나자 만세시위에 참가했다. 이후 학교에 휴교령이 내려지자 고향으로 돌아와 학교와 교회 등을 찾아다니며 만세시위운동을 전개

할 것을 권유했고, 마침내 음력 3월 1일 아우내[並川]장터에서 독립만세를 선창하며 시위를 주도하다 일본 헌병대에 체포되었다. 그녀는 재판정에서 소리 높여 독립만세를 외치는가 하면, 일제의 법률에 의해 일제 법관에게 재판을 받는 것은 부당하다고 강력히 항의하기도 했다. 그 때문에 높은 형량을 받고 서대문형무소에서 복역하다 모진 고문 끝에 1920년 17세의 나이로 옥사했다.

17년이라는 짧은 생이지만 유관순 열사가 남긴 삶의 강렬함은 너무도 크다. 무섭고 두렵지만 '내가 먼저'라는 생각으로 일어선 그 용기와 결단은 우리에게 큰 감동을 주며, 더욱이 그녀가 10대 소녀이기에 더욱 놀라지 않을 수 없다.

유관순 열사는 본래 자기 자신을 이끄는 셀프 리더, 슈퍼 리더의 성향이 강했다. 그러한 성향은 기독교로 개종하기 전 전통적인 유가사상의 기반 위에서 충忠, 효孝, 예禮를 중시했던 가풍에서 형성된 것이었다. 또 유관순 열사가 태어난 천안은 유림들의 의병활동이 활발했던 고장이고, YMCA운동 등 청년계몽운동, 을사늑약 반대 등 국권회복운동, 민족학교(대성 · 오산 · 상동 · 신흥학교) 설립 등 민족교육운동, 대한광복회 정부 수립 등 항일독립운동에 앞장섰던 애국지사 이동녕李東寧 선생의 고향이기도 하다. 이 때문에 자연스럽게 선열 및 선배들로부터 애국사상의 영향을 받으며 자랐다고 볼 수 있다.

그러나 무엇보다도 유관순 리더십의 가장 큰 바탕은 기독교 정신이다. 그녀의 집안은 그녀가 어릴 때 기독교로 개종했다. 그래서 그녀는 어린 시절부터 집 주변의 교회와 선교사들이 세운 이화학당에서 자연스럽게 기독교 정신을 익히게 되었다. 자유와 인권을 중요시하는 기독교 정신은 전통적인 애국사상과 어우러져 그녀가 교회와 유림을 규합하는 독립운동가의 리더십을 갖추게 하는 데 밑거름이 되었다.

한편, 시인 윤동주는 일제 강점기에 항일운동가로 지조를 바친 내셔널 리더다. 유관순 열사와 비슷한 시기에 항일운동을 하면서 스물여덟의 짧은 생을 옥중에서 마감했다. 윤동주의 옥사를 두고 지조라고 말하는 것은 그의 죽음이 곧 자신의 신념을 문학을 통해 표현했고, 지켰다고 보기 때문이다.

　　죽는 날까지 하늘을 우러러
　　한 점 부끄럼이 없기를,
　　잎새에 이는 바람에도
　　나는 괴로워했다.
　　별을 노래하는 마음으로
　　모든 죽어가는 것을 사랑해야지.
　　그리고 나한테 주어진 길을
　　걸어가야겠다.
　　오늘 밤에도 별이 바람에 스치운다.

　　　　　　　　　　　　　　　　　　　　　－ 윤동주, '서시序詩'

윤동주가 남기고 간 작품들을 통해 우리는 많은 것을 배우고 느낄 수 있다. 여러 작품 중에서도 많은 사람이 알고 있는 '서시'는 윤동주가 자신의 삶을 하나로 압축해놓은 시라고 할 수 있다. '서시'의 "죽는 날까지 하늘을 우러러 한 점 부끄럼이 없기를, 잎새에 이는 바람에도 나는 괴로워했다"라는 시구는 인생을 달관한 존재의 독백 또는 선비의 지조를 상징한다.

예부터 하늘은 기쁠 때나 슬플 때나 우리 민족과 함께하는 대상이었다. 기쁠 때는 하늘을 바라보며 그 기쁨에 감사했고, 슬플 때는 하늘이 그 슬픔을 달래준다고 믿었다. '서시'의 하늘에는 이러한 민족의 정서가 담겨 있다. 윤동주는 시를 통해 자신의 반일감정을 양심과 지조로 드러냄으로써 다른 사람들에게 영향을 끼쳤다. 이를 '문학정신 리더십'이라고도 부를 수 있을 것이다.

지조는 한국인이 가장 소중하게 생각해온 삶의 덕목 중 하나다. 우리가 지조 있게 산 사람들을 각별히 존경하는 것은 우리의 역사가 그만큼 지조를 지키며 살기 어려웠음을 역설적으로 말해준다. 우리는 일제 강점기 등을 겪으며 너무나 많은 인재를 변절자로 만든 가슴 아픈 역사를 가지고 있다.

조지훈趙芝薰은 〈지조론志操論〉에서 "모든 정치지도자(리더)에 대해 지조의 깊이를 요청하고 변절의 악풍을 타매唾罵하는 것은 눈물겨운 소리이기도 하다"라고 강조한 바 있다. 지조 있는 사람, 즉 지조인은 참다운 인간이 도달하고자 하는 삶의 모델일 것이다. 그래서 지조는 자기 스스로에게 떳떳하고 자신이 사는 역사 앞에 떳떳하고픈 사람들의 삶의 화두이기도 하다. 윤동주는 바로 이러한 지조의 역할 모델이다. 특히 동시대를 살아간 민족의 아픔을 함께하려는 윤동주의 연대적 지조 리더십은 정치정의, 경제정의, 사회정의, 문화정의의 구현을 목표로 하는 현대 국가에 반드시 필요한 리더십이다.

군인 청년 안중근 역시 우리에게 많은 귀감이 된다. 그는 1895년 아버지를 따라 가톨릭에 입교해 신식 학문을 접했으며, 1905년 을사늑약이 체결되자 경영하던 석탄 상점을 팔아 그 돈으로 1906년 삼흥학교를 설립했다. 이어 남포의 돈의학교를 인수해 구국 리더 양성에 힘쓰다 1907년 연해주로 가서 의병운동에 참가했다.

전제덕全齊德의 휘하에서 대한의군참모중장大韓義軍參謀中將, 특파독립대장特派獨立大將, 아령지구俄領地區사령관의 자격으로 엄인섭嚴仁燮과 함께 100여 명의 부하를 이끌고 두만강을 건너 국내로 침투, 일본군과 격전을 벌였으나, 5천여 명의 적을 만나 패퇴했다. 이후 천신만고 끝에 탈출한 뒤 노에프스키[烟秋]에서 이범석 등을 만나 망명투사들이 발간하는 〈대동공보大東共報〉의 탐방원으로 활약했다.

1909년, 안중근은 동지 11명과 함께 죽음으로 구국투쟁을 벌일 것을 손가락을 끊어 맹세한 동의단지회同義斷指會를 결성하고, 안중근, 엄인섭은 침략의 원흉 이토 히로부미[伊藤博文]를, 김태운은 이완용의 암살 제거를 단지의 혈약으로 맹세했다. 만약 3년 내 뜻을 이루지 못하면 자살로 민족에게 속죄하기로 결의했다.

1909년 10월 26일, 안중근은 일본인으로 가장해 하얼빈 역에 잠입해 러시아 의장대 뒤에서 기회를 노리다 이토 히로부미가 10여 보 떨어진 지점에 이르렀을 때 전광석화와 같이 브로닝 권총을 꺼내 들고 그를 향해 발사했다. 총탄에 복부를 맞은 이토 히로부미는 그 자리에서 즉사했다. 안중근은 이렇게 말했다.

"내가 이토를 죽인 이유는 이토가 대한의 독립주권을 침탈한 원흉이며, 동양의 평화를 어지럽혔기 때문이다. 나는 대한의용군 사령관 자격으로 총살했다. 내 개인의 자격으로 사살한 것이 아니다."

1910년 3월 26일 새벽, 동양의 아우슈비츠라 불릴 만큼 악명 높은 뤼순 감옥에서 한 수인이 모친이 보내준 하얀 명주 한복을 입고 있고, 그 앞에서 한 간수가 무릎을 꿇고 울고 있었다. 수인은 조선의 초대 통감 이토 히로부미를 사살한 뒤 이곳에 갇힌 안중근이라는 조선인이고, 눈물을 훔치며 그의 사형 집행을 알린 간수는 치바 토시치[千葉十七]라는 일본인이었다. 치바는 원래 안중근을 일본의 영웅 이토를 죽인 살인자라고 생각해 증오하던 사람이었다. 그러나 그는 안중근의 정연한 논리와 군인다운 기개 앞에서 생각을 바꾸게 되었고, 마침내 그의 죽음을 가슴 깊이 슬퍼할 정도로 존경하게 되었다.

그런 치바를 위로하기 위해 안중근은 '위국헌신 군인본분爲國獻身 軍人本分'이라는 글을 써주었다. 약지가 잘려 나간 안중근의 왼손이 찍혀 있는 이 글이 바로 '나라를 위해 헌신하는 것이 군인의 본분이다'라는 뜻의 안중근의 유묵이었다. 이후 이 유묵은 평생 안중근의 위패를 모신 치바와 그의 아내에 의해 보존되다가 1979년 대한민국에 반환되었다.

안중근의 리더십에 가장 큰 기틀이 된 것은 어머니 조마리아(본명 조성녀) 여사였다. 그녀는 안중근의 어머니이기에 앞서 독립운동가였다. 그녀는 안중근 의사에게 보낸 서신에서 "떳떳하게 죽는 것이 어미에 대한 효도"라고 할 만큼 의연하고 강인한 정신력의 소유자였다.

옳은 일을 하고 받은 형이니 비겁하게 삶을 구하지 말고 떳떳하게 죽는 것이 어미에 대한 효도이다. 살려고 몸부림하는 인상을 남기지 말고 의연히 목숨을 버리거라. 너의 죽음은 너 한 사람의 것이 아니다. 한국 사람 전체의 분노를 짊어지고 있는 것이다.

세상에 어느 어머니가 자기 아들에게 죽으라고 말할 수 있겠는가? 하지만 조마리아는 국가 앞에 사랑하는 아들을 내어놓았다. 이에 안중근은 옥중에서도 일제에 무릎 꿇지 않고 마지막까지 의연하고 당당했다. 그는 "나는 천국에 가서도 마땅히 우리나라의 회복을 위해 힘쓸 것이다. 대한독립의 소리가 들리면 천국에서라도 춤추고 만세를 부르겠다. 시신만은 조국 땅에 묻어달라"라는 유언을 남겼다. 이러한 안중근의 모습은 대한민국 독립투쟁에 큰 힘이 되었다.

안중근은 사형 선고를 받고 수감 생활을 하면서 동양의 평화 실현을 위한 미완의 글 〈동양평화론東洋平和論〉을 남겼다. 그는 이 글에서 당시 국제 분쟁지였던 뤼순을 중립지화해 한·중·일이 공동 참여하는 동양평화회의 본부를 둘 것을 제의했다. 이는 분쟁의 축을 평화와 협력의 축으로 바꾸려는 의도였다. 안중근 의사가 원한 것은 단지 한반도의 평화만이 아니라 민족의 독립을 넘어 동아시아, 나아가 전 세계의 평화였다. 여기에는 '널리 인간을 이롭게 하라'라는 홍익인간의 이념이 깔려 있었다.

2014년 1월 19일 중국 정부는 하얼빈 역에서 안중근 의사 기념관 개관식을 가졌다. 안중근의 의거는 중국 항일운동의 시발점이 되었고, 당시 중국 지도자들도 안중근을 존경했다. 2013년 6월 박근혜 대통령이 중국 방문 때 시진핑 주석에게 기념비 설치를 제의했는데, 중국에서 기념비를 설치하는 데 그치지 않고 기념관까지 개관했다는 점에서 의미가 있다. 이는 일본을 의식한 중국의 외교 전략으로, 일제 침략 역사를 한국과 공유하겠다는 전략적 조치의 일환으로 판단된다.

6 한국 경제혁명의 주역, **박정희**와 **정주영**

   박정희 전 대통령과 정주영 전 현대그룹 회장은 한국 경제혁명의 주역이다. 1973년 10월 6일, 제4차 중동전쟁이 발발하자 석유 생산국들은 원유 생산량을 25퍼센트 감축하기로 결정했고, 원유 가격은 배럴당 평균 3.1달러에서 10.7달러로 세 배 이상 올랐다. 세계 경제는 즉각 혼란에 빠졌으며, 한국도 충격에 빠졌다. 내수경제는 직접적으로 타격을 입었다. 박정희 대통령과 정주영 회장은 위기를 극복할 방법을 찾아 나섰다. 그들은 석유 산유국에 돈이 모이고 있음에 주목했다.

   그중 한 나라가 사우디아라비아였다. 사우디아라비아는 오일 달러로 두둑해진 경제력을 바탕으로 선진국에 자국의 인프라 건설을 의뢰했다가 거절당했다. 열사의 땅에서 공사하기가 어렵다는 이유에서였다. 그러자 사우디아라비아는 박정희 대통령에게 이를 해결해줄 것을 제안했다. 박 대통령은 먼저 사업의 타당성과 수익성을 조사하기 위해 공무원들을 사우디아라비아에 급파했다. 그러나 파견 후 귀국한 공무원들의 보고는 매우 부정적이었다.

   "각하, 곤란합니다. 나무 한 그루 없는 땡볕에서 공사한다는 것은 무리입니다. 게다가 물도 너무 부족합니다. 이런 환경에서는 도저히 일을 할 수 없습니다."

   그러자 박 대통령은 정주영 회장을 직접 사우디아라비아에 보냈다. 사우디아라비아를 둘러보고 귀국한 정주영 회장은 상기된 얼굴로 이렇게 말했다.

   "각하, 호박이 넝쿨째 굴러 들어왔습니다."

"무슨 뜻입니까? 공무원들은 다들 불가능하다고 하던데."

"그 나라에는 공사에 필요한 모래와 자갈이 지천에 널려 있어요. 모두 공짜로 쓸 수 있죠. 더운 낮에는 자고, 밤에 불을 켜고 작업하면 됩니다. 물은 외국에서 들여오면 되고요."

두 사람은 이때부터 본격적인 동반자가 된다. 그들은 세계적인 석유 파동을 전화위복의 기회로 만들어 한강의 기적, 한국의 경제 성장 신화를 써나간다. 박정희 대통령은 사우디아라비아 건설 공사를 맡아 엄청난 외화를 벌어들인 정주영 회장의 노고를 크게 치하하고, 정주영 회장은 경부고속도로 건설, 조선·자동차 등 중공업 발전을 선도해 화답한다. 두 리더의 시너지는 우리나라에 경제 근대화를 가져왔다.

정주영 회장이 사우디아라비아 항만 건설공사에 입찰할 당시, 미국의 브라운 앤드 루트Brown & Root, 산타페Santafe, 영국의 코스테인 Costain, 타막Tarmac 등 총 5개국의 아홉 개 건설사가 입찰 자격을 획득한 상태였고, 그는 열 번째로 입찰 자격을 얻기 위해 고군분투했다. 선진국들은 '하룻강아지 범 무서운 줄 모른다'며 그를 비웃었지만, 그는 전혀 아랑곳하지 않았다. 현지에 사절단을 보내 면밀히 검토하고 수십 번의 회의를 거친 끝에 9억 2,114만 달러(당시 한국의 총 수출액은 8억 달러를 조금 넘었다)에 응찰했으며, 특히 예정된 공사 기간을 44개월에서 36개월로 무려 8개월 단축해 완공하겠다고 발표했다. 그 결과, 현대가 최저가격 입찰자로 선정되었다.

하지만 기뻐하기는 일렀다. 현대의 공사 수주에 당황한 선진국 경쟁업체들의 치열한 방해 공작이 이어진 것이다. 당시는 대한민국에 대한 인지도가 낮은 상태여서 이를 경계하는 세력들도 만만치 않았다. 하지만 정주영 회장은 이런 시선에는 신경도 쓰지 않고, 묵묵히 계획을 추진해나갔다. 진행 과정에서 문제가 되는 것은 정주영 회장이 직접 해결에 나서는 등 발주청이 원하는 것을 완벽하게 이해하기 위해 온갖 노력을 기울였고, 시공 능력에 대한 발주청의 불안을 해소하기 위해 해상 공사 경험이 풍부한 미국의 건설사 브라운 앤드 루트와 기술협력 약정을 맺기도 했다. 그리고 마침내 사우디아라비아의 발주청으로부터 최종 낙찰 통보서를 발급받게 된다. 현대뿐만 아니라 한국 경제에 청신호가 켜진 것이다. 사우디아라비아 항만 건설공사가 성공을 거둘 수 있도록 박정희 대통령도 물심양면으로 지원했다.

박정희 대통령과 정주영 회장의 동반자 관계 속에서 발휘된 리더십은 해외 건설 사업의 성공에 힘입어 애국애족정신과 사명감이 강화되면서 대승적 차원의 스마트 리더십으로 발전했다. 대한민국의 신화, 한강의 기적을 이룬 박정희 대통령과 정주영 회장의 리더십은 단기간에 눈부신 경제 도약을 이룬 일대 혁명으로 남아 있다.

이들의 리더십은 '결합→조합→융합'의 시너지를 발휘함으로써 국내보다 오히려 해외에서 더 각광받고 인정받는 글로벌 리더십 모델이 되었다. 그리고 최근에는 국내에서도 경제 발전과 산업화를 이루어낸 이 두 리더에 대한 재평가가 이루어지고 있다. 박정희 대통령과 정주영 회장의 리더십이 국내외에서 주목받는 이유는 무엇일까?

'식이민천食而民天'이라는 말이 있다. 밥이 백성의 하늘이라는 뜻이다. 먹고사는 문제가 해결되지 않은 사람에게는 아무리 좋은 정책도 의미가 없다. 서민들이 잘살고, 중산층이 두터워지는 나라를 만드는 것이 정부가 할 일이다. 국민을 잘살게 만드는 것이 대통령의 책무라고 보면, 박정희 대통령은 위민에 관한 한 최고의 대통령이었던 것으로 평가된다. 박정희 대통령은 모든 경제력은 외화를 잘 벌어오는 기업의 성장에서 나온다고 믿고 정주영 회장과 의기투합해 그를 믿고 적극 지원함으로써 '최빈국→중진국→선진국'으로 순항하는 경제 발전의 초석을 다졌다.

박정희 대통령의 결단으로 건설된 경부고속도로는 국가 발전의 기틀이 되었다. 자원과 자본이 전적으로 부족해 외화 획득만이 살길이었던 당시, 수출과 무역을 원활히 하기 위해서는 낙후된 도로를 정비해 물류 환경을 개선하는 것이 급선무였다. 나아가 실업자를 구제하고 구매력을 창출하기 위해서는 노동력이 많이 필요한 도로와 같은 인프라 구축에 국가가 직접 나설 필요가 있었다. 이처럼 두 마리의 토끼를 잡는 첫 사업이 경부고속도로 건설이었다.

싱가포르 리콴유[李光耀] 전 총리는 아시아에서 박정희, 덩샤오핑, 도요토미 히데요시를 최고의 리더로 꼽았다. 중국의 덩샤오핑도 박정희 리더십을 높이 평가하고, 개혁·개방을 위해 벤치마킹했다고 한다. 개발도상국들은 따르거나 배워야 할 모델로 박정희 대통령의 경제 발전 모델을 꼽는다. 최근 한국의 경제 발전 모델을 배우기 위해 한국을 방문하거나 유학을 오는 사람이 급증하고 있다.

박정희 대통령의 자주국방을 향한 집념은 부국강병의 토대를 마련했다. 흔히 간과되고 있지만, 나는 박정희 대통령의 가장 큰 업적은 김일성의 침략 의지를 억제해 공산화를 막은 국방력 강화에 있다고 생각한다. 한국의 1970년대 초는 미군 60만이 월남전에 묶여 있고, 미국 내에서는 염전사상厭戰思想이 팽배해 안보적으로 극히 위험한 시기였다.

월남전 종전 후 김일성은 공격 시기를 놓친 것을 땅을 치고 후회했다고 한다.

또한 박정희 대통령의 시대정신이 반영된 새마을운동은 대한민국 5천 년 역사의 고질적인 폐습을 일거에 혁파한 정신혁명인 동시에, 한국 사회의 계층 및 지역 격차와 불평등을 없애려고 노력한 혁신적인 평등운동이자 문화운동이었다. 당시 정치·경제의 주류 세력은 서울의 양반 계급의 후예들이었다. 새마을운동을 통해 평등이라는 사회적 토대가 마련되면서 비로소 민주주의의 토양이 조성된 것이다.

니얼 퍼거슨Niall Ferguson은 《니얼 퍼거슨의 시빌라이제이션Civilization》(21세기북스, 2011)에서 20세기에 산업화를 시도한 아시아의 호랑이들 중 민주적인 제도를 채택한 국가는 없었고, 어떤 국가의 경우든 경제적 성공 뒤에 민주화가 뒤따랐다는 것을 실례로 증명하고 있다. 경제적 토대 없는 민주주의는 사상누각砂上樓閣에 불과하다는 것을 고려할 때, 당시 빈곤국가에 머물렀던 대한민국을 지배한 시대정신은 '국민의 자유권 신장', '국민에 의한 정치', '민주화'보다는 '국민의 생존권 보장', '국민을 위한 정치', '산업화'가 우선이었다고 말할 수 있을 것이다.

박정희 대통령은 대한민국의 1960년대와 1970년대를 이끈 주역이었다. 20년 가까이 대한민국 현대사의 주역이었던 만큼 당연히 공과功過가 있다. 민주주의를 제약한 것은 박정희 대통령의 가장 큰 과오지만, 그런 과오를 뛰어넘는 커다란 공적이 있다. 대국적인 관점에서 공과를 평가해 역사와 국가, 그리고 사회에 공헌한 것이 훨씬 많다면 그 공적을 인정해주어야 한다. 과거의 국가 지도자들의 공과를 하나의 용광로 속에 녹여 국론을 통합하고, 세계의 으뜸 선진국으로 가는 교훈과 동력으로 활용하는 지혜가 필요할 때다.

스마트 리더십의 동반자 정주영을 다시 살펴보자. 현대 그룹의 창업자인 고 정주영 회장은 20세기 대한민국 경제 신화의 주역이자 21세기 실물경제의 대가로, 우리 국민들뿐만 아니라 세계인들에게 긍정적인 평가를 받고 있다. 그는 일제 강점기에 창업해 해방 후부터 2000년대까지 시대를 이끌어간 경제 주역이었다. 일제 강점기인 1940년 자동차 정비회사인 아도 서비스를 인수한 것, 사업보국事業報國의 의지로 현대건설을 만들고 키운 것, 기술과 여건이 열악한 상황에서도 경제 발전의 기반이 될 자동차산업에 진출한 것, 오일 쇼크의 위기 속에서 중동 건설시장 진출을 결심한 것 등은 오늘날의 현대그룹의 신화를 이룬 수많은 사례들이다. 그는 늘 현실에 안주하지 않고 "해봤어?"라는 리더십의 핵심 화두를 들고 더 나은 목표를 끊임없이 찾았던 리더이다.

정주영 회장은 현대그룹 창업에 그치지 않고 우리나라 산업 근대화의 역사를 창조한 리더라고 할 수 있다. 여러 설문조사에서 국가 발전에 이바지한 최고의 경영인으로 선정되는 이유도 그 때문이다. 최근에는 세계 여러 나라에서 정주영 회장의 경영 방식을 연구하고 있고, 하버드대학에서는 그의 경영 철학과 리더십을 가르치고 연구하는 MBA 과정이 개설되기도 했다.

| 02 |

우리 역사 속에 숨어 있는 리더들

우리는 역사적인 인물이나 위인을 언급할 때 주로 왕과 권신 같은 국가의 지도층을 떠올린다. 하지만 역사는 지도층에 의해서만 만들어지는 것이 아니다. 평범한 민중 역시 역사의 한쪽을 차지하고 있다. 우리의 역사는 왕이나 권신들의 기록과 주목받지 못한 백성들의 기록이 씨줄과 날줄로 엮여 있다.

아리스토텔레스는 "인간은 사회적 동물"이라고 말했다. 인간은 태초부터 조직을 이루어 살아왔으며, 태어나면서부터 죽을 때까지 조직 속에서 리더와 팔로어의 삶을 산다. 조직이 생기면 자연히 리더도 생긴다. 사람이 둘만 모여도 둘 중 한 사람이 리더가 된다.

국민은 모두 리더이자 팔로어다. 지자체 조직의 시골 면장은 면에서는 리더지만, 군수와의 관계에서는 팔로어다. 면사무소 서기는 직장에서는 팔로어지만, 주민들과의 관계에서는 리더다. 이처럼 모든 국민은 상호관계 속에서 자신의 삶을 만들어가며 자기 인생의 리더가 되고, 또 한 시대의 리더가 되기도 한다. 보이지 않는 영역에서 인류의 평화와 번영, 그리고 삶의 질을 향상시키는 데 기여하면서 자신도 모르게 글로벌 리더 역할을 하게 되는 것이다.

역사는 이렇듯 모든 국민이 역사의 장場에 참여해 때로는 경쟁하고 때로는 협력하면서 상호작용하는 가운데 흥망성쇠가 결정된다. 그래서 모든 역사에는 늘 명암이 존재한다. 어둠의 역사를 해결하고 빛의 역사를 확대·발전시키는 것이 모든 리더의 역할이자 소명이다.

이렇게 볼 때 동북아시아 대륙 남단의 작은 반도국가에서 오랜 시간 동안 숱한 외세의 침략을 받아내며 국난을 극복하고 조국을 수호한 알려지지 않은 리더들이야말로 우리 민족의 소중한 유산이자 숨은 저력이다. 따라서 이들 익명의 리더들을 우리 역사 속에 숨어 있는 글로벌 리더라고 부르지 않을 수 없다.

① 김춘추에게 왕위를 양보한 신라 왕족, **알천**

한국의 대통령 중심제는 흔히 제왕적 대통령제라고 일컬어진다. 이러한 체제에서는 대통령이 나라의 흥망을 좌우한다. '왕이 길을 잃고 방황하면 백성들이 그 대가를 치른다'는 영국 속담처럼 대통령의 리더십이 바로 서야 나라가 바로 서고 국민이 행복해질 수 있다.

대통령 선거철이 되면 후보자들은 대통령이 되기 위해 공약을 남발하고, 당선을 위해 수단과 방법을 가리지 않는다. 권력을 향한 욕심은 불법적인 일도 불사하게 만들 만큼 강력하고 내려놓기 힘든 인간의 본능 같은 것이다. 이런 점에서 왕의 자리를 김춘추金春秋에게 스스로 양보한 신라의 알천閼川은 평범한 인물이 아니다.

알천은 신라 진덕여왕이 죽은 뒤 왕위를 계승할 성골이 없자 화백회의에서 섭정왕攝政王으로 추대되었다. 그러나 그는 이를 고사하고 김춘추를 국왕으로 추대한다. 《여왕의 시대》(휴먼앤북스, 2012)의 저자 임종욱은 알천을 '더 큰 그림을 볼 줄 아는 사람'이었다고 설명한다.

《삼국사기》는 진덕여왕을 끝으로 신라의 왕위 계승은 성골 시대를 마치고 진골의 시대로 넘어갔다고 지적하고 있다. 성골과 진골의 차이가 무엇이냐에 대해서는 여전히 논란이 분분하지만, 화백회의에서 알천이 별 이견 없이 군왕으로 추대된 것은 그가 왕위를 계승하는 데 큰 하자가 없었다는 쪽으로 풀이할 수도 있다. (……) 그러나 알천은 다시 찾아오기 어려운 이 기회를 깨끗하게 포기한다. 스스로 자신의 시대는 이제 종말을 고했음을 깨닫고 있었다는 말이다. 통일의 시대라는 새로운 물결에 몸을 싣기에 그는 과거의 유산을 너무 많이 짊어지고 있었고 새롭지 못했다. 그는 자신이 디디고 있는 발판을 넘어서 더 큰 그림을 볼 줄 아는 사람이었다. 국왕으로 추대를 받자 그는 주저 없이 자신의 부족함을 인정하면서 김춘추를 대안으로 추천한다.

- 임종욱, 《여왕의 시대》

김병곤 동국대 초빙교수는 논문 〈신라 중대로의 전환기 알천의 역할과 위상〉(《신라문화》 제40집, 동국대 신라문화연구소, 2012)에서 알천을 신라 중기 정치 변혁기의 갈등을 잠재운 윤활제 같은 존재로 묘사하고 있다.

알천은 중고기中古期 말 대장군과 상대등에 차례로 임명됨으로써 신라사 최초로 문무의 최고 관직을 역임한 인물이 되었다. (……) 국가에 남다른 충성심을 가졌던 상대등 알천은 친왕적인 성향을 가지고 신라 내정을 담당했다. 동시에 외교를 담당한 김춘추, 국방을 담당한 김유신과 뜻을 같이해 국난기의 신라를 발전시키는 데 일조했다.

그러한 정치적 역량이 인정되어 알천은 진덕여왕이 자식 없이 죽자 군신群臣 추대를 통해 계위繼位의 기회를 얻기도 했다. 그러나 당시 70대 중후반의 알천은 고령과 덕행의 부족을 이유로 들어 김춘추에게 왕위를 양보하며 정계를 은퇴했다. 그런 까닭에 알천은 무열왕 김춘추와 대장군 김유신이 중심이 되어 통일의 기틀을 마련하는 작업에 참여하지 못했다. 그럼에도 그는 중고中古 왕실의 단절과 무열왕계의 중대中代 왕실의 출현 과정에서 발생할 수 있는 물리적 충돌의 여지를 제거했으므로 시대 변혁이 원만히 이루어지도록 하는 윤활제와 같은 역할을 수행한 인물로 평가될 수 있다.

– 김병곤, 〈신라 중대로의 전환기 알천의 역할과 위상〉

알천은 당시 신라를 이끌 인재로 주목받고 있던 김춘추와 김유신이 '통일'이라는 과업을 이루고 신라에 새로운 바람을 불러일으키기를 바라며 스스로 왕위를 양보한다. 자신의 영광보다는 나라의 안위를 먼저 생각하고 과감한 결단을 내린 것이다. "나는 이미 늙었고, 이렇다 할 덕행도 없다. 지금 덕망이 높은 사람으로 춘추공만 한 이가 없으니, 그는 실로 이 세상을 다스릴 영웅이라 할만하다"《삼국사기》라며 김춘추를 추대한 알천의 뜻에 김춘추는 세 번 사양하다 왕위에 올랐고, 이렇게 새로운 시대를 여는 신라 통일의 싹은 잉태되었다.

만약 알천이 왕위에 올랐다면 어떻게 되었을까? 김춘추와 김유신은 매제 관계였으니 함께 반발하지 않았을까? 신라에 국난의 위험이 닥쳤을 수도 있다. 그랬다면 신라 통일의 기회도 없었을 것이다. 알천은 정치적 변혁기에 왕위를 사양함으로써 갈등의 소지를 일거에 해결해 스스로 신라 통일의 밑거름이 된 숨은 글로벌 리더다.

2 죽음으로 왕을 살린 고구려 충신, 밀우와 유유

고구려는 태조왕(6대) 이래 정복 사업에서 성공을 거두면서 중국과의 항쟁에서도 우위에 서 있었다. 고국천왕 때는 정치 개혁으로 왕권을 더욱 강화해 중앙집권적인 고대 국가의 면모를 갖추었다. 그 후 중국에서는 위나라가 오나라와 촉나라를 점령하고 대륙의 패권을 장악했는데, 동천왕은 풍부한 철광을 보유한 요동을 확보하고 이들의 침략을 경계하기 위해 서안평을 공격했다. 고구려의 공격에 위나라는 고구려를 침공해왔다. 두 차례에 걸친 위나라의 침략에 고구려는 국내성을 잃고, 국왕이 피난을 가는 위기에 처했다. 이때 목숨을 바쳐 국왕을 구한 이들이 있었으니, 밀우密友와 유유紐由가 그들이다.

위나라 장수 관구검이 고구려를 침공했을 때, 처음에는 고구려군이 우세했다. 그러나 위나라군을 얕보고 있다가 위나라군의 반격으로 국내성을 잃었다. 위군은 기세를 몰아 수도인 환도성을 함락하고, 동천왕을 잡으려고 추격했다.

이때 신하 밀우가 동천왕에게 "신이 여기서 결사적으로 막겠사오니 대왕께서는 도망하소서"라고 주청하고는 결사대를 이끌고 적진으로 달려가 싸웠다. 왕은 이 틈을 타 탈출하여 목숨을 구했다. 그러나 이후 밀우의 결사대가 위군에게 궤멸당함으로써 동천왕 일행은 또다시 위기에 처하게 되었다.

이때 다시 유유가 왕 앞으로 나서서 "신이 거짓 항복하여 위군을 안심시키고 있을 테니 대왕께서는 이때를 놓치지 마시고 공격하십시오"라고 말했다. 동천왕은 유유의 계책을 따르기로 하고, 유유를 적진으로 보냈다. 유유는 항복 깃발을 들고 들어가 항복의 예를 올리는척하면서 준비해 간 음식물 속에서 칼을 꺼내어 관구검을 찔러 죽이고 자결했다. 갑작스러운 공격에 위군 진영에는 일대 혼란이 일어났고, 고구려군은 그 틈을 타 위군을 고구려의 영토 밖으로 몰아냈다.

《삼국사기》에 전하는 이 이야기는 섬김의 리더십이 부족한 오늘날의 정치계와 관료사회에 모범이 되는 사례다. 밀우와 유유와 같은 '서번트 리더십', '섬김의 리더십'을 행하는 정치인과 고위 관료들이 우리 사회에 몇이나 있을까? 진정한 서번트 리더들이 국민들을 제대로 섬기며 봉사하고 헌신하는 선진사회가 되기를 기대해본다.

3 조선의 모험가, 홍어 장수 **문순득**

　조선 후기, 뜻하지 않게 아시아를 체험하고, 조선 최초의 필리핀어 통역사가 된 사람이 있었다. 바로 홍어 장수 문순득文淳得이었다. 그는 어떻게 낯선 이국의 언어를 익히게 되었을까?

　그의 고향은 조선시대 행정구역상 나주에 속했고, 소흑산도라고 불리기도 한 우이도다. 흑산도 홍어를 육지에 내다팔던 그는 1801년 12월 흑산도 남쪽에 있는 태사도에 홍어를 사러 갔다가 사나운 풍랑을 만났고, 유구琉球(지금의 일본 오키나와)까지 떠내려가고 만다. 그곳에서 9개월 정도 머문 그는 중국을 통해 고향으로 돌아가려고 다시 길을 나섰지만, 이번에도 바다가 심상치 않았다. 함께 떠난 배 세 척 중 두 척이 부서졌고, 목숨을 잃은 사람만 해도 여섯이었다. 가까스로 목숨을 건진 그가 정처없이 바다를 표류하다 도달한 곳이 바로 여송국呂宋國, 즉 지금의 필리핀이었다. 그는 그곳에서 다시 9개월을 머물렀고, 이후 마카오와 중국 광둥, 난징, 베이징을 거쳐 1805년 1월 고향으로 돌아왔다. 장장 3년 2개월에 걸친 대장정이었다.

　그의 파란만장한 여정은 때마침 흑산도에 유배 중이던 정약용의 형 정약전丁若銓에 의해 세상에 알려진다. 정약전은 문순득으로부터 생생한 체험담을 전해 듣고 날짜별로 기록해《표해시말漂海始末》을 펴내는데, 여기에는 표류 상황은 물론 당시의 중국, 필리핀 등의 풍속과 언어, 사회상 등 다른 어느 책에서도 볼 수 없는 다양한 정보가 담겨 있다. 정약전 덕분에 문순득의 표류담은 모험에서 학문의 차원으로 승화될 수 있었다.

문순득은 표류라는 전혀 예상치 못한 난관을 만나서도 좌절하지 않고, 오히려 그 시간을 외국 문화를 접하는 기회로 삼아 언어를 익히고 다양한 기록을 남겼다. 이는 200여 년 전의 동아시아 사회를 이해하고, 우리나라에 새로운 문화를 전파하는 밑거름이 되었다.

❹ 울릉도와 독도를 지켜낸 신라 장군 **이사부**와 어부 **안용복**

이사부異斯夫는 지증왕 13년(512) 우산국을 복속시켜 대한민국 역사상 처음으로 울릉도와 독도의 영유권을 확보했다. 우산국은 《세종실록 지리지》에 '울릉도와 독도 두 섬'이라고 기록되어 있다. 이사부의 우산국 복속은 독도 영유권에 대한 역사적 근원이다. 그럼에도 일본의 극우 세력들은 이러한 역사적 사실을 부정한 채, 망언과 불법 행위를 일삼고 있다.

2013년 동아시아 국제 포럼에서 조셉 스톨트만Joseph Stoltman 미국 웨스턴미시건대학 지리학과 교수는 "해류와 고고학 증거로 볼 때 이사부의 정벌 당시 울릉도 거주민은 한반도에서 건너간 사람들이며, 지리적으로 볼 때 이들은 분명 독도를 울릉도의 부속 섬으로 여겼을 것"이라고 발표했다.

우산국은 신라 이래 우리 권역에 포함되어 있었으나 조선 태종 이후의 공도公島 정책으로 빈 섬으로 방치되었다. 그래서 일본이 호시탐탐 영토 침탈 야욕을 드러내고 있었다. 이러한 때에 두 차례나 일본으로 건너가 일본 관리들과 담판을 짓고 일본으로 넘어갈뻔한 울릉도와 독도를 되찾아온 사람이 있었으니, 그가 바로 조선시대의 어부 안용복安龍福이었다.

안용복은 조선 숙종 때 사람으로 편모슬하에서 자란 서민 출신이지만, 담대하고 재주가 뛰어났다. 초량왜관에 다니면서 일본말을 배웠고, 경상좌수영 수군이었을 때는 노를 잘 저어 노군총관이 되었다. 노군총관은 조선 해군에서 일종의 갑판 수병의 역할이었다.

안용복은 숙종 19년(1693) 봄, 어민 40여 명과 함께 울릉도 부근으로 고기잡이를 나갔다가 그곳에서 일본의 어부들과 울릉도 영유권을 놓고 충돌했다. 싸움이 커지자 일본 측에서 야비한 꾀를 냈다. '다툼을 평화적으로 해결하고자 하니 대표를 보내라'는 것이었다.

이에 안용복과 박어둔朴於屯이 대표로 나서자, 그들은 그 둘을 납치해 일본 오키시마로 강제로 데려갔다. 그러나 안용복의 기개는 꺾이지 않았다.

"조선 사람이 조선 땅에서 고기잡이를 했을 뿐인데, 왜 우리를 잡아왔느냐?"

그의 당당한 항의에 당황한 오키시마 도주는 그들을 자신의 상관인 돗토리 현 태수에게 이송했다. 안용복은 그곳에서도 조금의 굽힘도 없이 울릉도(독도 포함)가 조선의 땅임을 강조하고, 남의 땅에 들어와 불법적으로 조업을 하는 일본 어부들을 단속해줄 것을 요구했다.

울릉도가 조선 영토임을 이미 알고 있던 돗토리 현 태수는 안용복을 후대해주었고, '울릉도는 일본의 영토가 아니니 선처해줄 것을 건의한다'는 취지의 문서를 작성해 에도 막부에 보고를 올렸다. 에도 막부의 최고 책임자인 쇼군은 그 건의를 받아들여 '울릉도는 일본 땅이 아니므로 일본 어민의 출어를 금지시키겠다'는 서계書契를 만들어 주고, 안용복을 석방하게 했다. 한낱 어민에 불과한 안용복이 일본의 조정을 상대로 서계를 받아낸 것이다.

　서계를 받은 안용복은 대마도를 통해 귀국길에 올랐다. 그런데 그를 맞은 대마도주는 그대로 그를 돌려보낼 수 없었다. 황금 어장인 울릉도와 독도의 해역을 놓치기 싫었던 것이다. 그는 안용복이 에도 막부로부터 받은 서계를 빼앗고, 그를 '일본 영토인 다케시마[竹島]를 침범한 죄인'으로 몰아 구속시킨 후 대마도에 억류했다. 50일 후 가까스로 귀국한 안용복이 동래부에 서계 강탈 사건에 대해 보고했지만, 동래부사는 사건을 해결해주기는커녕 그를 국경을 마음대로 넘나든 '월경죄인'으로 몰아 감금해버렸다. 대마도주는 이러한 분위기에 편승해 점유 야욕을 또 한 번 드러냈다. 조선에 사신을 파견해 '울릉도가 일본의 땅이니 조선 어민들의 출어를 금지해달라'는 어이없는 요구를 한 것이다. 안용복은 감옥에서 풀려난 후 왜인들의 이러한 행동에 분개해 다시 울릉도로 건너갔다. 그곳에서 일본 어부들을 다시 만난 안용복은 울릉도와 독도가 우리 땅임을 지적하며 그들을 꾸짖었다. 그리고 도망치는 일본 어부들을 따라 두 번째 일본행에 오르게 된다.

　그는 이번에는 관복을 입고 정3품 당상관 '울릉·우산 양도 감세장'이라는 관직을 사칭해 직접 돗토리 현 태수와 마주앉아 담판을 벌였다. 그는 에도 막부가 이미 울릉도가 조선 땅이란 사실을 인정했다는 점, 대마도주가 그 서계를 중간에 강탈했다는 점 등을 언급하며 이 모든 죄상을 에도 막부 관백에게 알리겠노라고 으름장을 놓았다. 결국 서계 강탈 사건이 확대될까 우려한 돗토리 현 태수는 '앞으로 울릉도를 침범하는 자들이 있으면 엄중히 처벌하겠다'는 다짐을 했다. 이후 대마도주는 조선 조정에 '일본인의 울릉도 출어 금지'를 공식적으로 확인했고, 이로써 울릉도와 독도가 조선 땅임이 양국에 재천명되었다.

그러나 조선 조정은 승리를 거두고 돌아온 안용복을 '범경죄인'으로 몰아 다시 한 번 체포해 서울로 압송했다. 조정은 관직을 사칭하고 국경을 넘나든 그의 죄를 물었으나, 울릉도를 되찾은 공을 인정해 사형을 면해주고 귀양을 보냈다.

당시 조정의 정책을 거슬렀다고 해서 안용복에 대한 역사적 평가가 달라질 수는 없다. 조선시대의 대학자 이익도 《성호사설》에서 그를 높게 평가했다. 안용복은 울릉도와 독도를 지켜낸 조선의 진정한 '민중 리더', 민간 외교관으로서 성공적인 담판 외교를 펼친 '민족의 영웅'으로 기억되어야 할 것이다.

5 한국 근대화의 리더, 보빙사절단

조선은 1876년 일본과 맺은 강화도조약으로 문호를 개방한 뒤 서구 열강과 잇따라 수교했고, 1882년 한미수호통상조약의 체결로 1883년 주한 공사 푸트Foote. L. H가 조선에 부임했다. 고종은 미국의 힘을 이용해 러시아, 일본, 청나라 등의 침투와 압력을 막을 수 있을 것이라는 기대감으로 그를 매우 반겼고, 나아가 보빙사報聘使(답례로 방문하는 사신) 파견을 결정했다.

고종은 1883년 5월, 정사에 민영익, 부사에 홍영식, 서기관에 서광범·유길준 등 개화파 인사들을 대동시킨 친선 사절단을 서방 세계에 파견했다. 사절단은 미국 대통령 체스터 아서Chester Alan Arthur와 두 차례 회동하고 양국 간의 우호와 교역에 관해 논의했다.

보빙사는 샌프란시스코, 워싱턴, 뉴욕, 보스턴 등을 돌며 근대 문물을 시찰했다. 그 일환으로 뉴욕의 우체국을 방문한 홍영식은 크게 감탄하여 고종에게 우정국 설립을 건의했다. 최초의 근대적 우편 업무를 시작한 우정국은 보빙사가 낳은 최대 성과로, 우리나라를 지식·정보 강국으로 만든 초석이기도 했다.

유럽을 부강하게 만든 '산업혁명'이 그러하듯 근대화와 산업 발전에 전기는 꼭 필요한 것이었다. 보빙사가 방미하기 1년 전, 토마스 에디슨이 뉴욕 사람들에게 처음 전기를 선보였다. 그리고 그로부터 1년 후, 보빙사는 처음으로 전기의 환한 빛을 보게 되었다. 그들의 건의로 1887년 전기 발전소가 세워지고, 경복궁에서 처음 전등이 켜지기에 이르렀다.

우리나라에 근대교육이 시작된 것도 보빙사절단의 해외 탐방 이후다. 1883년, 시카고에서 워싱턴으로 가는 기차 안에서 보빙사는 운명적 만남을 갖는다. 미국의 교육자 존 가우처John F. Goucher 박사를 만난 것이다. 가우처 박사는 가우처 대학 설립을 2년이나 미루면서까지 한국 선교를 위해 거액을 기부하고, 아펜젤러 목사를 통해 한국 최초의 근대식 학교인 배재학당을 설립한다. 이어 감리교의 메리 스크랜톤 Mary Scranton 선교사가 우리나라 최초의 여학교인 이화학당을 설립하게 된다.

보빙사절단은 농업 분야에도 혁명을 불러왔다. 당시 백성들에게 가장 중요한 문제는 '먹고사는 문제'였다. 먹고사는 문제가 해결되어야 백성들에게도 근대화가 중요한 문제로 받아들여질 터였다. 사절단 중에서 가장 농업에 관심이 많았던 이는 무관 최경석崔景錫이었는데, 고종은 1884년 농무목축 시험장을 개설하고 최경석을 관리로 임명한다. 김영진 한국농업사학회 명예회장은 "농업 방식이 기존의 경험 농학적 방법에서 실험 농학적 방법으로 바뀐 것은 농업사에서 큰 의미가 있는 일이다"라고 설명한다.

19세기 말 혼란한 시대 상황 속에서 조선의 부국강병을 위해 바다 건너 미국까지 가게 된 보빙사절단은 수개월 간의 여정을 통해 급변하는 국제 정세 속에서 조선을 지켜내는 방법을 배우고 돌아왔다. 당시 조선은 청나라에 조공을 하던 약소국이었는데, 보빙사절단을 통해 조선이 일본, 중국과 마찬가지로 미국과 동등한 위치에 있음을 알리고 스스로 청과의 관계를 끊고자 했다.

보빙사절단은 보고 느끼며 배운 것을 그대로 조선에 적용시키며 조선의 근대화를 위해 힘썼다. 보빙사절단은 한국 근대화의 시발점이 되었을 뿐 아니라 당시 우리와 비슷하게 쇄국 정책을 유지하던 나라들에 문호 개방의 가능성을 타진케 한 중요한 사례가 되었다.

6 이름 없는 영웅, **순국선열**과 **무명용사**

적의 포화가 빗발치던 1950년 6월 27일, 맥아더 장군은 서울 흑석동 언덕에 올라 한강 이북의 전황을 관찰하고 있었다. 그때 후퇴하지 않고 참호 속에 남아 있던 한국군 이등병에게 맥아더 장군이 물었다.

"자네는 왜 후퇴하지 않나?"

"상관의 후퇴 명령이 없었습니다. 명령이 있기 전까지는 이 참호를 지켜야 합니다."

"훌륭하군. 자네, 소원이 있는가?"

"저에게 총과 총탄을 지급해주십시오."

맥아더 장군은 투철한 전투의지를 불살랐던 한국군 병사의 말에 감동해 돌아갔다. 그날 이후 맥아더 장군의 명령으로 미군의 전투력이 한국에 집중 배치되었고, 얼마 지나지 않아 인천상륙작전이 감행되어 서울은 수복되었다. 무명의 한국군 이등병 병사는 훌륭한 국가정체성을 바탕으로 대통령과 국방장관 등 지도층 리더들이 할 일을 대신 수행했다. 이러한 무명용사들은 진정한 호국 영웅이며 간성干城이다.

우리나라가 숱한 국난을 극복한 힘의 원천은 그러한 무명용사들의 호국의지였다. 그들은 평상시에는 노동자, 농민, 학생이었지만, 나라가 위기에 처하면 분연히 일어나 군인이 되어 목숨을 던졌다. 6·25전쟁 당시 이름도 군번도 없는 학도병들은 낙동강 전선을 지키는 데 크게 기여했다.

6·25전쟁에 참전했다가 인민군에게 붙잡힌 국군 포로들은 정전 60년이 넘도록 북한의 탄광 등에서 강제 노역을 하며 고생하고 있지만, 그동안 정부에서는 그들을 되찾으려는 노력을 제대로 하지 않았다. 그중 소수의 국군 포로들이 한국에 남은 가족과 연락이 닿아 브로커에게 돈을 치르고 한국에 왔지만, 참전용사가 아니라 탈북자 신세였다. 지금까지 한국에 돌아온 국군 포로는 80여 명에 불과하다.

우리 정부는 국군 포로들이 한국으로 돌아올 수 있도록 최선의 노력을 다해야 한다. 현재 생존해 있는 것으로 알려진 500여 명의 생존 포로들은 물론, 이미 목숨을 잃은 병사들의 유해도 반드시 되찾아와야 한다. 그것은 조국을 위해 목숨을 바쳐 싸운 용사들과 그들을 기다리는 가족들에게 국가가 해야 하는 의무이자 도리다.

국가를 위해 몸 바친 무명용사들은 죽어서도 나라를 지킨다. 국가를 위해 살신성인한 그들의 애국적 행위는 살아 있는 국민들을 하나로 결속해 화해와 통합의 길로 인도해준다. 무명의 호국영령들과 참전용사들의 희생이 있었기에 오늘날 대한민국이 존재하고 눈부신 성장과 발전을 이룩할 수 있었던 것이다.

가족과 자신의 안위를 버리고 하나밖에 없는 고귀한 생명을 조국을 위해 기꺼이 바쳐 대한민국 5천 년을 수호한 순국선열과 전몰장병, 그리고 학도병, 소년지원병, 민간지원병, 군속 등의 무명용사들을 우리는 결코 잊어서는 안 된다. 6·25전쟁에 참전한 소년지원병은 2만 9,616명으로, 이 중 2,573명이 전장에서 사망했고, 참전 학도병과 사망자 수는 수만에 이를 것으로 추정되지만 아직 정확히 집계되지 않고 있다. 미군 특수부대에 편입되어 군번도 없이 훈련을 받고 구월산부대 철수 지원 작전, 옹진반도·원산항 침투 및 철수 작전, 함흥 철수 지원 작전 등에 투입되어 목숨을 잃은 민간지원병들도 상당수다. 특히 소년지원병과 학도병은 병역 의무가 없는데도 조국을 위해 목숨을 던졌다. 이들은 위기에 처한 나라를 구하기 위해 학업도 미루고 호국의 무명용사가 되어 전선으로 달려갔다. 국난이 일어나 지도자가 도망갔을 때도 이들은 의병, 의용군이라는 이름으로 조국을 지켰다. 그 순수한 애국정신을 깊이 새겨 정부는 물론 국민들도 특별히 관심을 가져야 할 것이다.

그 출발점은 '순국선열의 날'과 '현충일'의 의미를 제대로 알고 마음 속에 되새기는 데서 시작되어야 할 것이다. 과거 항일투쟁으로 순국하신 선열들의 얼과 위훈을 기념하기 위한 '순국선열의 날'은 11월 17일이고, 6·25전쟁의 전몰장병을 추모하는 '현충일'은 6월 6일이다. 현충일은 국경일로 지정되어 국민들에게 널리 각인되어 있으나, '순국선열의 날'은 잘 모르는 사람이 많다. 대한민국 임시정부가 1939년에 제정한 '순국선열의 날'은 대한민국 정부가 1956년에 제정한 현충일보다 역사가 오래되었다. 대한민국 임시정부는 당시 1905년 11월 17일에 체결된 을사늑약의 치욕을 잊지 않겠다는 의지를 다지기 위해 '순국선열공동기념일'을 제정했었다.

'순국선열의 날'은 8·15해방 전까지는 임시정부가 주관했고, 1946년부터는 민간단체가, 1962~1969년까지는 원호처가, 1970~1996년까지는 다시 민간단체가 주관했다. 기념행사는 따로 하지 않고 현충일 추념식에 포함해 치러졌다. 그러다가 독립유공자 및 유족들의 오랜 여망과 숙원에 따라 1997년 5월 9일 '각종 기념일 등에 관한 규정'을 개정하면서 정부기념일로 복원되어, 그해 11월 17일부터 보훈처가 주관하는 행사로 격상해 거행되어 오고 있다.

우리는 동서고금의 인류 역사에서 '천하흥망필부유책天下興亡匹夫有責'이라는 교훈을 배울 수 있다. 다시 말해, '국민 한 사람에 의해 나라가 흥할 수도 있고, 망할 수도 있다'는 얘기다. 도산島山 안창호安昌浩 선생은 "나라가 없고서 일가와 일신이 있을 수 없고, 민족이 천대를 받을 때 나 혼자만 영광을 누릴 수 없다"면서 애국애족의 길을 걸었고,

프랑스의 영웅 나폴레옹은 "애국심이야말로 인간 최고의 도덕"이라고 갈파했다.

고대에서 현대사에 이르기까지 수많은 애국애족의 리더들이 민족사를 수놓았다. 그들은 한 치의 허장성세虛張聲勢도 없이 목숨을 바쳐 나라와 겨레 사랑을 실행에 옮긴 지고지순한 사람들이다. 21세기 대한국인은 이들의 애국심과 애족심에서 역사의식과 국가정체성을 찾아야 할 것이다. 우리의 영원한 지향점은 조국과 민족이요, 최후의 보루는 국토와 국민에 대한 뜨거운 사랑이다.

5천 년 역사의 주체,
민중 리더십

우리 민족은 언제나 문화민족의 자부심과 긍지를 갖고 다른 민족을 대해왔다. 우리 주변의 민족들은 생성과 소멸을 되풀이해왔으나, 우리 민족은 시대에 따라 국명은 바뀌었으되 단일민족으로서의 유구한 역사를 전개하며 나라를 보존해왔다.

또한 우리 민족은 오랜 역사 속에서 우리만의 독자적인 민족문화를 창조해냈다. 문화 창조의 능력과 저력은 민중의 역사의식으로 발양되어 당나라의 신라 복속을 막아냈고, 일제의 침략에 맞서 줄기차게 독립운동을 펼쳤으며, 굽힐 줄 모르는 호국사상과 민족정신으로 광복을 쟁취해냈다. 결국 민족의식도, 그것에서 근거한 민족의 저력도 모두 민중(국민, 백성)에게서 발휘된 것이다.

맹자는 정치인의 덕목으로 여민동락與民同樂(무슨 일이든 민중과 함께 즐거움을 나눌 것)과 천명天命(민심이 곧 천심으로 천명은 민중의 소리이다)을 꼽는다. 즉, 정치인들은 서번트 리더십으로 민중의 소리를 제대로 듣고 행동에 옮겨야 한다는 뜻이다.

민중이 역사 창조와 국가 수호의 주체 세력임을 감안할 때, 한민족의 저력은 민중사상과 민족사관에 입각한 민중의 역사의식에서 나온다고 할 수 있을 것이다.

민중운동 리더십의 효시, 동학혁명

"모든 역사는 현대사다"라는 이탈리아 역사철학자 베네데토 크로체 Benedetto Croce의 말처럼 과거의 역사도 현재의 상황과 여건에 따라 역사리더십으로 재해석되기 마련이다. 19세기에는 '동학란'으로 여겨지던 것이 오늘날 '동학혁명'으로 재해석되고 있는 것이 그 한 예다.

임진왜란과 병자호란 등 외세의 침략에 오랫동안 시달려온 조선 땅에 급기야 서세동점西勢東漸이라는 거센 바람이 불어닥쳤다. 아시아를 휩쓸어 중국을 반식민지화하고 일본을 개항시킨 서구 열강의 바람이 한반도에도 불어온 것이다.

당시 조선은 신분제가 흔들리고 세도정치로 관료제가 파탄 나면서 삼정의 문란, 탐관오리의 발호 등 노블레스 오블리주 리더십 실종 현상이 만연하여 사회의 도덕적 해이는 물론 국가의 기강도 심하게 흔들렸다. 또한 벼슬길이 막힌 잔반殘班들의 농민화, 성리학적 윤리관과 정치관의 쇠퇴는 유교의 가치관을 근본적으로 변화시켰다. 불교 역시 조선 초 이래의 숭유억불 정책으로 그 영향력이 약화되어 치병과 구복의 신앙으로 명맥을 겨우 유지해왔으며, 도교 역시 현실도피의 허무사상으로 변질되어버렸다.

이처럼 당시 조선은 외부의 거센 도전과 리더십의 실종으로 문자 그대로 내우외환에 직면해 있었다. 민중들은 문화 민족의 저력을 바탕으로 탈출구를 마련해야겠다는 각성과 함께 난국의 위기를 극복할 수 있는 새로운 이데올로기, 새로운 정신적 지주를 갈구했다. 이러한 시대적 요구에 부응해 나타난 것이 바로 '동학'이었다.

국운을 염려하던 수운 최제우는 당시의 비정秕政과 사회 윤리의 타락을 개탄하고, 시시각각 밀려드는 서양 세력에 대항하기 위해서는 그 정신적 기반으로 여겨지는 서학, 즉 천주교에 대항할 수 있는 종교적 기반이 있어야 한다고 생각했다. 자신이 창조한 종교를 '동학東學'이라 부른 것도 이러한 연유에서다. 《동학혁명》(동학사상연구소, 1979)에 의하면, 동학혁명은 "첫째는 압박과 천대에서 벗어나려는 서민대중들의 민중혁명이며, 둘째는 외세의 침략을 막으려는 구국제민운동이며, 셋째는 한국 근대사를 지향하려는 개혁운동"이었으며, 따라서 동학은 민족주체사상이라 말할 수 있다.

그리하여 동학은 '보국안민輔國安民(나랏일을 돕고 백성을 편안하게 함), 포덕천하布德天下(덕을 천하에 폄), 제폭구민除暴救民(포악한 것을 물리치고 백성을 구함), 광제창생廣濟蒼生(널리 백성을 구제함), 지상천국 건설'을 슬로건으로 내건 가운데, 초기에는 반봉건 운동에, 후기에는 반제국주의 운동에 힘을 기울이게 된다. 따라서 동학사상의 본질을 따진다면 첫째, 인내천 사상, 둘째, 민주주의 사상, 셋째, 후천개벽後天開闢(이 세상이 끝나고, 새로운 세상이 열림) 사상, 넷째, 자주성 또는 주체성 등으로 대별할 수 있다. 훗날 전봉준에 의해 주도된 동학농민혁명에서 민중이 '보국안민, 축멸왜이逐滅倭夷(일본과 서양 세력을 몰아냄), 척왜양창의斥倭洋倡義(일본과 서양 세력을 배척해 의병을 일으킴)'의 기치를 내걸고 봉기했을 때, 이러한 최제우의 선봉적 자각은 주체적 실천을 만나게 되는 것이다.

1894년 동학농민운동이 일어났을 때는 우리나라가 전근대 사회에서 근대 사회로 발돋움하던 역사의 전환기였다. 이에 따른 시련과 진통은 민중에게 고스란히 전해졌다. 이런 역경을 어떻게 극복할 것인가는 곧 역사의 앞날을 가름하는 중대사였으며, 동학농민운동의 '민족자존과 사회개혁'의 기치는 바로 이 시련의 주체적 극복을 선언하는 민중적 궐기의 신호였다.

동학농민운동은 초기에는 민란의 양상을 띠었으나, 정부의 수습책이 미약하자 점차 대대적인 농민전쟁의 성격을 띠어갔다. 구체적으로 동학농민운동은 안으로는 봉건 체제에 반대하여 노비문서 소각, 토지의 평균분작 등 개혁정치를 요구했고, 밖으로는 외세의 침략을 물리치려는 반봉건·반침략 민족운동의 성격을 띠었다.

그러나 동학농민운동은 결국 실패하고 말았다. 그것은 민족자존과 사회개혁의 의지가 꺾인 것을 의미했다. 그렇다고 동학농민운동의 좌절이 곧 동학의 쇠퇴를 의미하지는 않았다. 동학의 교세는 삼남 지방을 중심으로 확대되어갔다.

결론적으로 동학농민운동은 구체제의 모순이 심화되고 외세의 위협이 가중되는 역사적 상황을 극복하려는 우리 민족의 거대한 근대 지향 반외세 운동으로, 당시 농촌 사회를 중심으로 발생했던 민란의 국지성과 산발성을 극복하고 동학교단운동을 통해 농민운동에 사상적 구심점과 조직적 체계성을 갖추면서 정치운동으로 발전해간 것이라고 할 수 있다.

의병의 독립운동

우리는 구한말, 일제 강점기를 '수난의 시대', '굴욕의 시대'라 부른다. 그러나 이와 같은 치욕의 시대를 거치면서도 오늘날 우리가 뿌듯하게 민족적 긍지를 가질 수 있는 것은 의병들의 끊임없는 투쟁이 있었기 때문이다. 의병은 나라가 위태로울 때 자발적으로 일어나 싸우는 민병民兵을 말하는데, 이는 민중이 역사 창조와 국가 수호의 주체 세력으로 직접 나서는 것을 의미한다.

우리 민족은 외적의 침입으로 나라가 위태로울 때마다 진충보국盡忠報國의 의병정신을 발휘하여 나라를 구해냈다. 우리나라 의병운동의 연원은 멀리 거슬러 올라간다. 고조선시대에는 한반도 주민들이 일어나 한사군을 몰아냈고, 백제가 멸망했을 때는 성충成忠을 비롯한 의사들이 백제의 부흥을 위해 봉기했다. 고려시대에는 목숨을 걸고 대항했던 삼별초가 있었다.

이러한 의병정신은 조선시대에 이르러, 임진왜란 당시 풍전등화와 같은 국가의 운명을 되살린 원동력이 되었다. 관·민 할 것 없이 온 민중이 유격전으로 적에게 맞서 대항한 의병항전은 일본군을 무찌르는 눈부신 활약을 거두었을 뿐 아니라 병참선을 유지하지 못하게 했으며, 그 결과 일본군의 침략전쟁은 실패로 돌아갈 수밖에 없었다.

임진왜란 당시의 의병은 임금을 위해 충성을 다한다는 근왕勤王정신에 의해 자생적으로 일어났다. 정부가 국방 능력을 상실한 상황에서 일어난 의병은 침략자를 물리쳐 국토를 지키고, 왕실과 가족을 스스로 보호하는 것을 기본 목표로 하고 있었다. 그랬기에 의병은 온전한 전투력을 갖추지 못한 비정규군이었음에도 자기희생을 전제로 하는 강인한 정신력을 견지함으로써 전세를 역전시키는 주역이 될 수 있었다. 민족자존의 정통성을 유지·계승해온 의병정신은 19세기 말에 밀어닥친 외세에 대항하는 민족운동으로 계승되어, 구한말 의병운동으로 그 맥이 이어졌다.

3·1운동, 임시정부를 탄생시키다

일제의 강점 이후 국내에서의 독립운동은 일제의 무자비한 탄압으로 비밀결사운동으로 변모되었지만, 도시의 중산층과 개화지식인들이 중심이 되어 조직적으로 전개되었다. 이들은 독립의군부, 광복회, 조선국권회복단 등 수많은 항일결사를 조직하고 각종 선언문, 격문 등을 통해 독립사상을 고취했으며, 민족문화의 우월성을 바탕으로 광복에 대한 희망과 신념을 불어넣어 주었다.

항일결사 중에서 가장 활발한 활동을 전개한 단체는 광복회였다. 광복회는 국외에 독립운동 기지를 건설하기 위해 각지에서 군자금 모집

활동을 전개했고, 친일파를 처단해 국민의 경각심을 높여주었다. 이러한 항일결사는 각지의 교육기관 및 종교단체를 통해 교사와 학생, 종교인들을 연결하고, 식민지 경제 정책으로 착취당하던 농민, 노동자들과도 연계해 민족운동을 전개했다.

한편 국외의 애국지사들은 곳곳에 독립운동 기지를 건설하고, 그곳에 이주해 살고 있던 동포들을 중심으로 독립운동을 전개했다.

1919년 고종 황제의 장례식을 계기로 발생한 3·1운동은 한국인들 스스로 민족의식과 독립의식을 일깨우는 계기가 되었다. 일제의 강점이 계속되자 한국의 독립운동계는 대대적인 독립운동을 준비하기에 이른다. 이런 분위기에서 불교, 천도교, 기독교, 세 개 종교 단체가 연합하여 1919년 3월 1일에 시위를 벌였다.

전국 220개 군 가운데 212개 군에서 만세시위운동에 참여했다. 집회 횟수 1,542회, 집회 참여인원 205만 명, 피살자 7,500여 명, 부상자 1만 6천여 명, 투옥된 자 5만여 명, 건물 소실 800여 동 등의 통계 숫자가 말해주듯이 3·1운동은 그야말로 온 겨레의 총궐기였고, 민족자결의 대함성이었다.

3·1운동은 인구의 85퍼센트를 점하는 농민들이 주축이 되어 만세시위를 벌이고, 노동자는 파업으로, 학생들은 대중시위와 동맹휴학 등으로 호응하며 투쟁을 이어간 그야말로 전국적·전민족적 독립투쟁이었다. 3·1운동은 국외에서도 일어났는데, 그중 특기할만한 점은 일본에서도 시위가 전개되었다는 사실이다. 도쿄 유학생들은 국내의 3·1운동 봉기 소식을 듣자 곧 만세시위를 전개했고, 오사카의 동포들도 뒤이어 시위를 벌였다.

1919년 당시 일본인이나 다른 외국인은 물론 우리 민족 일부에서도 한민족의 미래는 끝났다고 여겼을지 모른다. 그러나 민족은 살아 있었다. 3·1운동이 그것을 증명한 것이다. 3·1운동은 이전의 모든 근대 민족운동을 하나로 결집시켰고, 이후의 모든 민족운동을 가능케 한 힘이 되었다.

3·1운동은 우리 민족에게 독립의 희망을 안겨주었다. 우리는 3·1운동을 통해 주체성을 확인했고, 독립의 의지를 전 세계에 천명했으며, 중국, 인도 등 세계 여러 곳에서 반제국주의 민족운동을 촉발시켰다. 3·1운동은 독립운동을 보다 조직적이고 체계적으로 발전시켰고, 민주공화제를 표방한 대한민국 임시정부를 탄생시켰다.

6·10만세운동과 11·3광주학생항일운동

1926년에는 3·1운동의 영향을 받아 학생들을 중심으로 자발적인 민중 항일독립운동인 6·10만세운동이 일어났다.

1920년대에 이르러 민족주의계와 사회주의계의 대립 속에서 독립운동은 진로 모색에 어려움을 겪었다. 이러한 때에 6·10만세운동이 일어난 것이다. 6·10만세운동은 학생들을 중심으로 민족의 울분을 토해낸 사건으로, 일제의 수탈 정책과 식민지교육에 대한 비판과 저항이 그 밑바탕에 깔려 있었다.

6·10만세운동은 전문학교 학생과 사립고등보통학교 학생, 그리고 사회주의계 인사들에 의해 추진되었다. 순종의 인산因山일인 6월 10일,

학생들은 격문을 살포하고 독립만세를 외치며 대규모의 만세운동을 전개했다.

1929년 11월 3일에는 광주학생항일운동이 일어났다. 광주에서 일본 남학생이 한국 여학생을 희롱한 사건을 계기로 한·일 학생 간에 충돌이 일어났는데, 이를 수습하는 과정에서 일본 경찰이 일방적으로 한국 학생들을 검거하고 탄압했다. 그러자 광주의 모든 학교 학생들이 궐기했고, 이에 일반 국민들이 가세함으로써 광주학생항일운동은 전국적인 규모의 항일투쟁으로 확대되었다.

3·1운동 이후 활발하게 전개된 각종 민족운동과 국내외의 항일투쟁은 청년 학생들이 민족 독립투쟁의 주체가 될 수 있음을 자각하는 데 큰 영향을 주었다. 3·1운동 이후에도 민족의 독립 항쟁은 6·10만세운동, 11·3광주학생항일운동으로 계승되었고, 특히 학생들이 독립투쟁의 주역으로 전면에 나서면서 전국적인 규모로 발전해갔다.

한국 민중 리더십의 승리, 4·19혁명

4·19혁명은 민중이 주체가 되어 독재정권을 교체한 대한민국 건국 후 최초의 자유민주주의 혁명이었다. 4·19혁명의 직접적 계기는 3·15 부정선거였다. 그러나 더 근본적인 추동력은 10여 년에 걸친 이승만 정권의 폭정이었다. 4·19혁명은 이런 폭정에서 벗어나고자 한 국민들의 열망의 표출이었다.

1960년 3월 15일 제4대 정·부통령 선거에서 이승만과 자유당 정권은 거듭된 실정으로 승리하기에 역부족이었다. 1952년의 발췌개헌, 1954년의 사사오입개헌 등으로 국민의 지지를 거의 잃은 상태였는데, 상황이 이렇다 보니 이승만 정권은 종래의 정치조작보다 더 노골적인 선거부정을 계획할 수밖에 없었다. 그 결과, 이승만과 이기붕은 각각 963만 3,376표(85퍼센트), 833만 7,059표(73퍼센트)를 얻어 재선됐다. 이들의 부정선거 사실은 한 말단 경찰관이 '부정선거지령서' 사본을 민주당에 공개함으로써 만천하에 드러났다.

이는 국민의 저항을 불러일으켰다. 고등학교와 대학교를 중심으로 거센 항의시위가 일어났고, 4월 11일, 3·15마산시위 때 눈에 최루탄을 맞고 사망한 고교생 김주열의 시신이 바다에 떠오르면서 시위는 걷잡을 수 없이 확산되었다. 마침내 4월 19일 시민과 학생이 거리로 쏟아져 나왔고, 그중 수천 명이 경무대로 몰려갔다. 이때 경무대로 행진하는 시위대를 향해 경찰이 무차별 발포했고, 이날 전국에서 180여 명이 죽고, 6천여 명이 부상당했다.

그 뒤에도 시위가 계속되자, 이승만은 4월 26일 하야를 발표했다. 정치권은 외무부장관 허정許政을 수반으로 과도정부를 구성하여 정권을 야당이던 민주당에 넘겼다. 이로써 1960년 6·15개헌과 7·29총선으로 다수당이 된 민주당의 장면張勉 총리가 이끄는 의원내각제 정부가 탄생하게 되었다.

그러나 민주당은 신파와 구파 간의 갈등이 심화되어 정치적 기반이 약화되었고, 수권을 유지할 능력이 부족했다. 게다가 1956년에 신익희, 1960년에 조병옥 같은 거물 지도자들을 잃은 상태여서 당내 구심점이 약했다. 이에 자유민주주의에 대한 사회의 열망을 수습해 국가

동력으로 이끌어내기에는 역량이 부족했다. 결국 장면 총리가 이끄는 제2공화국은 오래가지 못하고, 1961년 박정희의 5·16군사정변으로 종말을 고했다.

4·19혁명은 아래로부터의 민중혁명이었으며, 민중이 국가 수호의 주체 세력으로 역사의 주체가 되어야 함을 보여준 혁명이었다. 불의에 항거한 4·19혁명이 추구한 자유민주주의 이념은 현재의 국가이념일 뿐 아니라, 미래에도 변하지 않을 대한민국의 국가이념이다. 따라서 민족의 가치관으로 승화하여 대대로 전승되고 수호되어야 할 것이다.

6월 민주항쟁, 민주주의의 열매를 맺다

1987년 6월 민주항쟁은 6월 10일을 정점으로 20여 일 동안 전국적으로 확산된 민중항쟁 성격의 민주화운동이다. 6월 민주항쟁은 그동안 대학생이나 노동자 중심이었던 시민운동에서 벗어나 사무직 근로자까지 포함한 전 국민적 저항운동으로, 민중이 역사의 주체가 되어 대한민국에 절차적 민주주의를 뿌리 내리게 했다는 데 역사적 의의가 있다 하겠다. 6월 민주항쟁이 일어나게 된 배경과 전개 과정을 살펴보면 그 의미는 더욱 확연해진다.

1987년 4월 13일, 전두환 전 대통령은 개헌논의 중지와 제5공화국 헌법에 의한 정부 이양을 핵심 내용으로 하는 '4·13호헌조치'를 발표했다. 이에 사회 각계에서 비난 성명이 이어졌다. 그해 5월 27일에는 재야 세력과 통일민주당이 연대해 '민주헌법쟁취 국민운동본부'를 발족시켰다. 이후 국민운동본부는 6·10민주항쟁의 구심점 역할을 담당했다. 5월 18일, 천주교정의구현전국사제단이 공식성명을 통해 박종철 고문치사 사건이 조작·은폐되었다는 사실을 밝히자 국민의 분노는 들불처럼 확산되었다.

1987년 6월 10일 '민주헌법쟁취 국민운동본부'가 공식 주도한 국민대회는 서울을 비롯한 전국 22개 주요 도시에서 약 24만 명의 학생과 일반 시민이 참여한 가운데 동시다발적으로 진행되었다. 이날 경찰은 6만여 명의 병력을 투입했지만, 이들을 막는 데는 역부족이었다. 국민운동본부는 이어 6월 18일을 '최루탄 추방의 날'로 선포하고 최루탄 추방운동을 대대적으로 전개했다. 이날 전국 16개 도시 247곳에서 150여만 명이 참여했다.

6월 24일 전두환과 김영삼의 여야 영수회담이 결렬되자, 6월 26일 국민운동본부는 '국민평화대행진'을 강행했다. 국민평화대행진은 6월 민주항쟁의 절정이었다. 이날의 평화대행진은 당시 민주화투쟁의 열기를 한 곳으로 집약시킨 거사였고, 결국 전두환 정권은 민중의 요구사항을 받아들이고 직선제 개헌과 기타 민주화 조치 시행을 약속하는 '6·29선언'을 발표하게 된다.

6월 민주항쟁은 전두환 정권 출범 이후 민주화 열망이 얼마나 커져왔는지를 보여주는 사건으로, 제5공화국의 실질적인 종말을 가져왔다. 6월 민주항쟁의 성공은 한국 현대사의 분수령으로서 절차적 민주주의가 열매를 맺는 계기가 되었다.

5부

왕조의 흥망성쇠에서 배우는 리더십

| 01 |

나라 이름에 깃든 리더십

왕조 교체 시기는 사회 전반의 변혁기

우리 역사 속 왕조들은 존속 기간이 매우 길었다. 고구려 · 백제 · 신라 삼국의 존속 기간은 평균 500년이었고, 고려의 존속 기간은 475년, 조선의 존속 기간은 519년이었다. 이에 반해 중국은 대략 200년을 전후로 왕조가 바뀌었고, 일본도 우리보다 훨씬 짧다.

우리나라의 왕조가 유독 오래 유지된 이유는 무엇일까? 이는 우리 역사에 관심을 갖는 외국 학자들이 매우 궁금해하는 부분이다. 혹자는 이를 한국 사회가 느리게 발전했다는 증거로 해석하지만, 그러한 해석은 옳지 않다. 이를 사람에 비유해 오래 산 사람일수록 발전이 없다고 말할 수 있을까? 국가도 사람과 마찬가지로 생명을 가진 유기체다. 잘 관리하면 오래 유지되고, 제대로 관리하지 못하면 금방 망한다. 따라서 왕조가 장수했다는 것은 국가 관리를 잘했다는 뜻이다. 그렇다면 우리 역사 속 왕조들은 어떻게 국가를 관리했을까?

이러한 의문은 우리나라 왕조 교체의 특징을 살펴보면 자연히 풀린다. 서울대 한영우 명예교수는 《다시 찾는 우리 역사》(경세원, 2005)에서 왕조 교체의 특징을 3가지로 설명한다.

첫째, 한국사의 왕조 교체는 우발적이고 폭력적인 권력 이동이 아니라, 이전의 왕조가 수명을 다하여 사회적 모순이 극대화되는 상황에 이르면 새로운 개혁 세력이 내부투쟁을 통해 총체적인 개혁을 추진하고 이를 백성이 추대하는 형식으로 이루어진, 민심을 어루만지는 통치 리더십의 형태였다. 그래서 왕조 교체 후에는 이전과는 다른 정치, 경제, 사회, 문화가 탄생한다. 한국사에서 사회 전반적으로 변화의 폭이 가장 큰 시기가 왕조 교체 시기인 이유다.

둘째, 왕조 교체의 주역은 넓게 보면 부패한 지배층을 제외한 국민 전체지만, 좁게 보면 중간 계층의 학자와 지식인, 무인들이다. 이들은 경제적으로도 어느 정도 여유가 있고, 교육도 많이 받은 사람들이지만, 중앙 정계에 진출한다 해도 기득권층의 배타성으로 소외감과 상대적 박탈감을 느끼기 때문에 체제에 대한 불만과 반감이 컸다. 이를테면 이들은 지배층과 피지배층 사이의 '한계집단marginal group'에 속한다고 할 수 있다.

셋째, 중간 계층은 평상시에는 출세 지향적이고 기회주의적인 성향도 지니고 있지만, 사회적 모순이 극대화된 시기에는 피지배층의 입장을 대변하는 개혁 세력으로 등장한다. 대표적인 인물로 고려를 건국한 왕건을 들 수 있다. 왕건은 사농공상士農工商 시대의 상인 출신이지만, 청부淸富를 통해 단단한 가문을 만들어 권력을 형성했다. 왕건 역시 쿠데타를 통해 정권을 장악하고 고려를 건국했다. 그리고 이전 왕조, 이전 정권의 사회적 모순을 해결하기 위해 통치 패러다임을 바꾸는 일대 변혁을 시도했다. 왕건이 죽고 왕위가 계승되면서 점차 사회는 안정을 찾아갔다.

5천 년 한국사에서 뚜렷한 왕조 국가를 세운 것은 삼국(고구려, 백제, 신라), 고려, 조선이다. 물론 그전에 고조선과 삼한(북삼한, 남삼한)이 있었으나, 공인된 기록이 남아 있지 않아 왕조사로서의 정확한 복원은 힘들다. 기원 전후 시작된 삼국시대부터 조선에 이르는 2천 년 동안은 왕조사를 분명하게 시대별로 구분할 수 있다. 이 기간에 삼국, 통일신라, 고려, 조선의 네 왕조가 교체되었으니 평균 500년을 나누어 가진 셈이다.

나라 이름과 의미

우리의 5천 년 역사 속 나라 이름에는 건국의 의미와 나라를 세운 리더들과 백성의 염원, 그리고 리더들의 리더십이 깃들어 있다. 우리 역사 속 여러 국명에 나타난 건국의 의미를 알아보자.

◇ 고조선

고조선의 원래 이름은 조선朝鮮이다. 고려 말 이성계가 역성혁명을 통해 왕조를 교체하면서 나라 이름을 다시 조선이라 정하자, 후세의 역사학자들이 편의상 혼돈을 없애기 위해 고조선과 조선으로 구분한 것이다. 고조선이란 단군이 세운 조선이 이씨 왕조의 조선보다 앞서 존재한 '옛 조선'이라는 뜻이다.

《삼국유사》, 《제왕운기帝王韻紀》, 《규원사화》, 《동국여지승람東國輿地勝覽》 등의 기록에 따르면, 우리 민족은 씨족국가인 환국桓國, 종족국가인 배달국倍達國을 거쳐 종족연맹국가 성격의 민족국가인 조선(단군조선, 고조선)을 건국했으며, 다른 민족들과 마찬가지로 민족 신화를 갖고 있다. 그것이 바로 '단군신화'이다.

역사학자 이이화李離和는 《한국사, 나는 이렇게 본다》(길, 2005)에서 고조선 국명의 유래와 사용에 대해 구체적으로 설명한다.

'옛 조선'의 유래는 상당히 복잡하다. 고려 중기에 쓰인 《삼국유사》에는, 《고기古記》의 기사를 빌려 처음 단군이 나라를 세우고 국명을 '조선'이라 하였다고 적혀 있다. 그리고 그 뒤를 이은 왕조에도 이 국명을 연달아 사용하였다. 그리하여 기자조선, 위만조선으로 명명한 것이다. 이들 역대 왕조는 도읍지를 대동강변의 평양으로 정하였다(요동지방설도 있음). 우리나라 상고국가들의 국명은 모두 조선으로 통일되었던 것이다. 이로 인하여 동이족東夷族이 세운 동방의 나라를 자연스레 조선이라 부르게 되었다. 이처럼 조선의 국명은 적어도 세 왕조에 걸쳐 사용하였다.

– 이이화, 《한국사, 나는 이렇게 본다》

또한 박정학 박사는 '조선'의 어원에 대해 아래와 같이 설명한다.

아사-아측-아직-아춤-아침朝의 변천 과정이 있었고, 달達은 본래 산
악의 의미이나 곡谷이나 땅의 의미로도 쓰였다. (……) 선鮮의 경우는 산
山이라는 뜻에서 온 가능성이 많지 않은가 하는 점이다. 적어도 선鮮이
산山이었음을 보여주는 자료들이 많이 있다. 우선 중국인들이 조선을
척산斥山이라고 기록한 것도 그렇지만 일연의 기록에서도 선鮮을 '달',
즉 산山으로 보고 있으며, 주재혁이 지은 《순록 치기가 본 조선·고구
려·몽골》에서도 보면 알겠지만 중국 측의 또 다른 기록에서도 선鮮이
소산小山이란 뜻이 있었으며 북방민족에서도 동일한 의미로 쓰인다는
점이다.

– 박정학, 〈한민족의 형성과 얼에 대한 연구〉

◇ 삼국시대

● 고구려

고구려 국통의 뿌리는 북부여의 해모수라고 볼 수 있다. 일십당一十
堂 이맥李陌이 쓴 《태백일사太白逸史》의 〈고구려국본기高句麗國本記〉에는
"고구려의 선조는 해모수로부터 시작되었는데 해모수의 고향이 또한
그 땅(고구려)이다"라고 기록되어 있다. 또한 이 책이 인용한, 고려에
귀화한 발해인이 가지고 있던 비기秘記인 《조대기朝代記》에는 이런 기
록이 있다.

해모수가 하늘의 명을 따라 내려와 웅심산熊心山에서 살았다. 그러다 부여의 옛 도읍에서 군사를 일으키자 무리들의 추대를 받아 나라를 세우고 임금이 되었다. 이를 부여의 시조라 한다. 새 깃으로 만든 관을 쓰고 용광검龍光劍을 차고 오룡거를 탔으며 따르는 자가 100여 명이 되었다. (……) 단군 해모수가 처음 내려온 것은 임술년壬戌年(서기전 239) 4월 초여드렛날이며 이때가 진나라 시황 8년이다.

고리군왕藁離郡王 고진高辰은 해모수의 둘째 아들이며 옥저후沃沮侯 불리지弗離支는 고진의 손자이다. 이들은 모두 적을 물리친 공이 많아 모두 임명되었다. 불리지가 일찍이 서쪽 압록을 지나다가 하백河伯의 딸 유화柳花를 만나 그에게 장가들어 고주몽高朱蒙을 낳았다. 그때가 임진년 5월 5일이며, 한나라 왕 불릉弗陵(한나라 소왕昭王) 원봉元鳳 2년이다.

불리지가 세상을 뜨자 유화가 아들 주몽을 데리고 웅심산으로 돌아왔다. 그곳이 지금의 서란舒蘭(만주 길림성 영길현 랍목하拉木河)이다. 주몽은 자라서 살 곳을 두루 찾아다니다가 가섭원迦葉原에 머물게 되었다. 거기에서 주몽은 관청의 말을 치는 일을 맡았다. 그러나 얼마 안 가서 거기에서 미움을 받게 되어 오이烏伊, 마리摩離, 협보挾父와 함께 도망하여 졸본卒本에 이르렀다. 이때 마침 부여왕이 뒤를 이을 아들이 없어 주몽이 왕의 사위가 되어 대통을 잇게 되었다. 이분을 고구려 시조라 한다.

– 《환단고기》(상생, 2012) 중 《태백일사》

고구려의 건국 설화인 '주몽설화' 역시 부여에서 그 뿌리를 찾을 수 있다.

늙도록 아들이 없었던 부여 왕 해부루는 산천에 제사를 지내 후사를 얻
고자 했다. 제사를 지내러 가는 길에 금색 개구리 모양의 작은 아이를 발
견한 해부루는 이 아이를 아들로 삼고, 이름을 금와라 했다. 금와는 해부
루의 뒤를 이어 동부여의 왕이 되었다. 훗날 금와왕은 태백산 남쪽 우발
수에서 하백의 딸 유화를 만나 궁중으로 데려오는데, 해모수의 아이를
임신하고 있던 유화는 괴이하게도 사람이 아닌 알을 낳았다. 그 알에서
사내아이가 나왔는데, 명민하고 기개가 높았으며 활을 잘 쏘아 주몽이라
불렸다. 주몽은 압록강 가에 나라를 세우고 나라 이름을 고구려라 했다.

- 일연, 《삼국유사》

《태백일사》와 주몽설화는 모두 고구려가 부여 계통임을 말해준다.
《태백일사》에 인용된 《조대기》에 따르면, 고구려의 건국 시조 주몽은
북부여의 시조 해모수의 고손자로, 해모수의 둘째 아들 고진의 손자인
불리지와 유화 부인 사이에서 태어났다. 이것은 "고주몽이 해모수를
태조로 하여 제사를 모셨다"는 안함로安含老의 《삼성기三聖紀》 상권의
기록에서도 다시 한 번 확인된다.

박영규는 《고구려사 이야기 1》(김영사, 2006)에서 고구려라는 명칭이
정해지게 된 유래를 쉽게 설명하고 있다.

'고구려'라는 나라 이름은 '고高'와 '구려句麗'가 합쳐져 만들어진 이름이
다. '고'는 '위대한' 또는 '숭고한'이라는 뜻이며, '구려'는 주몽이 고구려
를 세우기 전부터 있던 나라였다. 구려의 다른 이름은 졸본부여인데, 주
몽은 졸본부여의 다섯 부족(계루부, 소노부, 절노부, 순노부, 관노부) 가운데

하나인 계루부를 이끌고 있던 연타취발의 사위였다. 연타취발은 죽을 때 주몽에게 자신의 자리를 물려주었다. (……) 추측해보건대 주몽이 계루부의 부족장이 되고 그 힘이 강해지면서, 연노부가 아닌 계루부가 졸본부여의 왕을 배출하게 되면서, 주몽은 더 강성하고 큰 나라를 이룩한 뒤 위대한, 숭고한이라는 뜻의 고高를 덧붙여서 고구려高句麗가 탄생한 것이다. (……) 구려가 어떤 고구려의 옛말을 한자로 쓴 것인지는 분명하게 밝혀지지 않았지만 많은 학자들은 구려가 '골'이라는 말에서 나왔다고 주장한다. 골은 '골짜기'에서 비롯된 말로, 여기서 유래한 단어가 고을이다. 다시 말해, 구려는 고을이나 마을을 가리키는 단어였는데, 고을이 여럿 합쳐지면 나라가 된다. 고구려라는 나라 이름을 풀이해보면 '위대한 마을' 또는 '위대한 나라'가 되겠다.

– 박영규,《고구려사 이야기 1》

고구려는 건국 후 동북쪽으로 아무르강, 내몽골, 중앙아시아 일대, 서쪽으로 요동반도, 남쪽으로 대동강과 한강 이남 지역까지 영역을 넓혔다. 그리하여 고구려라는 이름은 대륙으로 널리 퍼져 나갔다. 고구려는 동방의 나라를 대표하는 이름으로 불렸고, 훗날 대한민국Korea의 어원이 되었다.

● 백제

백제의 건국 설화에는 신화적이고 비현실적인 내용이 많지 않다. 사실적인 내용이 간략하게만 언급되어 있어 설화라기보다는 역사에 가깝다.

아들이 없었던 졸본부여 왕은 북부여에서 난을 피해 도망 온 주몽을 둘째 사위로 삼고 왕위를 물려주었다. 주몽은 두 아들을 낳았는데, 맏아들이 비류이고, 둘째 아들이 온조다. 그런데 주몽이 북부여에 두고 온 부인이 낳은 아들이 찾아왔고, 주몽은 그를 태자로 삼는다. 자신들이 태자에게 용납되지 못할 것을 두려워한 온조와 비류는 열 명의 신하를 데리고 남쪽으로 떠났고, 많은 백성이 그 뒤를 따랐다. 온조는 신하의 말에 따라 한강 유역에 도읍을 정하고 나라 이름을 '십제十濟'라 했다. 비류는 미추홀(인천 지역)에 도읍을 정하기로 하고 따로 무리를 지어 떠났으나, 미추는 물이 짜고 땅이 습해 살만한 곳이 못 되었다. 비류는 부끄러움과 후회로 죽고 말았고, 백성들은 온조에게 다시 합류했다. 그 후 백성들이 모두 즐거워했다고 하여 나라 이름을 '백제百濟'로 고쳤다.

– 김부식, 《삼국사기》

'신비'나 '기적' 대신 사실적인 묘사가 주를 이루는 백제의 설화를 두고, 혹자는 백제의 건국 설화가 다른 설화보다 늦게 채록되었기 때문이라고 주장하기도 한다. 또 중국화된 합리주의적 시각에서 채록된 것이라 보는 사람도 있다. 그렇기 때문에 백제의 건국 설화가 다른 나라의 건국 설화에 비해 더 사실에 가깝다고 보는 견해도 많다. 또한 "신하의 말에 따라 도읍을 정하고 나라 이름을 십제라 했다"는 구절은 백제의 통치 체제가 이미 상당히 구축되어 있었음을 나타내는 것으로 보인다.

● 신라

신라의 건국 설화는 고구려, 백제에 비해 상당히 복잡하면서도 신화적이다. 6부의 조상들이 각기 자제들을 데리고 높은 곳에 올라 남쪽을 바라보는데, 이상스러운 기운이 땅에 비치더니 흰말 한 마리가 절하는 형상으로 꿇어앉아 있어 찾아가보니 흰말 옆에 보랏빛 알 한 개가 있었고, 그 알에서 나온 사내아이가 혁거세왕이라는 것이 신라의 혁거세 설화다.

《삼국사기》에 의하면, 혁거세가 즉위한 기원전 57년이 신라의 건국 연대다. 신라의 건국 시기가 삼국 중 가장 빠르다고 하는데, 설화를 보면 초기 신라의 수준은 고구려나 백제에 훨씬 못 미쳐 보인다.

'신라'라는 국명이 정해진 것은 신라가 막 국가로서의 기틀을 갖추어가던 지증왕 때의 일이다. 지증왕은 재위 4년(503), "덕업을 날마다 새롭게 해 사방을 망라한다[德業日新 網羅四方]"라는 말에서 한 글자씩 따서 '신라'라는 국호를 정했다.

◇ 발해

당나라는 멸망한 고구려의 지도 계층을 만주의 여러 지역에 이주시켜 부흥을 위한 단합을 저지하려고 했다. 이 와중에 고구려 장군 대조영이 발해를 건국(698)했다. 발해는 지형(지명)에서 국호를 제정한 경우다. 발해는 건국 후에 당나라 영토인 등주를 공격하는가 하면, 당이 차지하고 있던 고구려의 옛 강토인 요양遼陽이나 심양瀋陽에까지 세력을 미쳤으며, 고구려가 공략하지 못했던 연해주까지 차지했다. 그리하여 10대 선왕宣王(818~830) 대에 이르러 동쪽은 동해에 연하고, 남쪽은 청천강과 원산에서 신라와 접경했으며, 서쪽은 요하, 북쪽은 흑룡강에 이르는 대국으로 성장했다.

발해는 고구려의 국통을 계승한 나라로, 대외적으로 고구려의 진취적 기상을 그대로 발양發陽했다. 2대 왕 대무예大武藝가 727년 일본에 보낸 문서에서도 그 흔적을 찾아볼 수 있다.

> 무예는 욕되게 여러 나라를 주관하고 외람되게 여러 번국을 아우르게 되어, 고구려의 옛 터전을 수복하고 부여의 풍속을 소유하게 되었습니다.
>
> – 유득공, 《발해고勃海考》(홍익출판사, 2000)

이것은 발해 왕 스스로 발해가 고구려의 정통성을 계승했음을 공포한 것이다. 한편 일본의 역사서인 《속일본기續日本記》에는 발해의 3대 문왕文王이 일본에 보낸 친서에 "발해 왕실은 고구려 왕실과 같은 천손天孫이다"라고 했다는 기록이 있다. 발해와 일본의 50여 차례에 걸친 사신 왕래 기록에서도 일본이 발해를 고구려의 정통 계승국으로 인정했으며, 발해는 스스로 나라 이름을 '고려국'이라고 불렀을 뿐만 아니라 외국에 보내는 공식 문서에까지 '고려국왕'이라고 명시했음을 확인할 수 있다. 신라의 최치원 역시 "발해는 고구려의 후계자"라고 밝혔다.

◇ 고려

고려 역시 건국 당시 고구려의 국통을 계승한다고 표방했다. 고구려의 가운데 글자 하나를 빼고 국명을 삼았으니 발음도 비슷했다. 왕건이 국호를 '고려'라고 정한 이유는 무엇이었을까?

첫째, 과거 고구려의 영광을 재현하겠다는 의지의 표현이었다. 고구려는 만주와 대륙 일대에서 대제국의 위용을 떨치며 번성했던 나라였다. '고려'라는 이름에는 한민족의 뛰어난 능력을 응집시켜 다시 한 번 고구려의 영광을 재현해보겠다는 의지가 담겨 있다고 할 수 있다.

둘째, 민심을 수습하기 위한 방편이었다. 신라의 삼국통일 이후 대다수 백성의 염원은 진취적 기상과 강력한 힘을 소유한 고구려와 같은 나라가 부활하는 것이었다. 이러한 민족적 염원을 만족시키기 위해 고구려의 국통을 계승했다는 의미로 '고려'라는 국호를 선택했던 것이다.

셋째, 왕건의 세력 기반인 북방 호족의 지지를 이끌어내기 위해서다. 왕건은 자신을 지지해준 북방 호족들에게 심을 실어주어 그들로부터 계속 지지를 받기 위해 고구려 계승의 의지를 드러냈다. 물론 그렇다고 해서 신라와 후백제, 발해 등을 적으로 삼는다는 이야기는 아니었다. 왕건은 그들 역시 우리 민족이라는 사실을 자각하고 있었고, 발해가 멸망한 후 발해 유민들에게 삶의 터전을 마련해주고, 발해의 귀족들을 후대하는 등 포용 정책을 펼쳤다. 그는 이를 통해 진정한 민족통일을 이루고자 했다. 따라서 신라의 삼국통일이 삼국을 국가적으로 통일한 것이었다면, 왕건의 후삼국 통일은 실질적인 민족의 통일이었고, '고려'라는 국호는 그러한 국가의식과 민족의식을 담고 있었다.

결국 '고려'라는 국호에는 민족통일과 대★ 독립국가 건설의 이상, 즉 '후삼국 통일'과 영광스러운 '옛 고구려의 재건'이라는 웅대한 목표가 담겨 있다고 할 수 있다. 이와 같이 '고려'라는 국호는 한민족의 강인한 기상, 번영, 통일의 의미를 가졌기 때문에 호족 출신은 물론 모든 백성이 쌍수를 들어 환영했다.

◇ 조선

위화도 회군으로 권력을 장악한 이성계가 1392년 7월 17일 군신의 추대를 받아 왕위에 오름으로써 새 왕조 조선의 역사가 시작되었다. 이성계는 새로운 왕조의 일신된 면모를 보이기 위해 국호를 조선으로 고쳤다.

박영규는《한 권으로 읽는 조선왕조실록》(웅진지식하우스, 2013)에서 조선이라는 국명이 정해지게 된 배경과 유래를 다음과 같이 서술하고 있다.

> 이성계는 원로들과 백관을 한자리에 모아 국호를 의논하도록 했으며, 그 결과 '조선'과 '화령'이라는 두 명칭이 정해졌다. (……) 이처럼 '화령'과 '조선'이라는 두 이름이 결정되자 이성계는 1392년 11월 예문관학사 한 상질을 다시 명나라에 파견하여 조선과 화령 둘 중에서 하나를 국호로 택해줄 것을 청하였다. (……) 그는 국호 개정의 논의가 있자 주문사를 자청하여 1392년 11월 명나라로 떠나 이듬해 2월에 '조선'이라는 국호를 결정받고 돌아왔다. (……) 조선 측에서는 단군조선과 기자조선의 문화와 전통을 동시에 계승한다는 의도였지만, 명은 기자조선을 의식하고 조선이라는 국호에 쾌히 동의했던 것이다.
>
> – 박영규,《한 권으로 읽는 조선왕조실록》

태조 이성계가 왕조의 정통성 문제를 비롯한 주변 상황에 시달린 점을 인정하더라도 국명을 중국의 황제에게 지정해달라고 부탁한 것은 우리 민족의 자긍심에 생채기를 낸 것이 분명하다. 어쨌든 이성계는 즉위하자마자 정치 및 사회의 안정에 최우선 목표를 두고 과감히 개혁을 단행했을 뿐만 아니라 수도를 한양으로 옮겨 흩어진 민심을 수습하고 기강을 바로잡았다.

◇ 대한제국

대한제국大韓帝國은 삼한三韓 정통론에 입각하여 한韓의 명칭을 되살리는 데 의미를 두고 지은 이름이다. 대한제국에서 '대한'은 삼한에서 유래한다. 이때의 삼한은 한강의 남쪽에 움츠려 있던 남삼한南三韓이 아니라, 고조선의 시조인 단군 왕검이 진한辰韓, 번한番韓, 마한馬韓으로 나누어 다스린 삼한관경제三韓管境制의 북삼한北三韓을 의미한다.

《조선왕조실록》 1897년 10월 11일자의 기록에 따르면, 고종은 "우리나라는 곧 삼한의 땅으로, 개국 초 천명을 받고 하나의 나라로 통합되었으니 지금 천하의 호칭을 '대한'으로 정한다고 해서 안 될 것이 없다. 앞으로 국호를 대한으로 사용하라"라고 명했다. 이렇게 대한제국의 정식 국호인 '대한'이 탄생했다.

을미사변과 아관파천 등으로 나라의 자주성이 크게 위협받자 자주국가를 수립하고자 하는 백성들의 염원은 점점 커졌다. 1897년 경운궁으로 환궁한 고종은 그해 8월 17일 광무光武라는 연호를 쓰기 시작했고, 10월 3일에는 신하들의 황제 칭호 건의를 수락했다. 고종은 자주 의지를 천명하고 나라의 위신을 다시 일으켜 세우기 위해서는 반드시 제국이 되어야 한다고 생각했고, 10월 12일 환구단圜丘壇에서 나라의 이름을 대한제국이라고 선포하고 스스로 황제의 자리에 올랐다.

고종 황제는 11월 12일, 미루어두었던 명성황후의 국장을 거행했으며, 1899년에는 '대한국 국제大韓國國制'를 반포하여 황권皇權의 절대성을 주창했다. 이어 양전量田사업과 지계地契(토지 소유를 증명하는 문서) 발급으로 근대적 토지 제도를 마련했으며, 상공업 진흥책을 추진했다. 그러나 집권층의 보수적 성향과 대한제국의 성립을 반기지 않았던 열강들의 간섭으로 이러한 개혁 정책은 큰 성과를 거두지 못했다.

◇ 대한민국

대한민국大韓民國은 국내외적으로 격동기에 건국되었다. 상하이 임시정부 시절부터 시작된 건국 준비 기간은 짧지 않았지만, 건국 전후의 상황은 불안정했다. 과연 일제로부터 독립한 나라가 어떤 나라가 되어야 할 것인가를 두고 국론의 일치를 보지 못했다. 태조 때부터 이어온 '조선'이 되어야 하느냐, 아니면 고종 때 독립국임을 선포하며 재건국했던 '대한'이 되어야 하는가를 놓고 의견이 분분했다.

사실 일제 강점기에도 우리나라를 칭하는 이름은 조선과 대한이 혼용되었다. 해방 후에도 처음부터 북은 조선, 남은 대한으로 확실하게 명칭이 나뉜 것도 아니었다. 북이 단독정부를 수립한 이후, 남쪽에서는 무슨 일이 있어도 통일정부를 세워야 한다는 주장이 있었으나, 결국 남쪽만의 정부를 수립하여 '대한민국'이라는 국호를 쓰게 되었다.

먼저 국호에 대해서는 '고려공화국', '조선공화국', '대한민국' 등의 의견이 나왔다. 한결같이 민주공화제를 표명한 것은 3·1운동 이후의 당연한 결과라 하겠다. 그런데 국호가 '대한민국'으로 결정되는 과정에서 여운형은 '대한'은 망한 이름이고 일본에 병합된 이름이므로 다시 사용할 수 없다고 하였으나, 오히려 일본에 빼앗긴 국호니까 당연히 되찾아야 한다는 주장이 받아들여져 '대한'으로 정해졌다. 그리고 신해혁명 이후 중화민국이라 이름한 것에 영향받아 '민국'으로 하였다.

– 양영석, 〈대한민국 임시의정원 연구(1919~1925)〉

《환단고기》에 따르면, '한韓'의 뜻은 매우 다양하다. 《태백일사》〈소도경전본훈蘇塗經典本訓〉에는 "한韓은 역사의 통치자인 황皇(임금)이라는 뜻이다. 이 황은 '크다'는 뜻이며, 크다는 것은 '하나'라는 뜻이다"라고 기록하고 있다.

또한 《삼성기》 상권 첫 문장은 "오환건국吾桓建國이 최고最古라"라고 되어 있다. 이것은 "우리 환족이 나라를 세운 것이 가장 오래다"라는 의미다. 옛날 고조선 이전에 배달국이 있었고, 배달국 이전에 환국이 있었다는 것이다. 여기서 '환桓'은 '밝음'을 뜻하며, '하늘의 광명'을 의미한다. 이 '환'에서 탄생한 것이 '한'이다. '환'과 지금의 '한'은 같은 뜻을 가지고 있다. 또한 김상일의 《한사상》(상생출판, 2014)에 따르면, '한'은 '가운데'라는 의미도 있다. 이 모든 것을 종합해볼 때, 한국은 '크고 밝고 중심이 되는 나라'라는 뜻이며, 대한민국은 '위대한 한민족(국민)'을 뜻하는 '대한민大韓民'과 '한국韓國'의 합성어로, '세상에서 가장 크고 밝고 중심이 되는 위대한 한민족(국민)이 주인인 나라'로 정의할 수 있을 것이다.

대한민국의 국명에는 '대한제국은 제국주의 이름으로 망했으니 민주주의로 큰 나라를 만들자'는 민족의 염원이 담겨 있다. 특히 민족주의 이념과 더불어 천손天孫사상과 홍익인간 사상을 고조선으로부터 이어받았다는 정통성이 살아 있는 국호다.

| 02 |

고조선의 왕조 리더십

(47왕 · 기원전 2333~238 · 2,096년 존속)

5부에서는 고조선의 47대 왕들을 필두로 고구려 · 신라 · 백제 삼국과 발해, 고려, 조선에 이르기까지 왕들의 핵심 리더십을 전부 정리했다. 반만년 역사 속 최고 통치자의 리더십을 살펴보는 것은 오늘날의 리더가 갖추어야 할 덕목을 돌아보는 시간이 될 뿐 아니라, 한국사의 흐름을 이해하는 데도 큰 도움이 될 것이다.

역사학자들은 통상 한 세대, 즉 약 40년이 지나야 한 사건을 객관적인 시각에서 조망할 수 있다고 말한다. 이를 '인지적 거리Cognitive Distance'라고 하는데, 그 사건과 직접적인 관련이 없는 세대가 성장한 다음에 평가해야 한다는 의미다.

우리나라의 대통령은 이승만 대통령을 제외하고 모두 40년이 경과

되지 않았으므로 대통령 리더십은 일반적인 사항만 간략하게 다루었음을 짚어둔다.

고조선 왕조의 핵심 리더십 평가

순번	왕명 (재위 기간)	핵심 리더십 평가(47대 왕 중 사료가 있는 12명만 평가)
1대	**단군 왕검**王儉 (93년. 기원전 2333~2241)	• 환인의 세력으로부터 분리된 환웅의 아들로서 여러 세력을 규합해 고조선 건국 • 백성들에게 인간의 도리인 충·효를 알리고, 법률 제정을 통해 통치제도 확립 • 광활한 만주 땅에서 고대 국가를 건국한 글로벌 리더
2대	**단군 부루**扶婁 (58년. 기원전 2240~2183)	• 농사와 양잠을 장려하여 산업을 발전시키고자 함 • 국가제도 정비 및 학문적 발전을 통한 문화 성장 유도 • 도량형과 시장가격을 통일하여 산업과 경제 부흥 • 재물과 곡식을 저장하여 백성의 삶을 윤택하게 만들고, 나라를 부국하게 만든 유능한 리더
9대	**단군 아술**阿述 (35년. 기원전 1985~1951)	• 반란 등으로 나라가 혼란스러웠으나 잘 수습 • 《국법전서》를 재편찬하고 화백과 공화의 참정권을 제도화하는 등 국가의 기반을 튼실하게 만든 유능한 리더
15대	**단군 대음**代音 (51년. 기원전 1661~1611)	• 세법 조정, 역대 왕들의 공적 정리 • 타국에서 귀화하는 사건이 많았다는 기록이 있음 • 살기 좋은 나라를 만든 유능한 리더
21대	**단군 소태**蘇台 (52년. 기원전 1337~1286)	• 신권 강성, 왕권 추락으로 리더십 실종 • 우현왕에 의해 폐위된 최악의 무능한 리더
22대	**단군 색불루**索弗婁 (48년. 기원전 1285~1238)	• 팔조금법八條禁法을 제정하는 등 법치주의 강화 • 영토 확장으로 나라의 위상을 드높인 탁월한 리더

27대	**단군 두밀**豆密 (26년. 기원전 997~972)	• 자연재해 발생 시 백성들에게 창고를 열어 곡식 제공 • 백성을 사랑하는 지혜로운 위민 리더
32대	**단군 추밀**鄒密 (30년. 기원전 849~820)	• 농사 흉작 등으로 나라가 혼란스러워도 제대로 대처하지 못한 무능한 리더
35대	**단군 사벌**沙伐 (68년. 기원전 772~705)	• 연나라와 제나라 공격으로 고조선의 위상 확립 • 자연재해가 많았으나 리더십으로 극복한 유능한 리더
43대	**단군 물리**物理 (36년. 기원전 461~426)	• 반란이 발생했으나 이를 제압하지 못하고 도성까지 공격받아 결국 단제檀帝가 도주하는 등 최악의 리더
44대	**단군 구물**丘勿 (29년. 기원전 425~397)	• 반란을 제압한 후 여러 장수의 추앙을 받아 즉위 • 청렴결백하고 효도 잘하는 관리 천거 • 인재 등용에 힘쓰고 도덕성이 뛰어난 리더
47대	**단군 고열가**高列加 (58년. 기원전 295~238)	• 의병을 일으켜 반란을 제압한 후 선왕의 후사가 없어 즉위 • 즉위 후 리더십 결여로 결국 스스로 왕위를 내려놓은 최악의 무능한 리더

우리 민족사에서 처음으로 계급국가 고조선을 세운 건국 시조는 단군이다. 그리고 단군이 고조선을 세웠다는 사실을 전한 것이 단군신화다. 단군신화는《삼국유사》와《제왕운기》,《세종실록지리지》,《응제시주應製詩註》 등에 실려 있다.

단군은 평양성에 도읍을 정하고 조선(고조선)이라는 나라를 세웠다. 단군조선 시대에 나라의 최고통치권은 군주(임금, 왕)에게 있었다. 군주는 정치, 경제, 군사, 대외관계 전반에서 전제권력을 행사했다. 최고 통치자 단군의 권한과 지위는 대대로 세습되었다. 1대 단군 왕검에서 시작해 47대 단군 고열가에 이르기까지 47대가 이어졌으며, 2천 년 이상 존속했다. 단군조선은 세계 역사상 가장 오래 유지된 왕조였다고 볼 수 있다. 이는 단군조선의 왕권이 매우 공고했음을 보여준다.

한국 리더십의 원류를 이루다

강력한 왕권으로 오랜 역사를 지켜온 고조선 왕조에는 어떤 리더십이 있었을까?《삼국유사》,《삼국사기》, 그리고 중국 고대 사서의 기록을 보면, 기원전 3~1세기경 고조선은 중국의 연, 진, 한 등과 계속 투쟁했으며, 한때 그 영토가 중국의 간쑤 성을 포함할 정도로 광대했다. 따라서 상당한 수준의 군사력을 보유했으며, 사회 전체가 호국 성향이 강했을 것으로 짐작할 수 있다.

이 시기 사람들의 기질과 특성을 언급한 역사 기록들을 살펴보면 한국 리더십의 원류라 할 수 있는 몇 가지 특징을 발견할 수 있다.

첫째, 당시 리더들은 무용武勇을 중시했다.《후한서》〈동이전〉은 "부여와 고구려인, 옥저와 한인 등은 모두가 씩씩하고 용감하다"라고 적고 있으며, 그 외에도 많은 역사서에서 우리 민족의 기개와 용맹성을 추앙하고 있다. 고도로 연마된 무술과 용맹성을 바탕으로 하는 무용은 리더라면 누구나 갖추어야 할 기본 덕목이다.

둘째, 당시 리더들은 예의를 중시하고, 의를 존중했다. 이는 문무를 겸한 한국형 리더의 전형적 특성이다. 그래서 우리 선조들은 유사시에는 용맹스럽고, 평상시에는 온화하고 공손한 태도로 항상 타인을 먼저 생각하는 미덕을 보였다.

셋째, 당시 리더들은 국가를 위해 충의_{忠義}를 다했다. 충의는 충성과 의로움을 아우르는 개념이다. 우리 선조들은 어떤 상황에서도 국가의 이익을 먼저 생각했고, 사사로운 개인의 욕심에 얽매이지 않고 주저 없이 스스로를 희생했다.

03

삼국의 왕조 리더십

삼국시대는 고조선, 부여, 삼한 등 초기 부족국가들이 쌓아올린 문화적 토대 위에 국가를 세웠다. 이 시기는 통일된 민족국가의 기반을 다지는 시기이기도 했다. 부족연맹체에서 고대 국가로 변모하면서 전쟁 역시 대규모 양상을 띠기 시작했는데, 이 시기에 노블레스 오블리주 리더십을 실천하여 국가를 지키려는 리더들과 이를 따르는 팔로어들의 활동으로 삼국이 대륙과 반도 사이에 우뚝 설 수 있었다.

특히 고구려는 한족과 이민족의 침략을 막아내는 '민족의 방파제' 역할을 훌륭히 수행하여 고조선 지역에 침투해온 한족을 몰아내고 요하 동쪽 지역을 장악함으로써 백제와 신라의 성립을 가능케 했다. 또한 후에 발해가 만주 지역을 계속 지배할 수 있게 한 원동력이 되었다.

5천 명의 결사대를 이끌고 황산벌에서 조국과 최후를 함께했던 계백, 비좁은 서라벌에서 화랑정신을 불태우며 한반도를 아우른 삼국통일의 주역 김유신, 살수에서 밀려오는 수나라의 백만 대군을 물리친 을지문덕. 이들 모두 우리의 역사 속에서 리더의 생애와 죽음, 그리고 그 투지와 정신이 어떠해야 하는지 분명히 보여주었다. 계백은 비운의 조국과 운명을 함께했고, 김유신은 통일을 향해 웅비하는 약진 신라의 글로벌 리더였으며, 을지문덕은 조국을 동아시아 대륙의 패자로 우뚝 서게 했다. 이런 리더들의 리더십이 삼국의 왕조사에서는 어떻게 나타나고 있는지 살펴보자.

1. 고구려 왕조의 리더십 (28왕 · 기원전 37~서기 668 · 705년 존속)

고구려 왕조의 핵심 리더십 평가

순번	왕명 (재위 기간)	핵심 리더십 평가
1대	**동명성왕** 東明聖王 (19년. 기원전 37~19)	• 천손강림 사상의 설화, 신화로 등장 • 부여에서 나와 먼저 세를 길러 주변 부족과 국가 점령 • 끊임없이 침입해오던 말갈족을 복속시켜 도리어 용병으로 편입 • 건국 이후로도 끊임없이 영토 확장에 힘써 고구려가 강대국으로 성장할 수 있는 기틀을 마련한 위대한 리더
2대	**유리왕** 琉璃王 (37년. 기원전 19~서기 18)	• 유복자로 태어나 극적으로 아버지 주몽과 상봉, 장남으로서 왕위 계승 • 수도를 이전(졸본→국내성)하여 국력 신장 • 주변국과의 우호를 다지는 데 힘썼으며, 약탈을 일삼던 선비족을 토벌해 국방을 안정시킨 유능한 리더

3대	**대무신왕**大武神王 (27년. 18~44)	• 어린 나이(15세)에 즉위했으나 왕권 확립 • 동부여를 병합해 영토를 넓혔으며, 후한의 침공을 슬기롭게 격퇴하고 주변 부족국가들 병합 • 좌우보체제左右輔體制 실시, 중앙집권 체제의 기틀 마련한 탁월한 리더
4대	**민중왕**閔中王 (5년. 44~48)	• 5년 재위 중 특이 업적 별무 • 1만여 명의 백성이 낙랑으로 도피하게 만든 무능한 리더
5대	**모본왕**慕本王 (6년. 48~53)	• 성질이 포악해 신하에게 암살당한 최악의 리더
6대	**태조왕**太祖王 (94년. 53~146)	• 태조왕부터 역사의 실체로 자리 잡기 시작 • 각 부의 외교권, 전쟁권 등 자치권을 박탈하고 모두 국왕이 통제하게 만들어 중앙집권 체제의 기틀을 마련하고 장기집권(우리나라 왕조사에서 최장수이자 최장의 재위 기간)하면서 고구려 중흥 • 왕권을 확립하고 강력한 팽창 정책을 실시한 위대한 리더
7대	**차대왕**次大王 (20년. 146~165)	• 강압적으로 형에게 왕위를 받았으나 천재지변 등으로 민심 이반 • 말단 하급관리였던 명림답부明臨答夫에게 살해된 포악한 리더
8대	**신대왕**新大王 (15년. 165~179)	• 형 차대왕이 시해당하자 죽음이 두려워 산속에 숨어 있다가 신하들이 왕으로 추대하여 즉위 • 차대왕을 시해한 명림답부를 두려워하여 국상이라는 최고관직을 만들어 임명 • 왕권을 약화시킨 무능한 허수아비 리더
9대	**고국천왕**故國川王 (19년. 179~197)	• 권력을 남용하던 외척을 척결하고 권력에서 소외되어 있던 을파소乙巴素를 국상에 임명하는 등 파격적 인재 등용 • 진대법 실시 등으로 백성을 평안하게 하여 국가 안정 이룩 • 덕과 지혜를 갖춘 탁월한 리더
10대	**산상왕**山上王 (31년. 197~227)	• 형제들 간의 왕위 다툼 속에 왕위에 오름 • 왕의 형제세습제를 부자세습제로 바꿈 • 국내성에서 환도성으로 도읍 이전 • 왕권 강화와 국가 안정을 이룬 유능한 리더

11대	**동천왕**東川王 (22년. 227~248)	• 요동 정벌, 신라 침공 등 영토 확장에 주력했으나 위나라와의 격전 후유증으로 사망 • 왕이 죽자 많은 백성이 따라 죽음(자사순장) • 덕과 능력을 겸비했으나 전후 후유증으로 사망한 불행한 리더
12대	**중천왕**中川王 (23년. 248~270)	• 즉위 17년, 왕위를 찬탈하려는 두 아우의 음모 분쇄 • 권력을 외척(절노부絶奴部)에게 넘겨주고 사냥 등으로 허송세월 • 특별한 업적 없는 무능한 리더
13대	**서천왕**西川王 (23년. 270~292)	• 군왕권을 강화하고 부국강병 정책 전개 • 북방민족 침입 시 격멸시키는 등 활발한 정복 활동을 한 뛰어난 리더
14대	**봉상왕**烽上王 (9년. 292~300)	• 중앙집권 체제를 이루었던 태조왕과는 달리 왕권에 위협이 되는 세력들을 제거하여 분열 자초 • 계속되는 가뭄에도 궁궐 증축에만 신경 쓰며 백성을 돌보지 않는 등 폭정을 일삼은 최악의 리더로, 국상國相 창조리倉助利에 의해 폐위
15대	**미천왕**美川王 (32년. 300~331)	• 400여 년간 고구려에 대항했던 낙랑·대방군을 격퇴시키는 등 정복전쟁 승리 • 봉상왕의 폭권에 소금장수 등 하층민으로 숨어 지내다 즉위 • 민생과 국정을 안정적으로 개선, 백성의 지지를 이끌어낸 유능한 리더
16대	**고국원왕**故國原王 (41년. 331~371)	• 먼저 백제를 공격했으나 근초고왕의 역습으로 평양성이 포위되어 교전 끝에 전사 • 뜻은 있으나 능력이 받쳐주지 않은 무능한 리더
17대	**소수림왕**小獸林王 (14년. 371~384)	• 고국원왕 때 거듭된 패전으로 피폐해진 국민의 정서를 안정시키기 위해 내치에 전념 • 태학을 설치하여 체계적인 교육 시작, 율령을 반포하는 등 왕권 강화 • 불교를 받아들여 이를 왕권신수설로 활용, 국력을 강화한 유능한 리더

18대	**고국양왕**故國壤王 (8년. 384~391)	• 요동과 현도 모용농慕容農(후연)을 쳐 항복시켜 옛 땅을 되찾음으로써 고국원왕 때 실추되었던 국가 위상 회복 • 기근이 심해지자 창고를 열어 백성을 구제하여 민심 안정 • 신라 · 백제 공격 등 내 · 외치에 뛰어난 유능한 리더
19대	**광개토대왕** 廣開土大王 (22년. 391~412)	• 영토를 크게 넓혀 나라를 평안히 하여 백성들이 왕 중의 왕으로 숭상 • 고구려가 천하의 중심국이 되도록 통치 • 우리 역사상 세종대왕과 더불어 존경받는 최고의 글로벌 리더
20대	**장수왕**長壽王 (80년. 412~491)	• 고구려를 동북아시아의 패자 및 중심국으로 발전시킴 • 국내성에서 평양성으로 천도, 귀족 세력을 약화시켜 왕권 강화 • 국가 발전으로 국가 위상을 제고한 글로벌 리더
21대	**문자명왕**文咨明王 (29년. 491~519)	• 할아버지(장수왕)의 대외 정책을 이어받아 안정된 국정 운영 • 선왕이 넓혀놓은 광대한 영토를 다스리기 위해 외교에 치중 • 고구려 전성기를 무난하게 이어간 유능한 리더
22대	**안장왕**安藏王 (13년. 519~531)	• 지배 체제 내부의 권력 다툼으로 피살되었다는 설이 유력 • 불행하고 무능한 리더
23대	**안원왕**安原王 (15년. 531~545)	• 특별한 전적 없고, 홍수 등 천재지변으로 국가사회 불안 • 두 왕비(추군과 세군)가 권력 투쟁 전개, 3일 동안 내전 • 내전 중 피살된 불행하고 무능한 최악의 리더
24대	**양원왕**陽原王 (15년. 545~559)	• 내부 권력 투쟁으로 인한 혼란으로 민심 이반 • 내분을 이용해 돌궐, 신라, 백제 등이 침공 • 귀족의 권력 투쟁이 지속되는 등 최악의 리더
25대	**평원왕**平原王 (32년. 559~590)	• 수나라가 중국을 통일할 기세를 보이자 수나라에 빈번하게 사신을 파견하고 수나라의 무기 기술을 빼오는 등 유비무환 리더십 발휘 • 빠른 전쟁 준비로 수나라도 감히 얕보지 못하게 해 고구려를 지켜낸 현명한 리더

26대	**영양왕**嬰陽王 (29년. 590~618)	• 말갈과 거란을 끌어들이고 돌궐에 외교 정책을 펴서 수나라 공격에 철저하게 대비 • 수나라를 선제공격해 험난한 지형으로 끌어들여 총 3차례에 걸쳐 대승을 거두고 수나라를 멸망의 길에 들게 함 • 내치, 외교, 전쟁 등 모든 방면에서 성과가 뛰어난 탁월한 리더
27대	**영류왕**榮留王 (25년. 618~642)	• 전후의 민심 수습과 영토 수호를 위해 전력투구 • 연개소문을 제거하려 실패하고 오히려 시해당한 최악의 불행한 리더
28대	**보장왕**寶藏王 (27년. 642~668)	• 연개소문이 영류왕을 제거하고 들어앉힌 허수아비 왕 • 대막리지 연개소문이 실질적 왕권 행사 • 고구려를 망하게 한 망국의 왕

　우리 역사상 고구려만큼 우리 민족의 가슴을 설레게 하고, 또 동시에 아쉽게 하는 역사는 없다. 대륙 정복의 기개가 자랑스럽기도 한 반면, 멸망이 너무나 아쉽기 때문이다.

　위 표에 정리된 것처럼 동명성왕, 유리왕, 대무신왕, 태조왕, 고국천왕, 산상왕, 동천왕, 서천왕, 미천왕, 소수림왕, 고국양왕, 광개토대왕, 장수왕, 문자명왕, 평원왕, 영양왕 등 16명은 유능한 리더로 평가되는 반면, 나머지 12명은 무능한 리더로 평가된다. 특히 모본왕, 차대왕, 신대왕, 봉상왕, 안원왕, 양원왕, 영류왕, 보장왕 등 8명은 고구려를 망하게 한 최악의 리더로 분류할 수 있다.

　압록강 중류인 동가강 유역에 자리 잡은 고구려는 산악 지형으로 둘러싸여 있어 농경생활에 부적합했다. 그러한 지리적 난관을 극복하고 발전하기 위해서는 정복 활동을 통해 주변국의 비옥한 평야를 획득하는 것이 급선무였다. 그래서 중국의 군현 또는 그 영향권에 놓여 있는 평야 지역으로 진출하기 위해 끊임없이 투쟁해야 했다. 이에 보다 강력한 리더십과 무사도 정신이 필요했다.

압록강 일대에 산재해 있는 군소 부족 세력들을 적극적으로 통합하면서 꾸준히 팽창 정책을 추구했던 고구려의 대외 정책은 필연적으로 만주족과 중국 세력과의 충돌을 가져왔다. 계속되는 이민족과의 투쟁 과정에서 한나라 세력을 몰아내게 된 고구려는 특유의 상무정신으로 수·당과의 연이은 대결에서도 승리했고, 그 결과 동아시아의 패자로 자리매김할 수 있었다.

20만의 병력으로 수나라 100만 대군의 침략을 물리친 을지문덕 장군의 살수대첩이나, 당태종의 30만 대군을 민·군이 하나가 되어 물리친 양만춘 장군의 안시성 전투 등은 고구려 리더들의 기개와 호국 리더십을 보여주는 전형이라 할 수 있다.

국토 확장과 수호에 주력하다

고구려 시대 리더십의 특징으로는 건국 이래로 멸망할 때까지 모든 왕이 국토 확장과 수호에 주력했다는 것을 들 수 있다. 그래서 왕들은 여러 부족국가를 정복하기보다는 포용하고, 그들의 세력을 인정하여 자발적인 충성을 유도했다.

동명성왕은 부여를 탈출할 때 오이, 마리, 협보 이외에 현지 토착 세력이었던 재사, 무골, 묵거를 수하로 거느리고 졸본에 이르러서 소서노와 결혼함으로써 그 세력을 흡수하고 송양왕松讓王이 스스로 항복하기를 기다렸다. 이런 방법으로 인재도 잃지 않고 세력도 줄지 않은 부족들을 고스란히 자신의 세력으로 받아들였다. 이러한 포용과 소통의 리더십은 고구려를 건국하는 데 큰 힘이 되었다.

고국천왕은 철저한 인재 정책을 펼치며 당시 은거해 있던 을파소를 등용하여 신중하게 정사를 펼쳤고, 진대법賑貸法을 실시하여 백성들의 지지를 받고 민생을 안정시켰으며, 국고를 풍족하게 했다. 특히 백성을 보살피는 정치를 펴 중국이 황건적으로 혼란스러웠을 때 수많은 사람이 고구려에 귀순했다.

광개토대왕은 백제의 근초고왕에게 패하여 전사한 고국원왕의 손자로, 왕좌에 오른 후 고구려의 국력을 강화하고 백제에 설욕할 것을 목표로 삼았다. 어린 시절부터 무예를 닦고 계책을 연구하여 왕자 시절에는 군대를 이끌고 직접 나가 싸워서 수많은 승리를 거두었다. 이렇게 경험을 쌓으면서 차근차근 목표를 향해 전진했다.

광개토대왕은 18세에 즉위하자마자 남쪽으로는 백제와 신라, 일본을, 서쪽으로는 중국을, 북쪽으로는 거란과 숙신肅慎을 대상으로 영토 정복에 나섰다. 또한 정복 작업이 끝난 뒤에는 내치에 힘쓰고 민심을 수습하여 백성들을 감복시켰다. 광개토대왕은 인덕이 뛰어나 주변국까지 감복시켰으니, 흠 잡을 데 없는 위대한 글로벌 리더였다고 할 수 있을 것이다.

장수왕이 즉위했을 때는 이미 광개토대왕의 활약으로 고구려가 주변 나라들의 경계 대상이었다. 이에 장수왕은 백제를 견제하고 중국의 발을 묶어 고구려의 안정을 도모하는 것을 목표로 삼았다. 남북조로 갈린 중국의 강국들을 무리하게 공격하기보다는 그들의 정세를 이용한 외교 전술로 이득을 취하고, 그들이 고구려를 침범하지 못하게 했으며, 그 틈을 타 남으로 백제에 도림道琳을 보내 혼란에 빠뜨린 후 공격하여 함락시켰으니, 전략에 능한 글로벌 리더였다.

연개소문의 등장과 고구려의 멸망

고구려에는 뛰어난 리더십을 발휘한 왕들이 연속으로 나왔고, 이들이 펼친 정책은 후대에까지 귀감이 되었다. 그러나 안장왕이 피살되고 안원왕 말기에 귀족들 간에 심각한 내전이 발생하면서 국운은 쇠락의 길을 걷기 시작했다. 안원왕의 둘째 왕비 추군 세력과 셋째 왕비 세군 세력이 각자 자신의 왕자를 왕으로 옹립하기 위해 대규모의 병력을 동원해 무력 충돌을 벌인 것인데, 3일간의 접전 끝에 추군 측이 세군 측 2천여 명을 죽이고 권력을 장악했고, 당시 8세였던 추군의 왕자(양원왕)가 즉위했다.

양측의 분쟁은 연개소문이 무력정권을 수립하는 계기가 되었다. 고구려의 신흥 귀족인 연씨 집안은 양원왕 즉위를 둘러싼 과정에서 두각을 나타냈고, 이를 계기로 성립된 귀족연립정권 체제에서 유력 귀족으로서 세력을 넓혀갔다. 연개소문은 주변 정세를 주시하며 정권 장악의 기회를 노렸고, 642년 쿠데타에 성공하여 665년 죽을 때까지 23년 동안 고구려를 지휘했다.

연개소문에 대한 평가는 갈린다.《삼국사기》는 역신逆臣으로 평가하는 반면, 도산 안창호는 거대한 당 제국에 맞서 한반도를 지키려 한 영웅으로 평가한다.

연개소문은 영류왕을 시해하고, 180여 명의 최고위 관리를 살해하여 권력을 장악했다. 그리고 그 권력을 자식들에게 세습하고, 결국은 그 자식들의 분열로 고구려를 멸망으로 내몰았다. 고구려의 역사는 연개소문이 죽으면서 사실상 종말을 고한다. 《일본서기》〈천지천황天智天皇〉에 따르면, "연개소문은 그 아들들에게 너희 형제들은 물과 고기같이 화목하여 벼슬자리를 다투지 말라"라고 유언했다. 장례를 마친 직후(665년 초) 장남 남생이 아버지의 지위를 물려받아 대막리지에 올랐지만, 남건·남산 두 동생과의 권력 투쟁에서 밀렸다. 그러자 남생은 666년 5월 아들 헌성을 당에 보내 원군을 요청했다. 불행하게도 남생은 당나라 장수가 되어 모국 고구려를 공격하여 망하게 만들었다.

2. 백제 왕조의 리더십 (31왕 · 기원전 18~서기 660 · 672년 존속)

백제 왕조의 핵심 리더십 평가

순번	왕명 (재위 기간)	핵심 리더십 평가
1대	**온조왕** 溫祚王 (40년. 기원전 18~ 서기 28)	• 고구려 왕실의 적장자 세습에서 밀려나 형인 비류와 함께 고구려를 떠나 남하하여 백제 건국 • 형인 비류가 건국에 실패하자 이들 세력을 포용하는 등 뛰어난 영도력으로 위례성에 도읍을 정하고 백제를 건국한 탁월한 리더
2대	**다루왕** 多婁王 (50년. 28~77)	• 후덕한 정치와 선정으로 백성들의 존경 받음 • 말갈과 신라를 주적으로 삼아 영토 확보 • 어진 임금으로 나라의 기틀을 다진 유능한 리더

3대	기루왕 己婁王 (52년. 77~128)	• 신라에 화친 청하고 수교를 맺는 등 주변국과 안정 도모 • 재위 32년, 극심한 가뭄으로 대기근 등 사회적·정치적 혼란 겪음 • 부족들의 권력 다툼으로 왕권이 약화되는 등 무능한 리더
4대	개루왕 蓋婁王 (39년. 128~166)	• 신라의 반란자(길선吉宣)가 백제로 망명, 신라와의 관계 악화 • 신라와 고구려의 침공에 대비해 성을 축조하는 등 국방력 강화 • 국가 안보를 위한 사전 대비를 하는 등 미래 준비형의 유능한 리더
5대	초고왕 肖古王 (49년. 166~214)	• 비류계를 제압하고 건국 시조 온조계의 지배권 확립 • 신라와 말갈의 침공에 적극 대처해 영토 확보 • 실질적인 백제 건국의 왕으로 탁월한 리더
6대	구수왕 仇首王 (21년. 214~234)	• 왕권 교체기 등으로 정치적·사회적 불안 • 신라·말갈과의 전투에서 대부분 패배 • 기근이 심했으나 효과적으로 대처하지 못하는 등 무능한 리더
7대	사반왕 沙伴王 (1년. 234~234)	• 어린 나이에 즉위, 정사를 돌볼 수 없다는 이유로 폐위 • 고이왕의 무력으로 수일 만에 밀려난 불행한 리더
8대	고이왕 古爾王 (53년. 234~286)	• 쿠데타로 어린 사반왕을 몰아내고 즉위 • 국가 체제를 정비하여 백제의 기초를 튼튼히 다짐 • 내·외치에 뛰어난 능력으로 강국을 만든 탁월한 리더
9대	책계왕 責稽王 (13년. 286~298)	• 위례성을 정비하고 아차성을 수리하는 등 외침에 대비 • 낙랑 등 한조 세력과 전투 중 사망한 불행한 리더
10대	분서왕 汾西王 (7년. 298~304)	• 부왕의 복수를 위해 한군 세력에 강공책 전개 • 재위 7년, 낙랑군 서현을 공격, 점령했으나 낙랑이 보낸 자객에 의해 피살된 불행한 리더
11대	비류왕 比流王 (41년. 304~344)	• 책계왕, 분서왕 모두 한 군현과의 전쟁 중 피살되는 사태에서 어린 왕자 대신 즉위한 구수왕의 둘째 아들 • 이복동생의 반란을 평정하는 등 집권력 강화 • 구휼 정책으로 민심 얻는 등 국가를 안정시킨 유능한 리더

12대	**계왕**契王 (3년. 344~346)	• 분서왕의 장남으로 즉위했으나 왕실 내 세력 다툼 격화 • 재위 기간 내내 왕권 불안에 시달린 무능한 리더
13대	**근초고왕**近肖古王 (30년. 346~375)	• 강력한 내치와 외치를 통해 정복 활동을 활발히 벌여 백제 역사에서 가장 넓은 영토 확보 • 3만 대군을 이끌고 고구려 평양성 침공, 고국원왕 사살 • 백제 최고의 위대한 글로벌 리더
14대	**근구수왕**近仇首王 (10년. 375~384)	• 태자로서 마한을 정복하고, 고구려와의 전투에서 승리 • 즉위 후에도 고구려의 공격을 잘 막아냈으며, 외교 활동도 활발히 전개 • 부왕과 더불어 백제의 안정과 발전에 크게 기여한 탁월한 리더
15대	**침류왕**枕流王 (2년. 384~385)	• 불교를 처음으로 공인 • 즉위 2년 만에 사망한 불행한 리더
16대	**진사왕**辰斯王 (8년. 385~392)	• 즉위 후 광개토대왕과 치열한 전쟁을 했으나 연전연패 • 패전을 두고 집권층의 대립이 심한 가운데 돌연사한 불행한 리더
17대	**아신왕**阿莘王 (14년. 392~405)	• 재위 기간 내내 고구려의 남침 압박에 시달렸으며, 이 때문에 태자 전지를 왜에 볼모로 보내 왜군의 도움을 받음 • 광개토대왕의 침입을 막지 못하고 한강 이북의 많은 성을 고구려에게 빼앗겼으며, 광개토대왕 앞에 무릎을 꿇은 채 고구려의 신하가 되겠다는 치욕의 맹세를 한 최악의 리더
18대	**전지왕**腆支王 (16년. 405~420)	• 왜에서 돌아와 왕위에 오른 후 군국정사를 담당하는 상좌평上佐平을 설치하고, 외척을 배척했으며, 즉위에 공이 많은 해씨를 중용하는 등 인재 정책 적극 전개 • 내치와 외교력을 겸비하여 국가 안정을 도모한 유능한 리더
19대	**구이신왕**久爾辛王 (8년. 420~427)	• 중국과 제휴, 해상 무역권을 유지하고 고구려 남진 정책 저지 • 외교술이 뛰어나고, 사회를 안정시켜 국가 발전에 기여한 유능한 리더

20대	**비유왕**毗有王 (29년. 427~455)	• 왜와의 동맹 관계 지속 발전 • 나제동맹을 맺고 고구려 침공에 공동 대비 • 신언서판身言書判을 갖춘 왕으로 백성이 존경한 유능한 리더
21대	**개로왕**蓋鹵王 (21년. 455~475)	• 왕권을 강화했으나 내정 실패로 민심 이반 • 고구려 장수왕의 침공을 받아 나라의 발상지이자 중심지인 한강 유역 일대를 빼앗기고 포로로 잡혀 살해된 최악의 리더
22대	**문주왕**文周王 (3년. 475~477)	• 고구려가 한성을 함락하고 개로왕을 죽이자 웅진으로 천도 • 왕권의 안정을 위해 동생 곤지昆支를 내신좌평內臣佐平에 임명하고 맏아들 삼근三斤을 태자로 책봉 • 귀족들의 압력을 극복하지 못하고 살해당한 무능한 리더
23대	**삼근왕**三斤王 (3년. 477~479)	• 어린 나이(13세)에 즉위했으며, 무능하여 정국 수습 능력 부재 • 권력 암투에서 밀려난 후 병관좌평兵官佐平 해구解仇에게 정사 위임 • 해구의 반란을 토벌했으나 돌연 사망한 불행한 리더
24대	**동성왕**東城王 (23년. 479~501)	• 대귀족의 세력을 약화시켜 왕권 강화 • 신라의 이찬伊飡 비지比智의 딸을 왕비로 맞이하고 나제동맹을 맺어 고구려 견제 • 왕권 과시를 위해 성을 쌓고 궁궐을 짓는 등 공사를 많이 해 백성들의 원성 높아짐 • 말년에 신하들의 간언을 듣지 않고 포악한 통치를 하다 살해된 불행한 리더
25대	**무령왕**武寧王 (23년. 501~523)	• 백가의 반란을 진압하고 즉위 • 고구려 공격에 공세적으로 대응하고 왕권 강화에 주력 • 백제 재도약의 발판을 마련한 탁월한 리더
26대	**성왕**聖王 (32년. 523~554)	• 신라 진흥왕이 나제동맹을 파기하고 공격해 한강 지역 상실 • 이듬해 신라를 공격한 관산성 전투에서 3만여 명과 함께 전사 • 희대의 책략가였지만 주변 정세에 둔감했던 불운한 리더

27대	**위덕왕**威德王 (45년. 554~598)	• 태자 때 성왕을 도와 신라를 공격하는 데 선봉 역할 담당 • 관산성 전투에서 패배한 것을 설욕하고자 신라를 자주 공격 • 중국 남북조의 여러 왕조와 외교 관계를 맺어 변동하는 국제 정세에 능동적으로 대처한 유능한 리더
28대	**혜왕**惠王 (2년. 598~599)	• 국력이 극도로 약화되고 이권 투쟁 등 내부 혼란 심화 • 치열한 권력 다툼으로 2년 재위 중 사망한 불행한 리더
29대	**법왕**法王 (2년. 599~600)	• 호국불교를 위해 살생금지령 등을 무리하게 추진해 민심 이반 • 치열한 권력 다툼으로 2년 재위 중 사망한 불행한 리더
30대	**무왕**武王 (42년. 600~641)	• 정복 전쟁의 승리와 백제의 중흥 시도 • 사비궁 중수, 왕흥사 · 미륵사 창건 등으로 왕권 강화 • 쓰러져가는 나라를 다시 한 번 일으켜 세운 탁월한 리더
31대	**의자왕**義慈王 (20년. 641~660)	• 태자 때부터 영리하고 효성 지극(해동증자海東曾子로 칭송받음) • 즉위 후 왕권 강화와 더불어 신라를 공격, 40여 성 함락 • 재위 말기에 음주가무, 여색 등 방탕한 생활을 하고, 어진 신하를 배척하는 등 폭군으로 돌변하여 나라를 망하게 만든 최악의 리더

　백제는 삼국 중에서도 특히 왕의 리더십 결여로 백성들의 역량(팔로어십)을 제대로 펼치지 못하고 망한 아쉬움이 남는 왕조다. 계백 장군을 중심으로 응집된 팔로어들이 백제 멸망 후 부흥운동을 줄기차게 전개하는 과정에 나타난 역량을 보면 그 아쉬움은 더욱 크다.

　백제의 왕 중에서 강력한 내 · 외치로 가장 넓은 영토를 확보하는 등 부국강병을 이룬 근초고왕을 비롯해 온조왕, 다루왕, 개루왕, 초고왕, 고이왕, 비류왕, 근구수왕, 전지왕, 구이신왕, 비유왕, 무령왕, 위덕왕, 무왕 등 14명은 유능한 리더로, 나머지 17명은 무능한 리더로 분류할 수 있다.

백제를 건국한 온조는 고구려 왕위 계승 경쟁에서 유리왕에게 밀리자 남하해 백제를 건국했다. 그래서 백제는 건국 초부터 고구려와 정통성 문제로 치열하게 대립했다.

백제가 처음부터 리더십 결여로 문제를 겪은 것은 아니었다. 고구려 평양성을 포위하고 고국원왕을 전사하게 하며 한반도 패자의 위상을 보였던 근초고왕 때만 해도 백제는 고구려와 마찬가지로 진취적인 리더십을 보인 고대 국가였다.

근초고왕이 즉위할 당시 백제는 위기 상황이었다. 왕들이 연속으로 살해당하며 왕실이 어지러웠다. 근초고왕의 선왕인 비류왕이 즉위하여 왕실의 혼란을 수습했으나, 다음 왕인 계왕 때는 권력 다툼으로 왕권이 더욱 불안해졌다. 게다가 고구려가 남진하여 직접 국경을 마주하게 되자 근초고왕은 고구려 정벌에 나서야겠다고 생각했다. 신라와는 화친을 꾀하고, 당시 강대국이던 동진에 사신을 보내 고구려를 정벌할 준비를 하고 기회를 엿보던 근초고왕은 고국원왕이 백제를 침공하자 이를 두 차례 물리치며 고구려의 전력을 파악한 뒤 대대적으로 준비하여 고구려 정벌에 나섰다. 그리고 결국 고구려의 고국원왕을 죽이기에 이른다.

무령왕도 중국과 일본의 사서에 여러 차례 등장하는 왕이다. 무령왕이 즉위할 당시, 백제는 위기의 시기였다. 고구려 장수왕의 침공으로 한강 유역을 빼앗기고, 개로왕이 살해당했으며, 문주왕, 동성왕 등은 귀족들에게 죽임을 당했다. 왕권이 약해질 대로 약해진 시기였다. 무령왕은 선왕인 동성왕이 즉위해 있을 당시 정치·경제적인 힘을 쌓고 자신을 드러내지 않고 있다가 40세의 늦은 나이에 즉위했다. 그는 먼저 동성왕을 시해한 백가를 처벌하고 귀족들의 기를 꺾었다. 그리고 고구려가 침략했을 때 직접 군사를 이끌고 나가 대승을 거두어 위세를 높였으며, 중국 문물을 적극 수용해 문화의 질을 높였다. 이렇게 그는 준비된 왕으로서 외교 정책을 활발히 펴 백제를 강국으로 이끌었다.

성왕은 무령왕 때 다져진 왕권으로 내치에 힘썼다. 국호를 바꾸고 사비泗沘로 천도한 뒤 중국과의 외교에 힘썼다. 남조와 빈번한 교류를 가지며 문화 수준을 끌어올렸으며, 불경 번역작업을 통해 국가의 통합력을 높였다. 이때 불교가 일본에 전파되기도 했다. 관제를 정비하여 통치 체제를 확립하고, 귀족의 발언권을 약화시켜 왕권을 강화했다. 왕권을 강화한 뒤로는 군대를 정비하고 신라와 친선을 도모하는 한편, 고구려에 대항했다. 그러나 신라가 동맹을 파기하자 신하들의 반대에도 신라와 무모한 전투를 벌여 3만 군사를 잃고, 본인도 전사했다.

문화 강국에서 패망에 이르기까지

백제는 한때 왕들의 뛰어난 리더십으로 중국과 일본 등을 점령하고 세력을 확장했다. 해외를 전략적으로 가장 많이 점령한 국가였다. 백제의 국운은 주변국들과의 외교 관계에 따라 결정되었다. 백제의 리더들은 주변국들과의 상관관계를 파악하고 해상 무역권을 유지함으로써 삼국 중 외국과의 무역이 가장 활발하게 만들었고, 그로 인해 백제는 문화 강국의 면모를 보이기도 했다. 또 외교상의 동맹 관계를 확대해 국가 안정을 도모했다. 주변 정세에 맞추어 외교 관계를 전략적으로 활용하고 문화 교류를 이끈 백제의 리더십은 현대에도 적용할만한 부분이다. 그러나 백제는 광개토대왕 등장 이후 고구려의 힘에 밀려 리더십을 제대로 발휘하지 못했으며, 후기에는 나당 연합 세력에 의해 멸망했다. 특히 의자왕의 리더십은 전강후약의 안타까운 리더십의 표본이다.

치세 초기, 의자왕은 강한 리더십과 포용의 리더십을 동시에 갖춘 지도자로 등장한다. 그의 포용성은 백성을 달래는 정책에서 나타났고, 결단력과 추진력, 통찰력을 수반한 강한 리더십은 왕권을 위협하는 중앙 귀족 세력을 제거하고 대외 정책을 펼치는 모습으로 발현되었다.

뛰어난 리더십을 발휘하던 의자왕의 치세는 재위 15년을 지나면서 도덕성의 실종으로 완전히 바뀌게 된다. 의자왕은 충신을 멀리하고 사치와 향락에 빠져 국정을 소홀히 하는 등 최악의 리더상을 보여주었다. 결국 의자왕은 신라와 전쟁다운 전쟁 한 번 치르지 못하고 10여 일 만에 백제를 패망의 수렁으로 밀어넣었으며, 자신 역시 승전 연회에서 신라 왕 김춘추와 당의 소정방蘇定方에게 술을 따르는 것도 모자라 왕족, 귀족, 백성 1만 2천 명과 함께 당나라로 끌려가 타국에서 객사하게 되었다.

한편 백제에도 조국이 멸망 위기에 처했을 때 가족까지 희생시켜가며 국가에 충절을 다한 리더가 있었으니, 그가 바로 계백 장군이다. 의자왕 20년(660), 백제는 소정방이 이끄는 13만의 당군과 김유신 휘하의 5만의 신라군에게 협공을 당해 풍전등화의 위기에 직면한다. 이때 계백 장군은 "백제 한 나라의 군사로 당과 신라 두 나라의 대군을 맞게 되니 나라의 존망存亡을 알 수 없다. 내 처자가 적에게 잡혀 노비가 되는 치욕을 당하느니 차라리 죽는 것이 낫다"라고 말하고 직접 자신의 손으로 가족을 참수한 뒤 비장한 각오로 황산벌 전투에 출정했다. 황산벌 전투에서 계백은 5천여 명밖에 안 되는 소수의 결사대로 신라의 대군과 맞서 싸우다 장렬하게 전사했다. 비록 패전했지만 국가와 더불어 최후를 맞은 애국애족 리더십의 귀감이라 할 수 있다.

리더인 의자왕이 백성을 버리고 도망간 데 반해 백성들은 호국 리더십으로 결집하여 한때 신라군을 위협할 정도로 승기를 잡았다. 그러나 이들 백제부흥군은 갑자기 결성된 데다 핵심 리더도 없었던 터라 얼마 지나지 않아 내분으로 와해되었고, 결국 백제는 패망하고 말았다.

3. 신라 왕조의 리더십 (56왕 · 기원전 57~서기 935 · 991년 존속)

신라 왕조의 핵심 리더십 평가

순번	왕명 (재위 기간)	핵심 리더십 평가
1대	**시조 박혁거세** 朴赫居世 (60년. 기원전 57~ 서기 4)	• 《삼국사기》는 신라의 건국 설화에서 알에서 태어난 박혁거세를 거서간居西干으로 추대했다고 기술 • 재위 17년, 전국을 순시, 농사와 양잠 장려 • 재위 21년, 도성을 최초로 쌓아 나라의 기틀을 닦은 건국 리더
2대	**남해차차웅** 南海次次雄 (21년. 4~24)	• 박혁거세의 장남으로, 덕과 지략 겸비 • 즉위 원년, 쳐들어온 낙랑군 격퇴 • 병권을 강화하는 등 국가의 기틀을 다진 유능한 리더

3대	유리이사금 儒理尼師今 (34년. 24~57)	• 홀아비, 과부, 고아 등 최극빈층 보호제도 마련 • 신라 가악의 기원인 〈도솔가〉를 지어 국태민안 기원 • 신라의 국가 시스템을 만든 유능한 리더
4대	탈해이사금 脫解尼師今 (24년. 57~80)	• 선왕이 두 아들보다 뛰어나다는 이유로 처남에게 왕위 계승 • 군사와 정치력을 갖추고 제도 정비 및 왕권 강화 • 덕과 능력을 겸비한 유능한 리더
5대	파사이사금 婆娑尼師今 (33년. 80~112)	• 선왕이 장남보다 뛰어나다는 이유로 사위에게 왕위 계승 • 전국을 돌며 민심을 살피는 등 선정 • 백성을 사랑하고 지략을 갖춘 유능한 리더
6대	지마이사금 祗摩尼師今 (23년. 112~134)	• 백제와 친교, 가야·왜·말갈의 공격 격퇴 • 백제가 구원병을 보내는 등 외치에 탁월 • 가야 등과의 전투를 직접 지휘하는 등 유능한 리더
7대	일성이사금 逸聖尼師今 (21년. 134~154)	• 농본국의 정책을 펼치고 백성들의 검소한 생활 계도 • 재위 5년, 정사당 설치, 국정 논의 활발 • 국가 안정을 이룩한 유능한 리더
8대	아달라이사금 阿達羅尼師今 (31년. 154~184)	• 계림령(문경새재) 개통, 소백산맥 이북까지 영토 확대 • 충실한 내치로 민심 얻음 • 백제와의 전쟁에서 승리, 영토를 확장하는 등 유능한 리더
9대	벌휴이사금 伐休尼師今 (13년. 184~196)	• 선왕이 후손이 없는 상태에서 추대로 왕위 계승 • 능력과 인품 겸비, 성인으로 추앙받음 • 백성의 신망이 돈독한 유능한 리더
10대	내해이사금 奈解尼師今 (35년. 196~230)	• 재위 기간 내내 백제와의 전쟁에서 친히 군사를 이끌고 격퇴 • 영토 수호에 앞장선 유능한 리더
11대	조분이사금 助賁尼師今 (18년. 230~247)	• 재위 기간 내내 활발하게 주변 소국들 병합, 세력 확산 • 영토 확장을 주도한 유능한 리더
12대	첨해이사금 沾解尼師今 (15년. 247~261)	• 고구려에 사신을 보내 화친(보호국) • 달벌성達伐城을 축조해 백제 견제 • 영토 확장에 주력, 진한 전 지역을 통일하는 등 유능한 리더

13대	**미추이사금** 味鄒尼師今 (24년. 261~284)	• 인자하고 능력 있는 리더로 백성들의 존경 받음 • 재위 기간 내내 백제와의 전쟁에 역량 집중 • 농사를 장려해 민생을 안정시키는 등 유능한 리더
14대	**유례이사금** 儒禮尼師今 (15년. 284~298)	• 백제와 수교, 삼한 소국의 하나인 이서국伊西國의 침입 격퇴 • 왜의 잦은 침입으로 원정 계획을 수립했으나 신하 건의로 보류하는 등 신중한 국정 운영으로 신망이 돈독한 유능한 리더
15대	**기림이사금** 基臨尼斯今 (13년. 298~310)	• 즉위 후 왜의 침입에 계속 시달림 • 특별한 치적이 없는 평범한 리더
16대	**흘해이사금** 訖解尼師今 (47년. 310~356)	• 일본과의 친교를 도모해 국경 안정 • 민생 안정 등에 주력한 유능한 리더
17대	**내물마립간** 奈勿麻立干 (47년. 356~402)	• 고구려와 친선을 맺어 백제 견제, 내·외치 모두 능력 발휘 • 강화된 왕권을 표현하는 마립간이 왕의 명칭으로 자리 잡음 • 소국에서 고대 국가 체제를 갖추고 국력을 신장시킨 탁월한 리더 ＊내물왕 이후부터 박·석·김의 돌림 왕위 계승이 없어지고, 김가 왕위 세습 독점
18대	**실성왕**實聖王 (16년. 402~417)	• 내물왕의 아들 둘을 고구려와 일본에 볼모로 보내는 등 인질외교로 양국과의 관계 개선 • 내물왕의 태자(눌지訥祗)를 고구려 사람을 이용하여 제거하려다 실패, 정변으로 살해된 무능한 비운의 리더
19대	**눌지왕**訥祗王 (42년. 417~458)	• 고구려에 볼모로 갔다가 돌아와 실성왕을 죽이고 즉위 • 왕위 부자세습제 확립 • 민심을 안정시키고 국가를 발전시킨 유능한 리더
20대	**자비왕**慈悲王 (22년. 458~479)	• 6부 개편 등으로 중앙집권 강화 • 나제동맹을 맺어 고구려의 남진 정책에 대처 • 영토 확장을 위해 진력하는 등 유능한 리더

21대	**소지왕** 炤知王 (22년. 479~500)	• 각 지방에 우역郵驛을 설치하고 기간도로 개척 • 유랑 백성이 정착할 수 있도록 농업을 장려하는 등 민생 안정 • 덕과 능력을 겸비하여 백성의 신망이 돈독한 유능한 리더
22대	**지증왕** 智證王 (15년. 500~514)	• 군주제 시행, 삼국통일의 기반 마련 • 울릉도(독도) 정복, 고구려 견제 등 영토 확장 지속 전개 • 소지왕의 후계자가 없어 노후(64세)에 즉위하여 많은 업적을 이룬 유능한 리더
23대	**법흥왕** 法興王 (27년. 514~540)	• 신라가 비약적으로 발전한 시기 • 불교를 처음으로 받아들이고 독자적인 연호 사용 • 선왕의 개혁 정치 계승, 고대 국가 체제 완비 등을 이룬 탁월한 리더
24대	**진흥왕** 眞興王 (37년. 540~576)	• 한강 하류 지역을 차지하는 등 삼국통일의 기반 조성 • 국가 변경에 순수비를 세우고, 화랑제도를 창시하고, 국사 편찬 • 가장 넓은 영토를 확보하고 국가 발전에 진력하는 등 탁월한 리더
25대	**진지왕** 眞智王 (4년. 576~579)	• 즉위하자마자 거칠부居柒夫를 상대등에 임명, 국정 위임 • 국정을 외면하고 음란 생활에 젖어 신망 상실 • 패륜의 왕으로 화백회의에서 폐위된 최악의 리더
26대	**진평왕** 眞平王 (54년. 579~632)	• 고구려 · 백제와 혈투를 벌이며 국가를 수호하여 백성들의 신망 얻음 • 관제를 정비하고 적극적인 외교 등으로 왕권 강화 • 선왕(진흥왕) 때 확장된 영토를 효율적으로 관리한 탁월한 리더
27대	**선덕여왕** 善德女王 (16년. 632~647)	• 골품제도에 의해 화백회의에서 성골 여왕(성골 출신 남자가 없음)으로 추대, 최초의 여왕이 됨 • 김춘추를 활용해 나당외교를 적극 전개하며 고구려의 위협에 대처 • 재위 16년, 여왕 통치에 반대하는 상대등 비담의 반란으로 시련을 겪다 사망했으나, 지혜롭고 탁월한 여성 리더

28대	**진덕여왕** 眞德女王 (8년. 647~654)	• 김춘추와 김유신이 비담의 난을 제압하고 선덕여왕의 4촌 여동생인 승만勝曼을 2대 여왕으로 추대 • 김유신을 기용, 삼국통일의 기초를 닦은 유능한 리더
29대	**태종무열왕** 太宗武烈王 (8년. 654~661)	• 김유신과 더불어 진골의 핵심 세력 형성 • 화랑도 출신으로 즉위하여 내 · 외치에 많은 성과 • 국가 발전의 최절정기로 삼국통일을 이룩케 한 탁월한 리더
30대	**문무대왕** 文武大王 (21년. 661~681)	• 재위 기간 내내 통일전쟁(백제 부흥세력 진압, 고구려 정벌, 당나라 축출)을 성공적으로 수행 • 통일 후 체제 정비 등 국가 위상 확립 • 삼국통일의 위업을 달성한 신라 최고의 글로벌 리더
31대	**신문왕** 神文王 (12년. 681~692)	• 통일 후 권력 암투 수습 등 시국 안정에 기여 • 국학을 세우고 관제 재정비, 통일신라의 황금시대 이룩 • 당나라와 친교하면서도 주권을 강화시킨 탁월한 리더
32대	**효소왕** 孝昭王 (11년. 692~702)	• 선왕(신문왕)의 강화된 왕권에 의지, 평탄한 정책으로 일관 • 이찬 경영慶永의 반란을 제압하고 친위 세력 구축 • 큰 족적을 남기지 못했으나 무난한 리더
33대	**성덕왕** 聖德王 (36년. 702~737)	• 재위 초기, 홍수와 가뭄 등으로 시련 • 재위 21년, 모든 백성에게 정전을 지급하는 토지개혁 실시 • 왕권 안정을 기반으로 사회를 안정시킨 유능한 리더
34대	**효성왕** 孝成王 (6년. 737~742)	• 재위 4년, 파진찬波珍湌 영종永宗의 모반 사건을 진압했으나 왕권 약화 • 왕을 대리하여 귀족 대표가 열병을 하는 등 무능한 리더
35대	**경덕왕** 景德王 (24년. 742~765)	• 실추되어가는 왕권을 지키기 위해 안간힘을 썼으나 역부족 • 안녹산安祿山 · 사사명史思明의 난으로 국력 쇠퇴 • 왕권 강화를 포기하고 귀족 세력과 타협하는 등 무능한 리더

36대	**혜공왕**惠恭王 (16년. 765~780)	• 재위 중 반란과 천재지변이 자주 일어나 민심 이반 • 사치와 방탕에 빠져 국사를 돌보지 않다 이찬 김지정金 志貞의 난이 일어났을 때 귀족 세력 김양상金良相으로부 터 살해된 최악의 리더
37대	**선덕왕**宣德王 (6년. 780~785)	• 반란을 진압하고 선왕(혜공왕)과 왕비를 살해한 후 즉위 • 김경신金敬信과 함께 쿠데타를 일으켜 왕이 된 포악한 리더
38대	**원성왕**元聖王 (14년. 785~798)	• 선왕(선덕왕)과 함께 쿠데타를 주도한 공로로 즉위 • 자신과 태자를 정점으로 근친 왕족의 왕권을 강화해 시 국 안정 • 다재다능한 능력으로 신망 받은 유능한 리더
39대	**소성왕**昭聖王 (3년. 798~800)	• 즉위 3년 되던 해에 죽어 별 치적이 없는 불행한 리더
40대	**애장왕**哀莊王 (10년. 800~809)	• 재위 6년, 공식公式이라는 새로운 법률을 제정하는 등 개혁을 단행했으나, 귀족 세력이 난립하고 반발해 실패 • 재위 10년, 숙부 김언승金彦昇에 의해 살해된 무능한 리더
41대	**헌덕왕**憲德王 (18년. 809~826)	• 선왕(애장왕)을 죽이고 쿠데타로 즉위 • 김헌창金憲昌의 반란 등으로 시국 불안 • 백성을 기근으로 죽게 하는 등 최악의 리더
42대	**흥덕왕**興德王 (11년. 826~836)	• 쿠데타의 주역으로 공을 세워 즉위 • 청해진을 만들고 장보고를 대사로 임명, 왜적 침입 방지 • 왕권을 강화하고 시국을 안정시킨 유능한 리더
43대	**희강왕**僖康王 (3년. 836~838)	• 선왕(흥덕왕)이 죽자 사촌동생 균정均貞과 5촌 조카 제 륭悌隆이 왕권을 두고 치열한 싸움을 벌인 끝에 균정은 전사하고 제륭이 즉위 • 김명金明(상대등), 이홍(시중)이 보직에 불만, 난을 일으 키자 목매어 자살한 최악의 리더
44대	**민애왕**閔哀王 (2년. 838~839)	• 선왕(희강왕)이 즉위하도록 도와주고 다시 난을 일으켜 즉위 • 장보고의 군사 5천을 이끌고 공격한 김우징(균정의 아 들) 등에게 살해당한 최악의 리더

45대	**신무왕** 神武王 (1년. 839~839)	• 선왕(민애왕)을 쿠데타로 몰아내고 즉위 • 정적 김양金陽에 의해 살해되는 등 최악의 리더
46대	**문성왕** 文聖王 (19년. 839~857)	• 선왕(신무왕)의 태자로 있다가 김양의 도움을 받아 부왕을 살해하고 즉위 • 홍필과 장보고의 난을 비롯한 귀족들의 반란이 재위 기간 내내 지속된 최악의 리더
47대	**헌안왕** 憲安王 (5년. 857~861)	• 선왕(문성왕)의 유언을 받아 즉위 • 오랫동안의 병상 생활로 치적이 없는 무능한 리더
48대	**경문왕** 景文王 (15년. 861~875)	• 선왕(헌안왕)이 후사가 없어 사위로서 능력을 인정받아 즉위 • 신라의 쇠퇴기에 즉위하여 중앙 귀족의 모반과 지방의 반란 평정에 주력 • 황룡사 탑을 세우는 등 노력형의 유능한 리더
49대	**헌강왕** 憲康王 (12년. 875~886)	• 국학과 불교 중흥에 관심이 컸으나 국가의 쇠퇴 분위기 지속 • 처용무處容舞가 크게 유행하는 등 사치와 환락에 젖은 사회 분위기 속에 통치한 무능한 리더
50대	**정강왕** 定康王 (2년. 886~887)	• 즉위 다음 해 병이 들어 단명한 불행한 리더 • 아들이 없으니 누이(만曼)로 하여금 왕위를 잇도록 유언
51대	**진성여왕** 眞聖女王 (11년. 887~897)	• 선덕여왕, 진덕여왕의 뒤를 이은 세 번째 여왕 • 전국적으로 반란의 열풍에 빠져 후삼국시대 도래 • 부정부패 심화, 음란 행위 등으로 신라를 망하게 만든 최악의 여왕 리더
52대	**효공왕** 孝恭王 (16년. 897~912)	• 왕실의 권위는 추락하고 궁예와 견훤이 대권을 겨루는 시대 • 궁예, 견훤 세력이 계속 커져도 애첩에 빠져 정사를 돌보지 않은 최악의 리더
53대	**신덕왕** 神德王 (6년. 912~917)	• 선왕(효공왕)이 후사가 없어 귀족 추대로 즉위 • 궁예와 견훤이 경주 지역을 다스리는 상황에서도 수수방관한 최악의 리더

54대	**경명왕** 景明王 (8년. 917~924)	• 신라의 각 지방은 궁예와 견훤의 세력이 거의 다 점령 • 즉위 2년에 일어난 현승의 반란으로 망국의 운명 가속 • 망국의 위기를 수수방관한 최악의 리더
55대	**경애왕** 景哀王 (4년. 924~927)	• 재위 4년, 포석정에서 연회를 하다 견훤의 습격으로 자결 • 국가가 망하는 상황에서도 유흥에 탐닉한 최악의 리더
56대	**경순왕** 敬順王 (9년. 927~935)	• 신라의 마지막 왕, 비운의 최악의 리더 • 고려 왕건에게 항복하여 신라를 바치고, 왕건의 장녀(낙랑공주)와 결혼 • 왕자(마의태자麻衣太子)는 끝까지 항복을 반대하다 금강산으로 입산 • 왕건에 의해 정승공政承公으로 봉해져 살다가 사망

　신라는 1대 박혁거세부터 33대 성덕왕까지 유능한 리더들이 왕위를 계승하여 통일 기반을 조성하고 삼국통일을 달성했다. 특히 《삼국사기》에서 "진평왕이 죽고 아들이 없자 나라 사람들이 덕만을 왕으로 세우고 '성조황고聖祖皇姑'의 칭호를 올렸다"라고 언급하고 있는 선덕여왕은 위기에 처한 신라를 구해낸 탁월한 리더로 평가받고 있다.

　그러나 34대 효성왕부터는 3명의 왕(원성왕, 흥덕왕, 경문왕)을 제외하고는 대부분 무능하거나 최악의 리더들이 왕위를 계승하면서 훗날 통일신라가 몰락하는 결과를 초래했다. 총체적으로 평가할 때 56명의 왕 중 35명(62.5퍼센트)이 유능한 리더였으며, 21명(37.5퍼센트)은 무능한 리더로 왕이나 리더로서의 역할을 다하지 못한 것으로 평가할 수 있다.

신라가 삼국을 통일할 수 있었던 이유

신라는 생존을 위한 국가 수호가 지상 목표였다. 항상 나라가 긴장 상태에 놓여 있다 보니 리더들 또한 항상 깨어 있어야 했다. 하지만 통일 이후 쿠데타가 일어나고 리더들의 왕권을 향한 권력욕이 커지면서 무능한 리더가 등장하는 비율이 높아졌다. 이에 국가 수호라는 목표의식 또한 약해졌다. 통치 리더십이 실종된 것이다.

이처럼 삼국 중 가장 힘이 약하고 지정학적으로 불리한 위치에 있었던 신라가 삼국통일이라는 위업을 달성할 수 있었던 이유는 무엇일까?

첫째, 신라 초기의 군사제도로 주州 단위로 설치된 6정停이 있었기 때문이다. 진골 출신의 장군이 지휘했던 6정은 왕경인王京人으로 조직된 명망군名望軍의 성격을 지녔다. 명망군이란 사회적 지위가 높은 계층의 자제들로 구성된 군대를 말하는데, 이들은 군대의 일원이 되는 것을 대단히 명예롭게 여겼고, 노블레스 오블리주 리더십의 체계적인 육성 정책으로 삼국통일의 기반이 되었다.

둘째, 화랑도 정신으로 무장한 리더들이 솔선수범해 구국헌신의 호국 리더십을 발휘했기 때문이다. 신라는 고구려, 백제와 같은 강대국과 투쟁하기 위해 많은 병력과 훌륭한 리더가 필요했고, 이를 확보하기 위한 방편으로 핵심 군대인 6정을 보충하는 화랑도를 제도화했다. 국가 중흥의 대업을 수행할 리더 양성을 위해 국가적인 체제로 정비되었던 화랑도는 진흥왕이 국선도國仙道를 부흥시켜 체계화했다.

화랑도가 제도화된 6세기 중엽부터 7세기 중엽까지의 1세기 동안은 신라가 고대 국가의 면모를 완비해가면서 정복전쟁 시기로 진입하던 때였다. 이 시기 화랑은 가무유오歌舞遊娛를 행하는 교우단의 기능, 국가에 필요한 리더를 양성하는 사회 교육단의 기능, 그리고 유사시 국가를 방위하는 청년 무사단의 기능 등 크게 3가지 기능을 수행했다. 화랑은 정규군은 아니었지만, 유능한 리더를 양성하고 정예 정규군을 공급하는 역할을 충실히 수행해냈다.

셋째, 호국불교를 통해 국민 화합을 이루어냈기 때문이다. 법흥왕은 이차돈異次頓의 순교를 기화로 불교를 공인하며 호국불교를 통한 국민 화합을 이끌어냈다. 노블레스 오블리주 리더십을 솔선수범하여 통일 기반을 쌓을 수 있었다.

넷째, 포용의 리더십을 보여준 뛰어난 왕들이 있었기 때문이다. 선덕여왕은 우리나라 최초의 여왕으로 국가 안팎의 어려운 여건을 극복하고 인재의 육성, 발탁, 등용 등에 탁월한 리더십을 보여주었다. 대표적으로 가락국의 후손인 김유신과 비주류 출신인 진골의 김춘추를 발탁, 등용한 것은 시대를 초월한 뛰어난 리더십의 결과다. 더욱이 무열왕(김춘추)은 국가와 선덕여왕에게 보답하듯이 정치, 외교 등 내·외치에 결정적인 역할을 하여 통일을 이루도록 탁월한 리더십을 발휘했다. 뒤를 이은 문무왕은 신라의 모든 국력을 결집시켜 당나라의 한반도 점령 야욕을 분쇄하기 위해 전쟁터에서 진두지휘한 결과, 당나라군을 축출하고 삼국통일의 위업을 달성했다.

이와 같이 신라는 노블레스 오블리주 리더십의 모범을 보여주었다. 리더들은 국가 수호 의지를 삼국통일 리더십으로 승화시켰으며, 대를 물려가며 솔선수범하여 불가능해 보이는 조건 속에서 통일을 이루었다.

| 04 |

발해의 왕조 리더십

(15왕 · 698~926 · 229년 존속)

발해 왕조의 핵심 리더십 평가

순번	왕명 (재위 기간)	핵심 리더십 평가
1대	**대조영** 大祚榮 (고왕高王) (22년. 698~719)	• 고구려 유민과 말갈족을 아울러 대진大震(발해)을 세우고 즉위 • 국호를 대진, 연호를 천통天統이라 칭함 • 돌궐과 손을 잡아 당의 침략 야욕을 막아냄 • 당의 화해 요청으로 당과의 평화적 외교의 기틀 조성 • 713년, 당나라 예종이 대조영을 발해군왕으로 책봉하자 국호를 발해국으로 고침 • 고구려가 망한 뒤 30여 년 만에 고구려를 계승한 나라를 세운 위대한 리더

2대	대무예 大武藝 (무왕武王) (19년. 719~737)	• 대조영의 아들로, 대조영이 사망하자 왕위 계승(연호 인안仁安) • 영토 확장을 통해 발해국의 기틀 강화 • 일본에 국서를 보내 고구려 계승의식 천명 • 동생 대문예大門藝가 흑수말갈 정벌을 반대하고 당나라로 망명하자 당과 전쟁을 하며 대문예를 죽이려다 실패하고 병사 • 발해의 융성기를 이끈 유능한 리더
3대	대흠무 大欽茂 (문왕文王) (57년. 737~793)	• 스스로를 '고려국왕 대흠무', 연호를 대흥大興이라 칭함 • 국력 성장으로 재위 중 3번의 천도(중경→현주→상경) 실시 • 태학을 세우고 국사 편찬을 명함 • 치세 전반은 무의 시대, 후반은 문의 시대로 체제 및 관제 정립 • 발해국의 체제 확립, 문화 대부흥으로 국력을 신장시킨 탁월한 리더
4대	대원의 大元義 (폐왕廢王) (1년. 793~793)	• 문왕의 친족 아우. 선왕이 사망하자 신하들의 옹립으로 즉위 • 시기심이 많고 성질이 포학하며 왕으로서의 자질 부족 • 즉위한 지 1년도 되지 않아 신하들에게 살해당한 최악의 리더
5대	대화여 大華璵 (성왕成王) (2년. 793~794)	• 문왕의 손자로, 신하들의 옹립으로 즉위 • 연호를 중흥中興으로 변경 • 즉위 후 피살되어 단명한 불행한 리더
6대	대숭린 大嵩璘 (강왕康王) (16년. 794~809)	• 문왕의 적손嫡孫이자 성왕의 숙부로, 선왕(성왕)의 피살로 즉위 • 왕권 안정 및 대내외의 활발한 정책으로 국가를 전반적으로 안정시킨 탁월한 리더
7대	대원유 大元瑜 (정왕定王) (4년. 809~812)	• 강왕의 아들로, 선왕(강왕)의 사망으로 즉위 • 왕권 안정을 위해 노력했으나 치적 없이 사망, 단기간 재위로 끝난 불행한 리더 * 대원유, 대언의, 대명충, 삼형제가 나란히 왕위 계승

8대	**대언의** 大言義 (희왕僖王) (6년. 812~817)	• 강왕의 사망으로 동생인 대언의가 왕위 계승, 발해 역 사상 최초의 형제 계승 • 비교적 단기간 재임하며 뚜렷한 치세가 없는 리더

9대	**대명충** 大明忠
	(간왕簡王)
	(2년. 817~818)
		• 희왕의 동생으로, 선왕(희왕) 사망 후 왕위 계승
		• 단기간 재임 중 갑자기 죽어 왕권 내부의 동요로 인한
		  피살로 추측. 불행한 리더
		* 정왕, 희왕, 간왕, 3대의 재위 기간이 너무 짧아 정치적 불
		  안 등으로 국세 위축 지속

10대	**대인수** 大仁秀 (선왕宣王) (13년. 818~830)	• 간왕의 종부로, 선왕(간왕)의 급사로 왕위 계승 • 침체된 국세를 회복하고 발해를 중흥시킴 • 건국 이래 최대의 영토 확장(당, 왜, 거란, 신라가 복종) • '해동성국'이라고 표현할 만큼 대내외적인 치적을 남김 • 활발한 외교 정책은 물론, 영토를 확장하고 국가를 부 강케 한 발해 최고의 탁월한 리더
11대	**대이진** 大彛震 (28년. 830~857)	• 대인수 재위 중에 부왕의 지위 계승 • 활발한 무역 등으로 국부를 창출하며 국가 안정을 이룬 유능한 리더
12대	**대건황** 大虔晃 (15년. 857~871)	• 대이진의 왕제로서 왕위 계승 • 재위 중 뚜렷한 치세가 없는 무능한 리더
13대	**대현석** 大玄錫 (25년. 871~895)	• 대건황의 손자라고 하나 분명한 근거 없음 • 대흠무와 대이진 다음으로 긴 치세로 국가 안정 이룩 • 교역 등 상업의 발달로 국부를 이룬 성공한 리더
14대	**대위해** 大瑋瑎 (13년. 895~907)	• 대현석 사망으로 즉위했으나, 선왕과의 혈연관계 불 확실 • 내부 권력 투쟁이 격화되는 등 무능한 리더

15대	**대인선** 大諲譔
	(20년. 907~926)
		• 대위해 사망으로 즉위했으나, 부정부패, 내분 등으로
		  민심 이반
		• 멸망 직전 지도층 내부에 분열이 일어나 일부가 고려로
		  망명
		• 거란이 발해 내분을 이용해 대규모 공격을 감행했지만,
		  제대로 대항 한 번 못하고 야율아보기耶律阿保機에게 항
		  복한 망국의 리더

발해는 대조영이 고구려의 부활을 꿈꾸며 건국한 나라다. 고구려인과 말갈족을 규합하여 당나라와 맞서 승리한 대조영의 리더십은 광개토대왕의 기상을 닮았다. 그는 고구려의 부활이라는 목표를 설정하고 이를 실현한 위대한 리더였다.

그러나 발해를 '해동성국'이라고 불릴 만큼 발전시키고 안정시킨 왕은 선왕이었다. 그는 사방 2천 리였던 영토를 5천 리로 넓힌 발해 최고의 리더로 평가된다. 선왕은 영토를 크게 넓혀 흑룡강 하류까지 진출했고, 전국의 행정 구역을 5경 15부 62주로 정리했다. 이 시기 발해는 옛 고구려의 영토를 거의 만회하면서 북쪽으로는 연해주 지역까지 차지하는 대제국으로 성장했다.

그러나 10세기로 접어들면서 발해의 힘은 약화되었다. 당나라가 대륙의 지배력을 조금씩 상실하면서 동북 국경 지역에는 새로운 패자들이 속속 등장했다. 특히 북서 지역에서 성장하던 거란족의 중원 진출은 발해로서는 적지 않은 불안 요인이 되었다. 거란족은 대륙을 공격하기 위한 준비 과정으로 먼저 그들의 후방을 위협할 우려가 있는 발해를 공략하기 시작했다. 발해는 결국 926년 정월 요나라를 세운 야율아보기의 공격을 받아 허망하게 무너졌다. 발해 왕들을 치적에 따라 분류해보면, 15명의 국왕 중 7명이 유능한 리더, 8명은 무능한 리더였다.

고구려의 부활을 꿈꾸다

발해사가 우리 역사로 인식되기 시작한 것은 얼마 되지 않는다. 멸망 이후 《삼국사기》와 《삼국유사》에 고작 몇 줄 언급되는 데 그쳤던 발해사는 1784년 조선 후기 실학자 유득공柳得恭이 《발해고》에서 발해를 창건한 대조영이 고구려 유민이라는 점과 발해 땅이 고구려 땅이었다는 점을 들어 발해가 우리의 역사임을 주장하며 우리 역사에 다시 등장했다. 그러나 조선이 망하고 일본의 식민사관이 득세하면서 발해사는 다시 묻히고 말았다. 다행히도 1970~1980년대 민족주의 사관의 대두로 본격적인 연구가 시작되었고, 우리의 역사를 되살리고자 하는 노력이 계속되고 있다.

고구려가 우리의 역사이듯 발해 또한 당연히 한국의 역사다. 그러나 중국의 역사 왜곡은 갈수록 심해지고 있다. 중국은 동북공정을 통해 고조선, 고구려에 이어 발해까지도 중국의 역사라고 주장하면서 논문, 책, 학술회의, 기념비 등을 통해 체계적인 역사공정을 전개하고 있다. 그 일환으로 발해 최고의 성인 상경성上京城을 세계문화유산에 등재하려고 추진하고 있고, 더불어 고구려를 계승한 발해를 한국사에서 배제시키려고 한다. 우리는 북방의 역사, 북방의 영토를 결코 잊어서도, 방관해서도 안 된다. 발해에 대한 객관적인 접근과 이해가 필요할 때다.

후삼국의 왕조 리더십

후고구려 왕조의 핵심 리더십 평가(1왕 · 901~918 · 18년 존속)

순번	왕명 (재위 기간)	핵심 리더십 평가
1대	**궁예** 弓裔 (18년. 901~918)	• 신라의 왕자로 태어나(헌안왕 또는 경문왕과 궁녀 사이에서 출생) 세달사(법명 선종)로 출가하여 성장 • 894년, 3,500여 명의 병사를 거느리고 강릉 지역 정벌로 세력 부각 • 896년, 개성의 호족이었던 왕건 부자의 투항을 받고 충주 등 30여 개 성을 함락하여 양길粱吉에게 승리 • 901년, 스스로 고구려의 계승자임을 내세워 왕이라 칭함 • 재위 18년, 왕건의 모반 소식에 도망쳐 산야를 전전하다 강원도 평강에서 왕건 세력에 의해 살해 • 지옥에서 태어나 천상에 오른 다음 다시 지옥으로 추락한 파란만장한 비운의 혁명가이자 비운의 리더

후백제 왕조의 핵심 리더십 평가 (2왕 · 892~936 · 45년 존속)

순번	왕명 (재위 기간)	핵심 리더십 평가
1대	**견훤** 甄萱 (44년. 892~935)	• 본래 성은 이李씨였으나(부 이자개는 농민 출신의 장군), 뒤에 견씨라 함 • 892년, 신라 서남 해안의 변방비장으로 근무하다 진성여왕 6년에 무진주(광주)를 점령, 스스로 왕위 즉위 • 900년, 완산주(전주)에 도읍하고 후백제 왕이라 칭함 • 재위 36년, 경주를 공격, 경애왕을 자결토록 하고 경순왕을 즉위시킴 • 재위 38년, 안동 전투에서 왕건에게 대패, 열세에 빠짐 • 재위 44년 3월, 4남 금강金剛을 태자로 지명하자 장남 신검이 견훤을 금산사에 강제 유폐시키고 금강 사살 • 재위 44년 6월, 나주로 도망가 고려에 투항 • 정치 · 외교 · 군사적으로 탁월하여 925년 후당으로부터 외교적 승인을 받았으나 장남 신검의 반란으로 뜻을 이루지 못한 불세출의 영웅, 불행한 리더
2대	**신검** 神劍 (2년. 935~936)	• 935년 10월, 부왕을 금산사에 강제로 유폐시키고 왕위 찬탈 • 재위 2년 2월, 신검의 매형 박영규(견훤의 사위)가 고려에 귀순하여 타격을 받음 • 재위 2년 9월, 견훤의 신검 응징 건의에 따라 견훤과 왕건이 8만 7천여 명의 군사를 이끌고 공격하여 경북 선산에서 대승 • 재위 2년 말, 완산주로 퇴각하여 반격을 준비했으나 아버지가 적군(고려)의 선봉장으로 왕건과 함께 공격하자 대패하여 항복하고 만 최악의 리더

군웅할거 시대, 통일 리더의 조건

후삼국시대란 신라 말부터 고려 초기까지로, 신라, 후백제, 후고구려를 일컫는다. 후삼국시대의 발단은 887년 신라 51대 진성여왕 때다. 진성여왕은 색욕에 빠져 정사를 돌보지 않았고, 설상가상으로 신라 전역이 가뭄에 시달려 백성들이 세금을 제대로 내지 못하고 전국 각처에서 반란을 일으키는 등 민심이 흉흉했다. 사벌(경북 상주)에서 원종元宗과 애노哀奴가 반란을 일으켜 성공하자 민심 저변에 깔려 있던 백성들의 원성이 전국적인 반란으로 퍼져나갔고, 지방 호족들은 군대를 일으켜 독자적인 세력을 구축하는 등 군웅들이 할거했다.

이때 등장한 대표적인 인물이 견훤과 궁예다. 견훤은 백제의 부흥을 꿈꾸며 후백제를 세웠고, 궁예는 고구려의 부흥을 기치로 후고구려를 세웠다. 신라는 다시 분열되었고, 이로써 후삼국시대가 시작되었다.

후삼국시대는 5천 년 역사의 유일한 전국시대다. 5년간 많은 전쟁을 치르면서 수많은 리더와 백성들이 피를 흘리며 죽어갔다. 혁명가 궁예와 불세출의 영웅 견훤, 친화력의 영웅 왕건이 세력을 형성하여 생사를 넘나들며 크고 작은 전쟁을 치렀고, 결국 왕건이 최후의 승자가 되었다. 왕건의 포용의 리더십이 궁예, 견훤의 리더십을 능가하여 얻은 결과다.

홍영의 숙명여대 연구교수는 당시의 상황을 이렇게 묘사한다.

궁예는 한반도 중부 지방을 석권하고, 철원에 도읍을 정했다. 그 세력이 송악에까지 미치자 왕건은 궁예의 부하가 됐다. 그의 명령으로 군대를 이끌고 912년 나주 공략에 나서 견훤의 군사를 무찌르는 등 큰 공을 세웠다. 왕건은 이후 여러 번의 전투를 통해 궁예의 신임을 받아 시중 자리에까지 오르게 된다. 이때 궁예는 신라를 '멸도滅都'라 일컬으며, 투항한 신라인을 모조리 죽이는 등 횡포가 심했다. 그리고 말년에는 미륵신앙에 심취해 관심법觀心法을 이용해 공포정치를 실시한다. 자신의 지위를 합리화하기 위해 스스로 미륵불, 두 아들은 신광·청광 보살이라고 칭했지만, 결국 부인과 두 아들을 살해하는 비극을 저지른다.

– 홍영의, '후삼국 통일 고려 왕건의 리더십', 〈국방일보〉, 2012년 1월 4일

궁예는 초기의 선정을 망각하고 폭군으로 변해 왕궁 내에서는 물론이고, 궁 밖 민심도 잃어버렸다. 반면 왕건은 포용의 리더십을 바탕으로 한 무혈 쿠데타로 궁예를 몰아내고 918년 6월 국호를 고려(고구려의 후계국)로 선포하고 후삼국 통일에 매진했다. 신라 51대 진성여왕은 국사는 내팽개친 채 황음에만 빠졌다. 각간 위홍과 통정하고, 위홍이 국정을 농단壟斷하게 방치했다. 위홍이 죽자 미소년들을 궁중에 불러들여 황음을 즐기고 이들에게 국정을 위임하여 신라는 급격히 쇠락해갔다. 그렇게 볼 때, 사실 후삼국시대는 신라, 후고구려, 후백제 등 삼국이 경쟁하던 시대가 아니라, 신라가 자멸하는 상황을 지켜보던 후백제의 견훤과 태봉泰封의 궁예, 고려의 왕건이 신라의 영토를 탈취하던 시대를 말하는 셈이다.

왕건과 견훤이 일진일퇴로 팽팽히 대치하고 있을 때, 견훤은 스스로 멸망으로 이끄는 자충수를 둔다. 견훤은 14명의 아들을 두었는데, 첩의 아들인 넷째 금강을 특히 총애하여 왕위를 물려주려 했다. 금강의

형 신검, 용검, 양검 등은 부왕 견훤의 뜻을 알고 고민하던 중 935년 장남 신검이 선수를 쳐서 아버지 견훤을 금산사에 유폐시키고 금강을 죽인 다음 자신을 스스로 대왕이라 칭했다. 견훤은 금산사에 유폐된 지 3개월 만에 탈출하여 고려로 망명하고, 왕건은 상부尙父 칭호를 주고 극진히 대우했다. 견훤은 왕건의 힘을 이용해 반역한 자식을 죽이기 위해 고려군의 파병을 요청했고, 왕건은 직접 10여만의 군사를 거느리고 진군하여 후백제군 6천여 명을 죽이고 4천여 명을 포로로 잡았다. 대패한 신검은 아우 용검과 양검을 데리고 신하들과 함께 왕건에게 항복했다.

사실 후백제의 견훤은 927년에 신라 왕궁까지 쳐들어가 경애왕을 죽이고 경순왕을 즉위시키며 승기를 잡았다. 그러나 왕비를 욕보이고 궁궐을 약탈하는 바람에 신라의 민심은 견훤에게 등을 돌렸고, 왕건이 견훤의 복수를 대신 해주기를 바랐다. 그 결과 경순왕은 마의태자의 만류에도 고려에 항복했다. 이로써 왕건의 통일에의 꿈은 순탄하게 이루어질 수 있었다.

| 06 |

고려의 왕조 리더십

(34왕 · 918~1392 · 475년 존속)

고려 왕조의 핵심 리더십 평가

순번	왕명 (재위 기간)	핵심 리더십 평가
1대	**태조 왕건** 王建 (26년. 918~943)	• 송악 호족 왕륭과 그의 부인 한씨 사이에서 태어나 896년 궁예 휘하의 장수가 되었고, 30대 후반에 시중 지위에 오름 • 918년 6월, 신숭겸申崇謙, 복지겸卜智謙, 홍유洪儒, 배현경裵玄慶 등과 함께 쿠데타에 성공해 왕으로 등극, 국호를 고려로 하고 도성을 철원에서 개성으로 천도 • 후백제 2대 왕 신검의 항복을 받는 등 외세에 의존하지 않고 자주적으로 통일 • 통일 중심적인 정치이념과 일관된 화합 정책으로 단일민족 국가 체제 유지 • 전선을 누비며 통일전쟁에서 승리해 고려를 건국한 위대한 리더

2대	**혜종**惠宗 (3년. 943~945)	• 태조가 죽자 왕위 계승에 불만을 품고 있던 외손 왕요王堯와 왕소王昭가 역모 시도 • 혜종의 화친 제의에도 왕요의 왕권 위협은 점점 거세짐 • 왕권 위협에 병석에 누워 34세로 단명한 불행한 리더
3대	**정종**定宗 (5년. 945~949)	• 외손 왕요가 권력투쟁 끝에 승리하여 즉위 • 권력투쟁에 지친 정종은 천둥에 놀라 27세로 병사 • 즉위 과정에서 사람을 죽여 민심을 이반시킨 포악한 리더
4대	**광종**光宗 (27년. 949~975)	• 형 왕요로부터 왕위 계승, 왕권 확립 • 집권 초기에는 신중한 정책을 펴다 과감한 개혁 정책으로 민심을 안정시키고 국가 기반을 다짐 • '광덕光德'이라는 독자적인 연호를 사용하는 등 대내외 위상을 확립한 탁월한 리더
5대	**경종**景宗 (7년. 975~981)	• 선왕(광종)이 개혁 정치로 호족을 제거하자 호족의 복수전이 일어나 권력 다툼과 살육 빈번 • 좌우집정제左右執政制, 전시과 마련으로 왕권 안정 • 여색 등 방탕한 생활을 하다 27세에 단명한 무능한 리더
6대	**성종**成宗 (17년. 981~997)	• 경종의 후손이 두 살에 불과해 사촌동생으로서 왕위 계승 • 서희의 담판 외교를 이끄는 등 외교정치 유능 • 사회 전반에 충효사상을 심어 국가를 안정시킨 탁월한 리더
7대	**목종**穆宗 (13년. 997~1009)	• 18세의 어린 나이에 즉위, 왕권은 모후 헌애왕후獻哀王后가 차지 • 헌애왕후는 김치양金致陽과 부부의 연을 맺고 그들의 소생으로 왕위 계승 획책 • 남색에 빠지고 정치를 외면하여 강조康兆의 난을 초래하는 등 무능한 리더
8대	**현종**顯宗 (23년. 1009~1031)	• 강조의 난을 통해 즉위했으나 거란 침입으로 몽진蒙塵 • 강감찬姜邯贊 기용 등으로 국난을 극복하고 국력 강화로 나라를 발전시킴 • 성종 이후 제2의 도약기를 이룬 탁월한 리더
9대	**덕종**德宗 (4년. 1031~1034)	• 안정기에 즉위, 짧은 치세에도 불구하고 덕치로 국가 안정 • 재위 4년 갑자기 병석에 누워 19세에 사망했으나, 유능한 리더

10대	**정종** 靖宗 (13년. 1034~1046)	• 친형인 선왕(덕종)으로부터 선위를 받아 즉위 • 거란과의 외교 재개, 사회 기강 확립 등 내·외치 안정을 이룬 유능한 리더
11대	**문종** 文宗 (38년. 1046~1083)	• 현종의 셋째 아들로 28세에 즉위, 장기간 재위 • 선왕 대의 안정을 기반으로 모든 분야에서 획기적 발전 이룸 • 고려의 황금기를 연 탁월한 리더
12대	**순종** 順宗 (1년. 1083~1083)	• 문종의 아들로 37세에 즉위했으나 원래 병약한 몸으로 부왕의 상중에 더욱 약해져 즉위 3개월 만에 병사한 불행한 리더
13대	**선종** 宣宗 (12년. 1083~1094)	• 선왕(순종)이 3개월 만에 죽자 아우로서 왕위 계승 • 유학과 불교를 진작시켜 학문과 종교의 조화 이룩 • 정치 등 모든 분야를 발전시킨 유능한 리더
14대	**헌종** 獻宗 (2년. 1094~1095)	• 승하한 선종의 뒤를 이어 11세에 즉위, 사숙태후가 섭정 • 유아 시절부터 당뇨로 병약해 병상에 누운 허약한 왕이 되자 문종의 3남 왕희王熙가 거사를 일으켜 왕위 찬탈 • 숙종에 대한 두려움으로 사망한 불행한 리더
15대	**숙종** 肅宗 (11년. 1095~1105)	• 어린 조카 헌종을 몰아내고 왕위 찬탈 • 왕권 강화를 통해 안정된 정치 도모 • 여진족이 성장, 외교적으로 전환기에 놓였으나 능동적으로 대처하는 등 유능한 리더
16대	**예종** 睿宗 (18년. 1105~1122)	• 부왕(숙종)으로부터 왕위를 받자마자 조정을 개편하는 등 왕권 강화 • 중립외교를 통해 영토 확장(압록강변 회복 등) • 태평성대를 이루기 위해 문화를 진흥시킨 탁월한 리더
17대	**인종** 仁宗 (25년. 1122~1146)	• 어린 나이(14세)에 즉위한 데다 우유부단한 정치로 이자겸李資謙·묘청妙淸의 난 등 조정 혼란 • 재위 내내 신하들의 권력 다툼, 외척 발호 등 왕권 상실 • 김부식 세력에 의지해 정국 안정을 도모한 무능한 리더
18대	**의종** 毅宗 (25년. 1146~1170)	• 왕권 회복을 위해 친위 세력 형성에 주력, 환관정치 존재 • 잦은 연회 등 향락에 빠져 신뢰 상실, 무신정권 등장 • 정중부鄭仲夫의 난으로 폐위당한 최악의 리더

19대	**명종** 明宗 (28년. 1170~1197)	• 정중부의 난으로 즉위, 무신의 권력 다툼 치열 • 우유부단함으로 국가 기강을 무너뜨린 최악의 리더 ＊ 명종부터 원종 때까지 정중부-경대승慶大升-이의민李義旼-최 충헌崔忠獻 일가 등으로 이어지는 1백 년 무신정권
20대	**신종** 神宗 (8년. 1197~1204)	• 인종의 다섯째 아들이자 명종의 아우로, 최충헌에 의해 50세에 즉위 • 최씨 무신정권의 장기 집권 기반 제공 • 건국 이래 최악의 허수아비 왕으로 전락한 최악의 리더
21대	**희종** 熙宗 (8년. 1204~1211)	• 부왕의 선위를 받아 왕권 회복 시도 • 최충헌 제거 계획 실패로 폐위되어 강화도 유배 • 왕권 회복에 실패한 안타까운 리더
22대	**강종** 康宗 (3년. 1211~1213)	• 명종의 맏아들로 최충헌에 의해 60세에 즉위 • 노환으로 사망하여 짧은 기간 재위한 불행한 리더
23대	**고종** 高宗 (47년. 1213~1259)	• 무신정권 권력투쟁으로 최씨 무신정권 몰락, 왕권 회복 시도 • 전란 중에 팔만대장경 제작 • 재위 기간 내내 대몽 항쟁 등 국난 지속 • 최씨 정권을 몰락시킨 유경柳璥 등이 권력을 장악하는 등 무능한 리더
24대	**원종** 元宗 (16년. 1259~1269, 1270~1274)	• 친원 정책 통해 무신정권 종식 • 임연林衍 등 무신 세력에 의해 폐위되었다가 몽골의 도움 으로 5개월 만에 복위 • 삼별초가 여 · 원 연합군에 토벌되고, 조정은 원에 복속 되는 등 무능한 리더
25대	**충렬왕** 忠烈王 (35년. 1274~1308)	• 원 세조의 부마가 된 원종의 장남이 즉위, 원의 속국으로 전락 • 원 세조의 일본 정벌 강요, 민란 피해 극심(1274년 10월 여 · 원 연합군 일본 정벌) • 충선왕이 원에 압송되며 다시 복위했으나, 아들 충선왕 제거를 시도하는 등 최악의 리더

26대	**충선왕**忠宣王 (7년. 1298, 1308~1313)	• 즉위 후 고려 제도 복원 시도하다 왕비(원의 계국대장공 주薊國大長公主)가 원에 무고, 원으로 압송 • 재위 기간 대부분을 수난을 당하고 원나라에서 기거했으 며, 조정 및 백성의 불안 가중으로 민심 동요 • 원나라 왕실이 부여한 지위를 누리기 위해 원나라 체류 를 고집한 최악의 리더
27대	**충숙왕**忠肅王 (26년. 1313~1330, 1332~1339)	• 모후가 원나라 여자로 어린 시절 원나라에서 성장, 고려 보다 원나라에 친근 • 1330년, 세자 정禎에게 선위하고 상왕으로 물러앉음 • 충혜왕이 주색에 빠져 원나라에 의해 폐위되자 복위되었 으나 역시 주색에 빠지는 등 최악의 리더
28대	**충혜왕**忠惠王 (9년. 1330~1332, 1339~1344)	• 16세에 선왕으로부터 선위 받았으나, 패륜아로 문제 인물 • 패악질, 주색잡기, 부왕의 후비 강간, 백성의 고혈을 짜는 정치 등으로 원나라에 소환당한 후 사망(독살 추정) • 고려 왕실에 위기를 초래한 최악의 리더
29대	**충목왕**忠穆王 (5년. 1344~1348)	• 어린 나이(8세)에 부왕으로부터 선위 받아 즉위, 모후 덕 녕공주德寧公主가 섭정 • 덕녕공주가 섭정을 잘했으나 12세에 병세 악화로 사망한 불행한 리더
30대	**충정왕**忠定王 (4년. 1348~1351)	• 충혜왕의 둘째 아들로, 어린 나이(12세)에 즉위 • 덕녕공주와 모후 윤씨 사이의 치열한 세력 다툼으로 정 국 불안 • 원나라에서 조정 안정을 위해 폐위한 불행한 리더
31대	**공민왕**恭愍王 (24년. 1351~1374)	• 원나라의 몰락(홍건적 봉기) 시기에 즉위, 배원 정책으로 국권 및 영토 회복 • 강력한 개혁 정책과 민족성 회복운동을 전개했으나, 홍 건적의 침입으로 반원 정책 포기 • 정변, 반란의 어려움 속에 노국공주魯國公主의 죽음으로 정신병적 증세를 일으킨 후 실정으로 살해된 불행한 리더
32대	**우왕**禑王 (15년. 1374~1388)	• 부왕(공민왕)이 살해되자 어린 나이(10세)에 즉위 • 명나라에 대응, 요동 정벌차 출병했으나, 이성계의 위화 도 회군과 쿠데타로 폐위·살해된 불행한 리더 * 신돈의 후손이라 하여 실록도 편찬되지 않음

33대	**창왕**昌王 (2년. 1388~1389)	• 우왕의 아들로, 쿠데타 세력에 의해 즉위 • 이성계에 의해 폐위 · 살해된 불행한 리더 ＊신돈의 후손이라 하여 실록도 편찬되지 않음

34대	**공양왕**恭讓王
	(4년. 1389~1392)
		• 이성계가 신종의 7세손을 왕으로 즉위시킴
		• 이성계의 역성혁명으로 1392년 9월 공양왕이 폐위되고,
		  이성계가 고려 국왕에 오름
		• 폐위 후 2년 만에 살해된 고려 왕조 최후의 왕으로 불행
		  한 리더

위의 표에서 볼 수 있듯이 진정한 통일시대를 연 왕건은 고려 최고의 위대한 리더이며, 광종, 성종, 현종, 덕종, 정종, 문종, 선종, 숙종, 예종 등 9명은 유능한 리더, 나머지 24명은 무능한 리더로 평가할 수 있다. 특히 의종, 명종, 신종, 충렬왕, 충선왕, 충숙왕, 충혜왕, 공양왕 등 8명은 최악의 리더로 분류된다. 이 중 '충忠' 자로 시작되는 왕들은 원나라 속국으로 전락해 원나라에서 충성하라는 의미로 이름을 정해준 왕으로, 독자적인 리더십이 없다시피 한 왕이라 해도 과언이 아니다.

왕건의 통일 리더십

918년 6월 새 왕조의 태조가 된 왕건은 철원의 포정전布政殿에서 즉위해 국호를 고구려의 후계자라는 뜻으로 '고려', 연호를 '천수'라고 했다. 그러나 왕건은 환선길桓宣吉, 이흔암伊昕巖 등 왕권에 도전하는 적대 세력에 대처해야 했으며, 민심을 수습하고 호족 세력을 포섭하는 대책을 강구해야 했다.

이를 위해 융화 · 북진 · 숭불정책을 건국이념으로 삼은 왕건은 지방 호족들을 회유 · 무마하는 한편, 서경을 개척하고 여진을 공략했으며, 각처에 절을 세웠다. 안으로는 그러한 숙제들을 풀어나가면서 밖으로는 강대한 후백제 견훤의 세력에 대처해나갔다. 그리고 936년 후삼국 통일이라는 대업을 이루어냈다.

신라의 통일이 외세를 이용해 이룬 것이라면, 고려의 통일은 왕건을 중심으로 한 자주적 민주통일이었다. 왕건의 통일전쟁이 18년간 지속되면서 신라 왕실과 많은 백성이 호응하여 통일군에 가담했고, 견훤까지 귀순하여 후백제 공략에 앞장섰다. 왕건의 후삼국 통일은 거란에게 멸망(926)당한 발해 유민까지 포용해 민족대화합을 이룬 통일로, 우리 민족사가 하나로 통일된 국가로 전개되는 기틀을 마련했다고 할 수 있다.

왕건은 호족들의 추대로 왕이 되고 후삼국을 통일한 만큼 호족들에 대한 회유와 견제가 필요하다고 판단했다. 그래서 도입한 것이 사심관제도와 기인제도. 사심관제도는 지방에 연고가 있는 호족들에게 자기 지방을 다스리도록 특수 관직을 주는 제도다. 이에 신라의 마지막 임금 경순왕을 경주의 사심관으로 임명하여 신라 지역을 다스리게 했으며, 통일전쟁에서 공을 세운 신하들에게도 향직을 주어 해당 지역을 다스리게 했다. 그와 동시에 호족의 자식을 개경에 머물게 하는 기인제도도 함께 운영했다.

왕건은 고려의 안정과 발전을 위해 훈요십조를 남겼다. 훈요십조는 왕실의 후손들에게 내린 유훈으로, 왕건의 철학이 고스란히 담겨 있다. 훈요십조의 내용을 간략히 소개하면 다음과 같다.

1조. 불교를 장려하되 승려들의 사원 쟁탈을 금지하라

2조. 사원의 증축을 경계하라

3조. 서열에 관계없이 덕망 있는 왕자에게 왕위를 잇게 하라

4조. 거란의 풍속과 언어를 본받지 마라

5조. 서경(평양)에 100일 이상 머물러라

6조. 연등회와 팔관회 행사를 소홀히 하지 마라

7조. 상벌을 분명히 하고, 간언에 귀를 기울여 백성의 신망을 잃지 마라

8조. 차령산맥 남쪽과 공주강(금강) 외곽 출신은 반란의 염려가 있으니
벼슬을 주지 마라

9조. 백관의 녹봉을 증감하지 말고, 무예가 특출한 사람에게 적당한 벼
슬을 주어 병사들의 사기 진작에 힘써라

10조. 경전과 역사서를 널리 읽어 온고지신의 교훈으로 삼아라

근래 지역주의 문제에 훈요십조 8조를 악용할까 우려되어 신동준의
《역사대장정, 왕》(한송, 1999)을 통해 8조의 진정한 의미를 되새겨보고자
한다.

훈요십조에 나오는 해당 조항은 다음과 같다.
'차령산맥 이남과 금강 바깥쪽은 산형과 지세가 모두 거꾸로 뻗쳤으니
인심 또한 그러하다. 저 아래 고을 사람이 조정에 참여하여 왕이나 왕실
의 인척과 혼인해 나라의 정권을 잡게 되면 나라에 변란을 일으키거나
통합당한 원한을 품고 왕이 거동하는 길을 범해 난을 일으킬 것이다.'

한마디로 국가 변란의 가능성 때문에 이 같은 주문을 한 것이다. 그의 이 같은 당부는 해당 지역민들이 후백제의 멸망으로 고려에 대해 적개심을 지니고 있었던 점에서 불가피했다. 바로 '통합당한 원한'이라는 대목이 이를 뒷받침하고 있는 것이다. 나아가 단순히 요즈음의 지역 갈등과 연관 지어 이미 고려시대에 망국적인 지역 갈등이 존재했다고 보는 것은 잘못된 것이다.

– 신동준,《역사대장정, 왕》

고구려 고토 회복을 꿈꾸다

태조太祖는 만주 대륙에서 웅비했던 고구려를 계승한다는 의지를 표출하고자 국호를 고려로 정하고, 대외적인 주체성과 자주정신의 리더십을 표방했으며, 고토故土 회복을 위한 북진 정책을 지속적으로 추진했다. 이러한 경향은 역대 국왕들에게도 그대로 계승되었고, 고려의 전 시대를 통해 통치 리더십으로 일관되게 이어졌다.

태종 대부터 성종 대까지 왕권을 안정시키고자 국가 제도를 정비하면서 국력을 신장시킨 고려는 마침내 고토 회복을 위한 대륙 진출의 의지를 실현하기 시작했다. 그리하여 성종·현종 대에는 세 차례에 걸친 거란의 침입을 성공적으로 물리치고 압록강 유역까지 진출했으며, 예종 대에는 여진을 정벌하여 두만강 너머 옛 땅을 일시적으로 수복하기도 했다. 또한 공민왕 대에는 원의 압제를 물리치고 요동과 철령 지방을 수복하는 쾌거를 이루었다. 이러한 성과는 고려인의 투철한 자주

정신과 민족의식, 그리고 부단한 북진 의지의 소산이었다.

고려의 자주정신은 북방민족의 침략에 맞섰던 고려의 투쟁사에서
도 찾아볼 수 있다. 993년 거란의 소손녕이 이끄는 80만 대군이 1차 침
입을 감행해오자 중군사中軍使 서희는 단독으로 적진에 들어가 소손녕
과 담판하여 강동 6주를 획득함으로써 고구려의 고토를 일부나마 수
복했다. 강동 6주는 대륙 진출의 전진기지로서 그 중요성이 막대했는
데, 후에 거란의 2·3차 침입 시 1차 방어선으로서 적을 격멸하는 군사
거점으로 활용되었다.

거란은 전략 요충지 강동 6주를 탈환하기 위해 파상 공세를 계속했
으나 고려의 반격을 받고 모두 패퇴했다. 해를 거듭하는 침공에도 별
다른 성과를 거두지 못한 거란은 1019년 소배압蕭排押이 이끄는 10만
대군으로 고려를 침공했으나 강감찬 장군이 이끄는 고려군에 의해 귀
주龜州에서 격멸당했다. 이처럼 고려는 성종 대에서 현종 대에 이르기
까지 20년 동안 세 차례에 걸쳐 거란의 침입을 받았으나 그때마다 뛰
어난 장수들의 활약으로 격퇴할 수 있었다.

세 차례에 걸친 거란의 침략을 성공적으로 물리친 고려는 다시금 북
진 의지를 펼쳤는데, 이 과정에서 세력을 확장한 여진의 침략을 받게
되었다. 그러나 윤관이 이끄는 고려군은 연전연승을 거두며 여진의 본
거지를 토벌한 뒤 점령지에 9성을 축조하고 많은 고려인을 이주시킴
으로써 고구려의 고토였던 이 지역을 고려의 강역으로 편입시켰다. 윤
관의 북벌은 단순히 여진족에 대한 토벌이 아니라, 고구려의 고토를
회복하려는 북진 의지의 소산이었다.

이성계의 쿠데타가 발생하기까지

고려의 전성기는 4대 광종 때부터다. 광종은 강력한 결단력을 갖춘 리더십으로 왕권을 강화했고, 개혁 정책으로 국가 기반을 확립했다. 뒤를 이은 경종은 좌우집정제, 전시과 마련 등으로 왕권을 안정시켰다. 성종 치세에는 거란의 침입으로 국제 정세가 불안정했음에도 뛰어난 외교력으로 나라를 지켜내는 등 국력이 최고에 달했다. 목종의 무능한 리더십으로 나라의 위상이 떨어졌지만, 현종 치세부터 거란의 재침입을 슬기롭게 막아내며 그간의 국난을 국력 강화의 교훈으로 삼는 모습을 보여주었다. 그리고 문종 대에 이르러 정치, 사회, 문화, 외교 등 모든 분야를 발전시킴으로서 제2의 전성기를 맞이하게 되었다.

그러나 후반기 들어 의종이 향락에 빠지면서 환관정치가 시작되고 정중부의 난이 일어나는 등 고려에 망조가 들기 시작했다. 고종 때는 몽골의 침략 전쟁으로 고려를 비롯한 아시아 국가 전체가 전쟁에 휘말렸다. 고려도 이를 피해 갈 수는 없었다. 거란, 왜구 등 변방이 불안한 가운데 1231년 8월 몽골군의 1차 침입이 있었고, 이는 7차례에 걸쳐 28년 동안 지속되었다. 결국 고려는 원나라의 속국이 되었고, 이후의 왕들은 원나라의 간섭하에 나라를 다스리는 무능한 리더로 전락했다.

원나라의 몰락으로 공민왕이 배원 정책을 펼쳐 국권을 회복하기도 했으나, 정변과 반란, 노국공주의 죽음 등으로 공민왕이 병을 얻어 폐위되는 등 쇠락한 국운은 좀처럼 살아나지 않았다. 결국 고려는 이성계의 쿠데타를 끝으로 국운을 다하고 만다.

| 07 |

조선의 왕조 리더십

(27왕 · 1392~1910 · 519년 존속)

조선 왕조의 핵심 리더십 평가

순번	왕명 (재위 기간)	핵심 리더십 평가
1대	**태조** 太祖 (7년. 1392~1398)	• 위화도 회군 등을 통해 최영 장군과의 권력투쟁에서 승리하여 쿠데타로 권력 쟁취 • 무예와 전쟁의 달인으로, 역성혁명을 통해 조선 왕조를 창업한 탁월한 리더
2대	**정종** 定宗 (3년. 1398~1400)	• 동생 방원(태종)에 의해 왕좌에 즉위 및 퇴위한 무능한 리더 • 국정보다는 향락에 탐닉한 기회주의 리더
3대	**태종** 太宗 (19년. 1400~1418)	• 국방 강화, 국가 재정 안정, 노비제도 정비, 신문고 설치 등 조선의 개혁과 안정에 크게 기여 • 조선 안정 및 발전의 원동력을 만든 탁월한 리더

4대	**세종** 世宗 (33년. 1418~1450)	• 왕도정치를 통한 위민통치, 과학혁명, 집현전 설치, 훈민정음 창제, 육진 개혁, 대마도 정벌 등 조선의 안정과 발전 이룩하는 데 크게 기여 • 세계적인 위민 · 여민 리더십 발휘로 국태민안 이룩 • 한민족은 물론 세계의 성왕으로 인정받는 위대한 글로벌 리더
5대	**문종** 文宗 (3년. 1450~1452)	• 재위 기간의 대부분을 병상에서 지낸 문약한 왕 • 왕으로서의 능력과 인품을 구비했으나, 병약하여 단명한 안타깝고 불행한 리더
6대	**단종** 端宗 (4년. 1452~1455)	• 12세의 어린 나이에 즉위, 신권정치로 왕위 유지 • 수양대군의 왕위 찬탈로 어린 나이에 죽은 불행한 리더
7대	**세조** 世祖 (14년. 1455~1468)	• 단종의 숙부로, 정국 전복과 왕위 찬탈로 도덕성 상실 • 세제 개혁, 왕권 강화 등 공도 있으나 강권정치와 문치의 후퇴로 최악의 리더
8대	**예종** 睿宗 (2년. 1468~1469)	• 병약하여 정희왕후貞熹王后가 수렴청정 • 짧은 기간 재위한 불행한 리더
9대	**성종** 成宗 (26년. 1469~1494)	• 치세에 능하고 유교사상을 더욱 정착시켜 왕도정치 실현 • 조선의 태평성대를 이룬 유능한 리더
10대	**연산군** 燕山君 (13년. 1494~1506)	• 즉위 초기에는 정사에 성실했으나 초심을 상실하고 왕으로서의 직무 포기 • 독재와 유흥, 향락 등 광적인 폭정으로 인한 반란으로 폐위된 최악의 리더
11대	**중종** 中宗 (39년. 1506~1544)	• 반정 공신 세력에 밀려 조정 주도권을 장악하지 못하고 개혁 정책 실패 • 당쟁 등으로 왕권이 실추되어 국가 불안이 지속되는 등 무능한 리더
12대	**인종** 仁宗 (9개월. 1544~1545)	• 조선 역대 왕 중 최단명(9개월) 재위 중 미상 병으로 사망한 불행한 리더
13대	**명종** 明宗 (23년. 1545~1567)	• 문정왕후文定王后의 수렴청정(8년)과 권신에 휘둘려 왕권 상실 • 을사사화, 임꺽정의 난 등 끝없는 정국 혼란을 겪은 무능한 리더

14대	**선조**宣祖 (42년. 1567~1608)	• 방계 혈통으로는 최초로 즉위했으나, 붕당정치로 조정 불안정, 국력 쇠퇴 • 임진왜란 시 도망간 왕으로 백성의 원성이 컸으며, 7년간의 전쟁으로 국토가 유린되고 부패가 극심해지는 등 망국의 요인을 제공한 최악의 리더
15대	**광해군**光海君 (16년. 1608~1623)	• 과감한 개혁으로 기존 세력과 대결하는 등 불화정치 조성 • 대외적으로는 탁월한 실리적 외교론을 펴고, 대내적으로는 왕권 강화를 통해 민생 안정을 꾀하는 등 과감한 현실 정치를 시도했으나 실패 • 인조반정으로 퇴위했으나 후세들은 유능한 리더로 평가
16대	**인조**仁祖 (27년. 1623~1649)	• 반정으로 즉위했으나 이괄李适의 난, 정묘호란, 병자호란 등 끝없는 국난 지속 • 병자호란 시 삼배구고두三拜九叩頭의 치욕으로 무릎을 꿇은, 조선 망국의 요인을 제공한 최악의 리더
17대	**효종**孝宗 (11년. 1649~1659)	• 국난을 극복하고 북벌 정책과 국력 강성 이룩 • 선왕의 치욕을 복수하기 위해 북벌 정책을 준비하다 서거한 유능한 리더
18대	**현종**顯宗 (16년. 1659~1674)	• 국가 안정 지속을 위해 노력했으나 왕권의 권위 약화 • 집권 내내 남인과 서인의 극심한 정쟁 지속된 무능한 리더
19대	**숙종**肅宗 (47년. 1674~1720)	• 탁월한 정치능력으로 극심한 당쟁으로부터 왕권 회복 • 국가 발전에 기여한 유능한 리더
20대	**경종**景宗 (5년. 1720~1724)	• 희빈 장씨의 아들로, 비운의 왕으로 즉위 • 노·소론의 당쟁 격화 지속 속에 단명한 불행한 리더
21대	**영조**英祖 (53년. 1724~1776)	• 붕당의 폐해를 거울삼아 탕평 정책 실시 • 비상한 정치능력으로 국가 안정과 발전을 이루어낸 유능한 리더
22대	**정조**正祖 (25년. 1776~1800)	• 문예부흥을 통해 새로운 정치 구현 • 실학의 융성으로 국가 안정과 발전을 이루어낸 탁월한 리더
23대	**순조**純祖 (35년. 1800~1834)	• 안동 김씨 세도 정권, 홍경래洪景來의 난, 천주교 박해, 끊임없는 천재지변 등으로 국력 쇠퇴 • 민생을 불안정하게 한 무능한 리더

24대	**헌종** 憲宗 (16년. 1834~1849)	• 내우외환으로 조선 사회 붕괴 조짐이 대두되는 등 총체적 위기 • 망국의 요인을 제공한 최악의 리더
25대	**철종** 哲宗 (15년. 1849~1863)	• 농부에서 제왕이 된 강화도령으로, 60년 안동 김씨 세도정권의 실권 없는 왕 • 민란 등으로 국력이 쇠퇴하여 망국 요인을 제공한 최악의 리더
26대	**고종** 高宗 (45년. 1863~1907)	• 명성황후와 대원군의 세력 다툼과 일본을 비롯한 열강의 내정 간섭 지속 • 대한제국을 탄생시키지만, 을사늑약을 통해 나라를 빼앗기는 등 망국의 당사자로 최악의 리더
27대	**순종** 純宗 (4년. 1907~1910)	• 일본의 압력으로 군대를 해산당하고 사법권을 강탈당하는 등 망국의 황제 • 대한제국의 식민지화로 27왕조 519년 조선 역사의 막을 내리게 한 최악의 리더

조선 왕조에서는 세종대왕이 역사상 최고의 위대한 리더로 평가된다. 또 태조, 태종, 정조 등 3명은 탁월한 리더로, 성종, 광해군, 효종, 숙종, 영조 등 5명은 유능한 리더로 평가하는 반면, 문종, 단종, 예종, 인종, 경종 등 5명은 불행한 리더로, 나머지 13명은 무능한 리더로 평가된다. 특히 세조, 연산군, 선조, 인조, 헌종, 철종, 고종, 순종 등 8명의 왕은 최악의 리더로 분류할 수 있다.

조선의 3대 왕 태종 이방원은 외척의 권력 분산을 막고 왕권을 강화하는 데 주력했던 왕이었다. 태종의 리더십은 카리스마 리더십, 유비무환 리더십, 칼의 리더십 등으로 요약된다. 태종은 조선 왕조의 기틀을 다진 뛰어난 리더십을 발휘했다. 태종이 있었기에 세종부터 시작되는 태평성대가 가능했다.

우리 역사상 가장 위대한 리더십을 발휘한 세종대왕은 셋째 아들로 태어나 장자가 세자에 책봉되는 조선의 전통을 깨고 어렵게 즉위했다. 세종 시절은 우리 민족의 역사에서 가장 훌륭한 유교 정치, 찬란한 문화가 이룩된 시기였다. 세종은 정치적 안정을 바탕으로 정치, 경제, 사회, 문화 등 모든 분야의 기틀을 마련했다.

선조는 27명의 왕 중 최악의 리더라고 해도 과언이 아니다. 임진왜란 당시 백성을 버리고 중국으로 피난하려다 유성룡 등의 만류로 저지당했고, 이를 안 백성들이 분노해 왕이 피난한 길을 왜군에게 알려주기도 했다.

최악의 리더에는 왕뿐 아니라 대신도 들어간다. 인조 15년 1월 30일은 병자호란 패배로 인조가 삼전도(지금의 서울 송파구)에서 청 태종에게 무릎을 꿇고 항복한 날이다. 삼전도의 치욕 이후 조선의 고관대작들이 줄줄이 사직 상소를 냈다. 이들의 사직은 나라를 지켜내지 못한 울분과 반성 때문이 아니었다. 청나라는 왕위를 계승할 소현세자昭顯世子를 볼모로 끌고 가기로 하는데, 소현세자 이외에 판서判書의 자식들도 인질로 데려가려 하자 앞 다투어 관직에서 물러나려 했던 것이다. 국가가 백척간두에 섰는데도 일신의 안위가 우선이었던 이들을 생각해보면 조선이 왜 몰락할 수밖에 없었는지 이해가 되기도 한다.

대한제국의 초대 황제 고종은 일제의 압박에 못 이겨 1907년 순종에게 황위를 넘겼고, 1919년 1월 21일 덕수궁에서 세상을 떴다. "이 나라가 다시 번영하려면 과거처럼 행동해서는 안 된다"는 고종의 뼈아픈 후회는 오늘 우리에게도 그대로 적용된다.

문무를 겸비한 리더, 인의와 충용의 리더십

조선은 개국 초부터 왕권을 중심으로 한 중앙집권적 제도 개편으로 양반관료제의 기틀을 확립하고, 인의를 바탕으로 왕도정치의 이상을 구현하고자 했다. 성리학을 중시했던 조선은 대내적으로는 덕치주의와 민본사상을 왕도정치의 이념으로 하고, 대외적으로는 사대교린事大交隣을 정책의 기본으로 삼아 친선 정책을 지향했다.

성리학을 국가 통치이념으로 채택하자 성리학 위주의 사회질서가 확립되었고, 이는 정치, 사회, 군사 전반에 지대한 영향을 미쳤다. 성리학에 바탕을 둔 충효정신은 왜란과 호란 등 국가가 위기에 처할 때마다 인의와 충용의 호국 리더십으로 나타났고, 구한말 위정척사운동과 일제 강점기 독립운동의 정신적 기반이 되기도 했다.

조선은 문무 양반제도를 확립했으나 실질적으로는 문치주의를 기본으로 하는 관료 체제를 구축함으로써 사회 지배층을 군사 리더가 아닌 인문적 교양을 갖춘 유림 리더로 충원했다. 이들은 평상시 서원이나 향교에서 글을 읽던 사람들로, 전쟁에 대비한 체계적이고 전문적인 교육과 훈련을 받지는 않았지만, 향촌 사회를 이끌던 리더였으므로 유사시 민중을 조직해 적극적으로 위기 리더십을 발휘할 수 있었다. 이들이 바로 나라가 위태로울 때 각 지방에서 분연히 일어섰던 의병 리더들이었다.

임진왜란 당시 의병을 주도한 의병장들은 거의 문반이나 유림이었으며, 유림 세력이 성한 지역에서는 자연히 의병활동도 활발했다. 그들이 궐기한 사상적 배경에는 유교의 충효정신이 있었다. 이 충효정신은 왜란과 호란 같은 절체절명의 위기 상황에서 민족과 국가를 구해낸 리더십의 원동력이었다. 그래서 조선시대에는 인의와 충용을 바탕으로 문무를 겸비한 리더를 이상적인 무인으로 꼽았다. 세종 때 동북 지방을 침범하던 여진족을 정벌하고 경원慶源을 비롯한 두만강변의 6진을 완성함으로써 동북 지역의 강역을 확장한 김종서金宗瑞와 병선 227척과 병사 1만 7천여 명을 이끌고 대마도 정벌에 나서 왜구를 소탕한 이종무가 바로 이런 리더라고 할 수 있다.

1592년, 전쟁 준비가 소홀한 가운데 임진왜란이 일어나자 20만의 왜구는 불과 20여 일 만에 서울을 함락하고, 2개월 만에 전 국토를 유린했다. 임진왜란을 극복하는 데 결정적인 공을 세운 사람은 충무공 이순신 장군이다. 그는 현재 세계 해전사에서 가장 훌륭한 글로벌 리더로 칭송받고 있지만, 그의 자질을 더욱 빛낸 것은 무엇보다도 무한한 인의와 충용의 리더십이었다.

임진왜란이 발발하자 구국전선에 나선 것은 군대의 장수와 병사만이 아니었다. 유생과 전직 관료, 일반 평민과 승려까지 다양한 계층의 사람들이 나라를 되찾기 위해 의병활동에 동참했다. 1592년 8월 18일 의병장 조헌趙憲은 700여 명의 결사대를 이끌고 금산성을 지키고 있었다. 그는 "오늘은 한 가지 죽음이 있을 뿐이니, 사생진퇴死生進退에 추호도 의義에 부끄러움이 없도록 하라"라고 부하들을 독려하며 끝까지 분전했으나, 한 명도 살아남지 못하고 전원이 전사했다. 이 금산 전투는 호국 리더십의 표본이며, 오늘날 우리는 의병장 조헌과 700 결사대의 혼과 얼이 서린 '700 의총義塚'을 사적으로 지정하여 그 정신을 기리고 있다. 이러한 의병활동 덕에 현대식 조총으로 무장한 20만이 넘는 왜군을 7년의 항전 끝에 이 땅에서 몰아낼 수 있었다.

왜란이 백성들에게 크나큰 시련과 상처를 안겨준 전쟁이었다면, 호란은 우리 조정에 치욕과 수모를 안겨준 전쟁이었다. 1636년의 병자호란은 임란의 상흔傷痕이 채 가시지 않은 조선 사회에 큰 타격을 주었고, 호란을 통해 조선은 왕이 직접 청제淸帝 앞에 무릎을 꿇는 삼전도의 굴욕을 겪기도 했다.

백성들의 청에 대한 적개심은 전쟁이 끝난 후에도 그치지 않고 오히려 더욱 고조되었는데, 이러한 반청 의식은 효종의 북벌 의지로 나타났다. 나날이 강성해지는 청나라의 기세에도 불구하고 조선의 북벌 계획은 어영대장御營大將 이완李浣 등이 중심이 되어 군비를 증강하는 등 실행 직전 단계에 이르렀다. 삼전도의 굴욕을 안긴 청을 응징하기 위해 추진된 북벌 의지는 후에 재정 문제와 효종의 죽음으로 좌절되어 아쉬움을 남겼다.

왜란과 호란은 유비무환의 리더십을 바탕으로 한 강력한 방위력을 배양하지 않고서는 대쪽 같은 충절이나 능란한 외교술도 민족의 생존권 수호와 조국의 번영을 담보하지 못한다는 교훈을 우리에게 주고 있다.

조선 왕조가 몰락한 이유

조선은 근대화에 실패했다는 말이 있다. 역사를 되돌아볼 때, 이 말은 사실이다. 조선이 근대화에 성공했다면 일제 강점기라는 고난의 35년을 보내지는 않았을 것이다. 그렇다면 조선의 근대화가 실패하게 된 원인은 무엇일까?

조선이 시대 상황을 따라가지 못하게 된 이유를 키워드로 살펴보면 붕당정치, 지나친 유교주의, 인조반정, 세도정치, 정조의 개혁 실패, 쇄국 정책 등을 꼽을 수 있다.

조선의 근대화가 실패한 직접적인 책임을 그 시대의 리더인 고종에게 물을 수도 있겠지만, 고종이 왜 그런 선택을 했는지를 설명하려면 중종 때부터 누적되어온 총체적 원인을 배제하고 설명할 수 없다. 중종부터 시작해 선조를 거쳐 인조에 이르기까지 왕들은 조정 주도권을 장악하지 못함으로써 개혁 정책에 실패했고, 훈구파와 사림파의 대립에 효과적으로 대처하지 못해 특정 세력이 권력을 독식하게 하는 빌미를 제공했다. 그리고 그 결과, 권력을 둘러싼 정쟁이 가속화되었다.

중종 이후 명종 치세 동안에는 훈구파의 권세가 계속되었다. 외척 세력까지 권력에 가세하면서 왕권은 더욱 약화되었다. 명종은 수렴청정을 하던 문정왕후의 기세에 눌려 군왕의 권위를 지키지 못했다. 문정왕후에게 회초리를 맞는 등의 모습을 보이며 권위가 바닥에 떨어졌던 명종은 문정왕후 사후 권위를 세워보려 노력했지만 원하는 바를 이루지 못했다.

선조는 우유부단하고 문약하여 재위 기간 내내 붕당정치가 심화되고 당파 싸움이 계속되었다. 강력한 리더십으로 이를 중재해야 했음에도 그러지 못한 선조의 우유부단함은 임진왜란 대처에서 최악의 결과로 나타났다. 전 국토가 황폐화되었고, 백성은 왜구의 노략질에 고통받아야 했다.

선조의 우유부단함은 왕위 계승에서도 그대로 드러났다. 광해군은 임진왜란 때 의주와 평양을 오가며 정부의 역할을 다한 공적이 있고, 대외정보력 또한 갖췄음에도 선조가 나이 들어 얻은 적통 왕자 영창대군永昌大君을 예뻐하는 바람에 왕위에 오를 수 있을지 불안했다. 이러한 선조의 태도는 후일 광해군이 왕위에 오른 지 15년 만에 반정 세력에 의해 폐위되게 만든다.

광해군에 이어 왕위에 오른 인조는 중화사상을 신봉하여 명나라를 무조건 맹신하고 따르는 사대외교를 폈다. 새로이 강자로 떠오르는 청나라를 무시하여 정묘호란과 병자호란 같은 치욕의 전란을 겪었으며, 전 국토를 도탄에 빠뜨려 조선 왕조 망국의 뿌리가 되었다.

중종 치세부터 심화된 당쟁은 조선 제2의 전성기였던 영조·정조 대에도 계속되었지만, 영조와 정조는 탕평 정책을 펼쳐 중재했다. 하지만 정조 사후에는 탕평을 이루어내지 못했고, 외척 세력들에 의한 세도정치가 시작되었다.

정조가 죽고 순조가 12세의 나이로 즉위하자 김조순金祖淳은 자신의 딸을 왕비로 들여 순조를 보필하게 했고, 이렇게 안동 김씨의 세도 정치가 시작되었다. 헌종 때는 풍양 조씨로 세도정치의 주체가 바뀌었으며, 그 뒤 김문근金汝根의 딸이 철종의 비가 되면서 다시 안동 김씨의 세도정치로 이어졌다. 안동 김씨 가문은 세도정치를 지속함으로써 왕을 허수아비로 만들었고, 왕권은 약화되었다. 이어 고종의 생부 흥선대원군興宣大院君이 안동 김씨 세력을 몰아내고 수렴청정을 함으로써 왕권이 회복되고 나라의 기강이 바로 세워지는 듯했으나, 신중을 기해 간택한 왕비 명성황후에게 실각한 뒤로는 다시 민씨 일족의 세도정치가 이어졌다. 흥선대원군과 명성황후 사이의 권력 싸움과 중간에서 중

재하지 못하는 우유부단한 고종으로 인해 조선은 세계 정세에 효과적
으로 대처하지 못했고, 근대화에 실패하게 되었다.

　사실 고종은 개화와 근대화에 관심이 많았다. 그러면서도 갑신정변
이 발발하자 급진개화파였던 김옥균金玉均을 제거하는 등 갑신정변을
주도한 개화파들을 믿지 못했다. 고종의 이 판단이 결국 역사를 바꾸
어 놓았다.

　1884년 갑신정변 직후 후쿠자와 유키치[福澤諭吉]가 쓴 《탈아론脫亞
論》에서 "이웃의 개명을 기다려 함께 아시아를 일으킬 여유가 없다. 서
양 문명국과 진퇴를 같이해 이웃이라 봐줄 것이 아니라 서양인의 방식
에 따라 대해야 한다"라고 조선 침탈 야욕을 극명하게 드러냈음에도
무능한 조선 왕조는 총 한 방 제대로 쏘지 못하고 일본의 단계적 침탈
에 한일합병의 비운을 맞이하고 말았다.

08

대한제국과 대한민국 임시정부의
리더십

대한제국 설립에서 대한민국 임시정부 수립까지

연도	주요 사건
1875	운양호 사건
1876	강화도조약
1882	임오군란
1884	한미통상조약, 갑신정변
1894	동학농민운동, 갑오경장
1895	을미사변, 삼국간섭
1896	아관파천
1897	대한제국 성립

1902	영일동맹
1904	러일전쟁, 한일의정서, 한러조약 폐기, 제1차 한일협약
1905	가쓰라 · 태프트 밀약, 포츠머스 조약, 을사조약
1907	한일신협약, 군대 해산
1910	한일 강제합병
1919	3 · 1운동, 상하이 임시정부 수립

19세기로 접어들자 서세동점의 파고가 더욱 높아지면서 한반도에도 서구 열강의 힘이 파고들기 시작했다. 더구나 '은둔의 나라'로 불리던 우리나라의 위치가 아시아의 세력 거점지로서 매우 중요하다는 인식이 일반화된 후부터 서구 각국은 한반도에서 유리한 고지를 차지하기 위해 열띤 경쟁을 벌이게 되었다. 당시 영 · 불의 동진東進, 미국의 서진西進, 러시아의 남진南進, 일본의 대륙 진출 정책으로 말미암아 바야흐로 서구 열강은 제국주의의 물결을 타고 물밀듯이 한반도로 몰려들었다.

특히 일본은 강화도조약 이후 한반도 침략 시나리오를 사활을 걸고 추진했다. 일제는 한국의 중요성을 십분 인식하고 있었기 때문에 다른 어떤 나라의 간섭 없이 한국에서 독점적 이익을 누리고 싶어 했다. 또한 대륙 침략의 거점을 확보하기 위해서라도 한국을 장악할 필요가 있었다.

청나라는 대국으로서의 면모를 잃고 움츠리고 있었지만, 일제의 대륙 침략 야욕을 보고 있을 수만은 없었다. 청나라는 일본이 한반도를 잠식하여 한국에서 자신들의 영향력이 줄어든다면 한반도가 곧 대륙 침략의 전초기지가 될 것임을 잘 알고 있었기 때문에 일본의 한국 침략을 견제할 수밖에 없었다.

러시아는 유럽과 중앙아시아 등지에서의 남진 정책이 영국에 의해 강력한 저지를 받게 되자, 방향을 선회하여 만주와 한국에 큰 관심을 갖고 극동 진출 정책을 적극적으로 펴나가고자 했다. 한국의 원산이나 만주의 뤼순, 다롄 등지에서 부동항을 획득하려는 러시아의 남진 정책은 한국 및 만주 침략을 노리고 있던 일본과의 충돌이 불가피해 보였다.

이런 와중에 동학농민혁명이 터졌고, 이는 청·일 양국에 군사 개입의 구실을 주어 급기야 청일전쟁(1894~1895)으로 비화되었다. 8개월간의 전쟁은 일본의 일방적인 승리로 끝났다.

반면, 러시아는 한국에서 세력을 날로 확장하여 아관파천(1896) 무렵에는 급성장세를 보였으나, 영국의 정치적 지원을 받은 일본과 러일전쟁(1904~1905)으로 승부를 가려야 했다. 1년 6개월간의 치열한 전쟁은 뜻밖에도 일본의 승리로 끝났다. 드디어 일본이 한국 침략의 마지막 장애물을 제거하는 데 성공한 것이다. 당시 조선은 친청·친일·친러파로 나뉘어 갈팡질팡했다. 하지만 일본이 청과 러시아를 모두 패퇴시킴으로써 그들의 결정적인 퇴조를 가져왔고, 한국에서 확고부동한 위치를 굳히게 되었다. 안타깝게도 한반도는 리더십의 실종 시대를 맞이한다.

일제 침략의 서곡, 강화도조약

1876년의 강화도조약은 어떤 면에서는 우리나라가 근대 서구문명과 접하게 된 시발점이기도 하지만, 일제의 잔악무도한 침략에 신음해야 했던 가혹한 역사의 시작이기도 하다.

19세기는 '강자의 미덕'이 지배했던 시대였다. 1826년 태국이 영국의 무력에 의해 문호를 개방하게 된 것을 시작으로 동아시아 각국은 서세동점의 거센 물살에 휘말려 들어갔다. 1840년 영국과의 아편전쟁에서 패배한 중국은 그로부터 2년 후 굴욕적인 남경조약南京條約을 맺으며 문호를 개방했다. 일본은 1853년 미국의 페리 제독에 의해 항구 개방 압력을 받은 후 이듬해 가나가와[神奈川]조약으로 문을 열었다.

대원군의 쇄국 정책으로 문을 굳게 닫아걸고 있던 조선의 문호를 연 나라는 다름 아닌 이웃 나라 일본이었다. 일본은 1867년 도쿠가와 막부를 무너뜨려 메이지유신을 단행하고, 적극적으로 서구 문명을 받아들여 급속히 근대국가로 변신했다. 이때부터 일본에서는 조선을 정벌하자는 '정한론征韓論'이 다시 고개를 쳐들기 시작했다.

1875년 8월 21일 아침, 강화도 초지진草芝鎭을 지키고 있던 조선의 포대 수비병들은 커다란 군함 한 척이 응도鷹島 동남쪽 해상에 닻을 내리는 것을 발견했다. 이곳은 이미 몇 해 전 병인양요와 신미양요 때 프랑스, 미국의 함대와 격전을 치른 곳이었다. 그 배는 일본의 운양호였다. 운양호는 닻을 내리고는 함재포를 사정없이 쏘아댔다. 조선에서는 이 사건을 적당히 얼버무리려 했고, 반대로 일본에서는 당장 조선을 침공하자며 벌집을 쑤셔놓은 듯이 소란을 떨었다.

사실 이 사건은 일본이 짜놓은 침략 시나리오에 의해 연출된 것이었다. 1876년 2월 3일 강화도 연무당鍊武堂에서 조선 측 대표 신헌申櫶과 일본 측 대표 구로다 기요다카[黒田淸隆]는 12개 조항의 불평등 조약에 정식으로 조인하고 비준서를 교환했다.

조약 제1조는 '조선은 자주국이며 일본과 대등한 권리를 갖는다'라고 되어 있었는데, 이는 조선의 종주국임을 자처하던 청나라의 간섭을 막기 위한 것이었다. 또한 제5조에서는 '20개월 이내에 부산과 그 밖의 2개 항을 자유 무역항으로 개방한다'라고 했는데, 일본은 이 개항지로 인천과 원산을 미리 지목하고 있었다. 그리고 제9조에는 '양국 상인들의 무역 활동에 대해 양국 정부는 전혀 간섭하지 않는다'라고 되어 있었는데, 이로써 조선은 무역 통제권을 상실하게 되었고, 이 때문에 일본의 경제적 침탈에 수수방관할 수밖에 없게 되었다. 또 제10조의 '양국인의 범죄 행위는 각각 그 나라의 법에 따라 처단한다'라는 조항은 이른바 치외법권治外法權을 명시한 것으로, 일본의 군대나 관리들이 조선에서 어떤 행패를 부리더라도 조선은 이를 막을 권리가 없다는 것을 의미했다. 조선 왕조의 리더들은 이 조약이 훗날 얼마나 엄청난 결과를 가져오게 될지 모른 채 일본 측의 일방적인 강요에 이끌려 조약을 맺고 말았다.

당시 조선의 지도층 리더들이 무능하고 국제적 안목이 결여된 탓에 멋모른 채 불평등 조약에 응함으로써 일본은 조선에 대한 침략 시나리오를 전개해나갈 계기를 마련했을 뿐 아니라 장차 만주, 중국, 러시아에까지도 세력을 뻗칠 수 있는 중요한 거점을 확보하게 되었다.

명성황후 시해 사건과 강제로 맺은 을사늑약

청일전쟁에서 승리한 일본은 청나라로부터 요동 땅과 대만 등지를 할양받았다. 그러자 절대로 만주를 일본에 넘겨주어서는 안 된다고 판단한 러시아가 프랑스와 독일을 끌어들여 일본에 '삼국간섭三國干涉'을 단행했고, 결국 일본은 요동반도를 돌려줄 수밖에 없었다.

청일전쟁에서 이기고도 열매를 러시아에게 빼앗긴 일본은 조선에서의 입지를 강화하려 했다. 그러나 당시 조선에서는 러시아 세력을 등에 업은 명성황후가 실권을 장악하고 있었다. 명성황후가 있는 한, 일본은 조선에서 힘을 쓸 수 없었고, 위기를 느낀 일본은 명성황후를 제거하기로 했다.

일본 정부는 이를 위해 무장 출신 미우라 고로[三浦梧楼]를 등용했고, 미우라는 궁내부 고문관 오카모토 류노스케[岡本柳之助], 〈한성신보사〉 사장 아다치 겐조[安達謙蔵] 등과 함께 명성황후 시해 계획을 세웠다.

오카모토는 명성황후에 대한 불만 세력부터 찾았다. 명성황후가 해산시키려고 하는 3개 훈련대의 우범선遇範善, 이두황李斗璜, 이진호李軫鎬와 전 군부협판 이주회李周會를 끌어들였다. 그런 다음 일본군 수비대와 일본인 거류지 담당 경찰관, 친일 조선인까지 총동원하기로 한다.

오카모토는 대원군을 찾아가 명성황후 제거를 설득한다. 명성황후를 미워한 대원군은 어이없게도 승낙하고 만다. 1895년 10월 7일, 명성황후는 경복궁에서 민영준이 궁내부 대신에 내정된 것을 축하하는 잔치를 열었다. 잔치가 끝나고 잠자리에 든 명성황후는 다음 날 새벽 6시경 내실로 난입한 일본군의 칼에 살해당하고 만다. 이 사건(을미사변)

으로 일본은 정치적 주도권을 장악하게 된다.

일본은 1905년 7월, 미국과 '가쓰라-태프트 밀약'을 맺어 필리핀에 대한 미국의 진출을 인정해주고, 한국에 대한 보호권을 양해받았으며, 8월에는 영국과 제2차 영일동맹을 맺어 한국에 대한 정치·외교·군사적 지배권을 인정받았다. 이렇게 열강들에게 한반도 지배권을 인정받은 일본은 1905년 11월 9일 특명전권대사로 이토 히로부미를 파견했고, 11월 15일 이토는 일본 천황의 친서를 보이며 고종을 협박해 외교권 박탈을 내용으로 하는 을사늑약 체결을 강요한다.

11월 17일, 이토 히로부미와 주한 일본공사 하야시 곤스케[林權助]는 고종이 참석하지 않은 어전회의를 주재했다. 이토는 일본 헌병 수십 명의 호위를 받으며 회의장에 들어가 대신 한 사람 한 사람에게 조약 체결에 대한 찬성 여부를 물었다. 이날 회의에 참석했던 대신은 참정대신 한규설韓圭卨, 탁지부대신 민영기閔泳綺, 법무대신 이하영李夏榮, 학부대신 이완용李完用, 군부대신 이근택李根澤, 내무대신 이지용李址鎔, 외무대신 박제순, 농상공부대신 권중현權重顯 등이었다. 이 가운데 조약 체결에 적극적으로 반대한 사람은 한규설과 민영기, 이하영뿐이었다. 고종을 찾아가 이 회의의 결정을 거부할 것을 청하려던 한규설은 일본 헌병에 의해 감금되고 말았다.

이완용은 "오늘날의 정세를 볼 때 어찌할 수 없는 일이다. 일본이 타협적으로 처리하려 하니 우리도 그 요구를 받아들이는 것이 마땅하다고 본다"라며 찬성했고, 이미 일본에 매수되어 있던 박제순, 이지용, 이근택, 권중현 등도 찬성했다. 이날 조약 체결에 찬성한 다섯 명을 '을사오적'이라고 한다.

을사늑약 체결로 한국 외교기관은 외교권을 잃고 전부 폐쇄되었다. 고종은 빼앗긴 국권을 되찾기 위해 동분서주했다. 미국에 보낸 밀서가 묵살당했지만 좌절하지 않고, 런던 〈트리뷴Tribune〉지 기자인 더글러스 스토리Douglas Story를 통해 옥새가 찍힌 국서를 영국에 전달하려 했다. 고종은 이 국서에서 을사늑약은 자신이 직접 승인하지 않은 불평등 조약이므로 한국의 주권은 일본에 있지 않음을 역설하고, 이후 세계열강이 5년 동안 한국을 공동으로 보호하기 바란다고 전했다.

그러나 이미 세계열강은 일본의 한국 지배를 인정하고 있었기 때문에 아무 반응이 없었다. 고종은 끝까지 굴하지 않고 대한제국 문제를 국제 사회에 알리기 위해 1906년 6월부터 10월까지 네덜란드 헤이그에서 열리는 만국평화회의에 밀사를 파견해 한국 독립을 호소하려고 했다. 특사는 전 의정부 참찬 이상설李相卨과 전 평리원 감사 이준이었다. 두 사람은 만국평화회의장에 갔지만, 어느 나라도 이들의 주장을 들어주지 않았다. 구국 비밀 결사인 신민회에 가입했던 이준은 국권을 되찾을 길이 없게 되자 분을 이기지 못하고 순국했다.

1907년 일본은 고종을 강제로 퇴위시키고 순종을 등극케 한다. 이후 순종은 일본의 압력에 밀려 별다른 정치적 능력을 발휘하지 못한 채 군대를 해산당하고, 사법권을 강탈당하는 등 숱한 수모를 겪는다. 그리고 일본은 친일 매국노들을 앞세워 1910년 한일합병을 단행하고, 한반도를 무력으로 강점한다. 대한제국은 리더들의 무능으로 총 한 방 쏘지 못하고 망국의 오명을 쓴 채 사라졌다.

계속되는 항일 독립운동과 8·15해방

　1907년 8월 1일 군대가 강제로 해산당하자 이에 반발한 군인들은 지방으로 이동해 의병에 가담했으며, 이후 독립군, 광복군으로 이어지는 항일 무장투쟁을 이어갔다.

　3·1운동 이후 일본의 잔혹한 행위를 목격한 한국인들은 조직적 독립운동과 국제 사회 외교활동의 필요성을 절감했다. 그리하여 민족 지도자들이 1919년 4월 11일 상하이에서 대한민국 임시정부를 수립했다.

　임시정부의 항일 독립투쟁은 의열단을 통한 투쟁, 독립군 단체 지원, 광복군 창설 등 다양한 방식으로 이루어졌다. 의열단을 통한 투쟁의 대표적인 예는 이봉창과 윤봉길의 의거다. 1932년 1월 8일 이봉창의 도쿄 의거는 실패했으나, 4월 29일 윤봉길의 상하이 의거는 일본군 사령관 등 20여 명을 살상하는 성과를 올렸다. 그 결과 한국 독립을 위한 여론이 국제 사회에 형성되었다.

　　그날이 오면 그날이 오며는
　　삼각산이 일어나 더덩실 춤이라도 추고
　　한강 물이 뒤집혀 용솟음칠 그날이
　　이 목숨 끊기기 전에 와주기만 할 양이면
　　나는 밤하늘에 날으는 까마귀와 같이
　　종로의 인경을 머리로 들이받아 울리오리다
　　두개골은 깨어져 산산조각이 나도

기뻐서 죽사오매 오히려 무슨 한이 남으오리까

그날이 와서 오오 그날이 와서

육조 앞 넓은 길을 울며 뛰며 뒹굴어도

그래도 넘치는 기쁨에 가슴이 미어질 듯하거든

드는 칼로 이 몸의 가죽이라도 벗겨서

커다란 북을 만들어 들쳐 메고는

여러분의 행렬에 앞장을 서오리다.

우렁찬 그 소리를 한 번이라도 듣기만 하면

그 자리에 거꾸러져도 눈을 감겠소이다.

– 심훈, '그날이 오면'

심훈은 1930년 3월 1일 '그날이 오면'이라는 시에서 민족 해방에 대한 간절한 염원을 표현했으며, 영국의 비평가 세실 모리스 바우라Cecil Maurice Bowra는 비평서《시와 정치Poetry and Politics》에서 이 시를 세계 저항시의 한 본보기로 평가했다.

1931년, 일제는 만주사변을 일으켜 중국을 본격적으로 침탈하기 시작했다. 이와 함께 우리 민족문화 말살 정책과 대륙 병참기지화를 추진하자, 이에 대항해 학교, 종교단체, 농민, 노동조합 등이 중심이 되어 항일 비밀결사활동을 펼쳤다.

1932년 윤봉길 의사의 의거를 계기로 상하이를 떠난 임시정부는 6개 도시(항저우杭州 → 전장鎭江 → 창사長沙 → 광저우廣州 → 류저우柳州 → 치장枝江)를 전전하다가 1940년 중국의 전시 수도인 충칭重慶으로 옮겼다. 국외에서 활동한 독립운동 세력은 1937년 중일전쟁과 1941년 태평양전쟁 등 국제 정세에 주목하고, 임시정부를 중심으로 힘을 모았다. 아울러 임시정부를 이끌던 한국독립당과 조선민족혁명당 같은 독립운동 세력은 일제의 패망에 대비해 근대 민족국가의 수립을 준비했다.

1941년 12월 8일 일본이 진주만을 기습 공격하면서 미·일 간에 태평양전쟁이 발발했다. 이때 우리도 군대가 있었다. 1940년 9월 17일 중화민국의 임시수도 중경에서 창설된 대한민국 임시정부 군대의 공식 명칭은 한국광복군이었다. 임시정부 주석 김구는 "광복군은 중화민국 국민과 합작하여 우리 두 나라의 독립을 회복하고자 공동의 적인 일본 제국주의자들을 타도하기 위하여 연합군의 일원으로 항전을 계속한다"라고 그 취지를 천명했다. 미국에서도 재미한족연합위원회 국방과 주관으로 군대를 창설해 직접 대일전선에 동참하거나 미군을 후원하는 방향으로 활동을 전개했다.

해외 망명정부인 대한민국 임시정부는 1941년 12월 10일을 기해 대일 선전포고문을 발표했다. 광복군은 이날 이후 연합군의 일원으로 참전하고 주축국인 독일에 대해서도 선전포고를 하게 된다. 중국에서는 중국과 연합해 일본에 대항했으며, 미얀마·인도 전선까지 파견되어 영국군과 연합 작전을 수행했다. 우리 광복군은 직접 전투에 참가하는 것은 물론이고, 포로 심문, 암호 해석, 선전전단 작성, 대적 회유對敵懷柔 등의 작업에도 참여했다.

독립운동가들은 일제를 패망시키려면 우리의 힘만으로는 불가능하다는 사실을 알고 있었다. 그래서 독립군을 양성해두었다가 일제가 중국, 미국 등과 전쟁을 벌일 때 함께 전쟁을 전개하여 독립을 쟁취한다는 전략을 세운 것이었다. 그러나 일본 본토에 대한 미국의 원폭 투하로 일본이 연합군에 항복하는 바람에 실행에 옮기지는 못했다. 광복군을 이끌던 김구 주석은 일본의 항복 소식을 듣자, "아! 왜적의 항복! 이것은 내게 기쁜 소식이라기보다는 하늘이 무너지는듯한 일이었다. 수년간 애써서 참전 준비를 한 것도 모두 헛일이다"라며 안타까워 했다.

일본이 패망하고 독립이 되었으나, 한반도 남부에 진입한 미국은 대한민국 임시정부를 인정하지 않았다. 미국은 임시정부 요인들이 개인 자격으로 귀국할 것, 정부로 행세하지 않을 것, 미군정American Military Government의 질서 확립에 협력할 것을 요구했다. 이로 인해 임시정부는 사실상 해체되었고, 임시정부 요인들은 1945년 11월 29일에 개인 자격으로 귀국했다.

순국선열들과 애국지사들의 광복에 대한 염원은 무장운동, 문화운동, 노동운동, 학생운동 등으로 끊임없이 이어졌고, 대일 선전포고 등으로 일본의 식민통치에 끝까지 투쟁하여 독립을 쟁취할 수 있었다. 1948년 선포된 대한민국헌법은 "우리 대한국민은 3 · 1운동으로 건립된 대한민국 임시정부의 법통과 불의에 항거한 4 · 19민주이념을 계승하고"라고 되어 있다. 이로써 대한민국 임시정부가 한국 독립의 모태가 되고 대한민국 건국의 정신적 · 사상적 기반이 되었음을 분명히 했다.

나라를 팔아먹은 사람들

졸지에 황제가 된 순종의 3년 1개월의 재위 기간은 하루하루가 일제의 침략 시나리오 수순 밟기였다. 공포에 질린 순종은 매국 대신들과 일제 차관이 시키는 대로 윤허만 내렸다.

일본은 1907년 한일신협약韓日新協約(정미7조약)을 맺어 각 부 차관을 모두 일본인으로 세워 실권을 장악했고, 1909년에는 기유각서己酉覺書를 통해 사법권을 빼앗고 한국 군대를 무장 해제시킨 후 경찰권을 장악했다.

1909년 10월 26일 안중근 의사가 이토 히로부미를 살해하자, 일본 내에서는 한국을 빨리 합병하자는 여론이 거세졌다. 당시 일본인 낭인들의 조직인 흑룡회가 한국의 친일 단체 일진회와 손을 잡고 한일합방을 위해 막후에서 은밀히 활동하고 있었으며, 일본은 즉각 합병을 원하는 육군 대장 데라우치 마사타케[寺內正毅]를 새 통감으로 임명하며 대한민국 강점이 머지않았음을 암시했다.

일진회는 1909년 12월 3일 대한협회와 정견협정위원회를 열어 합방 성명서를 발표할 것을 주장했다. 합방 성명서는 일진회의 이름으로 되어 있었지만, 사실 일본의 수상 가쓰라 다로[桂太郎]와 비밀스럽게 합의한 흑룡회가 초안을 잡은 것이었다. 당시 통감부 합방 실무자는 외사국장 고마쓰 미도리[小松緑]였다. 고마쓰는 관비 유학생으로 동경에서 공부했던 《혈의 누》의 작가 이인직李人稙의 스승이었다. 이완용은 이인직을 고마쓰에게 보내 합방의 수순을 밟기 시작했다.

이인직은 고마쓰에게 "일한병합은 종주국을 중국에서 일본으로 옮기는 것"이라고 말하는데, 이는 인조반정 이래 집권당이던 노론의 주장과 유사했다. 그는 "조선 국민은 대일본제국의 국민으로서 위치를 향상시키는 것일 뿐"이라는 궤변까지 늘어놓았다.

이완용 매국 내각은 강압적으로 '한일합방늑약'을 성립시켜 대한제국을 멸망시켰다. 한일합방늑약이 성립된 것은 1910년 8월 22일이었지만, 이들은 외국에는 다음 날 바로 합방을 발표한 반면, 국내에는 일주일간 숨기고 있다가 8월 29일(경술국치일)에야 정식으로 발표했다. 《이야기 한국사》(교양국사연구회 지음, 청아, 1993)에서는 다음과 같이 이야기한다.

> 이 조약은 전문 8개 조로 되어 있는데, 한국에 대한 일체 통치권을 완전히 동시에 영원히 일본에게 양도할 것과 한국의 황제 및 황족과 정부 요인에게는 상당한 대우와 세비歲費를 지급한다는 내용이었다.
>
> 이로써 조선 왕조는 이성계가 나라를 세운 이래, 27대 519년 만에 종말을 고하게 되었다. 전날 고려가 망할 때는 많은 충신들이 두문동으로 들어가 끝까지 충절을 지켜 고려의 망국을 슬퍼했지만, 한국 강점 때는 76명의 새로운 귀족이 생겨 모두 작위爵位를 받고 세비와 상금을 받게 되었다. 그것도 우리 민족이 아닌 다른 민족에게 나라를 팔고 그 대가로 말이다. 당시 정부의 고관으로서 국록을 먹던 자로서 누구 한 사람 국가와 운명을 같이한 사람이 없었으니, 너무나 쓸쓸한 망국이었다.
>
> – 교양국사연구회, 《이야기 한국사》

이렇게 조선 왕조는 개국 519년 만에 역사 속으로 자취를 감추었다.

일본은 을사오적 등의 친일파에게 일본의 작위를 주어 귀족 계급에 편입시킴으로써 그들이 말하는 이른바 황국신민이 되게 했다. 왕족과 대한제국 관료 출신 중 일본으로부터 작위를 수여받은 사람은 모두 76명이었다.

대한민국 5천 년 역사 중 가장 치욕적인 시기는 일제 강점기다. 대한민국은 유구한 역사와 찬란한 문화를 자랑하는 나라이면서도 일제에 종속되는 과정에서 많은 사람이 변질되는 안타까운 과정을 지켜볼 수밖에 없었다. 강창일 의원은 일제의 한국 침략과 식민지 지배에 적극 협력하여 조국과 민족을 배신한 친일파의 유형을 다음과 같이 분류한다.

먼저, '매국 친일파'를 들 수 있다. 이들은 우리나라가 일본에 종속될 수 있도록 여러 가지 반민족적인 행위를 한 자들이다. 대표적인 인물로 명성황후 시해 사건에 동조한 이주회, 이두황, 우범선, 구연수 등과 을사오적인 이완용, 박제순, 이근택, 권중현, 이지용을 들 수 있다.

두 번째 유형으로 '변절 친일파'가 있다. 1919년 3월 1일의 독립운동에 충격을 받은 일제는 종래의 무단통치로는 한민족을 지배하는 것이 도저히 불가능하다고 판단하고 이른바 '문화통치'라는 것을 내걸어 민족 분열 정책을 획책해 많은 민족지도자들을 변절시켰다. 이때 넘어간 지도자들이 최린崔麟, 최남선崔南善, 이광수李光洙 같은 자들이다.

세 번째 유형으로 '황민 친일파'가 있다. 일제는 한민족을 말살하기 위해 황국신민 교육을 철저히 시행했는데, 우리말을 못 쓰게 하고 이름과 성조차도 빼앗았다. 이러한 세뇌교육을 철저히 받은 식민지 2세대 중에는 일제의 관료나 군인이 되는 것이 출세의 길이라고 생각하여 고등문관 시험 등에 합격하여 고급 관리가 되거나, 일본군 장교가 된 자들이 있다. 또한 헌병이나 경찰이 되어 독립운동가들을 고문하고 탄압한 자들도 있다. 이들도 민족의 독립을 방해하거나 부일 협력을 했다는 점에서 친일파다.

대한민국이 보다 성숙한 민주주의 사회, 시민사회로 발전하지 못한 가장 큰 요인은 이러한 친일파 척결과 같은 식민 잔재 청산을 제대로 하지 못한 데 있다. 식민 잔재를 청산하지 못한 우리 사회는 여전히 반민주적이고 반시민적인 사회 풍토에 시달리고 있다.

친일반민족행위진상규명회는 일제 강점기를 제1기(1904년 러일전쟁 ~1919년 3·1운동), 제2기(1919년 3·1운동~1937년 중일전쟁), 제3기(1937년 중일전쟁~1945년 해방) 세 부분으로 나눠 친일반민족행위 대상자를 조사했다. 그리고 2006년 12월 6일, 제1기 친일반민족행위자 106명을 공개했고, 1년 후인 2007년 12월 6일에는 제2기 195명을, 2009년 11월 27일에는 제3기 704명의 명단을 공개했다.

친일파는 민족 분열을 꾀하고 부정부패를 만연시킨 정의롭지 못한 세력이었다. 때문에 친일파 문제를 비롯한 식민 잔재 청산은 민족통일국가, 성숙한 시민사회로 가는 실천 과제로 남아 있다.

| 09 |

대한민국의 리더십

대한민국의 핵심 리더십 평가

순번	성명	핵심 리더십 평가
1~3대	**이승만** (12년. 1948년 7월 ~1960년 4월)	• 대한민국을 건국한 대통령으로 자유민주주의와 시장경제 체제 도입 • 민주주의의 싹을 틔우고 산업화 추진의 징검다리 역할 • 3·15부정선거와 독재로 4·19혁명에 의해 하야 • 건국 리더이나 정권 말기에 망명한 불행한 리더
4대	**윤보선** (2년. 1960년 8월 ~1962년 3월)	• 내각책임제(총리 장면)에서의 실권 없는 대통령으로 5·16 쿠데타로 하야 • 선비형으로 쿠데타를 극복하지 못한 우유부단한 리더

5~9대	**박정희** (16년. 1963년 12월 ~1979년 10월)	• 쿠데타로 집권하다 대통령이 되어 대한민국 근대화와 산업화, 경제혁명의 토대 마련 • 10월 유신으로 장기독재 집권 체제 구축 등 민주주의 발전 저해 • 심복 김재규(전 중앙정보부장)로부터 시해당한 풍운의 리더
10대	**최규하** (1년. 1979년 12월 ~1980년 8월)	• 박정희 대통령 시해 사건으로 과도기를 통치했으나 신군부 쿠데타에 의해 8개월 만에 하야한 우유부단한 리더 • 김종필에게 대통령직 출마를 권유할 정도로 권력 욕심이 없는 전형적인 관료 리더
11~12대	**전두환** (8년. 1980년 9월 ~1988년 2월)	• 10·26 대통령 시해 사건 수습 후 12·12쿠데타로 대통령에 오름 • 독재로 정치 발전과 민주화에 부정적 결과를 초래했으나, 5년 단임제 실현으로 대통령 장기집권 근절 제도 마련 • 대통령 퇴임 이후 추징금 미납, 전 재산 29만 원 발언 등 노블레스 오블리주 리더십의 실종으로 부끄러운 리더 • 리더십 능력은 탁월하나 도덕성 실종으로 추락한 리더 • 본인 및 일가, 측근 비리는 물론 쿠데타 과정의 비리로 복역하는 등 역대 대통령 중 최악의 리더
13대	**노태우** (5년. 1988년 2월 ~1993년 2월)	• 전두환과 12·12쿠데타 주동 • 전두환 대통령의 후계자로 6·29선언의 주역(전두환의 연출)이 되어 민선 대통령 선거에서 승리 • 권위주의 타파 및 북방외교에 기여 • 본인 및 일가, 측근 비리는 물론 쿠데타 과정의 비리로 복역하는 등 우유부단하고 불행한 리더
14대	**김영삼** (5년. 1993년 2월 ~1998년 2월)	• 최초의 문민대통령으로 군부 세력의 탈정치화, 금융실명제 등 민주주의 발전에 기여 • 신한국 창조, 하나회 척결, 금융실명제 도입 등 개혁의 성과는 있었으나 IMF 사태를 초래하는 등 경제 정책 실패 • 본인은 비교적 청렴했으나 자식 및 측근 비리로 부정부패 정권이라는 오명을 피하지 못한 리더 * 공과 과를 따질 때 논란의 대상이 되는 리더로서 역사적 평가가 끝나지 않은 리더이나, 민주화 대통령으로서의 리더십 높이 평가

15대	**김대중** (5년. 1998년 2월 ~2003년 2월)	• 7전8기의 대통령으로 IMF 극복과 민주주의 발전에 기여 • 햇볕정책의 성과도 있었지만, 퍼주기 식 대북 정책이 핵·미사일 개발로 이어져 국가 안보에 위협 초래 • 임기 말, 세 아들과 측근들의 비리로 도덕성에 타격을 입은 리더 ＊ 공과 과를 따질 때 논란의 대상이 되는 리더로서 역사적 평가가 끝나지 않은 리더이나, 민주화 대통령으로서의 리더십 높이 평가
16대	**노무현** (5년. 2003년 2월 ~2008년 2월)	• 대통령 선거에서 예상을 뒤엎고 기적적으로 당선된 후 정경유착 탈피, 탈권위주의 등으로 민주주의 발전에 기여 • 정치 개혁과 도덕성을 앞세워 국정을 운영했으나, 정제되지 않은 발언으로 구설에 오르고 가시적 성과 없이 끝났다는 평가를 받음 • 본인은 비교적 청렴했으나 일가와 측근 비리의 부담을 떨쳐내지 못하고 자살을 선택한 불행한 리더 ＊ 사후(2013) NLL 발언 문제 등으로 이슈화되는 등 역사적 평가의 중심에 선 리더
17대	**이명박** (5년. 2008년 2월 ~2013년 2월)	• 역대 대통령 중 가장 많은 국민의 지지로 당선(500만 표 차이로 압승) • 취임 초기 미국산 쇠고기 수입과 관련한 대규모 촛불시위로 대통령 리더십에 치명적인 타격 • 지연·학연·종교 중심의 패거리 인사로 국민 불신이 가중되어 신뢰 없는 대통령으로 전락 • 세계적인 경제 위기에 적극 대처, G20 정상회의, 핵안보정상회의 등 경제·외교 리더십 발휘 • 부정부패를 근절할 수 있는 대통령임을 자임했으나, 결국 일가 및 측근 비리로 불명예스럽게 퇴진한 불행한 리더 ＊ 공과 과를 따질 때 논란의 대상이 되는 리더로서 역사적 평가가 끝나지 않은 리더
18대	**박근혜** (5년. 2013년 2월~)	• 극기와 신뢰 리더십으로 대통령에 당선된 대한민국 최초의 여성 대통령 • 국민행복시대를 약속하며 창조경제, 문화 융성 등 비전 제시 • 대통합·대탕평 리더십으로 국가 개조를 위한 역동성 구축 긴요 ＊ 통일 대박론의 시대적·역사적 사명을 이루어야 할 여성 대통령

UN은 1948년 2월 16일, 가능한 지역 내에서의 선거 실시 권한을 UN 한국임시위원단에 부여했고, 5월 10일 남한에서만 총선거가 이루어졌다. 7월 17일 헌법을 제정·공포한 데 이어, 7월 20일 첫 번째 대통령 선거에서 대통령에 이승만, 부통령에 이시영이 당선되며 대통령제가 시작되었고, 8월 15일 역사적인 대한민국 건국을 선포하게 된다.

이승만 초대 대통령 시대는 해방 전후의 극심한 사회혼란과 전쟁, 빈곤 등으로 많은 어려움을 겪었던 시기였다. 이승만 전 대통령은 건국과 더불어 민주주의의 싹을 틔우고 산업화의 기반을 닦았지만, 독재와 부정부패로 무너졌다. 그는 장기집권으로 불행을 자초해 1960년 3·15 부정선거에 따른 4·19혁명으로 결국 하야했으며, 하야 후 하와이로 망명해 이국땅에서 생을 마감하는 비운을 맞았다.

박정희 전 대통령은 '우리도 한번 잘 살아보세', '하면 된다'라는 경제부흥 리더십을 내세워 후진국의 사슬을 끊고 '한강의 기적'을 일궈냈다. 사회·경제적 기반 없이 민주주의의 발전을 기대하기는 어렵다. 박정희 전 대통령은 경제 개발을 최우선 과제로 삼고, 새마을운동으로 국민적 열정을 일깨웠으며, 그의 이런 노력은 민주주의 발전의 초석이 되었다.

하지만 박정희 전 대통령은 근대화와 경제 발전이라는 큰 업적에도 불구하고 부의 편중, 소외계층 양산 등으로 국민의 반발을 샀으며, 1972년 10월 유신으로 종신집권 체제를 구축하려는 무리수를 두었고, 결국 1979년 심복인 김재규 전 중앙정보부장의 총탄에 죽음을 맞았다.

박정희 전 대통령이 서거한 후 과도기 정부를 이끌었던 최규하 전 대통령은 1980년 신군부에 의해 8개월여 만에 하야하며 역대 최단명

대통령으로 남았다.

신군부 쿠데타로 집권한 전두환 전 대통령은 과감한 인재 기용과 정책으로 물가를 안정시키고 실업률을 낮추는 데 기여했으나, 우리나라 자유민주주의 발전에는 퇴행적인 결과를 가져온 대통령으로 평가받고 있다. 고려대 김승채 교수는 전두환 대통령에 대해 "정치 발전과 민주화에는 부정적 성과만 가져온 지도자"라고 비판했다.

전두환 전 대통령은 1981년 3월 3일 취임 시 권력형 비리, 친인척 비리는 가차 없이 엄단하겠다고 공언했으나, 재임 7년 반 동안 동생은 새마을운동본부 회장으로 70여억 원을 횡령한 혐의로, 형은 노량진수산시장 강탈 사건 연루 혐의로, 처남과 처삼촌은 부정비리 혐의로 줄줄이 구속되는 등 47명의 친인척과 측근이 구속되고 29명이 불구속되는 엄청난 부정부패 사건이 일어났다. 본인과 가족이 7~8천억 원에 이르는 검은돈을 모은 것으로 드러나 일족이 '비리의 백화점'임을 보여준 꼴이 되었다.

노태우 전 대통령은 민주화와 북방외교에서는 상당한 성과가 있었으나, 경제 문제를 비롯한 국내 정책은 큰 성과를 내지 못했다. 또한 노태우 전 대통령 역시 처사촌인 박철언이 슬롯머신 사건으로 구속되고, 동서 금진호가 거액의 비자금 조성에 관여해 유죄 판결을 받는 등 친인척의 부정부패 행렬에서 벗어날 수 없었고, 자신도 재벌들로부터 수천억 원대의 뇌물을 받아 구속되는 등 부정부패 정권으로 낙인찍히면서 국민들에게 실망을 안겨주었다.

신군부 세력으로 대통령에 오른 전두환·노태우 두 대통령은 12·12 군사반란과 5·18민주화운동 무력 진압, 부정축재 등의 혐의로 각각 사형과 무기징역을 선고받고 2년가량 복역했다.

김영삼 전 대통령은 경제정의 실현과 금융실명제 실시, 군부 세력의 탈정치화 등의 성과를 거두었으나, 전시성 정책 남발로 신뢰를 잃었고, 경제 부실화가 빠르게 진행되었다. 민주화 시대를 연 김영삼 전 대통령 본인은 비교적 깨끗한 정치인이었지만, 재임 시절 아들이 구속되는 등 부정부패의 불운을 피해 가지 못했다. 결국 정권 말기에 외환위기를 맞음으로써 경제적으로 실패한 대통령이 되었다.

김대중 전 대통령은 국제통화기금IMF 관리 체제 위기를 극복했고, 기업·금융·공공·노동 등 4대 개혁을 밀어붙였다. 또 햇볕정책을 추진했지만, 일각에서는 퍼주기 식 대북 정책에 대한 반론이 거세게 일었다. 김대중 전 대통령도 임기 말 차남 김홍업과 3남 김홍걸이 기업체에서 청탁 명목으로 금품을 수수한 혐의로 구속 기소되면서 대통령이 직접 대국민 사과까지 해야 했다.

노무현 전 대통령은 정경유착 탈피, 탈권위주의라는 측면에서는 성과를 도출했지만, 부동산 가격 폭등, 양극화 심화, 국가 채무 증가 등은 분배, 복지, 자주를 강조한 참여정부 5년의 성적표를 초라하게 만들었다. 정치 개혁과 높은 도덕성을 앞세워 참여 정부를 탄생시킨 대통령이었지만, 그 역시 일가(아들, 딸, 형)와 측근의 부정부패로부터 자유롭지 못했고, 결국 스스로 운명을 마감하는 세계사에 유례없는 불행한 대통령이 되었다.

이명박 전 대통령은 세계 경제위기 극복, G20 회의 유치 등 경제적·외교적으로 성과가 있었지만, 소통의 리더십이 부족했다. 더욱이 747공약(성장률 7퍼센트, 국민소득 4만 불, 세계 7위 경제대국)을 무리하게 밀어붙이려다 지나친 저금리와 고환율, 대규모 투자 정책 등 경제에 구조적 부담을 가중시켰다는 비판을 받고 있다. 특히 4대강 사업을 무리하게 추진하며 국민의 공감대를 얻지 못했고, 역대 대통령들처럼 임기 말 친인척 측근 비리로 불행한 퇴임을 맞았다.

시대가 바라는 대통령의 리더십

실패한 리더들은 외부적 요인보다 내면적 결함, 다시 말해 도덕적 해이로 리더의 권위 손상, 자격 상실에까지 이르렀다. 국가가 망하는 이유 역시 외부의 침입보다는 내부의 도덕성 붕괴 또는 해이가 근본 요인이다. 도덕적 권위가 그토록 중요한 것은 도덕성이 신뢰의 기초이며, 신뢰 없이는 어떤 상황에서도 리더십을 발휘할 수 없기 때문이다.

하지만 인간은 누구나 공과가 있다. 전직 대통령 열 명 역시 마찬가지다. 공은 공대로 인정해주고 과는 과대로 평가하는 자세가 필요하다 하겠다.

강정인 서강대 교수는 2009년 5월 한국정치사상학회 주최로 열린 심포지엄에서 '한국 정치의 진보와 보수'라는 제목의 발표를 통해 "한국의 보수와 진보가 화해하려면 한국 현대사에서 그들이 기여한 정당한 몫을 찾아서 밝히는 것이 중요하다"라고 말했다. 보수 쪽에 대해서는 "대한민국의 자랑스러운 역사는 이승만의 건국과 박정희의 경제 발전만이 아니라 그들의 업적이 진보 세력의 끈질긴 투쟁에 의해 민주화로 귀결되었기 때문에 비로소 가능했다는 점을 받아들여야 한다"라고 지적했다. 동시에 진보 쪽에 대해서도 "자유민주주의와 자본주의를 근간으로 한 이승만과 보수 세력의 건국, 그리고 박정희 정권의 경제 발전을 토대로 하여 1987년의 민주화가 가능했고, 또 그것이 지속 가능한 민주주의로 전개되었다는 점을 인정해야 한다"라고 지적했다.

한국 국민은 대통령에게 결단력, 책임감, 청렴성, 여론 존중, 지도력, 실천력, 국제감각 등 다양한 자질을 요구한다. 이러한 자질은 대부분 개인의 성격과 관계되는 것이다. 역사관이나 조직관리 능력, 국정운영 능력 등은 모두 도덕 리더십과 밀접한 관련이 있다.

우리나라는 유독 대통령에게 거는 기대가 크다. 모든 국민은 대통령의 강력한 리더십이 국가를 반석 위에 올려놓기를 바라며, 위민 리더십을 꽃피우길 갈구한다. 대통령은 국가의 성격과 특성을 결정짓고 흥망성쇠를 좌우하는 중요한 역할을 한다. 대통령 1인의 리더십(통치 역량)에 따라 '한국호韓國號'의 운명이 좌우된다. 더욱이 우리나라는 세계 어느 나라보다 대통령의 영향력이 큰 나라로, 대통령이 곧 국운이라 해도 지나치지 않다.

지금까지 많은 대통령이 자신의 시대를 열었다. 그 시대들을 거치며 대한민국은 숨차게 달려왔다. 세계가 놀라는 기적을 이루기도 했고, 때로는 넘어져 상처 입고 피를 흘리기도 했다. 국민들은 그래서 이상과 현실을 조화시키는 탁월한 대통령의 리더십을 더욱 염원하고 있다.

비극의 여인들, 공녀 · 환향녀 · 일본군 위안부

우리 역사에는 외침으로 인한 민족적 고난의 시기가 있었다. 고구려와 백제 등 고대 국가에서는 나라가 망하거나 전쟁에서 패하면 국민들의 일부가 포로로 끌려가는 것이 통례였다. 특히 고난과 절망의 아픈 역사 속에 우리나라가 힘이 없어 지키지 못한 우리 민족의 딸들이 있다. 공녀와 환향녀, 그리고 일본군 위안부들이 그들이다.

인간 진상품, 공녀

우리가 중국에 공녀를 바쳤다는 기록은 삼국시대부터였다. 고구려, 신라에서 중국 북위北魏에 여자를 보냈다는 기록이 남아 있다. 하지만 가장 피해가 극심했던 것은 고려 후기부터 조선시대까지였다. 정구선은 《공녀》(국학자료원, 2002)에서 "공녀 문제도 결국은 조공 관계와 불가분의 관계에 있다. 공녀란 중국의 요구에 따라 보내어진 한국의 여자, 특히 처녀들을 뜻하는 것으로서 일종의 특수공물이었기 때문이다. 중국 측에서 여자·노비·고자 등의 사람을 공물로 요구하기 시작한 것은 기원후 4세기부터인데, 특히 여자를 공물로 보낼 것을 강요한 것은 중국의 북위시대인 기원후 5세기 초부터의 일이다. 이때 고구려와 신라에서 미녀를 보냈다는 기록이 나타나고 있다.

공녀의 헌납은 그 후에도 계속 이어져서 고려 후기에는 원나라에, 조선 전기에는 명나라에, 그리고 조선 후기에는 청나라에 수많은 처녀들을 보내야만 했다. 이역만리 중국 땅으로 끌려간 처녀들은 고국의 부모·친척들을 그리워하며 평생을 황실의 궁녀나 중국 고관들의 처첩으로 지내야 했다. 이러한 공녀 문제는 일제 강점기의 성노예 못지않게 한국 여인들의 가슴을 멍들게 한 비극적이고 어두운 역사의 한 단면이었다"라고 말한다.

우리 역사학계에서는 조선 효종 때까지 공녀의 수가 수천 명에 이른다고 추정한다. 공녀 문제는 고려와 조선에서는 가장 큰 비극이자 국가·사회적 난제로 늘 쟁점이 되었다. 그래서 '공녀 중지 운동' 등 끊임없이 대책을 강구했으나 조정의 효과적인 대책은 없었다.

공녀들을 데려가는 중국의 채홍사彩紅使가 오면 조정에서는 공녀 선발 기구를 임시로 설치해 공녀를 물색하러 다녔고, 딸을 둔 부모들은 얼굴에 약을 발라 상하게 하거나, 비구니를 만들거나, 시집을 일찍 보내는 등 여러 묘책을 강구했다.

기황후처럼 황제의 눈에 들어 비빈妃嬪에 봉해지면서 권세 가도를 걷는 경우도 간혹 있었지만, 대부분의 공녀들은 중국에서 처첩으로 생을 마감했다. 공녀는 역사의 희생물이며, 약소국의 비애를 절절히 느끼게 한다.

전쟁터에서 살아 돌아온 여인, 환향녀

환향녀還鄕女는 병자호란이 끝난 후 청나라에 끌려갔다가 살아 돌아온 여인들을 말한다. 하지만 간신히 살아 돌아오더라도 '화냥년'이라고 멸시와 천대를 받아 고향에 갈 수 없었다.

《한 권으로 읽는 조선왕조실록》에 따르면, "청군은 도적질을 일삼은 것은 말할 것도 없고, 철군하면서 50만에 달하는 조선 여자들을 끌고 갔는데, 이들의 목적은 끌고 간 여자들을 돈을 받고 조선에 되돌려주는 것이었다. 그렇지만 끌려간 여자들이 대부분 빈민 출신이라 속가贖價를 낼만한 입장이 못 되었다. 그러나 비싼 값을 치르고 아내와 딸을 되찾아 오는 경우도 많았는데, 되돌아온 환향녀들이 순결을 지키지 못했다는 이유로 받아들여지지 않아 이혼 문제가 정치·사회 문제로 대두되기도 했다."

집에서 내쫓긴 환향녀들은 청나라로 돌아가거나, 심지어 목을 매달고 강에 투신해 죽기도 했다. 유교문화를 중시하는 조선사회에서 환향녀들은 모진 목숨을 이어나갈 수 없었던 것이다. 그래서 환향녀들이 남편에게 이혼당하거나 자결을 요구받는 일이 빈번하게 발생했으며, 정절을 잃은 여자의 자식은 과거도 볼 수 없었다. 환향녀의 증가로 사회 문제가 심화되자 중신 최명길崔鳴吉이 인조에게 대책을 요구하는 진언을 올렸고, 인조는 한강, 소양강, 금강, 예성강, 대동강을 회절강(절개를 되찾는 강)으로 삼고, 그곳에서 몸을 씻은 자는 과거도 깨끗이 씻기는 것으로 간주할 것을 명했다. 인조의 명령으로 사대부가에서는 할 수 없이 환향녀들을 받아들였지만, 집으로 돌아간 환향녀들 역시 행복한 여생을 누리지는 못했다.

병자호란에서 무릎을 꿇은 인조의 삼전도 치욕도 부끄러운 역사지만, 꽃다운 우리의 딸들을 '화냥년'으로 만든 역사는 더욱더 부끄럽고 굴욕적인 역사로 결코 잊어서는 안 될 역사의 교훈이다. 올바른 역사 인식을 통해 밝은 역사와 어두운 역사를 사실史實대로 받아들여 반면교사反面敎師로 삼아야 할 것이다.

일본군의 성노예, 위안부

일본 제국주의는 우리나라를 강제 병탄하고 온갖 만행을 자행했다. 그중에서도 가장 악독한 만행 중 하나가 일본군 위안부의 운용이었다. 일본은 늘어나는 주민 강간과 성병을 막고 군의 사기를 높인다는 명목으로 '군 위안부' 제도를 만들었다. 일본군이 군 위안소를 만든 시기는 1932년경이며, 본격적으로 설치한 것은 중일전쟁이 일어난 1937년 말부터다.

한국, 중국, 필리핀, 태국, 인도네시아 등지의 여성들과, 심지어는 인도네시아에 살고 있던 네덜란드와 호주 여성들까지 성노예로 강제 동원되었다. 일본군 위안부는 수십만 명에 이르는 것으로 알려지고 있으며, 특히 당시 식민지였던 우리나라 여성의 수가 10~20만 명으로 가장 많을 것으로 추정되고 있다.

현재 공식적인 용어로는 한국, 중국 등 한자 문화권에서는 '일본군 위안부', UN 등 국제기구를 포함한 영어권에서는 '일본에 의한 성노예Military Sexual Slavery by Japan'라고 쓰이고 있다. 한편 일본에서는 위안부의 실상을 감추려고 '종군위안부', '정신대'라는 용어를 사용하고 있다. 아무것도 모른 채 끌려가 성노예로 살아야 했던 조선의 꽃다운 처녀들은 이제 할머니가 되었고, 생존자는 54명(평균 연령 88세)에 불과하다. 이들은 매주 수요일 일본대사관 앞에서 30년째 항의 집회를 하고 있다.

일본 정부의 일본군 위안부 강제 동원을 시사하는 내용은 일본 내무성·육군성 공문서, 네덜란드 등 각국 검찰이 제출한 자료와 연합군의 일본군 포로 심문 기록 등에 분명히 남아 있다. 1946년 7월 5일, 일본군이 네덜란드령 동인도 서보르네오에서 강제 매춘 행위를 한 것과 관련해 네덜란드 검찰이 극동국제군사재판소에 낸 자료에는 "해군 특별경찰이 성 위안소에 위안부를 끊임없이 보충할 것을 명령받았다. 경찰대원은 거리에서 부녀자들을 잡아 의사의 진찰을 받게 한 후 성 위안소로 보냈다"라는 기록이 남아 있다.

일찍이 2000년 6월 UN은 '무력충돌 시 성노예 운용에 대한 특별 보고서'에서 특별히 제2차 세계대전 중 일본에 의해 자행된 군 성노예 체제에 대해 언급하고 있다. UN은 이 특별 보고서에서 일본이 '위안부'라는 이름하에 아시아에서 20만 명이 넘는 여자들을 일본군의 성노예로 부리기 위해 설치·운영했던 것을 '강간 캠프'라고 규정하면서, 일본이 저지른 행위를 '희생자들에게 어떤 보상이나 법적 책임의 인정이 없었고 범법자에 대한 처벌이 이루어지지 않은' 잔학 범죄로 규정했다. 또 이 보고서는 일본 정부의 국제법 위반에 대한 무책임함을 규탄하고, 나아가 일본 정부를 포함한 책임 있는 자들의 법적 책임 인정과 피해자들에 대한 충분한 보상, 관련자 처벌 등을 강력히 권고했다. 국제노동기구ILO도 1999년 6월 특별위원회에서 일본군 성 위안소 운영은 1930년 체결된 '강요된 노동 금지 조약' 위반임을 분명히 하고, 일본 정부가 피해자들과 협의하여 적극적으로 해결책 모색에 나설 것을 권고했다.

미국 정부는 2013년 4월, 제2차 세계대전 당시 일본군의 위안부 강제 동원에 대해 '심각한 인권침해'라면서 유감의 뜻을 분명히 했다. 힐러리 클린턴 전 국무장관은 2012년 3월, 한·미 외교장관 회담에서 위안부에 대해 '강요된 성노예'라고 공식 표현했다. 또한 미국 뉴욕 주 상원은 2013년 6월 29일, 일본군의 위안부 강제 동원을 반인도적 범죄로 규정한 결의를 만장일치로 채택하고, 위안부의 본질적 문제에 대해 다음과 같이 정리했다.

첫째, 제2차 세계대전 중 약 20만 명의 젊은 여성이 일본군 위안부로 강제 동원됐다.

둘째, 일본군 위안부는 정부 차원에서 조직적으로 자행된 전쟁 범죄다.

셋째, 2012년 6월 16일 뉴욕 주에 세워진 '제2위안부기림비'는 일본의 '반
인도적 범죄' 행위를 상기시키는 상징물이 되었다.

넷째, 위안부 강제 동원을 기억하고 그 피해자들을 기리는 것은 입법기
관에 부여된 책무다.

그러나 일본 정부의 반응은 후안무치厚顔無恥의 극치를 보듯 냉담했
다. 독일이 과거의 역사적 과오에 대한 사과와 보상에 최선을 다하는
데 반해, 일본은 반성은커녕 일본군 위안부의 강제 동원마저 부정하고
있다. 각국의 위안부 피해자들과 정부, 민간단체는 물론이고, UN을 비
롯한 국제기구에서도 일본에 진상 규명과 배상을 요구하고 있지만, 일
본 정부는 여전히 이를 거부하고 있다.

더욱이 일본의 아베 신조[安倍晋三] 총리는 2013년 의회 답변에 이어
최근까지도 위안부 강제 동원을 인정한 '고노 담화'는 증거가 없다는
주장을 되풀이하며, 심지어 고노 담화 검증을 주장하고 있다. 하시모
토 도루[橋下徹] 오사카 시장은 "군인들에게 위안부 제도가 필요하다는
사실은 누구나 알고 있다"라는 막말을 내뱉었다. 1993년 위안부 동원
의 강제성을 인정한 '고노 담화'와 1995년 침략 전쟁과 식민지 지배를
사과한 '무라야마 담화'가 나왔는데, 이를 정면으로 부인하고 나선 것
이다.

2013년 5월 말 하시모토 도루 오사카 시장의 일본군 위안부 망언과
관련해 UN 고문방지위원회CAT가 "정부 관계자와 공적 인물이 사실
을 계속 부인하는 것은 피해자들에게 또다시 정신적 상처를 주는 것이
므로, 일본 정부는 관련 사실을 철저히 조사해 명확한 반론을 펴야 한

다"라고 권고하자, 일본은 2013년 6월 18일 각료회의를 열어 "CAT의 권고는 법적 구속력이 없으므로 반드시 해당 권고를 따를 의무는 없다"라는 답변서를 채택했다. 이에 대해 일본의 시민단체 '강제 동원 진상 규명 네트워크'는 "UN과 역사적 진실을 무시하는 부끄러운 답변서다. 정부가 위안부 강제 동원을 증명하는 각종 자료를 갖고 있으면서도 이를 숨기고 있다"라고 비판했다.

최근 위안부 문제에 관한 국제연대가 성공적으로 가동되었다. UN을 비롯하여 미국, 유럽, 네덜란드 의회가 위안부 결의안을 통해 일본의 사죄를 촉구했다. 일본 정부는 위안부 피해자에게 가한 고통이 반인도적 범죄 행위이자 분명한 역사적 진실임을 인정하고, 위안부 문제의 해결을 촉구하는 국제 사회의 요청에 성실히 화답해야 할 것이다.

6부

역사리더십의 교훈

01

역사리더십 종합평가

리더의 리더십이 사라질 때

대한민국의 5천 년 역사를 살펴보면, 리더의 리더십에 따라 나라의 기틀이 강건해지기도 하고, 흔들리기도 했으며, 나라가 부흥하거나 쇠퇴하기도 했다. 정리해보면, 왕조시대에 최고 통치자의 리더십이 타격을 받는 경우는 다음 3가지였다.

첫째, 왕이 적장자가 아닐 때다. 적통이 아니라는 이유로 왕위 계승에 불만을 품은 세력이 리더십을 소멸시킨 대표적인 경우로 조선의 광해군을 들 수 있다. 광해군은 성군의 자질이 충분했지만 후궁 공빈 김씨의 둘째 아들이라는 한계가 있었고, 선왕인 선조는 인목왕후의 소생인 영창대군을 편애했다. 따라서 광해군은 세자로 책봉되었지만 선위될 때까지 후계가 불안했다. 그 결과 영창대군을 지지하는 파들이 생겼고, 광해군이 왕위에 오른 후에도 정사에 걸림돌이 되었다. 결국 광해군은 리더십을 제대로 발휘하지 못하고 인조반정으로 폐위되고 말았다.

둘째, 외척 세력에 의해 신하의 권력이 강해졌을 때다. 고려의 경원 이씨에 의한 세도정치, 조선 명종 때 윤원형 일가의 권력 독식, 그리고 조선 후기 안동 김씨 가문의 60년 세도정치 등이 그런 경우다. 이는 국왕에게 리더십이 집중되지 않고 신권이 강화되면 한 나라의 운명이 바뀔 수도 있음을 보여주었다. 조선 후기의 세도정치는 왕을 무능하게 만들고, 서구 열강들과의 교류가 필요했던 격동의 시기에 나라의 근대화를 막아버렸다.

셋째, 왕의 실정이 계속될 때다. 왕이 사치와 향락에 빠져 실정을 계속한 예는 우리 역사 속에 여러 번 등장한다. 백제의 의자왕은 유흥과 향락에 빠져 나라를 망국의 길로 이끌었고, 신라의 진성여왕은 부정부패와 음란한 생활로 백성들의 봉기를 야기했다. 고려의 의종이 사치와 향락에서 헤어나오지 못하자 무신들이 반발하여 정권을 빼앗기도 했다.

리더는 평안할 때도 혹시나 일어날지 모르는 위협에 대비해야 하며, 안일하거나 방탕하면 안 된다. 국가도 우리의 몸과 같아서 도전을 하면 할수록 견고해지고 강해지며, 나태하거나 안일해질수록 약해진다. 국가가 평안했을 때 대비하지 못하면 국가 위기나 내란이 발생하여 돌이킬 수 없는 결과를 초래한다는 것을 역사는 말해주고 있다.

리더의 리더십이 발휘될 때

고구려의 광개토대왕과 신라의 문무대왕, 백제의 근초고왕, 고려의 문종, 그리고 조선의 세종대왕과 정조대왕 같은 왕들은 지금도 한결같이 존경받는 리더들이다. 이들의 공통점은 무엇일까?

첫째, 조화와 통합, 화합 리더십을 갖추었다. 조화와 통합, 화합은 한쪽에 치우치지 않고 다양성을 인정하는 탕평정치로 대변된다. 내치와 외치에 탁월하게 대처하고, 인재를 능력과 품성에 따라 골고루 등용하여 나라의 안정을 꾀하고, 의견이 양쪽으로 나뉘면 양쪽 의견을 모두 청취하고 판단한 뒤에 최선의 방책을 내어 모두가 수긍하거나 만족하는 결론을 이끌어내는 것, 이것이 바로 진정한 조화와 통합, 화합을 의미한다.

리더가 갈등을 조정하는 입장에서 한쪽 의견만 수용한다면 독선과 편견을 가진 리더이며, 양쪽의 의견을 모두 듣고도 제대로 갈등을 조정하지 못한다면 무능하거나 우유부단한 리더이다. 하지만 역사적으로 위대한 리더들은 법치를 확립하고, 공명정대하고 정확한 가치관과 기준을 바탕으로 양쪽을 조율함으로써 모두가 만족할 수 있는 옳은 선택을 이끌어냈다. 또한 법치를 중시하되, 항상 냉정하고 기계적인 판단에 따라 결론을 내리기보다는 예외를 인정하고 포용력을 발휘하는 정치력도 함께 보여주었다.

둘째, 위민의 정치를 했다. 항상 백성의 의견을 묻고, 백성이 살기 좋은 나라로 만들기 위해 고군분투하는 리더야말로 팔로어(국민, 백성)를 신명 나게 한다. 이것이 결국 시너지를 냄으로써 국력이 신장되는 것이다. 위민정신과 애민정신의 대표적인 리더는 조선의 세종대왕이다. 세종대왕은 조선시대 최초로 지방 여론조사를 통해 정책을 결정했고, 백성의 편의를 위해 과학 기술 및 문화를 발전시켰다.

셋째, 학습을 게을리하지 않았다. 학습은 리더에게 필수적인 조건이다. 세종대왕도 항상 경연을 열어 신하들과 의견을 나누고 공부했다. 세종대왕은 뛰어난 리더가 되기 위해 독서를 소홀히 하지 않았으며, 이를 통해 조선의 융성을 이끌어냈다.

넷째, 대외정보력을 갖추어 주변 정세를 정확히 읽어냈다. 격동의 시기였던 조선 후기, 근대화가 실패한 이유는 대외정보력 부족 탓이었다. 주변국의 상황을 정확히 인지하지 못할 때 나라는 외세의 침입을 받았다. 임진왜란과 병자호란이 그 예다. 임진왜란의 경우, 왜군이 전쟁을 준비한다는 정보가 계속 포착되었는데도 통치 리더인 선조가 정보를 무시하고 우물쭈물하는 동안 왜의 침략으로 치명적인 아픔을 겪게 되었다. 병자호란의 경우, 청이 강대국으로 변모해가는 상황을 정확히 인지하지 못하고 오랑캐라고 무시하다가 불의의 일격을 당해 삼전도의 치욕을 겪어야 했다.

묵자의《묵자절용墨子節用》에는 "성인이 나라를 다스리면 그 나라를 배로 늘릴 수 있고, 크게 천하를 다스리면 천하의 힘을 배로 늘릴 수 있다"라는 말이 있다. 유능한 리더는 국운을 상승시키고, 용렬한 리더는 국운과 국력을 쇠퇴시킨다. 그러므로 리더는 항상 올바른 리더십을 발휘하여 팔로어를 이끌어야 한다.

《서경書經》은 "군자는 백성들이 좋아하는 바를 좋아하고 백성들이 싫어하는 바를 싫어하는 사람이며, 민중을 얻으면 곧 나라를 얻게 되고 민중을 잃으면 곧 나라를 잃게 된다"라고 했다. 또 맹자는 어진 정치를 주장하면서 "백성이 귀하고 군주는 가볍다"라고 했다. 위민의 리더십이 통치 리더십의 근본인 이유다.

| 02 |

한·중·일 삼국 관계,
균형을 잡아라

운명적인 삼각형 구도

21세기에 세계의 패권 구도가 동북아 지역으로 옮겨 가면서 한국, 중국, 일본의 삼국 관계는 더욱 중요해졌다. 삼국은 전 세계 인구와 경제의 약 25퍼센트를 차지하기 때문에 삼국의 협력은 지역을 넘어 세계적으로 중요한 이슈다.

한·중·일은 지리적으로는 물론 정치, 경제, 사회, 문화 등 모든 면에서 운명적으로 삼각형 구도를 형성해왔다. 삼각형의 밑변을 한국, 좌우측 변을 중국과 일본이라고 할 때, 삼각형의 어느 한 축이 무너지면 좌우측 변이 모두 밑변을 덮치는 균형 파괴 현상이 일어난다. 고려

시대 때 원나라의 일본 정벌이나 조선시대 때 일본의 명나라 정벌, 제 2차 세계대전 무렵 일본의 중국 정벌은 삼국의 이러한 구도를 잘 보여주는 사건들이다. 이 사건들은 중국과 일본이 동북아 패권을 잡기 위해서는 먼저 한국을 공략해야 하며, 한국이 이런 상황에서 살아남으려면 삼각형 구도를 잘 유지해야 한다는 사실을 말해준다.

이에 우리의 최선책은 일본과 중국의 균형자 역할을 할 수 있는 정삼각형 관계를 만들 수 있도록 부국강병을 이루는 것이다. 차선책은 미국과의 파트너십, 가치동맹, 정치동맹으로 양국 관계를 발전시켜 지렛대로 활용하는 것이다. 한미동맹 때문에 한·중 관계가 어려워질 수 있다는 주장도 있지만, 한미동맹이 주변국의 위협으로부터 우리를 보호해주는 역할을 한다는 것은 부정할 수 없는 사실이다. 한미동맹이 없었다면 2012년 3월에 중국이 우리의 이어도(수중 암초 한국 점유)를 중국 영토라고 주장했을 때 강력하게 항의할 수 없었을 것이다. 그리고 배타적 경제수역EEZ 문제에서도 국제 기준(양국의 중간선)이 아니라 영토의 크기와 인구의 규모를 기준으로 나눠야 한다는 중국의 일방적 태도는 더욱 거세었을 것이다.

지금 일본이 성노예 강제 동원 사실을 부정하고 독도를 자기 땅이라고 우기고 있지만, 2007년 미 의회는 일본군 성노예 규탄 결의를 만장일치로 채택했고, 1945년 미국은 일본인의 어로 활동 구역을 획정한 '맥아더 라인MacArthur Line'을 설정해 일본의 독도 접근을 막았다. 우리가 강하면 한·중·일 삼국 관계에서 중·일 양국과 우호적인 관계를 유지하고 국익 외교를 극대화할 수 있다.

우리의 역사는 국가의 자주독립을 제대로 지켜온 시기보다 외부의 침략과 부당한 외교·군사적 압력 등으로 시련을 겪었던 국난의 시기가 더 많았다. 고려가 왜구의 잦은 출몰에 대처하다 보니 국력이 쇠진되어 이성계의 쿠데타가 성공했다는 설도 있다. 또한 중국의 눈치를 보며 오랜 기간 살아온 불운한 민족이라서 어쩔 수 없이 사대주의 노선을 걸었다는 주장도 있다.

조선의 임진왜란만 하더라도 일본을 얕잡아보다 침략당한 것이고, 정묘호란과 병자호란 역시 청나라를 오랑캐라 부르며 국방력을 키우지 않고 명나라를 떠받들다가 당한 것이었다. 21세기 중국과 일본의 군비 경쟁은 이미 돌이킬 수 없는 추세다. 일본은 1894년 청일전쟁 승리 이후 120년을 이어온 '일본 우위시대'가 '중국 우위시대'로 뒤집히지는 않을까 노심초사하고 있다. 우리는 삼각형 구도에서 두 나라가 군비증강 경쟁을 계속할 경우 삼각형의 밑변인 한반도를 덮치려는 전략을 노골적으로 드러낼 것이라는 데 주목해야 한다. 한반도의 위기가 늘 국론 분열과 방심, 안보의 소홀에서 비롯됐다는 역사의 교훈을 잊는다면, 또 한 번 중국과 일본의 야욕에 희생당하는 일이 재현될 수도 있음을 우리는 명심해야 한다.

자기 성찰이 부족한 사람은 잘못되면 남을 탓한다. '잘되면 내 탓, 잘못되면 조상 탓'이라는 속담도 그런 의미다. 이런 사람은 자신이 무능하고 힘이 없어 어렵게 된 것이 아니라 상대가 힘세고 악질이라 그렇다고 주장한다. 한·중·일 삼국 관계에서 우리가 범할 수 있는 우愚도 이런 것이다. 모든 변수와 상대를 고려한 유비무환 리더십의 적극적 대비가 절실한 때다.

누가 규칙 제정자가 될 것인가?

한·중·일의 역사는 결코 홀로 성립되지 않는다. 일본의 비평가 가라타니 고진[柄谷行人]은 《일본정신의 기원》(이매진, 2003)에서 일본이 역사적으로 군사 정복을 당하지 않을 수 있었던 이유가 한반도의 존재 때문이라고 설명한다.

> 군사적인 정복이 없었던 것은 일본과 중국, 몽골, 또는 러시아 사이에 한반도가 있어, 이곳에서 침입이 저지되었기 때문이다. 14세기에 중국에서 아라비아에 이르는 지역을 순식간에 정복한 몽골도 한반도를 완전히 지배하는 데는 30년이나 걸렸다. 몽골이 일본 정복을 단념한 이유는 일본의 역사에서 생각하고 있는 것처럼 '가미카제'가 불었기 때문이 아니라 조선의 저항에 힘을 다 써버렸기 때문이다. 그 반대의 경우도 있다. 16세기 말 도요토미 히데요시는 당시 압도적인 군사력을 가지고 명 제국을 정복하려고 했지만, 조선의 저항에 부딪혀 단념했다.
>
> – 가라타니 고진, 《일본정신의 기원》

한·중·일은 역사적으로 약육강식과 적자생존의 논리가 존재하는 격전국이다. 중일전쟁은 동아시아의 세력 판도를 완전히 뒤바꾼 중요한 사건이었다. 중국은 이 전쟁으로 미국, 영국, 소련과 함께 세계 4대 강국의 하나로 부상했고, 일본은 무리하게 전쟁을 확대하여 패망했다. 한편 한국은 일본의 강제 점령기였으나 중국에 협조했고 종전과 더불어 독립했다.

21세기 국제 정치 · 경제 · 문화의 관심이 동아시아로 옮겨지면서 한 · 중 · 일 삼국의 경쟁이 갈수록 치열해지고 있다. 이러한 때일수록 리더들이 솔선수범하여 국가의 자생력을 키우고 경쟁력을 확보해야 한다.

현재의 한 · 중 · 일 갈등의 저변에는 1894년 청일전쟁 이후 100여 년 만에 패권을 회복하겠다는 중국의 의지가 깔려 있다. 또 중국의 부상에 열패감을 가지고 있던 일본은 아베 정권이 들어선 후 군국주의의 부활을 시도하고 있다. 이것은 중국과 일본이 동북아 지역의 '규칙 제정자 rule-setter'로 등극하기 위해 치열한 경쟁을 하고 있음을 의미한다. 여기서 우리의 역할이 중요하다. 100여 년 전의 한국이 토끼라면 지금의 한국은 호랑이다. 우리가 어떤 리더십을 발휘하느냐에 따라 한 · 중 · 일 관계의 균형자 역할이 결정되고, 지역 평화가 좌우될 수 있다.

현재의 한 · 중 · 일 관계는 북한 문제도 맞물려 있고 미국과 러시아까지 관련되어 19~20세기보다 복잡한 양상이다. 더욱이 아베 정권 등장 이후 한 · 중 · 일 관계는 한국과 중국이 일본을 '왕따'시키고 있는 형국이다.

그러나 한 · 중 · 일 관계는 일방적으로 어느 한쪽이 주도하는 관계가 아닌, 어느 정도 힘의 균형이 유지되는 삼각 구도다. 역사와 영토 문제에서는 한국과 중국이 일본과 맞서고, 북한 문제에서는 한국과 일본이 중국과 맞서며 대립 구도를 유지한다. 2013년 5월 박근혜 대통령 방중 후 중국이 북한 문제에서 과거보다는 우리의 주장에 힘을 실어주는 듯 보이지만, 이를 근본적인 변화로 볼 수는 없다. 우리에게는 중국도 일본도 절대 내칠 수 없는 존재다. 우리나라는 중국과 일본의 관계에 관한 한 모든 지혜와 역량을 동원해야 하는 역사적 운명을 지녔다.

향후 한·중·일 삼국의 삼각형 구도는 균형을 유지하기 어려운 불안정한 정국이 예상된다. 한·중·일 삼국은 국수주의와 영토 분쟁(독도, 센카쿠 열도) 문제가 해소되기 어려운 데다 근본적으로 삼국의 역사가 복잡미묘하게 얽혀 있다. 더욱이 최근에 중국이 경제적으로 부상하는 데 반해, 일본은 장기침체가 계속되면서 위기의식이 커지고 있고, 국민들도 정부의 정책을 지지하는 쪽으로 인식이 바뀌고 있다. 일본 전체가 극우 민족주의를 지지할 가능성이 커진 것이며, 앞으로 혐한론이 더욱 기세를 떨칠 것이다.

한편 중국이 부상하여 경제대국으로 발전해도 바꿀 수 없는 본능이 있다. 바로 중화中華 제국주의다. 중국의 힘이 커지는 것과 비례하여 제국주의 본능은 더욱 거세질 것이다. 이미 중국은 다른 만만한 국가를 상대로 '힘의 외교력'을 보여주고 있다.

최근 한·중 관계가 우호적으로 진전되는 기미가 보이면서 국내에서 중국우호론과 중국환상론이 대두되고 있다. 한·중 관계의 우호적 진전은 긍정적인 현상이지만, 이런 현상은 국제사회의 역학 관계에 따라 언제든지 달라질 수 있음을 명심해야 한다. 다시 말해, 우리나라가 강해지면 우호관계는 계속되지만, 우리나라가 약해지면 우호관계는 깨질 수밖에 없다.

수천 년 역사를 돌아보면, 한·중 관계가 우호적이었던 적은 거의 없었다. 그나마 최근에 우리를 함부로 대하지 못하는 이유는 우리의 국가 위상이 높아졌고, 중국보다 더 잘살고 문화 수준이 앞서기 때문이다. 대한민국은 이른바 자전거 운명이다. 자전거 페달을 계속 밟아 중국 및 일본과 균형을 유지하거나 앞서 가지 않으면 균형은 깨질 수 있음을 명심해야 할 것이다.

| 03 |

대일본 전략

일본과 독일의 역사 인식 차이

일본과 독일의 역사 인식은 매우 다르다. 일본과 독일은 '망언 릴레이 대 참회'의 극명한 대조를 이룬다. 아베 일본 총리는 2013년 8월 15일 전몰자 추도사에서 "아시아 여러 나라에 손해와 고통을 안긴 데 대해 깊은 반성과 더불어 희생당한 분들께 심심한 애도를 표한다"라는 부분을 빼버렸다. 지난 1993년 이후 20년째 모든 총리가 빠뜨리지 않았던 표현을 일부러 뺀 것이다. 또한 2014년 4월 29일 보도된 독일 언론과의 인터뷰에서 "일본은 독일의 화해와 사과 방식(철저하고 지속적인 사과, 배상, 처벌)을 따를 수 없다"라고 말했다. 과거사 청산 문제에서

일본: 반성을 모르는 국가	독일: 진실로 반성하는 국가
• 전쟁 범죄로 피해를 본 국가에게 영토 할양은커녕 분쟁(독도, 센카쿠 열도)을 끊임없이 일으킴 • 독도 영유권 주장, 동해를 일본해로 표기, 역사 왜곡 등 침탈 행위 자행	• 제2차 세계대전 후 영토의 상당 부분을 떼어주겠다고 선언한 후 실천. 도덕적 명분과 정치적 입지를 다져 EU에서 영향력이 가장 큰 나라로 발전 • 폴란드에 오데르-나이센 선線 동쪽 지역 영토 11만km², 프랑스에 알자스로렌 지방(일본 규슈 면적의 70퍼센트) 영토 할양
• 1995년 무라야마 총리가 국회에서 일본의 침략 사죄 담화 발표 • 2013년 4월 아베 총리는 국회에서 무라야마 담화를 부정하며 "침략에 대한 국제적 정의가 없다. 위안부 강제 동원 증거가 없다" 등의 망언 지속 • 침략에 대한 국제적 정의가 없다고 했지만, 1974년 UN총회 결의안 제3314호에서 침략을 "다른 국가의 주권, 영토, 또는 정치적 독립에 위배되는 무장력의 사용"이라고 정의 • 아베 총리는 침략을 사죄하기는커녕 사실조차 인정하지 않고, 1910년 한일 강제병합이 근대 국제법적 합의에 의한 것이라고 망언	• 빌리 브란트 전 총리는 1970년 폴란드 바르샤바 유대인 위령탑 앞에서 무릎을 꿇고 희생자들에게 사죄했으며, 메르켈 총리 역시 2009년 폴란드에서 열린 제2차 세계대전 발발 70년 기념식에서 무릎을 꿇고 사죄한 이후 2013년까지 지속적으로 사죄 • 1960년 '나치 피해 포괄배상협정' 체결 후에도 추가 배상 문제 해결을 위해 1981년 '독일·프랑스 이해증진 재단 출연 조약' 체결 • 2000년 '기억 책임 미래재단' 설립 • 2012년 구 공산권 거주 전쟁 피해 생존자 8만 명 추가 배상

'독일의 자세를 배우라'는 한·중의 요구를 거부한 것이다. 독일은 끊임없는 사죄와 보상은 물론이고, 영토 반환과 공통 역사 교과서 편찬 등을 통해 피해국들과 화해를 시도했다. 그러나 일본은 자신들이 주변국을 침략한 '가해자'가 아니라 태평양전쟁에서 원폭 피해를 본 '피해자'라는 의식만 더욱 키워왔다. 독일 전범을 다룬 뉘른베르크 재판에

서 나치의 반인륜 범죄를 단죄한 데 반해, 일본의 도쿄 전범재판에서는 식민 지배와 세균전, 위안부 등 반인륜 범죄는 처벌 대상에서 빠졌다. 일본은 독일이 전후 유럽의 진정한 화해와 평화를 위해 어떻게 노력해왔는지 성찰할 필요가 있다.

과거 임진왜란의 원흉이었던 도쿠가와 이에야스조차도 도요토미 히데요시에게 전쟁의 책임이 있음을 인정했다. 그러나 최근의 일본 정치인들은 1910년의 한일합병이 근대 국제법적 합의(을사늑약)에 의한 것이었다고 주장하며 침략 사실을 부정한다.

유엔헌장 53조에는 아직도 '일본은 유엔의 적국'이라고 규정되어 있으며, 107조에는 '적국으로 규정된 나라가 침략 전쟁을 할 때에는 유엔 가맹국이 안보리 결의 없이 그 국가를 공격할 수 있다'라는 행동 지침까지 명시되어 있다. 일본이 국제사회에서 경제대국에 걸맞은 대접을 받으려면 과거사에 대해 사과·반성하고, 다시는 그런 일이 재발하지 않게 하겠다는 약속으로 진정성을 인정받아야 한다.

2013년 10월 도쿄에서 열린 '안전보장협의위원회'에서 미국과 일본의 외교·국방장관은 '일본이 집단적 자위권 행사와 관련된 법적 기반을 재검토하고 방위 예산을 증액하는 것을 미국이 지지한다'는 공동성명을 내놓았다. 일본의 재무장을 미국이 용인한 셈으로, 이러한 미국의 지지는 아베 정권의 우경화에 대한 지지로 악용될 소지가 크다.

2014년 7월 1일, 아베 총리는 집단적 자위권 행사를 허용하는 헌법 해석 변경안을 각의 결정했다. 일본도 이제 전쟁을 할 수 있는 국가가 되겠다고 선언한 것이다. 일본 정부는 평화헌법 자체를 바꾸는 명문 개헌에 나설 가능성이 크며, 이는 일본뿐 아니라 동북아 안보 환경에도 큰 변화를 불러올 것이다.

우리 정부는 미·일 군사동맹 강화를 드러내놓고 반대할 수도, 찬성할 수도 없는 입장이다. 더욱이 일본이 미국과의 합의를 빌미로 한국과 중국을 상대로 영유권 분쟁을 일으킬 가능성도 있다. 최근 일본이 그 증거로 내세우려 하는 것은 '러스크 서한(독도는 1905년 이래 일본의 시마네 현 오키 섬 관할에 있고, 일찍이 한국에 의해 영유권 주장이 이루어졌다고 볼 수 없음)'이다. 평소 안보 제일 정신으로 준비하고 적극적으로 대응해야 한다.

영토 분쟁, 초일 리더십으로 극복하라

일본은 근원적으로 동아시아 침략과 지배를 합리화하는 역사관을 갖고 있다. 이러한 역사관은 한국과 일본을 가깝고도 먼 나라로 항상 대립하고 충돌하게 해왔다. 일본은 이웃 나라 침략, 위안부 강제 동원과 같은 잘못된 역사를 인정하는 역사관을 '자학 사관'이라 주장하며 배척한다. 그 대신 '일본의 역사는 무조건 옳고 자랑스러워야 한다'는 '무오류 사관'을 강조한다. 일본은 제2차 세계대전에서 패한 일본을 재기 불능으로 만들기 위해 미국 점령군이 자학 사관을 강요했다는 억지 주장을 펴고 있다.

역사적으로 일본은 우리로부터 정치, 경제, 문화 등 모든 분야에서 많은 혜택을 받으면서 성장했다. 그러나 일본은 삼국시대부터 끊임없는 침입과 약탈을 지속했고, 급기야 1910년 한일 강제합병의 만행까지

서슴지 않았다. 그럼에도 일본은 진정한 반성이나 사과 없이 우리 고유의 영토인 독도를 빼앗기 위해 2013년 발행된 방위백서에 9년째 '독도는 일본 영토'라는 내용을 담고 있다. 나아가 2013년 3월 일본 문부성은 '독도는 일본 땅'이라는 내용이 실린 고교 교과서들의 검정 결과를 발표했고, 2014년 4월 4일 초등학교 5·6학년 사회 교과서를 승인했다. 일본은 적반하장으로 2012년판 대한민국의 외교백서에 '독도는 한국 영토'라는 표현이 들어간 것에 시비를 걸었다.

일본은 독도가 일본의 막부조차 한국 땅이라고 명기했고, 일본의 고지도마저 한국 영토로 표기했던 그야말로 한국 고유의 영토임에도 우리나라에 위기가 닥칠 때마다 독도를 빼앗으려는 음모를 노골화하고 있다. 더욱이 미국이 일본의 집단적 자위권을 인정했으니 이제 군국주의의 날개를 달고 대한민국의 주권과 영토를 다시 넘볼 수 있는 기회를 잡았다고 생각하고 있을지도 모른다.

일본은 타 국민에게 뼈아픈 고통을 안겨주었던 침략 행위에 대해 일체 반성의 기미를 보이지 않고 역사를 왜곡하기에 바쁘다. 그들은 오래전부터 주변국을 폄하함으로써 자국의 상대적 우월성을 입증하려 해왔다. 특히 그 우월성을 계속된 침략 전쟁으로 서술함으로써 과거의 단순한 왜곡 차원을 넘어 국수주의와 제국주의를 암시하는 데 문제의 심각성이 있다. 일본인 한국사 연구자인 미야지마 히로시[宮嶋博史] 교수 역시 《일본의 역사관을 비판한다》(창비, 2013)에서 일본이 전쟁 책임에 대해 반성하지 못하는 이유가 봉건제론과 같은 우월주의 역사 인식에서 비롯되었다고 지적한다. 고대 중국의 봉건제 개념과 달리 일본에는 서구적 'feudalism'의 의미로서 봉건제가 존재했다는 것이 일본의 봉건제론이다. 이는 자국의 동아시아 침략과 우월론을 합리화하는 근거로 작동했다. 더 나아가 제2차 세계대전 패전 후 지금까지 전쟁에 대해 근본적인 반성을 하지 못하는 뿌리가 이 봉건제론이다.

유럽을 동경한 일본이 자국의 역사를 유럽사의 흐름에 맞춰 인식했던 것이다. 그러나 유럽 중심주의는 이미 한계를 드러내고 있다. 시대의 흐름에 따라 일본의 역사 인식도 달라져야 하겠지만, 이러한 기대는 실현 가능성이 없는 상황이다.

일제 침략기 및 강점기 때의 일본에게 조선은 더 이상 유교 선진국도 문물 수용의 매개체도 아니었다. 그저, 대륙으로 진출하기 위한 교두보일 뿐이었다. 최근 독도에 집착하고 중국과 영토 분쟁까지 감행하고 있는 일본을 보면 여전히 과거와 같은 대륙 진출이라는 꿈을 꾸고 있는 것처럼 느껴진다. 극우 정치인들이 만들어가는 일본은 일본 국민을 다시 고통과 번민의 시대로 몰아넣을 것이다.

2013년 8월 15일 광복절 경축사에서 박근혜 대통령은 대일 문제와 관련해 "일본은 동북아 평화와 번영을 함께 열어갈 중요한 이웃이지만 과거사 문제를 둘러싼 최근 상황이 한·일 양국의 미래를 어둡게 하고 있다. 과거를 직시하려는 용기와 상대방의 아픔을 배려하는 자세가 없으면 미래로 가는 신뢰를 쌓기 어렵다. 이미 양국 국민들 사이에는 신뢰의 저변이 매우 넓고 한국과 일본의 젊은이들과 많은 사람들은 한류와 서로의 문화를 공유하고 마음을 나누며 가까워지고 있는데, 정치가 국민들의 이런 마음을 따르지 못하고 과거로 돌아간다면 새로운 미래를 보지 못하는 것이다. 이제 양국 국민 모두의 바람처럼 진정한 협력 동반자로 발전될 수 있도록 일본의 정치인들이 과거의 상처를 치유해나가는 용기 있는 리더십을 보여야 한다"라고 강조했다.

하지만 최근 일본이 성노예 만행 부정, 독도 영유권 주장, 동해의 일본해 표기, 역사 교과서 왜곡, 야스쿠니 신사 참배 등 갖가지 문제를 일으키면서 한 · 일 관계는 계속해서 냉각되고 있다.

중견 언론인 김대중은 2013년 12월 3일 프리미엄조선의 '한 · 일 관계 1세기 前으로 가나?' 칼럼에서 "한국도 어제의 피해를 영원한 빚으로 삼는 발언과 행동을 하는 것이 결코 성숙한 태도가 아님을, 이제는 국제 대열에 선 나라와 국민과 지도자로서 걸맞은 것이 아님을 숙지하는 것이 바람직하다. 이제 한국과 일본은 서로 더 잘났다고 과시하고 시기하고 다투는 차원이 아닌, 이웃으로 존중하고 경쟁하며 공생하는 사이로 가는 것이 시대적 요청이다. 그런데도 요즘 한국인들은 일본, 중국, 미국의 군사력 확충 경쟁에서 '100년 전 한반도'의 재생을 두려운 심경으로 보고 있다"라고 말했다.

한 · 일 양국의 문제를 해결하기 위한 해답은 사실상 우리의 극일克日 및 초일超日 리더십밖에 없다. 서로 옳고 그름을 따지는 것은 해답이 없는 지루한 분쟁이 될 것임이 분명하기 때문이다. 과거에 집착하기보다는 초일 리더십으로 일본을 앞서 가는 것이 일본을 극복하고 일본을 반성하게 만드는 유일한 길일 것이다.

| 04 |

대중국 전략

부상하는 중국

한 제국 성립 이래 중원(중국)의 패자가 바뀔 때마다 한반도는 크고 작은 영향을 받아왔다. 국난 931회 대부분이 중국과 관계될 정도이다. 중국 최초의 통일왕조 진나라에 이어 들어선 한나라는 무제 때 전제 통치제도를 확립하고 왕권을 강화하여 대외적으로 크게 영토를 확장 하면서 고조선을 멸망시켰다. 또한 수나라는 고구려를 침략하다가 망 했으며, 당나라는 고구려와의 전쟁에서 패하자 신라의 동맹국이 되어 고구려와 백제를 멸망시켰다. 이후 나당동맹을 어기고 신라를 공격했 으나 패했다. 몽골족이 세운 원나라는 중원의 패자가 되자 고려를 침략하여 속국으로 삼았으며, 여진족이 세운 청나라는 정묘호란을 일으켜 조선과 형제의 맹약을 맺었다가 다시 병자호란을 일으켜 조선의 항복을 받음으로써 조선의 종주국이 되었다. 이어 중국은 6·25전쟁에 참전함으로써 우리나라를 21세기 세계 유일의 분단국가이자 휴전국가로 만들었다.

프랑스 언론인 카롤린 퓌엘Caroline Puel은 《중국을 읽다》(푸른숲, 2012)에서 "오늘날 중국의 꿈은 8세기 당나라에 버금가는 역사적 황금기를 누리는 것이다. 중국의 국가 목표는 강성한 당나라 시대의 부활이다"라고 강조했다. 중국이 꿈을 이루면 정치, 경제, 문화, 외교, 군사 등 모든 분야에서 세계의 기준이 되고, G2(미·중 두 나라가 국제사회 주도)가 아니라 G1(중국이 단독 국가로 국제사회 주도)이 된다. 20세기 '죽의 장막', '잠자는 사자'에서 21세기 '세계의 중심', '세계의 패권'을 향하고 있는 것이다. 중국은 인구 13억의 거대 국가인 동시에 급속한 경제성장으로 '팍스 차이나' 시대를 연 나라다. 1949년 중화인민공화국 수립 이후 연평균 7.8퍼센트의 경제성장률을 유지하고 있으며, GDP는 2013년 기준 약 9,027조 원(55조 1,300억 위안)으로 급성장했다.

중국은 비약적인 국력으로 일본을 제치고 미국에 이어 세계 2위의 경제대국으로 부상했고, 세계 1위의 외환 보유국 및 수출 국가로 발돋움했다. 시진핑 체제를 맞아 중국은 새로운 국가 좌표를 세우고 있다. 위안화의 글로벌 기축통화화 작업을 통해 금융 패권을 차지하고, 항공모함을 취역시켜 해양 패권을 거머쥐려는 것이다. 또한 2020년에는 독자적인 우주정거장을 쏘아 올려 미국, 러시아 주도의 우주 패권을 장악한다는 계획이다.

향후 중국의 영향력이 커질수록 한반도 정세, 특히 통일에 끼치는 영향도 커질 것이다. 이는 남북 관계의 긴장 국면을 해소하고 북핵 문제를 해결해 궁극적으로 통일을 이루고자 하는 우리에게 기회와 도전으로 다가올 것이다.

중국 리더들의 전략은 덩샤오핑의 '도광양회韜光養晦(재능을 숨기고 때를 기다린다)'와 후진타오[胡錦濤]의 '화평굴기和平崛起(평화롭게 우뚝 일어선다)'로 요약된다[2013년 시진핑의 전략은 '주동작위主動作爲(대외 정책에서 해야 할 일을 주도적으로 한다)'로 요약된다]. 그러나 그런 전략과는 달리 티베트와 신장의 분리 요구를 탄압하고, 동북공정으로 고구려와 발해의 역사를 모두 중국사에 편입하려 하는가 하면, 이어도가 중국의 관할 해역이라고 주장하는 등 전형적인 패권주의의 면모를 보이고 있다. 급기야 중국은 2013년 11월 23일, 한국, 일본, 대만을 포함하는 동중국해 상공 일부를 자국의 방공식별구역으로 확장 선포했다. 중국은 역사 이래 가장 넓은 영역을 보유하고 있는 현재를 기준으로, 옛날 남의 나라 땅에서 일어난 일까지 중국의 영토에서 일어난 중국의 역사라고 주장한다. 우리는 이러한 두 얼굴의 중국을 예의주시하면서 치밀하게 대처해야 한다.

중국은 세계 패권을 장악하기 위해 미국, 일본 등과 경쟁하고 있고, 그 결과 여러 국가의 경계 대상이 되고 있다. 중국은 지금 동중국해에서 일본과 센카쿠 열도를 놓고 영유권 분쟁을 벌이고 있다. 남중국해에서는 서사西沙, 남사南沙, 동사東沙, 중사中沙 등 4개 군도에 매장된 석유와 천연가스를 확보하기 위해 베트남과 필리핀을 상대로 영유권 다툼을 벌이고 있다. 얼핏 '골리앗과 다윗의 싸움'으로 보이지만, 베트남과 필리핀의 저항도 만만치 않다.

그러나 중국에 대한 우리 정부의 대응은 베트남과 필리핀, 일본에 비해 소극적이다. 동북공정이나 이어도 문제가 불거질 때마다 임기응변식 대응을 하는 경우가 많다. 지금부터라도 정부는 이어도가 우리나라 땅임을 입증할 수 있는 확실한 논거를 마련하고, 국제사회에 이어도가 우리 수역임을 적극 알려야 한다. 또한 체계적이고 과학적인 연구로 학술적 논리를 개발하고 국가 차원에서의 대응 방안을 마련해 동북공정과 같은 역사 왜곡에 당당하게 맞서나가야 한다.

중국, 어떻게 대할 것인가?

홍일식 전 고려대 총장은 《한국인에게 무엇이 있는가》(정신세계사, 1996)에서 "중국이라는 국호는 하나의 고유명사이기 이전에 '천하지중심지国天下地中心之國'이라는 뜻을 지닌 보통명사의 성격이 더 강하다. 천하, 즉 세계의 중심에 있는 나라로서 변방과 아울러 이미 그 자체로 천하를 이룬다는 의식이 그 밑에 깔려 있다. 그래서 중국이라는 나라를 우리가 생각하는 보통 '나라'의 개념으로 생각했다가는 여러 가지 차질이 온다"라고 했다. 이는 '통일적 다민족국가론'에서 출발한다. 현재의 중국 영토 안에 있는 민족은 모두 중국인에 속하며, 그들의 역사도 중국의 역사가 된다는 의미로, 이는 중국이 모든 역사공정에서 기본으로 삼는 논리다.

몰락하는 명나라에 치중하다 청나라의 침략을 자초했던 조선시대의 '삼전도 굴욕'을 들어 일부에서는 친중 외교를 강조하기도 하지만, 일본은 중국이 아무리 발전해도 공산당 독재라는 본질에는 변화가 없다고 본다. 일본 정부는 심지어 방위백서에서 중국이 빈부 격차, 소수민족 문제, 인권 문제 등으로 사회 불안과 갈등이 심화되고 있으며, 이를 해결하기 위한 방안으로 극단적 민족주의와 군사적 모험주의를 택할 가능성이 크다며, 중국이 결코 떠오르는 태양이 될 수 없다고 주장한다.

그러나 우리나라는 일본과 달리 중국의 미래에 대해 낙관적이다. 우리나라가 단기간에 민주주의와 경제 성장을 달성했던 것처럼 중국도 비약적으로 발전할 수 있다고 보는 것이다.

따라서 우리의 리더들은 기본적으로 우호적인 선린외교 전략과 정책을 펼치되, 국민의 뜻과 자주외교의 상식에 반하는 경우에는 분명히 "아니요"라고 말할 수 있는 자세를 견지하는 전략을 취해야 한다. 또한 한미동맹의 토대 위에서 평화롭고 통일된 한반도를 만들기 위해 중국과 어떻게 협력할 것인가에 대해 진지하게 고민해야 한다. 한반도는 미국의 패권주의와 중국의 패권주의가 교차하는 요충지다. G2체제의 협력이 잘 이루어지면 동아시아 경제의 허브를 이루며 번창할 수 있지만, G2체제가 대립하면 전쟁의 회오리에 휩싸일 수도 있다.

최근 우리나라에 비교적 유리한 여건도 조성되고 있다. 중국은 한국을 '친성혜용親誠惠用'의 원칙으로 대하는 분위기다. 중국의 주변국 외교 정책을 함축적으로 나타내는 용어 중 하나인 친성혜용은 2013년 11월 중국 최고 지도부 일곱 명이 모두 참석한 회의에서 밝힌 원칙으로, '주변국과 친하게 지내면서 성의를 다하고, 중국의 발전 혜택을 나누고 표용하겠다'는 뜻이다. 중국이 한국에 이처럼 우호적인 태도를 보이는 것은 북한의 폭주를 막기 위한 전략적인 대응일 수도 있고, 유인책일 수도 있다. 우리나라가 중국을 통해 북한 핵무기의 해체를 이룰 수 있다면, 그것은 한반도 안보에 통일 못지않은 큰 업적이 될 것이다. 또한 바람직한 한·중 우호 관계는 양국은 물론 동북아 평화와 경제 발전에도 크게 기여할 것이다.

결론적으로 대한민국의 21세기 대중국 외교의 핵심은 민족자존의 좌표를 정확히 설정하는 것이 우선되어야 할 것이다. 우리 민족이 지닌 특유의 저력과 남다른 자질을 제대로 활용한다면 통일, 안보, 국익 등 모든 면에서 상생의 리더십을 발휘할 수 있을 것이다.

| 05 |

통일을 향하여

북한의 운명

2014년 1월 6일 신년기자회견에서 박근혜 대통령은 "한마디로 통일은 대박이다"라는 인상적인 통일선언을 했고, 2014년 1월 22일 다보스포럼 특별연설에서도 "통일은 대한민국에서만 대박이 아니라 동북아 주변국 모두의 대박이 될 수 있다"라고 강조했다. 통일준비위원회의 발족은 기대와 우려가 교차하지만, 박근혜 대통령의 '통일 대박'이라는 표현과 맞물려 통일 인식 패러다임을 전환하고 정부가 적극적으로 통일을 준비할 여건을 마련한다는 점은 긍정적이다.

통일을 이루기 위해서는 리더와 팔로어가 하나가 되어 국민 총화 리더십을 발휘해야 한다. 우리의 통일은 한국인의 원형을 창출한 7세기 삼국통일은 물론, 45년 후삼국시대의 고려 통일을 훨씬 능가하는 의미의 통일이 되어야 한다. 다시 말해, 평화·자유·자주 통일을 이루어야 한다.

한민족과 세계인이 한반도에서 진정한 세계 평화와 발전을 위한 통일 논의를 시작해야 하는 시기가 바로 지금이다. 시대적·역사적 흐름으로 볼 때, 북한 체제의 붕괴가 머지않았다고 판단되기 때문이다. 어떤 학자들은 "역사적으로 독재 체제는 70여 년이 생명의 한계"라고 주장한다. 그렇게 볼 때, 북한의 체제는 이미 생명을 다한 것과 같다. 북한의 한계가 머지않았음을 증명하는 증거들을 살펴보자.

첫째, 김일성 정권의 3대 세습은 인류 역사 어디서도 찾아보기 어려운 잔혹한 통치 체제다. 상식을 넘어선 일들이 연이어 벌어지며 사실상 리더십이 실종된 상태다.

둘째, 체제 유지를 위해 핵·미사일 개발에 혈안이 되어 있어 굶주린 주민들의 불만이 최고조에 달해 있다. 이미 주민 300여만 명이 굶어 죽었고, 현재 760여만 명이 굶주리고 있으며, 세계 최빈국에다 세계 최악의 인권으로 삶의 질이 세계 최하위이다. 유엔 북한인권조사위원회COI가 2014년 2월 17일 북한의 인권 참상을 총체적으로 고발한 보고서를 발표한 후 북한 인권 문제에 대한 국제적 관심이 더욱 증폭되고 있다. 유엔 북한인권조사위원회는 북한의 인권 탄압을 '반인도적 범죄'와 '집단학살'로 간주하고 국제법상 '보호책임' 권한을 발동하여 국제사회가 개입할 것을 주문했다.

셋째, 도덕성이 무너지고 부정부패와 내분이 심각하다. 반면 사상적

순수성을 강조하는 집단사고Group Thinking가 지배하는 사회로, 자멸의 위기 상황에 와 있다.

넷째, 북한과 오랫동안 우호적인 관계를 유지해온 중국도 북한의 3대 세습 정치는 더 이상 존립할 수 없다고 평가한다. 최근 중국 수뇌부는 물론 군부에서도 한국 주도 통일 전략으로 선회하고, 북한의 급변 사태 발생에 대비하는 상황이다. 2014년 7월 3~4일 시진핑 주석이 북한보다 먼저 한국을 방문하고, 양국이 서로 친척집을 드나드는 것처럼 교류를 강화하자고 하는 등 중국은 한국 중시 전략을 펴고 있다.

북한 붕괴론은 미국, 러시아, EU, 호주 등 국제적으로 확산되고 있다. 북한의 붕괴 가능성이 커질수록 진정한 통일 대박을 이루기 위한 준비가 긴요하다. 2014년 5월 22일자 〈조선일보〉 기사에 따르면, 〈조선일보〉와 고려대 일민국제관계연구원이 북한 및 외교·안보 분야 전문가 135명을 대상으로 '북한의 미래'에 대해 실시한 설문조사 결과, '통일이 대박이 되려면 어떤 방식으로 통일이 되어야 하느냐'라는 질문에 60퍼센트가 '합의 통일'이라고 답했다. 반면 '단기간(10년 이내)에 통일이 된다면 어떤 방식으로 통일이 될 것으로 보느냐'는 질문에는 80퍼센트가 '북한 붕괴에 의한 통일'이라고 답했다. 중국의 전문가들도 58퍼센트가 같은 답변을 내놓았다. 세계의 북한 및 외교·안보 분야 전문가들은 한반도 통일이 한국뿐만 아니라 미국, 중국, 일본, 러시아, 유럽 등에도 대박을 가져다줄 것이라고 응답했다. 특히 중국 전문가들이 통일 대박 가능성을 가장 높게 보고 있는 것으로 나타났다.

국민이 행복한 통일

대한민국 헌법 제4조는 '자유민주적 기본질서에 입각한 평화적 통일'을 명시하고 있다. 송대성 세종연구소장은 2012년 12월 안보세미나에서 "남북통일은 우리 민족의 숙원 과제다. 그 이유는 현재와 같은 분단된 남북한이 지속될 경우, 첫째, 동족상잔의 비극이 재발할 가능성이 있고, 둘째, 국제 경쟁력 상승 기운을 저해하며, 셋째, 북한이 남한 내 각종 갈등의 진원지 역할을 할 수 있고, 넷째, 차세대 이민족화가 심화될 수 있기 때문이다"라고 발표했다.

진정한 통일을 이루기 위해 리더들은 담대한 리더십으로 국론을 결집시키고, 정치, 경제, 사회, 문화, 외교, 군사 분야에서 깊이 있는 연구로 정책 대안을 개발해야 한다. 통일 대박은 저절로 열리는 문이 아니라, 범국가적·국민적인 피와 땀, 노력의 결정체다. 통일의 부작용은 최소화하고, 통일의 효과는 극대화하기 위해 노력하는 것은 정부는 물론 국민의 의무이자 도리이며, 시대와 역사의 요구다. 이러한 국민적 노력이 모이면 '통일된 100퍼센트 대한민국' 건설이 실현될 것이다. 한민족에게 통일 과업은 민족혼인 동시에 역사적 소명이다. 통일은 민족 융성의 기회이며, 근현대사에서 상처 입은 우리 국민의 마음을 치유하고, 분단 구조에서 오는 다양한 사회적 갈등을 극복할 중요한 계기가 되어줄 것이다.

통일을 이루기 위해서는 대내적으로는 정치·사회적 성숙도를 높여 국민 분열과 갈등 관리를 넘어 성숙한 통합능력을 갖추고, 대외적으로는 미국, 중국 등 관계국과 긴밀한 협조 체제를 구축해야 한다. 또한 통일에 대한 부정적 인식을 버리고, 통일 과정에서 발생할 수 있는 많은 문제요인과 불확실성을 고려하여 꼼꼼히 준비한다면 우리가 원하는 진정한 통일을 이룰 수 있을 것이다.

이때 그 무엇보다도 국민의 행복지수를 끌어올릴 수 있는, 국민이 행복한 통일을 이루어야 한다. 한국뿐만 아니라 북한에도 행복한 통일이 되어야 한다. 나아가 이웃 나라에 도움이 되는 통일이 되어야 한다.

그러기 위해서는 통일 저해 요인을 분석해 근본적으로 제거해야 한다. 대한민국의 안보 상황을 감안할 때, '통일 대박=안보 대박'이라고 말할 수 있다. 안보 대박의 기반 없이는 통일 대박은 사상누각일 수 있다.

2014년 5월 8일 미국의 조사기관인 '퓨리서치센터Pew Research Center'가 전 세계 39개국 3만 7,653명을 대상으로 실시한 '2013 전 세계인 태도조사' 결과, 미국인들은 가장 심각한 국제적 위협으로 '북한 핵 프로그램'을 꼽았다(전체의 59퍼센트, 복수응답 가능). 반면 한국인들의 85퍼센트는 가장 심각한 국제적 위협으로 '기후 변화'를 꼽았다. '국제 금융 불안정'과 '북한 핵 프로그램'은 각각 83, 82퍼센트로 2, 3위를 차지했다. 우리와 가장 밀접한 관계가 있고 가장 가까이에서 위협이 될 수 있는 북핵 문제에 대해 우리 국민들이 의외로 덜 위협적으로 느끼고 있었다. 국가 안보는 통일을 이루는 기초이자 중요한 밑거름이다. 안보에 대한 국민적 관심이 시급하다 하겠다.

통일 대박을 이룰 기반을 조성하는 일은 이제 박근혜 정부의 리더십 과제로 남았다. 역사는 지금 신라 선덕여왕의 지혜로운 리더십과 고려 왕건의 포용의 리더십을 교훈으로 삼으라고 말하고 있는 듯하다.

우리 역사 속 쿠데타

쿠데타coup d'État나 혁명 모두 비합법적인 수단으로 지배 체제를 뒤집는 행위지만, 본질적으로 의미가 다르다. 쿠데타는 무력을 동원한 소수 집단에 의해 은밀하고 신속하게 이루어지는 반면, 혁명은 출발 단계부터 다수 민중의 동의를 얻어 공개적으로 진행된다. 그러므로 쿠데타와 혁명은 발생 및 진행 형태에 따른 구분일 뿐, 결과나 추후 평가를 규정하는 가치 개념이 아니다. 그럼에도 쿠데타냐 혁명이냐를 놓고 때로는 치열한 공방이 벌어지기도 한다.

'쿠데타'라는 개념에는 은연중에 부정적 뉘앙스가 배어 있다. 쿠데타는 '정부에 일격을 가한다'라는 뜻의 프랑스어다. 흥미로운 것은 여기에 적합한 영어 어휘가 없다는 사실이다. 실제로 쿠데타로 가장 유명한 인물은 프랑스의 영웅 나폴레옹이다. 쿠데타로 정권을 잡은 인물

답게 나폴레옹은 철권정치를 펼쳤으며, 이 때문에 국민의 원성을 들어야 했다.

20세기 역사에서 쿠데타로 국가 발전을 주도한 5인의 혁명가로는 일본의 메이지 천황, 터키의 케말 파샤Mustafa Kemal, 이집트의 가말 압델 나세르Gamal Abdel Nasser, 페루의 후안 벨라스코 알바라도Juan Velasco Alvarado, 그리고 한국의 박정희가 있다.

혁명은 주체 세력의 성격에 따라 위로부터의 혁명, 아래로부터의 혁명, 옆으로부터의 혁명으로 나눌 수 있다. '위로부터의 혁명'은 구지배 계급의 계획 아래 타협적으로 단행되는 혁명을 말한다. 고려 왕건과 조선 이성계의 역성혁명이 그 전형적인 예다. '아래로부터의 혁명'은 정치적으로 성숙한 계급이 민중의 지지 아래 자주적으로 단행하는 혁명으로, 혁명의 가장 전형적인 형태다. 프랑스대혁명과 영국의 청교도 혁명, 러시아의 공산혁명 등이 이에 속한다. '옆으로부터의 혁명'은 민중의 지지 아래 지식인 계층에 의해 단행되는 혁명으로, 한국의 4·19 혁명이 이 유형에 속한다.

또한 혁명은 그 변혁이 영향을 미치는 범위와 정도에 따라 급진혁명, 온건혁명, 유산流産혁명으로 나눌 수 있으며, 사회의 계급 관계에 주목하여 부르주아 민주주의혁명과 프롤레타리아 사회주의혁명으로 분류하기도 한다.

위만의 쿠데타, 고조선의 왕조 교체

우리나라 역사상 최초의 쿠데타는 위만조선 성립 과정에서 일어났다. 동이계 사람 위만이 무리 1천여 명을 거느리고 장성을 넘고 대능하를 건너 고조선의 서쪽 땅에 살게 해줄 것을 청해왔다. 고조선의 준왕은 이를 받아들여 위만에게 박사의 관직과 서쪽 변경 지방을 잘 지키라는 임무를 주었다. 위만은 이때부터 고조선 땅에 살고 있던 연·제의 유이민들을 모아 세력을 굳히며 힘을 키웠다. 기원전 194년 한나라가 침공해오자 위만은 수도 방어를 구실로 고조선의 수도인 왕검성에 쳐들어가 준왕을 몰아내고 스스로 왕이 된다. 이때 패배한 준왕은 뱃길로 한반도 남부 지역으로 가 그곳에 자리를 잡고 한왕韓王이라 했다. 이로써 고조선은 위씨 왕조로 교체되었다.

연개소문의 쿠데타, 고구려 멸망의 씨앗이 되다

연개소문의 아버지 연태조는 양원왕 즉위를 둘러싼 대규모 분쟁에서 두각을 나타내며 유력 귀족으로서 세력을 굳혀나갔다. 그러나 그가 죽은 후 아들인 연개소문이 아버지의 벼슬을 물려받으려 하자 귀족들의 반대가 거셌다. 성격이 포악해 나라에 위협이 될 것이라고 생각한 대신들은 연개소문 암살 계획을 세우기에 이른다. 그러나 그 계획이 연개소문의 귀에 들어갔고, 연개소문은 선수를 쳐 쿠데타를 감행했다. 당시의 상황에 대해 서영교 교수는 이렇게 묘사한다.

가을이 깊어가는 642년 9월이었다. 평양성 남쪽 광장에 화려하고 거대한 천막이 세워졌고, 그곳에 상다리가 부러지도록 진수성찬이 차려졌다. 대신들은 도착하는 즉시 천막 아래의 잘 차려진 자리에 앉았다. 관등의 서열별로 지정된 자리였다. 100여 명의 대신들이 착석한 가운데 대낮부터 술판이 시작되려 하고 있었다.

이임식 행사의 일환으로 광장에서 연개소문 휘하의 5부 병사들의 열병식이 있을 예정이었다. (……) 그런데 예상보다 빨리 동부의 병사들이 말을 타고 광장으로 들어오고 있었다. 잠시 질서 있게 도열한 동부의 기병들이 갑자기 대신들이 모두 앉아 있는 술좌석으로 달려갔다. 순식간에 대신 100명이 한꺼번에 어육이 되고 온 식장이 피로 물들었다. 그렇게 짧은 순간에 많은 고위 귀족들의 고귀한 피가 평양의 땅바닥을 적신 적은 없었다.

(……) 연개소문은 기병을 이끌고 곧바로 왕궁으로 향했다. 시간이 없었다. 나머지 4부의 병사들이 도착하기 전에 모든 것을 처리해야 했다. 계획대로 그의 부하들이 평양성의 창고에 불을 질렀다. 궁문을 지키는 수졸들이 불을 끄기 위해 자리를 이탈했고, 연개소문과 그의 기병이 곧바로 왕궁으로 들어갔다.

(……) 연개소문은 바로 영류왕이 거처하는 대전으로 들어갔다. 영류왕은 피가 뚝뚝 떨어지는 칼을 직접 보고 정변이 일어났고, 오늘이 그의 마지막 날이라는 것을 직감했다.

– 서영교, 《고구려, 전쟁의 나라》(글항아리, 2007)

연개소문은 왕과 대신 100여 명을 한순간에 몰살하고 정권을 잡았다. 그가 쿠데타를 감행하고 성공할 수 있었던 것은 그의 치밀한 계획과 투지 덕분이었다. 당시 귀족 지배층의 노블레스 오블리주 실종으로 백성의 불만이 고조되고, 당나라가 호시탐탐 침략을 노리는데도 영류왕은 주전파와 주화파의 화합을 도모해 국가 안정을 꾀하기는커녕 안보는 등한시하고 주화파 편만 들어 망국의 길을 자초하고 있었다. 연개소문은 이런 정황을 정확히 파악하고 있었고, 과감한 결단으로 성공을 거두게 된다. 신채호는 《조선상고사》에서 "연개소문은 당나라의 침공 준비에도 안일하게 대처하는 영류왕과 실세 귀족들의 굴욕적 행태가 지속되자 국가 보존 차원에서 쿠데타를 감행했다. 그는 자주 정신과 사명감이 투철한 최고의 영웅이다"라고 높이 평가했다.

665년, 연개소문은 생을 마감하면서 후계자인 삼형제에게 "너희는 물과 물고기처럼 화목하게 지내라. 벼슬을 두고 다투지 말아라"라는 유언을 남겼다. 그러나 삼형제는 정반대로 권력 다툼을 벌인 끝에 장남 연남생이 당에 투항하고 차남 남건이 연개소문의 뒤를 이어 끝까지 항전하다가 연남생을 앞세운 당나라 군대에 제대로 저항 한 번 해보지 못하고 항복했다.

고구려 멸망의 1차적인 원인은 당과의 전쟁이었지만, 그보다 더 중요한 원인 중 하나는 연개소문이 양만춘과 같은 탁월한 리더에게 후계 리더의 자리를 물려주지 않고 자식에게 물려준 데 있다. 연개소문의 아들들은 당나라와의 전쟁에서 승리하는 것보다 권력을 장악하는 데 주력했고, 결국 남생은 당나라에 투항해 조국을 멸망시키는 데 앞장섰다. 동서고금을 막론하고 망국의 주요 원인은 리더들이 내분과 갈등에 빠져 나라에 리더십이 실종되는 것이다. 고구려의 멸망은 리더와 리더십의 중요성을 다시 한 번 절감하게 하며, 그로 인해 광활한 대륙을 상실하게 되어 영원히 가슴 아픈 역사로 남아 있다.

고려의 쿠데타, 개창에서 멸망까지

왕건의 고려 개창

궁예는 후백제와의 싸움에서 연승을 거두자 911년 국호를 태봉으로 바꾸고 수덕만세水德萬歲라는 연호를 선포하고 광폭정치를 이어갔다. 반면 궁예의 신하 왕건은 벼슬이 한찬에 이르고 해군 대장에 임명되어 대승을 거두는 등 용맹을 떨쳤다. 왕건은 온화한 인품과 전승으로 호족은 물론 대신, 무장 등으로부터 폭넓은 지지를 받았고, 그렇게 민심은 왕건에게 넘어갔다. 이상각의 《고려사》(들녘, 2010)는 이렇게 적고 있다.

918년 6월 을묘일, 마침내 기병장군 홍유, 배현경, 신숭겸, 복지겸 등이 왕건을 찾아와 궁예를 옥좌에서 끌어내리자고 제안했다. 그들은 과거 궁예가 양길 휘하에 있을 때부터 함께했던 심복들이었다. 왕건이 망설이는 기색을 보이자 부인 유씨가 갑옷을 들고 방에 들어와 대업을 독려했다. 그것은 왕건의 세력이 정변을 일으킬 준비가 완료된 상태였음을 말해준다. 마침내 결심을 굳힌 왕건이 장병들을 이끌고 궁궐로 출동했다. 군사들이 "왕공께서 의기를 들었다"라고 소리 높여 외치자 수많은 백성들이 거리로 뛰쳐나와 성원했다. 갑작스러운 왕건의 정변 소식에 깜짝 놀란 궁예는 측근들과 함께 급히 궁궐을 빠져나가 산야를 전전하다가 부양 땅에서 농부들에게 살해당하고 말았다. 일국을 호령하던 제왕의 비참한 말로였다.

– 이상각,《고려사》

역사리더십은 폭정을 휘두르는 궁예와 수신제가를 못한 견훤이 아니라, 덕치와 포용의 리더십을 보여준 왕건이 후삼국 통일이라는 대업을 이루는 대결에서 승리했음을 말해주고 있다.

무신정권 시대

고려왕조 500년의 중간쯤 되는 시점인 1170년, 무신들에 의해 쿠데타가 발발했다. 문벌 귀족들의 권력 독점과 무신에 대한 차별이 심해지자 불만이 쌓인 무신들이 의종을 폐위하고 무신정권을 수립한 것이다. 이렇게 수립된 무신정권은 100여 년간 지속된다.

그러나 무신정권 시대 이후 고려는 망국의 길을 걷기 시작한다. 무신들이 정권을 잡으며 개혁을 표방했지만, 민중의 삶은 더욱 피폐해졌다. 귀족들의 토지 겸병이 계속되면서 백성들은 아무리 열심히 일해도 수확량의 대부분을 수탈당할 수밖에 없었고, 참다못한 백성들이 고향을 등지고 유랑민이 되거나 아예 노비가 되어버리는 일이 빈번하게 발생했다. 그렇게 민중의 생활 기반이 무너져내리다 보니 정상적인 징병이 이루어지지 못했고, 국가의 공병 조직이 기능을 상실하면서 몽골군의 침입에도 제대로 대응하지 못했다.

무신정권은 그들만의 정권이었고, 결국 쿠데타로 세운 나라 고려는 쿠데타로 망하게 되었다.

조선의 쿠데타, 반정이 일군 역사

왕족의 쿠데타, 계유정난

세종에 이어 즉위한 문종이 2년 만에 죽고, 13세의 어린 단종이 뒤를 이었다. 문종은 죽기 전, 김종서, 황보인皇甫仁 등의 대신들에게 단종을 잘 보위해줄 것을 유언으로 남겼으나, 문종의 큰 동생 수양대군은 대신들이 정치를 주도하는 것을 보고만 있을 수는 없었다. 결국 수양대군은 단종 1년(1453), 김종서를 비롯한 조정 대신들의 모반을 진압하고 왕권을 강화한다는 명분으로 쿠데타를 일으킨다.

이를 '계유정난癸酉靖難(계유년에 난을 바로잡다)'이라 하는데, 이 난으로 김종서, 황보인, 조극관趙克寬, 이양李穰 등의 대신들이 철퇴에 맞아 죽었다. 수양대군은 실질적인 왕 노릇을 하다가 1455년 단종에게서 정식으로 왕위를 넘겨받았다. 1456년 사육신들이 단종의 복위를 꾀했지만, 김질金礩이 장인 정창손鄭昌孫에게 거사 계획을 누설함으로써 허무하게 실패하고 말았다.

수양대군은 왕위에 오른 뒤, 국방 및 재정 분야에 획기적인 개혁을 가져왔으나, 왕권 강화라는 명분과 달리 실제로는 왕을 왕위에서 밀어내는 모습을 보이고, 이후 신하들 사이에 대립과 반목을 불러옴으로써 쿠데타의 한계를 드러낼 수밖에 없었다.

훈구대신들의 쿠데타, 중종반정

연산군은 성종의 장자로 태어나 9세 때 세자에 책봉되었고, 이후 19세의 나이로 왕위에 올랐다. 연산군은 즉위 초기에는 정사에 의욕을 보였으나, 얼마 지나지 않아 방탕한 생활에 빠져들었다. 사헌부, 홍문관 등에서 직언이 올라오자 무오사화戊午士禍를 일으켜 마음에 들지 않는 사람들을 모조리 죽여 없앴고, 외척을 중심으로 측근 세력을 구축하고 절대왕권을 휘둘렀다. 전국의 미인들을 뽑아 유흥판을 벌이는가 하면, 자신의 사냥 놀이를 위해 도성 밖 100리 안의 민가를 전부 철거하는 바람에 백성들은 삶의 터전을 잃고 떠돌아야 했다. 연산군의 유흥비를 감당하기 위해 백성들은 별의별 세금을 다 내야 했다.

연산군이 이처럼 가혹한 폭정을 일삼자 전국 각지에서 한글 투서가 날아들기 시작했다. 연산군은 백성이 왕을 욕되게 한다면서 훈민정음 사용을 금지하고, 한글 서적을 불태웠다.

연산군은 재위 막바지에는 친모인 폐비 윤씨의 죽음과 관련된 훈신들을 숙청한 갑자사화를 일으켰다. 이는 어머니의 원한을 푼다는 명분이었지만, 훈신들의 재산을 몰수해 유흥비로 쓰려는 의도도 깔려 있었다.

연산군의 폭정은 선대왕들이 이루어놓은 조선의 정치·경제적 기반을 흔들어놓았다. 연산군을 이대로 두고 볼 수 없다고 생각한 훈구파는 폭정을 타파하고 정치를 바로 세운다는 명분을 내세워 중종반정中宗反正을 꾀했다.

훈구대신 성희안成希顔은 사람들을 모으기 시작했다. 그가 가장 먼저 접근한 사람은 박원종朴元宗이었다. 박원종은 한때 연산군의 신임을 받아 국가의 재정 문제를 책임졌던 인물이었다. 박원종의 누이는 성종의 형인 월산대군의 후실이었는데, 연산군이 큰어머니인 그녀를 궁으로 불러들여 겁간했다. 이에 연산군에 대한 박원종의 감정은 극도로 악화되었고, 결국 쿠데타 주동자가 되었다.

1506년 9월 박원종, 유순정, 성희안 등은 군자감부정 신윤무, 군기시 첨정 박영문 등과 함께 거사를 일으켰다. 먼저 연산군의 측근 세력인 임사홍과 신수근 등을 제거하고, 성종의 계비인 정현왕후를 찾아가 연산군을 폐하고 진성대군을 왕위에 오르게 할 것을 간언했다.

이로써 갑자사화로 타격을 입은 성희안, 박원종 등 훈구대신들의 거사는 성공을 거두었고, 진성대군(중종)이 왕위에 오른다. 사실 연산군은 외척과 내시 등 소수의 간신배들만 지지 세력으로 두고, 훈신과 사림이라는 주요한 두 정치 세력을 적으로 돌렸기 때문에 왕위를 오래 지탱할 수 없었다. 폐위(재위 12년)된 연산군은 교동에 유배된 지 두 달 만에 병으로 죽고 만다.

양반들의 쿠데타, 인조반정

광해군(공빈 김씨의 아들)이 왕위에 오르기까지는 많은 어려움이 있었다. 임진왜란에서 부왕 선조보다 공을 많이 세운 광해군의 왕위 계승이 무난한 것처럼 보였지만, 사실 선조의 마음에는 어린 계비가 낳은 적자 영창대군이 자리 잡고 있었다. 하지만 영창대군이 너무 어려 인목대비가 오랜 기간 수렴청정을 할 경우 왕권이 불안해지고 권력투쟁이 심화될 것이라는 판단에 고심하던 선조는 마지막 유언에서 소북파 유영경柳永慶을 설득하여 이미 왕세자로 책봉된 광해군을 국왕의 자리에 올릴 것을 명했다. 16년간의 세자 생활을 어렵게 견디고 광해군이 왕위에 오르자 대북파(정인홍鄭仁弘)와 소북파(유영경)의 싸움에서 일방적으로 대북 정권 중심의 권력이 형성되었다. 그러나 당쟁이 계속 격화되면서 왕권은 불안했다.

왕위에 오른 광해군은 중립 외교를 펼쳤다. 조선이 명과 후금, 두 나라 사이에서 슬기롭게 대처하며 실리를 챙긴다면 잃어버린 북방 영토를 일부나마 되찾는 기회가 올 수도 있었다. 그러나 대동법의 실시로 손해를 보게 된 양반들은 광해군에게 불만이 많았다. 이들은 광해군이 죽거나 쫓겨나길 바라면서 광해군을 몰아내기 위한 명분을 찾는 데 혈안이 되었다. 이들은 광해군이 친형과 동생들을 죽인 폭군이라는 것, 무리한 토목공사로 백성들을 힘들게 한다는 것, 광해군의 외교 전략이 조선의 사대주의 정책(친명)을 벗어났다는 것 등을 문제 삼았다. 광해군이 폭군이라는 말을 들을 수밖에 없었던 것은 인목대비의 힘을 얻기 위해 강력한 통치를 했기 때문이며, 무리한 토목공사라 불린 것은 사실 불타버린 왕궁을 다시 짓는 일이었다. 광해군에게 트집을 잡을 것이 없다 보니 궁여지책으로 나온 명분에 불과했다. 광해군에게 반대하는 서인들은 이런 명분을 내세워 계속 쿠데타를 선동했다.

광해군은 인조반정仁祖反正을 사전에 막을 수 있었다. 1623년 3월 12일, '오늘 반란이 일어날 것'이라는 사간원과 사헌부의 첩보가 있었기 때문이다. 그러나 그는 당파 간의 싸움이라며 대수롭지 않게 생각하고 보고를 무시했다. 당시 반란군의 군사는 궁 안에서 내통한 자를 포함해 모두 1천 명이 넘었다. 광해군이 사태를 깨달았을 때는 이미 돌이킬 수 없는 시점이었다. 광해군은 사다리를 사용해 높은 담을 넘어 의관 안국신의 집에 피신했으나, 거사 이틀 후 반란군에 붙잡히고 말았다.

양반들의 쿠데타는 완전히 성공했다. 이로써 능양군이 조선의 16대 왕에 오르니, 그가 곧 인조다. 폐위된 광해군은 강화도로 귀양을 갔다가 제주도로 옮겨졌다. 그리고 왕위를 빼앗긴 지 18년이 되는 해에 67세의 나이로 죽었다.

인조가 왕위에 오른 후 인조반정은 반정을 꿈꾸는 자들에게 성공 사례가 되었다. 인조반정은 왕족 하나만 잘 골라 쿠데타에 성공하면 권력을 잡을 수 있다는 야망을 꿈꾸는 사람들을 양산했고, 쿠데타를 반정과 혁명으로 미화하는 인식을 낳았다.

대한제국의 쿠데타, 개화론자들의 갑신정변

1880년대 초의 조선 조정은 친청적 성격을 띠며 점진적 개혁을 추구하는 수구당守舊黨과 일본과 깊은 유대 관계를 가지면서 급진적 변혁을 주장하는 개화당開化黨으로 세력이 양분되어 있었다. 김옥균, 박영효朴泳孝, 홍영식洪英植, 서재필徐載弼 등 주로 20대 청년들인 개화당원들은 박규수朴珪壽 등의 영향을 받아 성장한 개화론자들이었다. 이들 중 몇몇은 수차례 일본을 왕래하면서 메이지유신을 이념적으로 뒷받침했던 후쿠자와의 '문명개화론文明開化論'의 영향을 받아 급진적인 개화를 주장하게 되었다. 이들은 조선의 개화 정책이 매우 미온적이라며 불만을 품고 있었고, 기술 도입에 앞서 정치·사회·경제적으로 구체제를 혁신하는 일이 선행되어야만 비로소 참된 의미의 개화가 이루어질 수 있다는 생각을 품고 있었다.

1882년 7월 고종이 8도에 교서를 내려 개혁정치를 단행하겠다는 결의를 표명하자, 국정은 혁신 정치가들에 의해 좌우되었고, 개화를 주장하는 상소문이 줄을 이었다. 1884년 10월 17일, 김옥균을 비롯한 일부 개화당 인사들은 일본군의 힘을 빌려 수구당의 주요 인사들을 제거하고 개혁정치를 펼치려고 시도했다. 이들은 신정부의 수립과 더불어 14개 조의 개혁안을 마련했다. 기술 문명만을 도입하는 부분적인 개화를 넘어 사회제도 전반에 걸친 개화를 표방한 것인데, 이것이 바로 갑신정변甲申政變이었다.

그러나 개혁안이 채 공포되기도 전에 그들은 패배의 쓴잔을 들이켤 수밖에 없었다. 수구당 측에서 청나라 군대를 불러들여 일본군과 개화당의 주요 인사들을 몰아냄으로써 쿠데타를 일으킨 지 불과 사흘 만에 모든 것은 원점으로 돌아가고 말았다. 이때 갑신정변을 주도했던 인물들은 죽임을 당하거나 일본 망명길에 오르게 되었다.

갑신정변은 여러 면에서 한계를 지녔다. 사상적인 면에서나 정치적인 면에서 충분한 여건이 마련되지 않은 상황에서 일어난 너무나 급작스러운 개혁 시도였으며, 따라서 그것은 당연히 위로부터의 개혁일 수밖에 없었다. 또 외세의 힘을 빌려 정변을 꾀했다는 점에서 치명적인 취약성을 지니고 있었다. 근본적인 사회제도의 개편 없이는 개화 정책이 소기의 성과를 거둘 수 없다는 교훈은 훗날 그대로 실증되었고, 사실 그것은 그 시대 역사의 필연적인 추세였다.

갑신정변은 실패로 끝나고 말았지만, 조선의 개화 정책이 후퇴한 것은 아니었다. 개화당이 몰락하고 나서 개화 정책은 김홍집을 비롯한 수구당에 의해 계속 추진되었고, 1894년 갑오경장甲午更張으로 전면적인 사회제도의 개혁을 실시하게 된다.

'3일 천하'로 끝난 갑신정변은 몇 가지 부정적 평가의 소지가 있기는 하지만, 조선에서 최초로 시도된 본격적인 개혁 의지였다는 점에서 나름의 의의가 있다. 갑신정변에서 얻은 교훈은 고장난명孤掌難鳴, 즉 어떤 일이든 한 손으로는 소리가 나지 않는다는 것이다. 새로운 개혁과 창조는 조직 구성원의 공감을 이루어 자주적·주체적 입장에서 이심전심으로 소통될 때 가능하며, 이때 비로소 빛나는 역사가 창출되는 것이다.

대한민국의 쿠데타, 군인들의 권력 장악

박정희의 5·16군사정변

5·16군사정변은 4·19혁명이 일어난 지 1년 1개월 만인 1961년 5월 16일, 제2군 부사령관 박정희(당시 44세) 소장 주도하에 일어난 군부 쿠데타였다. 제2공화국(내각책임제)의 장면 총리 정권은 이 때문에 붕괴된다. 당시 출동 부대의 주축은 6군단 포병단, 김포의 해병여단, 공수단, 30·33예비사단 일부 등이었다. 전체 참여 장교의 수는 250여 명으로, 김종필(당시 35세)의 육사 8기생들이 핵심이었다. 5·16군사정변의 주체 세력은 장면 정권의 무능과 부패, 사회 혼란상을 바로잡는 것을 거사의 명분으로 삼아 군사혁명위원회를 조직하여 정권을 장악했다. 하지만 오늘날 거사의 성격을 놓고 혁명, 쿠데타, 군사정변 논란은 계속되고 있다. 여기서는 비교적 중립적인 의미인 5·16군사정변으로 부르기로 한다.

5·16군사정변은 미8군 사령관 C. B. 맥그루더, 야전군 사령관 이한

림 등이 반대하며 잠시 난관에 부딪혔지만, 미국 정부가 신속하게 지지를 표명하고, 장면 내각 총사퇴와 윤보선 대통령의 묵인 등이 이어지며 성공을 거둘 수 있었다. 군사혁명위원회는 '국가재건최고회의'로 재편하여 3년간의 군정통치에 착수했다.

군사정변 주체 세력은 '특수범죄(반혁명·반국가행위)처벌법', '정치활동정화법' 등을 통해 정치적 반대 세력과 군부 내의 반대파를 제거했고, 핵심 권력기구로 '중앙정보부'를 설치하고 대통령제 복귀와 기본권 제한, 국회에 대한 견제를 골자로 하는 헌법 개정을 시행했다. 그리고 1963년 말, 대통령 선거, 국회의원 선거를 승리로 이끌고 제3공화국을 정식 출범시켰다. 5·16군사정변은 군부 세력이 불법적으로 정부를 전복하여 권력을 장악한 사건으로, 국가 주도의 급속한 경제 발전을 가능케 했다는 점에서는 긍정적 평가를 받았지만, 군사문화 확산과 군의 탈법적 정치 개입, 민주적 정권 교체 지연, 지역·계층 간 불균형 심화 등을 야기했다는 점에서는 부정적 평가를 받고 있다.

전두환의 12·12군사반란

1979년 12월 12일, 전두환과 노태우 등을 중심으로 한 신군부 세력이 군부 내 주도권을 장악하기 위해 일으킨 군사반란으로, 최규하 대통령의 승인 없이 계엄사령관인 정승화 육군 참모총장, 정병주 특수전사령부 사령관, 장태완 수도방위사령부 사령관 등을 체포한 사건이다.

12·12사태가 발발하기 전, 당시 전두환 보안사령관은 합동수사본부장을 맡아 10·26 박정희 대통령 시해 사건을 수사하고 있었고, 1979년 11월 6일, 김재규의 단독 범행이라는 수사 결과를 발표한다.

그러나 신군부 세력은 정승화 총장이 중앙정보부장 김재규에게 묵시적으로 동조했다는 혐의를 내세우며 반란을 꾀한다.

전두환은 정승화 총장을 제거하고 군부를 장악할 계획을 세우고, 뜻을 같이할 사람들을 규합하기 시작했다. 보안사령부의 허화평 비서실장, 허삼수 인사처장, 이학봉 대공처장과 수도방위사령부의 장세동 제30경비단장, 김진영 제33경비단장, 황영시 제1군단장, 노태우 제9사단장, 백운택 제71훈련단장, 박희도·최세창·장기오 공수여단장 등의 장성들로부터 동조를 얻은 전두환은 한 발 한 발 거사를 진행해나갔다.

12월 12일 오후 6시, 전두환은 최규하 대통령에게 육군 참모총장 체포동의안에 대한 재가를 제안했으나 거절당했다. 전두환은 허삼수와 우경윤에게 강제 연행 지시를 내렸고, 그들은 무력 충돌 끝에 오후 7시 21분, 정승화 총장을 보안사 서빙고 분실로 강제 연행했다. 21시 30분경, 전두환, 유학성, 황영시 등은 최규하 대통령에게 정승화 총장의 연행·조사를 재가해달라고 재차 요구했으나 다시 거절당했고, 12월 13일 새벽 4시, 결국 사후 재가가 이루어졌다. 12월 13일 오후 노재현 국방부 장관은 10·26사건 연루 혐의로 정승화 총장을 연행하고 몇몇 장성을 구속했으며, 새로운 육군 참모총장과 계엄사령관 직에 이희성 육군 대장을 임명했음을 공표했다. 12·12사건 이후 전두환 보안사령관은 권력 공백기의 최고 실세가 되었다.

신군부는 1980년 5월 17일 전국에 비상 계엄령을 선포했고, 이에 항거한 광주 민주화운동이 발생하자 계엄군을 투입해 무력 진압했다. 5월 24일, 김재규 등 10·26사건 관련자들은 대법원 판결 확정 후 즉결심판으로 처형됐다. 같은 해 8월, 최규하 대통령이 신군부의 압력으로 사임한 후 9월 1일 전두환이 통일주체국민회의 대의원회에서 제11대 대통령으로 선출되었으며, 제5공화국이 성립되었다.

이후 김영삼 전 대통령은 12·12사건을 '하극상에 의한 쿠데타'로 규정했고, 1994년 12월, 검찰은 "12·12사건은 군사반란이 맞지만 국내의 혼란을 우려하여 기소유예 처분한다"고 발표했다. 그리고 1995년 1월 20일 헌법재판소는 12·12사건 기소유예 처분에 대한 헌법소원심판 청구 사건에서 검찰의 12·12사건 기소유예에 대해 불기소처분 취소 판결을 내렸다. 1995년 7월, 검찰은 '5·18사건은 전두환의 정국 장악 의도로 진행됐다'는 수사 결과를 발표하면서도 '성공한 쿠데타는 처벌할 수 없다'는 논리로 기소하지 않았다. 그러나 이후 국회에서 5·18특별법을 제정하고, 신군부 인사들의 새로운 혐의가 발견되자 검찰은 1995년 12월, 12·12와 5·18사건에 대한 재수사에 나섰고, 결국 전두환, 노태우 등의 신군부 핵심 인사들은 1996년 1월 23일, 5·18사건에서의 내란 혐의로, 2월 28일, 12·12사건에서의 반란 혐의로 구속 기소되었다.

1심 재판에서 전두환에게 사형, 노태우에게 무기징역의 판결이 내려졌으나, 전두환은 고등법원에서 무기징역으로 감경됐다. 대법원은 '군사반란과 내란을 통해 정권을 장악한 후 국민투표를 거쳐 헌법을 개정하고 개정된 헌법에 따라 국가를 통치해왔더라도 그 군사반란과 내란을 통해 새로운 법질서를 수립한 것으로 볼 수는 없으며, 헌법에 정한 민주적 절차를 따르지 않고 폭력에 의해 헌법기관의 권능 행사를 불가능하게 하거나 정권을 장악하는 행위는 어떠한 경우에도 용인될 수 없다'고 판시했다.

그리고 1997년 12월 22일 김영삼 전 대통령은, 대선을 앞두고 김대중 당시 후보와 결의한 '정치 보복은 없다'는 합의에 따라 12·12와 5·18 사건 관계자를 특별 사면했다.

7부

대한민국 리더와 국민의
사명

| 01 |

리더의 도덕성과 사회적 책임

한국형 도덕 리더십의 필요성

인간에게 제일 중요한 가치관은 궁극적으로 도덕성을 의미한다. 가치관은 어떤 목적이나 행동에 대해 어떤 것이 더 중요하고 더 올바른가를 판단하는 데 기준이 되는 개인의 신념을 말한다. 따라서 도덕적 가치관은 인간의 삶의 질을 결정한다.

미국 독립에 기여한 공로를 인정받아 '미국 건국의 아버지', '첫 번째 미국인' 등으로 불리는 벤저민 프랭클린Benjamin Franklin은 자신의 성공 비결로 가치관 정립을 통한 '도덕성의 완성'을 꼽았다. 정도를 추구한 제갈공명諸葛孔明은 "천하를 얻더라도 도덕성과 신의를 잃으면 모든 것을 잃는다"며 평생 동안 청렴과 도덕성을 최고의 가치관으로 삼고 살았다. 도덕성은 동서고금을 막론하고 개인과 조직, 국가의 흥망성쇠를 좌우하는 중요한 요소다. 가난해서 나라가 망하는 경우는 거의 없지만, 사회 지도층의 부도덕성이 나라를 망하게 하는 경우는 허다하다. 따라서 공직자 등 사회 지도층의 도덕성은 리더십의 기반이 되는 최고의 덕목이라고 할 수 있다.

역사리더십의 교훈을 되짚어보면, 대부분의 갈등과 혼란, 위기의 문제는 도덕성의 결여에서 야기되었다. 따라서 최근 한국의 정치, 경제, 사회 전반에 걸친 산적한 문제를 해결하려면 먼저 지도층 리더들의 도덕성 세우기가 선행되어야 할 것이다.

2013년 10월 발표된 국제투명성기구TI의 2013년 국가별 부패인식지수CPI에서 우리나라는 100점 만점에 55점을 받아 조사 대상 180개국 가운데 46위를 차지했다. 이는 심각한 부패와 청렴의 경계선상에 위치하고 있는 것으로, 간신히 절대부패에서 벗어난 상태이며, 아시아에서는 대만은 물론 부탄에도 뒤처지는 점수이다. 이는 우리 사회에 부패가 만연하고 있다는 방증으로 우리의 경제력이나 국민의 수준에 비해 매우 부끄러운 수치다. 세월호 참사도 어느 구석 썩지 않은 곳이 없는 부패 구조의 결과물이다. 하루빨리 부패와 비리의 적폐를 단절하는 시스템을 만들고 '부정청탁 금지 및 공직자의 이해충돌방지법'을 제정하는 등 청렴문화가 뿌리내리도록 만들어야 한다.

일찍이 공자는 《논어》〈안연〉 편에서 무신불립無信不立을 강조했다. '믿음이 없으면 일어설 수 없다'는 뜻으로, 정치에서도 개인의 관계에서도 가장 중요한 것은 신뢰와 도덕성이라는 의미다.

자공이 정치에 대해서 물으니, 공자 가라사대 "먹을 것을 풍족하게 하고 병사를 풍족하게 한다면 백성이 믿을 것이다." 자공이 "반드시 부득이해서 버린다면 이 세 가지 중에 무엇을 먼저 (버려야) 합니까?"라고 묻자, 공자 가라사대 "병사를 버려야 한다." 자공이 "반드시 부득이해서 버려야 한다면 이 두 가지 중에서 무엇을 먼저 (버려야) 합니까?"라고 묻자, 공자 가라사대 "식량을 버릴 것이니 자고로 다 죽지만 백성의 믿음이 없으면 설 수 없느니라."

子貢이 問政한대 子曰, 足食과 足兵과 民信之矣니라. 子貢曰, 必不得已而去면 於斯三者에, 何先이릿가? 曰, 去兵이니라. 子貢曰, 必不得已而去면 於斯二者何先이릿가? 曰, 去食이니 自古皆有死어니와 民無信不立이니라.

- 이덕일, 《내 인생의 논어, 그 사람 공자》(옥당, 2012)

도道는 우리가 가야 할 옳은 길이요, 덕德은 우리가 지켜야 할 올바른 행동 원리로서, 도덕은 인생의 근본이요, 사회를 이루는 근간이며, 역사의 원동력이다. 튼튼한 도덕이 바탕이 되어야 경제력과 국방력도 따라올 것이다.

애덤 스미스Adam Smith도 국부의 논리를 펴기 전에 도덕성의 중요성을 강조했다. 그는 핵심 사상을 다룬 책이 무엇이냐고 묻는 제자에게 《국부론An Inquiry into the nature and causes of the Wealth of Nations》보다는 《도덕감정론The Theory of Moral Sentiments》에서 보다 근본적인 문제를 다루었다고 말했다. 그는 "자유에 따르는 가장 큰 위험은 도덕적 의미를 망각하는 것으로 너무 늦기 전에 지금 이 시대를 사는 사람들을 일깨워야 한다"라고 강조했다. 애덤 스미스는 부의 무

■ 한국 전통윤리와 서구 합리주의의 조화를 통한 도덕성 실천 ■

전통윤리(한국)	도덕성의 실천	합리주의(서구)
홍익인간		준법정신
선비정신		정직성
두레정신		책임의식
		공정성

절제한 추구는 반드시 부패로 연결되게 마련이며, 더 나아가 도덕적 양심까지 앗아간다고 강조했다. 그러므로 경제적 효율성과 도덕성은 상호 보완적인 관계가 되어야 한다는 것이 그의 주장이다.

지금 우리의 리더에게 반드시 필요한 것도 이런 도덕성이다. 우리는 홍익인간 정신, 선비사상, 두레정신 등 한국 고유의 정신들과, 준법정신, 정직성, 책임의식, 공정성 등 서구 합리주의의 정신들을 조화시켜 우리만의 도덕 리더십을 만들어내야 한다. 이렇게 리더가 도덕성을 몸소 실천하는 모습을 보인다면 구성원들은 이를 무의식적으로 체득하게 되며, 이는 곧 구성원들이 스스로 도덕성을 함양하게 되는 동기가 된다. 뿐만 아니라 리더의 청렴결백한 모습은 그 리더에게 신뢰감을 갖게 한다. 도덕성을 실천하는 리더의 모습은 팔로어들에게 일종의 행동 표본이 되어 사회와 국가로 도덕성을 전파하는 시너지 효과를 낼 것이다.

진정한 리더의 자격

도덕적으로 깨끗하고 투명한 리더만이 강건한 조직을 이끌 수 있으며, 진정한 리더의 자격을 가졌다고 말할 수 있다. 리더는 청렴성을 통해 사회에 빛과 소금의 역할을 실천해야 한다. 리더의 청렴성은 요즘처럼 어려운 세상에서 빛나는 자질이 아닐 수 없다.

많은 사람들이 윤리나 도덕이 사람을 구속하는 것으로 잘못 알고 있다. 그리고 도덕적일수록 사회적으로 손해보고 무기력한 존재가 된다고 잘못 믿고 있다. 이는 도덕성의 상실에서 오는 일종의 후유증이다.

사회규범으로서의 윤리와 도덕은 자나 저울과 같아서 행위의 준거가 된다. 만일 시장의 상인이 자나 저울을 제멋대로 만들어 사용한다면 사고파는 사람 사이의 질서나 신뢰는 하루아침에 무너지고 말 것이다. 또한 윤리와 도덕은 교통법규와 같아서 그것을 무시하고 마구 건너고 달리다가는 자신은 물론 남도 불행하게 만들 것이다.

도덕이야말로 인간을 해방시키고 떳떳하게 만들 뿐만 아니라 가장 협동적인 일원으로 활동하게 한다. 지금 우리가 살고 있는 삶의 터전이 몹시 불안정하고 불안하다고 느끼는 것은 우리 스스로 도덕적으로 타락했기 때문이다.

인간이란 자신은 현명하기 때문에 올바른 길을 가고 있다고 생각하기 마련이다. 하지만 반성과 성찰을 통해 보면 평가는 다를 수 있다. 리더는 자신을 겸허히 받아들이고 일일삼성一日三省하는 자세를 생활화하여 도덕적 리더십을 발휘할 수 있도록 수신해야 한다. 도덕성은 단기간에 생기는 것이 아니므로 체계적인 교육과 학습, 성찰을 통해 지속적으로 완성해나가야 한다.

리더가 신화를 창조하고 성공하는 방식은 다양하지만, 실패하는 방식은 유사하다. 실패한 리더들은 외부적인 요인보다는 내면적 결함, 다시 말해 도덕적 해이나 윤리적 실수 등 내적 요인으로 스스로의 권위를 손상시키는 경우가 많다. 국가가 망하는 이유도 외부의 침입보다는 내부의 도덕성 붕괴가 근본 요인이다. 도덕성은 신뢰의 기초이며, 신뢰 없이는 어떤 상황에서도 리더십을 발휘할 수 없다.

도덕성이 리더십에서 스위치 역할을 한다고 말하는 것은 이 때문이다. 전기 스위치가 튼튼할 때 단전 없이 질 좋은 전기를 지속적으로 사용할 수 있듯 도덕성이라는 리더십 스위치가 확고할 때 리더십의 시너지 효과가 발휘될 수 있다. 전기 스위치가 끊어지면 암흑이 오듯 도덕성 스위치가 끊어지면 리더십이 실종되고 리더도 추락한다는 사실을 잊지 말아야 할 것이다.

조계종 총무원장 자승스님은 2014년 4월 28일, 부처님오신날을 앞두고 발표한 봉축사에서 "예의와 도덕을 중요하게 생각했던 민족인 우리는 자신을 돌이켜 생명의 가치를 최우선으로 여기는 사회, 바른 생각을 존중하는 사회를 만들어야 한다"라고 강조했다.

윤리의식을 바로 세우기 위한 대책도 강구해야 할 것이다. 가장 기본적으로 가정에서는 부모가 자식에게 사람이 살아가는 데 필요한 도덕과 예절을 가르치고, 학교에서는 점수 중심의 교육이 아니라 사람됨됨이를 바로잡는 교육을 시행할 때 사회적 윤리 기강이 바로잡힐 수 있을 것이다. 그래야 개인의 도덕적 가치가 국가사회의 기반이 되고,

리더십의 근간이 될 수 있을 것이며, '더불어 사는 방법'과 '타인을 배려하는 방법', '질서를 존중하는 법과 예절'이 살아날 때 국가의 품격도 살아날 것이다.

02

리더보다 더 리더 같은 팔로어, 국민

모든 국민이 호국 리더로 사는 나라

강대국들 사이에서 우리가 5천 년 역사를 보존할 수 있었던 것은 우리 국민들의 나라사랑 의식 덕분이라고 해도 과언이 아니다. 2013년 11월 국가보훈처가 한국갤럽에 의뢰해 1천 명을 대상으로 설문조사한 결과, 전체 국민의 '나라사랑 의식지수' 평균 점수는 79.1점으로 나타났다. 그러나 리더의 잘못으로 나라가 약해질 때는 아무리 스스로 당당한 자주국가라고 말해도 다른 국가가 인정하지 않는다. 그 예로, 조선의 고종이 1897년 대한제국으로 국호를 개칭하고 왕에서 황제로 호칭을 바꾸는 행사를 거행했으나 러시아를 제외한 미국, 중국, 일본이 불참하면서 국제적으로 인정받지 못했다. 결국 13년 만에 한일 강제병합의 비운을 맞으며 대한제국은 역사에서 사라졌다.

우리나라는 가난과 국난으로 점철된 슬픈 역사를 안고 5천 년 역사를 이어왔다. 결국 미·중·일·러 등 4강을 비롯해 세계의 모든 국가로부터 한국의 주권을 존중받으려면 모든 국민이 호국 리더가 되어 부국강병의 나라를 만들어야 한다는 교훈을 얻었다.

을사늑약으로 나라가 넘어가기 직전인 1905년 12월 28일 신채호 선생은 《대한매일신보》에 쓴 논설 '시일야우방성대곡是日也又放聲大哭'에서 "앞으로 하와이의 이민과 같이 미국 영토에 붙어살까? 블라디보스토크의 유민 같이 러시아 땅에 예속되어 살까? (……) 심성을 이야기하고 이기理氣를 논하는 것이 소용없소. 농, 공, 상이 급한 것이오"라고 말했다.

이 말은 100여 년이 지난 지금도 큰 의미로 다가온다. 2014년 5월, 동아시아에서는 세계열강(미일동맹, 중러연합)의 세력 싸움이 치열하게 벌어지고 있다. 이 싸움에서 살아남으려면 부국강병의 나라를 만드는 것 외에 다른 길은 없다. 신채호 선생의 언급은 당장 국가가 경제 위기에 빠져 있는데도 경제를 살릴 생각은 하지 않고 좌우 이념 논쟁과 다툼만 일삼는 철없는 리더들에게 경종을 울리는 소리가 되어야 할 것이다.

그렇다면 부국강병의 선진국으로 가기 위한 선결 조건은 무엇일까?

첫째, 소통과 상생의 리더십으로 국가적 현안을 해결해야 한다. 모든 조직은 인화단결이 그 근간이 되며, 특히 국가는 국론 통일과 국민 총화가 국가 발전의 원동력이 된다. 따라서 모든 지도층 리더들은 역지사지와 상생을 행동 철학으로 삼아 갈등과 분열을 해결해나가야 할 것이다.

둘째, 국민소득 3만 달러를 넘어 4만 달러를 목표로 삼는 등 경제 성장을 도모해야 한다. 애덤 스미스는 국부론과 국방론은 떼려야 뗄 수 없는 관계라고 강조했다. 경제와 안보는 동전의 양면과 같아서 안보가 튼튼해야 경제가 보장되고, 경제가 튼튼해야 안보가 보장된다는 것이다. 열강의 각축장이 되기 쉬운 우리나라의 입지상 경제 성장을 도모해야 안보가 보장될 것은 분명하다.

셋째, 5천 년 역사를 국민 개개인이 마음속에 품어야 한다. 국민이 나라를 지키는 가장 손쉬운 방법은 나라를 사랑하는 것이다. 나라를 사랑하는 마음을 가지려면 우리의 역사부터 제대로 알아야 한다. 역사 속 고난 극복 과정과 위인들의 모습을 제대로 알면 인생관이나 세계관이 바로 서고, 그 속에서 진정한 나를 발견할 수 있다. 역사학자 에릭 홉스봄Eric Hobsbawm은 '역사학은 영토 분쟁의 학문적 첨병'으로 때로는 핵물리학보다 더 무서울 수 있다고 경고한 바 있다. 정부도 후세에 부끄럽지 않으려면 올바른 역사책을 만들어 교육을 강화하고, 중국과 일본의 역사 침탈에 강력히 대응해야 할 것이다.

넷째, 국가 지도층은 꿈과 비전을 끊임없이 제시하여 국민이 자긍심을 갖게 해야 한다. 한국이 살아남기 위해서는 글로벌 무한경쟁에서 선도적 위치를 차지해야 하며, 이를 위해서는 애국심을 통한 세계화가 우리의 독특한 무기임을 인정할 필요가 있다.

다섯째, 세계 최고 수준의 문화의식을 키워야 한다. 우리나라의 독특한 문화들을 소중히 생각하되, 타민족의 문화까지도 공감할 수 있는 선진 문화 의식을 길러야 한다. 우리 문화의 세계화를 통해 국가의 위상을 제고하는 동시에 세계 문화의 발전에 기여하는 문화 강국이 세계의 미래를 이끌어 갈 것이기 때문이다.

우리는 선조들의 피와 땀과 눈물이 서린 호국 리더십의 결과로 반만 년의 역사를 보존하며 자유와 번영을 누려왔다. 21세기를 살아가는 우리도 선조는 물론 후손에게 결코 부끄럽지 않은 역사를 물려줄 수 있어야 한다. 그러기 위해서는 선조들과 마찬가지로 호국 리더십을 기르고, 초중, 초일을 넘어 남북 평화통일을 이룩하도록 노력해야 한다.

21세기는 국민 리더십 시대

나라의 힘은 절대 소수의 리더로부터 나오는 것이 아니다. 한 나라의 힘은 리더십과 팔로어십이 융합된 결과물이며, 그 힘의 방향은 국민의 수준과 의식에 의해 결정된다. 그러나 대부분의 국민은 그 힘의 원천이 바로 '나'라는 사실을 망각하고 산다. 21세기를 사는 국민들은 리더를 감시하면서도 따라가는 지혜로움이 있어야 한다. 국민이 리더가 바른 길을 찾아갈 수 있도록 늘 관심을 갖고 지원해야 국가의 발전도 따라온다.

미국 하버드 케네디스쿨 교수 바버라 켈러먼Barbara Kellerman은 《팔로워십Followership》(더난, 2011)에서 팔로어를 크게 다섯 가지 유형으로 나누어 분석했다. 첫째, 무관심자Isolate(제일 나쁜 팔로어), 둘째, 방관자Bystander(무임 승차자), 셋째, 참여자Participant, 넷째, 운동가

Activist(신념의 참가자), 다섯째, 완고주의자Diehard(상황에 따라 리더보다 더 리더 같은 역할을 하는 자) 등이다.

나는 이 중 완고주의자가 대한민국 국민들의 실상에 가장 적합한 팔로어라고 생각한다. 즉, 상황에 따라 리더보다 더 리더처럼 행동하고 중요한 역할을 하는 팔로어들이다. 바버라 켈러먼은 "때로는 방관하지말고 리더를 옳은 길로 인도하고, 내부 고발도 하고, 자기 일처럼 열심히 해야 좋은 팔로어"라고 말한다. 리더보다 더 리더처럼 살아야 하는 대한국인을 말하는 것 같다.

우리나라는 지금 국내외적으로 대전환기의 한복판에 서 있다. 대외적으로는 신냉전체제가 조성되어 경제 전쟁, 과학기술 경쟁 같은 도전이 우리의 생존과 번영을 위협하고 있으며, 대내적으로는 도덕성 실종, 양극화 현상과 이념 분열로 몸살을 앓고 있다.

하지만 우리 국민들은 내면에 체화된 8대 DNA를 국민성으로 승화시켜 국내외의 수많은 도전을 극복해왔다. 지금까지 6·25전쟁, 4·19혁명, 5·18광주민주화운동 등의 위기와 역사적 분기점을 지혜롭게 극복하며 세계 10대 강국으로 성장했듯이 세월호 참사라는 국가적인 위기도 국민의 역동성과 전화위복 리더십으로 극복하고 새로운 현대사의 분기점으로 삼아야 한다. 이를 위해 리더들의 자성과 성찰이 우선되어야 할 것이다.

현명한 리더는 대중의 인기에 영합하지 않고, 양심과 소신에 따라 문제를 해결한다. 훌륭한 리더는 모든 일을 이치에 따라 물 흐르듯 상선약수上善若水로 다스리는 사람이다. 지금 나와 우리 가족, 우리 사회, 우리나라가 과연 옳은 길로 가고 있는가? 나와 가족을 위해, 이 사회를 위해, 이 나라를 위해 내가 해야 할 일이 무엇인지를 깊이 생각하며 살아야 한다. 운명의 한반도, 운명의 내 고향, 운명의 내 땅이라는 의식의 대전환이 있어야 새 역사 창조가 가능하다.

한국의 리더십 부재 현상을 극복하려면 온 국민이 애국애족 리더십을 가져야 한다. 진리는 늘 가까운 곳에 있다. 내 집, 내 직장, 내 학교, 내 마을 등 내 주변의 쉽고 작은 일부터 실천하는 것이 답이다. 그것이 국민 모두가 리더로 살아가는 방법이며, 셀프 리더, 슈퍼 리더, 코어 리더, 내셔널 리더, 글로벌 리더로 가는 첫걸음이다. 이 책을 끝까지 읽었다면 여러분은 국민 리더를 향한 도전을 시작한 셈이다.

참고문헌

국내도서

LG경제연구원, 《2010 대한민국 트렌드》, 한국경제신문사, 2005

LG경제연구원, 《2020 새로운 미래가 온다》, LG경제연구원, 2010

강건기, 《보조국사 지눌의 생애와 사상》, 불일출판사, 2010

강만길 외, 《한국사 6: 중세사회의 성립 2》, 한길사, 1995

강만길 외, 《우리 역사를 의심한다》, 서해문집, 2002

강무학, 《홍익인간론》, 명문당, 1983

강범석, 《잃어버린 혁명: 갑신정변 연구》, 솔, 2006

강정인, 《한국 정치의 진보와 보수》, 한국정치사상학회, 2009

강준만, 《세계문화의 겉과 속》, 인물과사상사, 2012

강준만, 《한국 근대사 산책》, 인물과사상사, 2007

강준식, 《연개소문을 생각한다》, 아름다운책, 2004

고덕원, 《한국 선도의 홍익정치론과 선인지도자》, 국제뇌교육종합대, 2010

구대열, 《삼국통일의 정치학》, 까치, 2010

구명숙 외, 《한국의 문화: 리더십으로서의 섬김의 현대적 이해》, 숙대리더십개발원, 2009

국립부여문화재연구소, 《백제도성의 변천과 연구상의 문제점》, 서경문화사, 2003

국사편찬위원회, 《한국현대사》, 탐구당, 1982

국제안중근기념협회, 《백년의 얼 충혼 안중근》, 백암, 2010

권기경 외, 《임금의 하늘은 백성이고 백성의 하늘은 밥이다》, 한솔수북, 2009

금장태, 《정약용: 한국 실학의 집대성》, 성균관대학교출판부, 1999

김경복, 《겸손의 리더십》, 랜덤하우스코리아, 2005

김경수 · 이영화, 《테마로 읽는 우리 역사》, 동방미디어, 2004

김경진 편, 《다산 정약용 리더십》, 자유로, 2011

김구, 《내가 원하는 우리나라》, 지성문화사, 2008

김기섭 외, 《서울과 백제, 2천 년 고도 여행》, 한성백제박물관, 2003

김기태 외, 《사회복지의 이해》, 박영사, 2009

김기협, 《밖에서 본 한국사》, 돌베개, 2008

김기형 외, 《과학 대통령 박정희와 리더십》, MSD미디어, 2010

김기홍, 《서희, 협상을 말하다》, 새로운제안, 2006

김기홍, 《고구려 건국사》, 창작과비평사, 2002

김기홍, 《천년의 왕국 신라》, 창작과비평사, 2000

김당택, 《고려무인정권연구》, 새문사, 1989

김만중, 《군주 리더십》, 거송미디어, 2001

김방룡, 《보조 지눌의 사상과 영향》, 보고사, 2006

김병곤, 《신라 왕권 성장사 연구》, 학연문화사, 2003

김상균 외, 《사회복지개론》, 나남, 2011

김상현, 《한국 불교사 산책》, 우리출판사, 1995

김석우, 《왕건에게 배우는 디지털 리더십》, 느낌이있는나무, 2001

김석원 역, 《논어》, 혜원, 1991

김성수, 《디지털 시대를 사는 허준의 후예들》, 태일출판사, 2000

김열규, 《맺히면 풀어라: 한국인의 원한과 신명》, 한국학술정보, 1991

김영돈, 《살피자 홍익인간》, 보경문화사, 2001

김영평 외, 《다산의 행정개혁》, 대영문화사, 2010

김영한·지승룡, 《민들레영토 희망 스토리》, 랜덤하우스코리아, 2005

김원모, 《한미수교사》, 철학과현실사, 1999

김원중 역, 《삼국유사》, 을유문화사, 2002

김정민, 《열사의 노래》, 비단길, 2003

김정환, 《삼국의 흥망과 통일》, 푸른숲, 1996

김종대, 《여해 이순신》, 예담, 2008

김종서, 《고조선 제국사》, 민족문화, 2001

김종성, 《인물 한국사 이야기》, 문예마당, 1999

김종성, 《조선사 클리닉》, 추수밭, 2008

김종의, 《동양의 정신세계: 마음으로 읽는》, 신지서원, 2001

김준태, 《왕의 경영》, 다산초당, 2012

김충남, 《성공한 대통령, 실패한 대통령》, 둥지, 1998

김형효, 《지눌의 사상과 그 현대적 의미》, 한국정신문화연구소, 1996

김형효, 《한국정신사의 현재적 인식》, 고려원, 1986

김형효·길희성, 《지눌의 사상과 그 현대적 의미》, 한국정신문화연구원, 1996

김효순, 《역사가에게 묻다》, 서해문집, 2012

나병선 외, 《멘토가 신바람을 일으킨다》, 21세기북스, 2006

노무현, 《노무현이 만난 링컨》, 학고재, 2001

노중국 외, 《시민을 위한 서울역사 2000년》, 서울특별시사편찬위원회, 2009

노중국 외, 《한성백제의 역사와 문화》, 서경문화사, 2007

노회찬, 《노회찬과 함께 읽는 조선왕조실록》, 일빛, 2004

다산연구회 편, 《정선 목민심서》, 창작과비평사, 2005

동학혁명연구소 편집부, 《동학사상과 민주주의》, 동학혁명연구소, 1998

류은경, 《선덕여왕》, MBC프로덕션, 2009

리선근, 《화랑도와 삼국통일》, 세종대왕기념사업회, 1999

목영해 외, 《교육의 역사와 철학》, 교육과학사, 2010

문무일, 《길에서 길을 묻다》, 행복에너지, 2014

문안식, 《백제의 흥망과 전쟁》, 혜안, 2006

문화재청 현충사관리소, 《충무공 이순신과 임진왜란》, 충무공이순신기념관, 2011

문효, 《나는 조선의 왕이로소이다》, 왕의서재, 2009

박석무, 《다산 정약용 유배지에서 만나다》, 한길사, 2003

박선식, 《한민족 대외 정벌기》, 청년정신, 2000

박성규 · 김종성, 《해설 삼국유사》, 서정시학, 2010

박성수, 《역사학개론》, 삼영사, 2000

박세길, 《다시 쓰는 한국 현대사》, 돌베개, 1988

박시백, 《박시백의 조선왕조실록 11: 광해군 일기》, 휴머니스트, 2005

박영규, 《고구려사 이야기》, 김영사, 2006

박영규, 《한 권으로 읽는 고구려왕조실록》, 웅진지식하우스, 2004

박영규, 《한 권으로 읽는 고려왕조실록》, 웅진지식하우스, 2004

박영규, 《한 권으로 읽는 조선왕조실록》, 웅진지식하우스, 2013

박용운, 《고려시대사》, 일지사, 2008

박운서, 《신바람 경영》, 한국경제신문사, 1999

박종기, 《새로 쓴 500년 고려사》, 푸른역사, 2008

배병삼, 《논어, 사람의 길을 열다》, 사계절, 2005

백민정, 《정약용의 철학》, 이학사, 2007

백선혜 역, 《명심보감》, 홍익출판사, 2012

백지원, 《백지원의 완간 고려 왕조 실록》, 진명, 2010

봉기종, 《민족혼 세계일》, 전학출판사, 2007

서대숙 외, 《한국 현대사의 재조명》, 돌베개, 1982

서성교, 《한국형 리더십을 말한다》, 원앤원북스, 2011

서영교, 《고구려, 전쟁의 나라》, 글항아리, 2007

서영교, 《신라인 이야기》, 살림, 2009

성대사회과학연구소, 《한국사회의 변동》, 성균관대학교출판부, 1986

세종연구소 북한연구센터, 《북한의 국가전략》, 한울아카데미, 2003

소동호, 《한국교육사상사개설》, 양서원, 2009

소준섭, 《왕의 서재》, 어젠다, 2012

손기원, 《정신혁명, 행복 방정식이 바뀐다》, 경영베스트, 2003

손인수, 《홍익인간의 교육이념》, 새교육, 1998

송기호 편, 《발해고》, 홍익출판사, 2000

송기호, 《동아시아의 역사분쟁》, 솔, 2007

송대성, 《한반도 평화확보》, 한울아카데미, 2005

송봉선, 《북한은 왜 멸망하지 않는가》, 학문사, 2007

송호정, 《단군, 만들어진 신화》, 산처럼, 2004

신동준, 《역사대징정, 왕》, 한송, 1999

신봉승, 《국가란 무엇인가》, 청아출판사, 2011

신응섭, 《리더십의 이론과 실제》, 학지사, 1999

신차균 외, 《교육철학 및 교육사의 이해》, 학지사, 2006

신채호, 《조선상고사》, 단재기념사업회, 1977

신형식 외, 《고구려는 중국사인가》, 백산자료원, 2004

신형식, 《고구려사》, 이화여자대학교출판부, 2003

신형식, 《한국 고대사의 신연구》, 일조각, 1984

신형식, 《한국사를 왜곡한 동북공정》, 흙마당, 2012

안경전, 《환단고기》, 상생, 2012

안상호 · 김일석, 《현대리더십의 이해》, 신광문화사, 2010

안성호 외, 《지역정체성과 사회자본》, 다운샘, 2005

안외순 편역, 《논어》, 타임기획, 2005

안중근의사기념사업회, 《안중근과 그 시대》, 경인문화사, 2009

양종국, 《백제멸망의 진실》, 주류성, 2004

오영, 《광해군과 인목대비》, 범우, 2008

오원철, 《박정희는 어떻게 경제 강국을 만들었나》, 동서문화사, 2006

오인환, 《위기관리의 리더십》, 열린책들, 2003

오홍국 외, 《지구촌에 남긴 평화의 발자국》, 국방부군사편찬연구소, 2011

우실하, 《동북공정 너머 요하문명론》, 소나무, 2007

우실하, 《동북공정의 선행 작업들과 중국의 국가 전략》, 울력, 2004

원재훈, 《안중근, 하얼빈의 11일》, 사계절, 2010

유영열, 《동학 농민운동과 갑오개혁》, 샘터, 2003

유필화, 《역사에서 리더를 만나다》, 흐름출판, 2010

유홍준, 《나의 문화유산 답사기》, 창작과비평사, 1997

육군본부, 《한민족의 용틀임》, 육군본부, 1993

윤내형, 《사료로 보는 우리 고대사: 동북공정 논란을 둘러싼 진실게임》, 지식산업사, 2007

윤명철, 《역사전쟁》, 안그라픽스, 2004

윤이흠 편, 《단군: 그 이해와 자료》, 서울대학교출판부, 1994

윤혜린 외, 《여성주의 리더십: 새로운 길 찾기》, 이화여자대학교출판부, 2007

이갑섭, 《한국 전쟁사》, 행림, 1992

이강래 역, 《삼국사기》, 한길사, 1998

이강옥, 《대학리더십》, 청람, 2011

이경원, 《한국의 종교사상》, 문사철, 2010

이근창, 《홍익국가론》, 대왕사, 1991

이기백, 《민족과 역사》, 일조각, 1997

이기백, 《한국사 시민강좌》, 일조각, 1987

이기석 · 한백우 역, 《논어》, 홍신문화사, 2007

이길상, 《20세기 한국교육사》, 집문당, 2007

이덕일, 《내 인생의 논어, 그 사람 공자》, 옥당, 2012

이덕일, 《누가 왕을 죽였는가》, 푸른역사, 1998

이덕일, 《조선왕을 말하다》, 역사의 아침, 2010

이면우, 《생존의 W이론》, 랜덤하우스코리아, 2004

이면우, 《W이론을 만들자》, 지식산업사, 1999

이명환, 《신바람 인사관리》, 21세기북스, 1997

이범교, 《삼국유사의 종합적 해석》, 민족사, 2005

이병도, 《영원한 승부사 1: 정주영 신화는 계속된다》, 찬섬, 2003

이상각, 《고려사》, 들녘, 2010

이상각, 《조선왕조실록: 영광과 좌절의 오백 년》, 들녘, 2009

이선호, 《이순신의 리더십》, 팔복원, 2011

이성근, 《통일전쟁》, 한솜미디어, 2008

이성무, 《조선시대 당쟁사 1》, 동방미디어, 2000

이성무, 《조선왕조사》, 수막새, 2011

이숲, 《스무 살엔 몰랐던 내한민국》, 예옥, 2013

이승주, 《전략적 리더십》, 시그마인사이트컴, 2005

이승헌, 《한국인에게 고함》, 한문화, 2001

이야기한국역사편집위원회, 《이야기한국역사》, 풀빛, 1997

이어령, 《이것이 한국이다》, 문학사상사, 1996

이어령, 《젊음의 탄생》, 생각의나무, 2009

이완범 외, 《정신문화 연구》, 정신문화연구원, 2008

이은식, 《지명이 품은 한국사》, 타오름, 2013

이이화, 《한국사, 나는 이렇게 본다》, 길, 2005

이인석, 《한국 최고경영자 100인의 좌우명》, 청년정신, 2004

이인철, 《신라 정치경제사 연구》, 일지사, 2003

이종선, 《달란트 이야기》, 토네이도, 2006

이종욱, 《신라의 역사》, 김영사, 2002

이종욱, 《춘추: 위대한 정치 지배자, 김춘추》, 효형출판, 2009

이주한, 《한국사가 죽어야 나라가 산다》, 위즈덤하우스, 2013

이준형, 《리더십 먼저 민주주의 나중에》, 인간사랑, 2004

이춘식, 《중국고대사의 전개》, 예문출판사, 1990

이태수, 《고조선 왕조의 역사》, 신세림, 2011

이한, 《다시 발견하는 한국사》, 뜨인돌, 2008

이한, 《폭군의 몰락》, 청아출판사, 2009

이한우, 《고려사를 고려로 읽다》, 21세기북스, 2012

이한우, 《세종, 그가 바로 조선이다》, 동방미디어, 2003

이호영, 《신라 삼국 통합과 여·제 패망 원인 연구》, 서경문화사, 1997

이희근, 《주제로 보는 한국사》, 고즈윈, 2005

이희근, 《한국사는 뜨겁다》, 거름, 2006

이희진, 《의자왕을 고백하다》, 가람기획, 2011

임원빈, 《살고자 하면 죽으리라》, 순천향대학교출판부, 2012

임재해 외, 《고대에도 한류가 있었다》, 지식산업사, 2007

임종욱, 《여왕의 시대》, 휴먼앤북스, 2012

장동일, 《한국 사회복지법 제론》, 동문사, 2010

장석주, 《나는 문학이다》, 나무이야기, 2009

장종현, 《유관순 이야기: 독립을 향한 당당한 외침》, 웅진주니어, 2010

장철균, 《서희의 외교 담판》, 살림, 2013

전국역사교사모임, 《사료로 보는 우리역사》, 돌베개, 1995

전도근, 《지혜와 용기로 나라를 구한 서희》, 학지사, 2010

전수병·김갑동, 《주제별로 본 한국역사》, 서경문화사, 1998

전영식 외, 《논어》, 홍신문화사, 1974

전우성, 《한국고대사 다시 쓰여져야 한다》, 을지서적, 1998

정경환, 《백범 김구의 정치사상》, 이경, 2008

정경희, 《한국 고대 사회문화 연구》, 일지사, 1990

정관 효담, 《복천사지》, 대한불교 조계종 법주사(복천암), 2011

정구복, 《새로 읽는 삼국사기》, 동방미디어, 2000

정구선, 《공녀》, 국학자료원, 2002

정민, 《미쳐야 미친다: 조선 지식인의 내면 읽기》, 푸른역사, 2004

정석해, 《남대문역두의 독립만세》, 신동아, 1989

정연선, 《한국정치사상》, 숭실대학교출판부, 2001

정윤재 외, 《세종 리더십 이야기》, 한국학중앙연구원, 2010

조경제, 《한민족의 나침반》, 다물, 1997

조동걸, 《현대 한국사학사》, 나남출판, 1998

조법종, 《고조선 고구려사 연구》, 신서원, 2006

조여항, 《정인홍과 광해군》, 동녘, 2001

조지훈, 《지조론》, 나남, 1996

조항래, 《한국사의 이해》, 아세아문화사, 2000

차평일 편, 《명심보감》, 동해출판사, 2008

채상식, 《고려후기 불교사 연구》, 일조각, 1991

채희순 편, 《맹자》, 한국교육출판공사, 1984

최광식, 《중국의 고구려사 왜곡》, 살림, 2004

최규성, 《이야기로 배우는 한국의 역사》, 고려원, 1996

최선화 외, 《사회문제와 사회복지》, 양서원, 2008

최영진, 《동양과 서양》, 지식산업사, 2006

최운식 외, 《외국인을 위한 한국, 한국인 그리고 한국문화》, 보고사, 2009

최익용, 《대한민국 리더십을 말한다》, 이상비즈, 2010

최익용, 《리더다운 리더가 되는 길》, 다다아트, 2004

최익용, 《리더십이란 무엇인가》, 스마트비즈니스, 2008

최익용, 《이심전심 리더십》, 스마트비즈니스, 2006

추병완, 《정보 사회와 윤리》, 울력, 2002

편집부, 《중국의 동북공정 논리와 그 한계》, 국사편찬위원회, 2004

피정만, 《한국 교육사 이해》, 하우, 2010

한국기독교역사학회, 《한국 기독교의 역사 1》, 기독교문사, 2011

한국기독교역사학회, 《한국 기독교의 역사 3》, 한국기독교역사연구소, 2009

한국문화유산답사회, 《서울》, 돌베개, 2004

한국사사전편찬회, 《한국 고중세사 사전》, 가람기획, 2006

한국사연구회, 《새로운 한국사 길잡이》, 지식산업사, 2008

한국우리민족사연구회, 《동북공정, 알아야 대응한다》, 백암, 2006

한국우리민족사연구회, 《동북공정과 고대사 왜곡의 대응방안》, 백암, 2006

한국학중앙연구원, 《『한국민족문화대백과사전』 수록 인물 추가 선정 방안 연구》, 한국학중앙연구원, 2009

한국학중앙연구원, 《조선의 왕으로 살아가기》, 돌베개, 2011

한명기, 《광해군》, 역사비평사, 2000

한민, 《신명의 심리학적 이해》, 한국학술정보, 2008

한민·한성열, 《신명의 심리학》, 21세기북스, 2009

한민족공동체발전협회, 《두 주먹 불끈 쥐고 읽는 통한의 역사》, 집사재, 2005

한영우, 《다시 찾는 우리 역사》, 경세원, 2004

한영우, 《한국 선비 지성사》, 지식산업사, 2010

한일관계사연구논집 편찬위원회, 《동아시아 세계와 임진왜란》, 경인문화사, 2010

한일관계사연구논집 편찬위원회, 《임진왜란과 한일관계》, 경인문화사, 2005

한일문화교류기금동북아역사재단, 《임진왜란과 동아시아 세계의 변동》, 경인문화사, 2010

함규진, 《108가지 결정: 한국인의 운명을 바꾼 역사적 선택》, 페이퍼로드, 2008

함규진, 《역사를 바꾼 운명적 만남: 한국편》, 미래인, 2010

함규진, 《역사법정》, 포럼, 2008

함규진, 《왕의 투쟁》, 페이퍼로드, 2007

함석헌, 《뜻으로 본 한국역사》, 한길사, 2003

허화평, 《지도력의 위기》, 새로운사람들, 2002

현승일, 《사회사상사》, 오래, 2011

호사카 유지, 《조선 선비와 일본 사무라이》, 김영사, 2007

홍영의, 《고려말 정치사 연구》, 혜안, 2005

홍익인간이념보급회, 《홍익학술총서》, 나무, 1988

홍일식, 《한국인에게 무엇이 있는가》, 정신세계사, 1996

홍하상, 《이병철 vs 정주영》, 한국경제신문사, 2004

홍하상, 《정주영 경영정신》, 바다출판사, 2006

번역서

C. V. 게오르규, 최규남 역, 《25시》, 홍신문화사, 2012

J. 네루, 장명국 역, 《세계사 편력》, 석탑, 1997

간디, 이재경 역, 《위대한 영혼의 스승이 보낸 63통의 편지》, 지식공작소, 1997

고야바시 가오루, 남상진 역, 《피터 드러커: 리더가 되는 길》, 청림, 2004

다니엘 골먼 외, 장석훈 역, 《감성의 리더십》, 청림, 2003

다치바나 다카시, 태선주 역, 《21세기 지의 도전》, 청어람미디어, 2003

데일 카네기, 최염순 역, 《카네기 인간관계론》, 씨앗을뿌리는사람, 2004

라시드 네카즈 외, 박범수 외 역, 《새천년, 세계는 어디로 가는가》, 이끌리오, 1999

로이 J. 레위키 외, 김성형 편역, 《최고의 협상》, 스마트비즈니스, 2005

리처드 코치 외, 안진환·권영교 역, 《스마트리더십》, 비즈니스맵, 2008

마이클 린버그, 유혜경 역, 《너만의 명작을 그려라》, 한언, 2002

마이클 샌델, 안기순 역, 《돈으로 살 수 없는 것들》, 와이즈베리, 2012

마틴 루터 킹, 클레이본 카슨 편저, 이순희 역, 《나에게는 꿈이 있습니다》, 바다, 2001

모리야 히로시, 박화 역, 《중국 3천 년의 인간력》, 청년정신, 2004

쉐일라 L. 마르골리스·애바 S. 와일렌스키, 신우철 역, 《직원을 신바람 나게 하라》, 눈과마음, 2008

스티븐 맨스필드, 김정수 역, 《윈스턴 처칠의 리더십》, 청우, 2003

시오노 나나미, 오정환 역, 《마키아벨리 어록》, 한길사, 2002

시오노 나나미, 한성례 역, 《또 하나의 로마인 이야기》, 부엔리브로, 2007

아놀드 조셉 토인비, 홍사중 역, 《역사의 연구》, 동서문화사, 2007

아마르티아 센, 이상환 · 김지현 역, 《정체성과 폭력》, 바이북스, 2009

안 두세, 이주영 역, 《엔돌핀 경영: 직원의 로열티를 높이는》, 비전과리더십, 2008

앤드류 로버츠, 이은정 역, 《CEO 히틀러와 처칠 리더십의 비밀》, 휴먼앤북스, 2003

앨빈 토플러, 유재천 역, 《제3의 물결》, 학원사, 1987

야스카와 주노스케, 이향철 역, 《후쿠자와 유키치의 아시아 침략사상을 묻는다》, 역사비평사, 2011

오런 해러리, 안진환 · 조병호 역, 《콜린 파월의 행동하는 리더십》, 교보문고, 2004

워렌 베니스 · 버트 나누스, 김원석 역, 《워렌 베니스의 리더와 리더십》, 황금부엉이, 2006

윌리엄 제임스, 정양은 역, 《심리학의 원리》, 아카넷, 2005

이마니시 류, 이부오 역, 《신라사 연구》, 서경문화사, 2008

이언 모리스, 최파일 역, 《왜 서양이 지배하는가》, 글항아리, 2013

잭 웰치, 이동현 역, 《잭 웰치: 끝없는 도전과 용기》, 청림, 2001

제임스 C. 헌터, 김광수 역, 《서번트 리더십》, 시대의창, 2002

제임스 C. 흄스, 이채진 역, 《링컨처럼 서서 처칠처럼 말하라》, 시아, 2008

조나단 B. 와이트, 안진환 역, 《애덤 스미스 구하기》, 생각의나무, 2003

존 로스, 홍경숙 역, 《존 로스의 한국사》, 살림, 2010

존 롤스, 황경식 역, 《사회 정의론》, 서광사, 2001

증선지 편, 임동석 역, 《십팔사략》, 동서문화사, 2009

지그 지글러, 홍희정 역, 《정상에서 만납시다》, 산수야, 2003

츠카 코우헤이, 김은정 역, 《딸에게 들려주는 조국》, 이상비즈, 2011

클라우제비츠, 권영길 역, 《전쟁론》, 하서출판사, 1973

피에르 도딘, 김경애 역, 《공자》, 한길사, 1998

피터 셍게 외, 박광량 역, 《학습조직의 5가지 수련》, 21세기북스, 1996

해롤드 카워드, 한국종교연구회 역, 《종교다원주의와 세계종교》, 서광사, 1990

기타

강철민, 〈홍익인간 이념 연구〉, 2001

김병곤, 〈신라 중대로의 전환기 알천의 역할과 위상〉, 2012

박상림, 〈한민족의 전통사상과 통일: 홍익화백제론에 관한 연구〉, 2008

박정학, 〈한민족의 형성과 얼에 대한 연구〉, 2009

신용균, 〈학교 현장에서의 도덕 교육 필요성 연구: 보조 지눌의 '돈오점수' 사상을 활용하여〉, 2012

예만기, 〈한국고유사상의 정체성 개념〉, 2011

윤용혁, 〈최씨 무인정권의 대몽항전자세〉, 1977

이풍용, 〈홍익인간 사상에 관한 연구〉, 2002

주은선 외, 〈한국적 인본주의 상담 모형 검색〉, 2007

최익용, 〈강택민 체제가 한국 안보에 미치는 영향〉, 2006

최익용, 〈일본의 방위력 증강이 한국 안보에 미치는 영향〉, 1987

최익용, 〈한국형 이심전심 리더십의 모형 구축에 관한 연구〉, 2006